◎ 中国近代通俗讲演的一个珍稀样本

朱全璨 社会教育讲演集

李 日 朱良迅 郭春香 主编

人民出版社

朱全瓂（1867—1946）

▲十一月十六日下午三鐘墍會於濟南商埠維持國貨研
究會到會者二十八人磋商要件一為威海衛問題二為反
對省議會延期三為日人慘殺華僑四開追悼會辦法五通
電全國各法團六宣佈國會賣國議員罪狀餘又有數條議
者盡欲旋乾轉坤辦者咸欲拔山扛鼎僉言可取衆志可嘉
洵不愧熱心愛國之國民倘有權有勢者亦如是之熱忱我
中國安有外侮之患不雪之國恥哉

▲十二月一日上八鐘在濟南商埠公園各機關屆時咸集
大開追悼會中置留日華僑慘死之靈位遶聽懸掛輓聯一
百餘付高搭闊大席棚陳設蕭然有條屆時振鈴開會一奏
軍樂一奏雅樂三主席黃勉齋報告開會宗旨四余讀祭文
五奏哀樂六行祭禮七王盡美演說八朱子丹九滿玉岡十
朱子樞十一余說國民知恥四字之解釋十二李容甫十三
何冰如說者志昂氣奮聽者懷氣冲霄各機關派代表者五
十八處各法澍各學校約八九十處與祭男有八千女有五
百軍樂雅樂迭奏哀音自上午九時至下午一時方閉會由
此會觀，可見我國民熱血未涼尤徵同胞壯志不渝矣

▲民國十三年二月二十五日下四鐘在河南羅山縣東街
文廟內新劇場戲台講演者首羅山縣知事周召南次余說
救人救國三大妥三李濟青四青年會社學生觀聽者男有

与王尽美、满玉冈同台讲演的记录

山東黃縣巡行講演員朱全樂造報十一年報告冊

日期		講演助	演題	聽講人數		序秩	備考
				男	女		
年月日							
地址 在村街							
時間 自午　鐘起 至午　鐘止		招待人	目的	人	人		
				職業			

《山东黄县巡行讲演报告册》

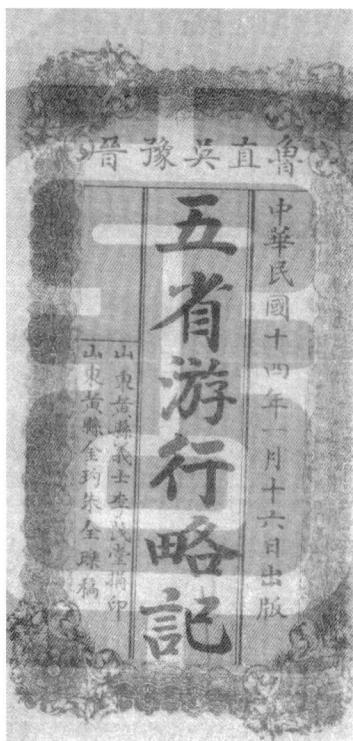

《五省游行略记》书影

《游行略记》书影

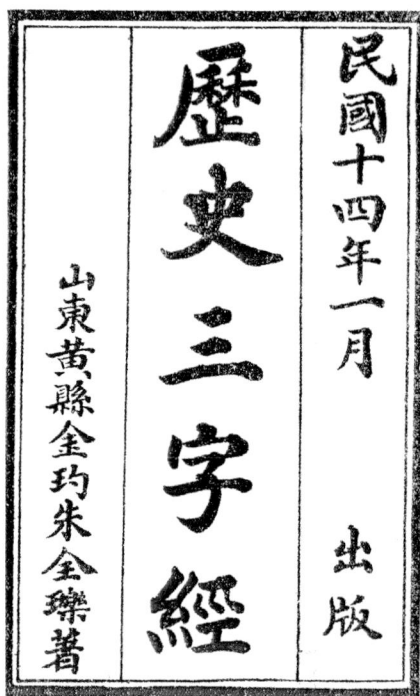

《历史三字经》书影

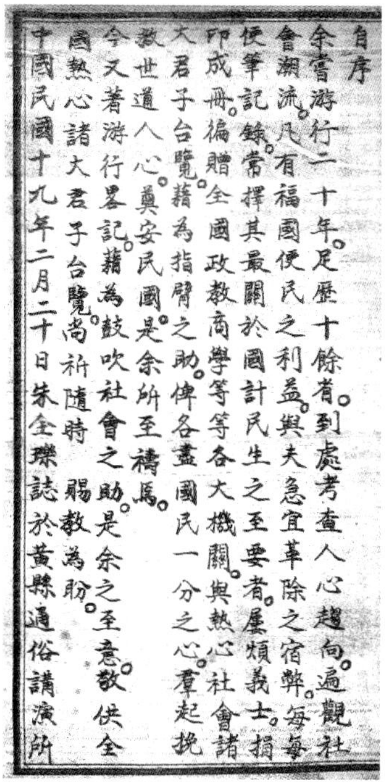

自序

余嘗游行二十年。足歷十餘省。到處考查人心趨向。遍觀社會潮流。凡有福國便民之利益。與夫急宜革除之宿弊。每每便筆記錄。嘗擇其最關於國計民生之至要者。屢煩義士。捐印成冊。徧贈全國政教商學等等各大機關。與熱心社會諸大君子台覽。藉為指臂之助。俾各盡國民一分之心。羣起挽救世道人心。奠安民國。是余所至禱焉。

今又著游行畧記。藉為鼓吹社會之助。是余之至意。敬供全國熱心諸大君子台覽。尚祈隨時 賜教為盼。

中國民國十九年二月二十日朱全璪誌於黃縣通俗講演所

《讲演集录》自序

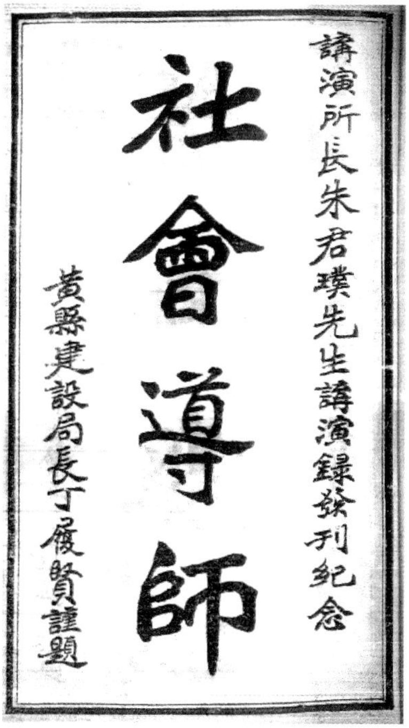

講演所長朱君璞先生講演錄發刊紀念

社會導師

黃縣建設局長丁履賢謹題

丁履贤题词

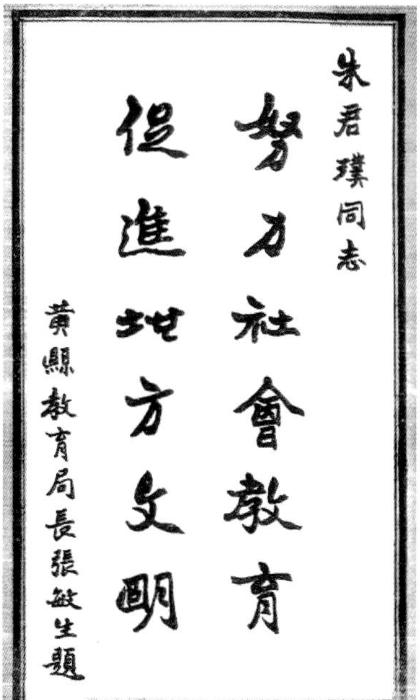

朱君璞同志

努力社會教育

促進世界文明

黃縣教育局長張敏生題

张敏生题词

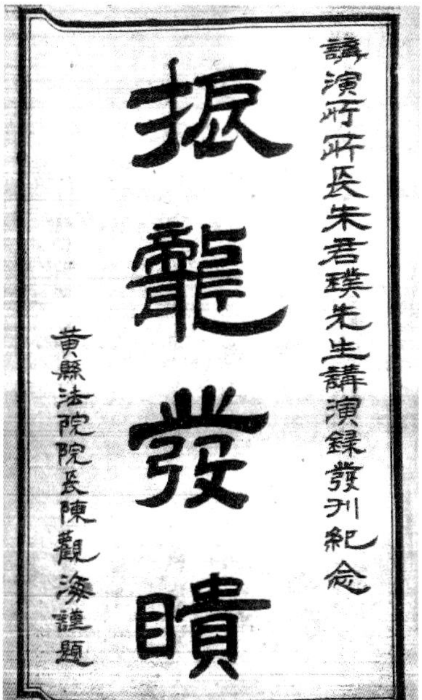

講演所所長朱君璞先生講演錄發刊紀念

振聾發聵

黃縣法院院長陳觀海謹題

陈观海题词

苦口婆心

講演所所長朱君璞同志講演錄發刊紀念

黃縣商會主席張鶴一謹題

张鹤一题词

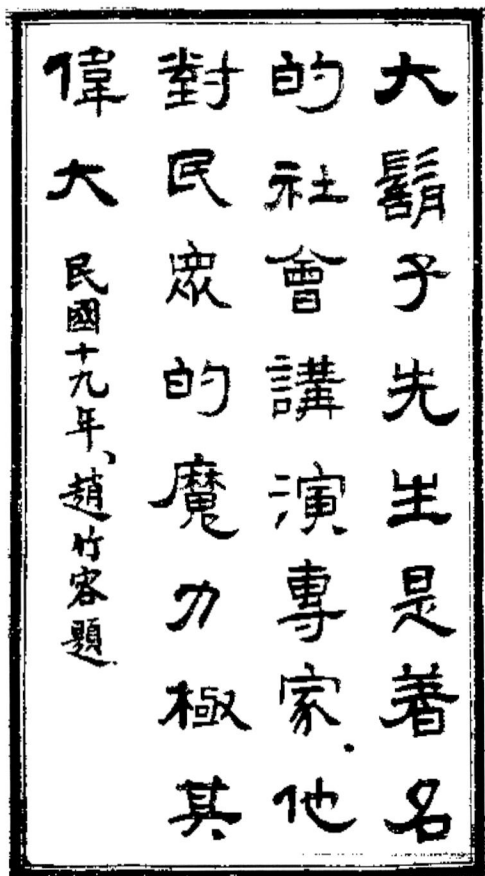

大鬍子先生是著名的社會講演專家，他對民眾的魔力極其偉大

民國十九年，趙竹容題

赵竹容题词

激進文明

講演所朱君璞講演錄發刊紀念

山鏡湖拜題

山镜湖题词

（第一版）（第一張）　（星期三）　前　鋒　日　報　中華民國二十五年八月十二日

前鋒日報發刊紀念

第 二十 號

每日出版兩張星期壹一張

登記證
內政部警字第二六一七號
中宣會字第四九八五號

社址 山東黃縣城裏

報價每月本埠二元二角　零賣每份銅元七枚　外埠每月二元四角

外埠每半年十二元　全年十四元零四角　全年十二元

前鋒日報叢刊紀念

宏詞崇論
為民前鋒

張△之敬祝

前鋒日報發刊紀念

數十年來　我武不揚　文化遲鈍　迷途孔張　敝風陋俗

挽救無方　內亂甫息　外侮益狂　滿蒙傾陷　華北濱亡

振聾發聵　前鋒擅長　醫俗有術　直言氣壯　倬邪歸正

政教改良　詭詐澆漓　一律更張　鼓吹民氣　日臻富強

民氣日啓　國恥莫忘　挽回領土　為國增光　睡師一吼

莖獸盡藏　威震五洲　懷柔萬邦　社會大同　幸福共享

敬祝貴報　萬壽無疆

朱君瑗敬祝

朱全璨为《前锋日报》题词（1936年）

莱峰学校讲义手稿

秘海药方前言

民国时期黄县北马镇公所镇长暨职员合影
（朱全璘曾多次到该镇演讲，王宝琨提供）

1936年朱全璘参加老友徐镜心烈士灵柩迁葬千佛山仪式（徐学航提供）

出版说明

一、本书由 1922—1930 年间山东省通俗讲演所巡行讲演员、黄县通俗讲演所所长朱全礫的《黄县及胶东讲演报告》《游行略记》《鲁直吴豫晋五省游行略记》《历史三字经》《讲演集录》等通俗讲演报告、他在《山西日报》《大民主报》《钟声报》等报刊发表的文章以及部分宣言、通电、条陈、题词、手稿、碑文等文献资料汇编而成，是中国近代通俗讲演的一个珍稀样本。

二、本书内容一般按照时间顺序编排。编者标注的时间均为阳历。为尊重原文、原稿和原著，行文中有用阴历者，除非必要，一般不作改动，一仍其旧。

三、所有原稿，均由编者重新分段、标点、校勘，并酌标题。作者原注，仍予保留，但为阅读方便起见，一般改成页末注。错字、别字、脱字后加（）予以订正和补充，或由编者加注说明。字迹漫漶不清无法辨识者以□代替。少数确属明显排印之差错，则由编者径予改正，不再另行说明。

四、原作者的某些提法和观点，是由特定的历史环境造成的，因本书系历史文献资料，为保存原貌，编者未加改动，特此说明。

五、因原通俗讲演稿中出现了较多胶东方言和民俗，为此我们撰写了《金玓讲演中的黄县方言笺注》，作为附录，置于书后，以供大家参考借鉴。

六、截至本书编竣之时，仍有集主的部分文稿和书稿散佚在外，如集主1920 年、1921 年的通俗讲演报告，我们有确切的证据能够证明已经付梓印行，并且"邮给各省机关、学校"，"远至迪化"，虽经编者多方寻觅，至今仍不可得。在此恳望读者诸君不吝赐教，提供线索或惠赠资料，以俟他日再版时增补订正。

民间资料见证的社会和时代

——《朱全璨社会教育讲演集》序

这本《朱全璨社会教育讲演集》，是由朱全璨先生的有关文稿汇编而成的。其中，主要收录了他1922年2月至1930年1月期间的五部演讲记录。这些记录，都是朱全璨先生当初演讲之后补记下来，并先后由有关社会团体、殷实人家捐资印制成册，才得以保存下来的。本书编者李日先生称之为"中国近代通俗讲演的一个珍稀样本"，是一个形象而准确的评判。

朱全璨，山东黄县人（黄县，今山东省龙口市），生于1867年，卒于1946年。根据目前所见的资料，其生平业绩主要有两项：一是辛亥革命期间出生入死，奔走运动，为烟台和黄县的光复作出了重要贡献；二是应各方之邀，长期从事政治宣传和民众教育的演讲活动，为启蒙群众，革新风俗，促进社会进步，作出了重要贡献。

收入本书的五部讲演记录包括：《山东黄县巡行讲演报告》《鲁直吴豫晋五省游行略记》《游行述略》《游行略记》和《讲演集录》。其中，收有朱全璨先生的202次讲演记录，以及他在上述五种演讲册所附录和在《山西日报》等刊物上公开发表的部分政论、通电、宣言、条陈、信件、自序、游记，以及朱氏后人所写的四篇回忆文字。

本书收录的材料，属于私人文稿，或者可以归入民间文献的范畴。这些材料的价值，主要体现在两个方面：一是为证明朱全璨先生的生平事迹，提供了直接的素材；二是以一个基层民间人士的所见、所闻、所思、所记，真实而又生动地记录了当时社会和时代的面貌。

朱全璨先生是一位热烈的爱国者。虽然本书收录的材料，只涵盖了前后8年时间，但是，从这些文稿中，读者已经能够强烈地感受到作者的拳拳爱国之心。在辛亥革命中，朱全璨先生以大无畏的革命勇气，为烟台地区的光复立下了不朽的功勋，但是，他并没有居功自傲，招摇过市，投机钻营。他始终是一介平民，始终以平民之身，奔走呼号，以爱国主义相号召。

山东是近代中外民族矛盾尖锐化的焦点地区之一，义和团运动的起源地和甲午之战的重要战场都在山东，甚至第一次世界大战期间日本为和德国争夺所掠取的租借地青岛，也在山东境内烧起战火。朱全礫在演说中说：

"日本打青岛，由龙口下船，天降大雨，路陷不能行车，北马一带高粱，连穗割了垫道，豆子割了喂马。黄山馆西大水，过不去老界河，在黄山馆以东十几村住兵，将门窗木器劈开烧着炊饭，鸡、猪宰割吃了，将妇女惊逃旷野田禾间，尽遭淋雨，啜泣不敢着（作）声，逃不出去，被日兵捉住，抱在锅内用水洗净，按在炕上任意玷辱。男子不敢着（作）声，真遇忍不可忍的事，言方出口，手枪一响，立即毙命。从龙口到莱州府，为奸淫口角，被手枪打死的，报官登报的一百多名，靡人报官、靡脸登报的，又有好几倍。"

民族灾难带给山东人民的切肤之痛，使他深深地意识到国家富强、民族振兴的重要。1920 年，他撰写了《劝告同胞爱国文》，痛斥北洋政府的恶政，号召人们奋起救国。

在这篇文章中，他历数了近代中国所遭受的凌辱，猛烈抨击北洋军阀政客集团的种种倒行逆施："乘民国之坚良，食国民之肥鲜，而忍媚敌以残类，借款以祸国"；"官吏舞弊，贪墨中饱，彼此争权，南北扰攘，致使共和十年，自治不立，民冤积怨"；"唯唯诺诺，事无果断当机；惕惕惶惶，外惟和约抵押为可恃"；"调查以为捐杂款，办学以为随洋教，计亩以为增赋税，编户以为抽壮丁，据晦盲闭塞之妄谈，纠不愚不移之蠢类"。他号召群众关心国家，拯救危亡：

"事关国民者，皆当以为己任，慷慨奋激，踊跃争先。必使扬国旗于四海，伸势力于全球。俾五千年之旧邦，布九万里之新命，同成绝大军国之规模，共建非常卓著之鸿业，威震全球，势伸万国。"

这样的文字，今天读来仍然振聋发聩。近代中华民族独立解放的华美篇章，是由无数朱全礫式的仁人志士，用他们的浩气、坚贞和热血书写的。推动历史发展的根本伟力，在于民气、民心、民意之所向。这是一条铁律，任何时代，任何社会，任何政权，任何统治者，都不能忽视甚至违背。否则，将难逃最后失败的命运。

朱全礫先生是一位热心的社会活动家。爱黄县，爱烟台，爱山东，爱祖国，是其思想情操的一个非常重要的特点。早在"五四"运动期间，还在省城接受讲演培训的朱全礫，就义无反顾地走上街头，发表演说，号召反对巴黎和会的无理决定。他上书北洋政府，情愿顶替北京被捕学生入狱。他上书山东省长，要求其代表山东人民致电中央政府"收回故土，以重主权"。1923 年 11 月，他在省城济南，参与发起市民大会，声讨日本残杀我留日华侨，呼吁各界抵制日货，积极推动我国政府收回威海卫。

1924年8月19日，新任黄县知事于璜，率领军警，镇压黄县中学学生，"掩门凶殴，棍棒交加，将学生打得鬼哭神嚎，声闻数里。头破胫折，受重伤者数十名。架去六名，立即拘押。未逃出者，锁关监守，创不得医，饥不得食，保不准出，惨虐暗无天日"。消息传开，他撰写宣言书《请看县知事率警殴学生》，号召全县人民"急起抗争，势必驱除此丑类而后已"。他作为各界代表，先后赴烟台向胶东道尹提出控告；赴济南，向省教育厅长、政务厅长提出控告；赴北京，向逗留北京的山东省长提出控告。1925年1月10日，他又作《驱于璜宣言》发表于《山东新报》。他公开发起为山东省长和于璜铸造"赃官铁像"，供人唾骂，"借儆酷吏，遗臭万年"。

1925年12月21日，鉴于山东"内乱不靖，外侮未去，盗匪充斥，民不安业"，他作上新任山东省长条陈，提出发展山东十大政策："一，慎选守令；二，速办自治；三，扩充乡警；四，清查户口；五，安插游民；六，厉禁烟赌；七，强迫教育；八，剪发放足；九，劝课农桑；十，积谷备荒。"1928年1月16日，为烟台、黄县"盗贼充斥，土匪横行，焚杀劫掠，肆行无忌"，他向胶东道尹提出《治匪十策》，后被采用。

朱全璨先生急公好义，为造福乡梓不遗余力的精神，为当时所敬重，为后世所景仰。他的这些文字被整理出来，必将成为一笔地方历史文化的重要财富。

朱全璨先生是一位热情的演说家。面向公众的社会演说，是晚清才出现的新鲜事物。戊戌变法运动中，庶人不准议政的传统教条被打破，康梁维新派利用各种学会和集会活动，议论时事，臧否朝政，救亡图存。辛亥革命时期，革命派知识分子更以集会演说为启发民众、发动革命的武器。"五四"运动中，青年学生和各界名流纷纷走上街头，大声疾呼，鼓动了大规模的抗议风潮，形成了强大的社会舆论。另一方面，进入民国之后，集会演说也逐步为执政当局所采用，成为社会动员的手段之一。朱全璨先生的演讲，体现了这两者相结合的特点。

从本书收录的讲演记录看，他的演讲大致分为三种类型。一是在一些群众集会或者被临时邀请出席的会议上的时政性演讲；二是由于他的演讲卓有声誉，受一些学校的邀请而专门面对青年学生的励志性演讲；三是受地方县、府官员的委托，由地方安排的政务性演讲。本书收录的演讲记录，以第三种演讲居多。

在这些演讲中，他以唤起民众为天职，四处奔波，不辞劳苦。他抨击北洋军阀割据称雄，"募兵聚饷，枪排如山，以战夺权"，"死的是同胞，耗的是国财"；他声讨贪官污吏不恤民生，巧取豪夺。断定贪官、污吏、劣绅、土棍为危害社会人群的四大恶势力；他批评自秦始皇以来的历代愚民政策，造成了中国人的痴病、瞎病、瘸病；他倡导改良教育，发展实业，植树造林，改变陋习，兴利除害；他呼吁清理户口，取缔游民，建立民团，消除匪患，发展地方自治。他的演讲，弘扬了正气，劝导了人心，教育了群众，改造了风俗，受到了社会各界的欢迎。有一次，他去一所女校讲演，学生们唱的欢迎歌说：

> 叹我乡风气闭塞，开通在提倡。朱君行旌今日到，大家齐仰望。高谈雄辩今人仰，战国之苏张。同学知识日增长，盛德永不忘。

朱全瓅先生是一位热诚的教育家。他是烟台地区近代新式教育的先行者之一。早在1908年，他就捐出自己的土地，设立了莱峰学校。从此以后，关心教育事业，热心培养青年，贯彻始终，从未改变。

他是一位十分敬业的老师。在莱峰学校，他开设国文、历史、地理、物理、教育、算术、音乐、体操等16门课程，几乎是全身心地扑在教学事务上；他的讲课形象生动。一段时间在烟台的学校任教，由于教室临近大街，吸引"行人站在窗外观听者，恒数百人"；他仔细批改学生作文，"每批高等作文四十余本，日有进步"；他主张由富人集资办学，"财主拿钱，穷人念书"，实现教育普及。他的有关教育思想，也非常值得研究。

他认为传统科举教育是有缺陷的。学生念私塾，"做八股，考文章"，"礼乐不通，射御不懂，就是写算也是不会"，"所学非所用"。他批评山东的教育有三个问题，即经费不足，用人不当，师资不良：胶东各县之办学，"每因经费支绌，恒多中途止步"。"穷乡僻壤，素无学校之地，办学尤多棘手"；各县教育当局，"非结党专营一己之私利，即武断欺压一方之愚民。倾轧日久，积愤益深"，以至是非迭起，学校瓦解；"各县塾师，多为糊口计"，"仍用私塾陋习"，"不知科学有何用"，"满口以圣道欺人"。

他告诫学生要努力求学，立志报国。他说：

> 处此恶劣社会，随俗沉浮，不能达到济世救民、爱国合群之目的。似此求学，往上说，对不起父兄师长；往下说，对不起乡里及子孙。

他认为教育应该从胎教抓起，以先天教育为起点。要把先天教育、家庭教育、学校教育、精神教育、社会教育、富强教育结合起来，才能培养有真才实学的人才。他提出，有用人才的标准是：

> 为农能相土宜，御天灾，改良农业；为工能省人力，悟技巧，精益求精；为商能操平准，握利权，财发万金；为官能清慎勤，保赤子，兴利除害；为兵能靖内乱，御外侮，保卫人民；为外交能折冲樽俎，捍主权，不辱国体。

这些观点，代表了当时的认识水平，未必都对，但是，仍有重要参考价值。

本书所收录的资料，是朱全璨先生的日常生活的产物。由于它们具有很高的真实性，所以也是历史研究的珍贵资料。

第一，作者所到之处的记录，反映了政治紊乱，民生凋敝，群众痛苦生活的事实。

1915年，烟台地区人民就曾经兴起过一次抗税运动。1926年9月，作者回忆："民国四年黄县遽加苛税十数种，城东六乡二百六十八村、四百五十首事咸举余为总代表，十二月赴烟台道署，代万民伸冤，禀请道尹除消苛税。"

1922年作者记载了黄县霍乱流行，人民大量死亡的惨痛事实。这个事实折射了黄县缺医少药的状况："迨夏末秋初，霍乱盛行，全黄染病死者三万余人。余亦病死而复苏者。"

1926年9月，作者在今山东东明县了解到，由于黄河决口，县城尽成泽国："今夏六月刘庄河决，漂没庐舍人畜无算。城街积水数尺，通衢古石牌坊，因曩年河决，淤没过半。坊下空隙，不赢二尺。市人往来，均由坊外绕行。"

10月，作者在大名道成安县了解到，该县土匪横行，兵匪一家，人民苦不堪言："又访诸商民，问闾阎之疾苦。佥言土匪充斥，架掠迭见。昨夜离此二十里磁县境内，被匪焚烧十余村，烧死妇女儿童尚不知多少。驻防军队永不过问，地方官警力不敢敌。"

同月，作者在大名道沙河县了解到，该县苦于军阀摊派，人民不堪重负："查该县与晋省毗邻，地半沙瘠，加以连年歉收，军事提款又急，西山居民有为输款自尽者，闻之令人泪下。"

同月，作者在大名道高邑县，接到县教育局局长投书诉苦："此一载中，军事扰攘，烽烟未息。不但征调之繁，几于悉索敝赋，而且风鹤之惊，使人寝食难安。教育事业，日陷风雨飘摇之境。"

同月，作者在大名道隆平县北鱼村询问民间疾苦，当地反映，该处为滏河、漳河、北沙河等九条河汇合之处，灾害不断："每遇夏雨大行，水流不畅，禾稼尽受水伤，十年九涝，恒有颗粒不得之虞。甚至水深丈余，房屋倾圮，人民多溺死者。"

同月，作者在大名道隆平县邢家湾村了解村民："佥言滏阳河河流太窄，两岸河堤又低，每遇夏雨时行，河水暴涨，数县近河居民，咸受其害。禾稼被水淹没，房屋尽多坍塌。人民受的痛苦，实属不堪言状。"

1928年7月，国民党的北伐军已经进入山东，但是，那些打着北伐旗号的杂牌军依然在坑害人民。作者在黄县城东看到："连日过兵，沿路村落民户，多有被其劫去什物的，亦有被拉去牲口的。年轻妇女俱逃去远乡，人心惊慌，鸡犬为之不宁。"

8月，作者回到家乡："见户宇萧条，数室皆空。情因连年屡遭匪劫，举家迁徙。重睹田园，甚觉凄凉。回忆人口播迁，尤觉凄惨。"

11月，北伐军某部竟然向黄县各界索款15万元，作者慨叹：

人民遭此兵荒马乱之秋，应付供给，虽殚其地之出，竭其庐之入，终不足以继无疆之勒索。假倡三民主义者，对于民生之问题，毫不关心。对于敛财的问题，掘罗俱尽，致使人民俱不聊生。

1929年1月，有一次作者去黄县县城，"至见城门紧闭，守门者言，昨夜兵变，抢掠而去。又闻龙口亦被兵抢。"

3月，作者上书控告："前者招远南乡，莱阳北乡，栖霞四乡，黄县东乡，蓬莱南乡，屡次遭杂军抢掠焚杀者，数百余村，男女老幼被杀者数千余人。"

4月，作者在黄县柳家集一带亲眼看到："尸骨为群犬所扒出嚼噬者，狼藉多处。屋宇被焚者，多村皆然。问诸土人，均言被杂军前次与左道交战，借词被焚杀劫掠的。土人言之，均凄然泪下。"

5月，作者所记录的杂牌军抢劫黄县的事实，更加触目惊心：

五月十四日，半夜，枪声响如鞭炮。天明后有兵七人，越垣入室，强索洋钱。余言，我与你们长官俱相好，因避无极道来城闲居，哪有洋钱？彼兵等一言不发，竟将衣服、铜圆等物搜检而去。城里关外，枪炮大鸣，三日三夜方始停止。始知全城被兵抢劫一空，无有一家幸免者。妇女被其奸淫殆遍。真是前古未有之惨祸。

以上记录可见，说前后15年，山东、河北一带人民生活在水深火热之中，一点也不过分。

第二，作者记录的县长（知事）一级政府官员的状况，反映了北洋时代吏治腐败的现实。

朱全礫先生和县官的接触，主要是在黄县和前后几任县长的相处，在河南罗山县和县长周召南的相处，以及后来受周召南的委托，在大名道各县宣传政务过程中，对沿途各县县长的考察。总计他所了解的县长，包括黄县前后几任县长胡永年、金城、于璜、李竹筠、孙烈、张子蘅、李荣梓；罗山县县长周召南，以及他在大名道所考察的22个县的县长。

在本书之中，朱全礫先生对上述30个县长，都有详略程度不同的记载。其中，他对金城、李荣梓、周召南等人的印象，还是不错的。

金城有很好的文化修养。县城西关的一所小学落成典礼，他去出席典礼，并且给学生题写训词：

尔诸生毕业以后，无论在世界做什么事业，无论社会什么潮流，总不可去掉"孝悌忠信礼义廉耻"这八个字，"孝悌忠信"为人立身之本，"礼义廉耻"为人涉世之根。本坚根固，枝叶未有不荣茂的。人若据根本，立功幸福，未有不能造的，人民的幸福，国家的巩固，未有不以这八个字作根本的，尔诸生同勉力行之，是本县所厚望焉。

朱全璨先生称赞这份训词"正大光明"，非"学博识富"之人不能作。

金城在黄县推行八项要政，不遗余力。这八条要政是：植树造林；水井加盖以免行人跌入其中造成危险；取缔乡间游民；登记户口；各学校登记校董姓名，并责成他们登记富户，以便劝告他们捐钱办学；由保卫团代征"一分代字费"用于办学；减价契约，由卖主回赎；限令剪辫放足。回过头来看，1922年前后的一个县长，身体力行地抓这八条，算得上是一位尽心尽责的地方官了。

朱全璨先生记录的另一位黄县县长李荣梓，似乎也很难得。他是山东平度人，1929年5到黄县上任。上任之后，推行重整税契；减轻荣户捐；防盗匪；打击邪教；植树造林；取缔私塾，推广新学堂；禁止鸦片和赌博；禁止鼓动打官司；提倡晚婚；提倡孝道；剪辫子；禁止缠足。他在布告中说的以下一段话十分有意思：

我是平度人，离黄县很近。两县的人，也来往很多。在黄县做事，有点不好处，立刻就传到平度去。且我这县长，也不是花钱买来的，所以事事想着要名誉。你们本地人，为自己做事，更当振作精神，往好处去办。

看来他的官的确不是买来的。更可贵的是，他做黄县的官，还担心假如有坏影响会传到平度老家去。他是一个有名节观念的人，比较那些"笑骂由汝"的贪官、赃官、恶官，境界自然不可同日而语。

在朱全璨先生的眼中，周召南也是一位难得的好官。

周召南先是在河南罗山县做县长，后因政声不错而擢升河北大名道道尹。朱全璨先生先后在罗山和大名道的演讲，就是受了他的邀请。周召南为清末留日学生出身，黄县地区早期同盟会员。他在罗山砥砺风气，为政开明。有一次，他出席群众大会演说，会场所挂的对联说：

用全体精神改造这万恶社会

洒满腔热血唤醒我大梦国民

这副对联所说"万恶社会"，当然是指整体上的混乱的国家，但对联毕竟挂在罗山，周召南没有认为它发泄不满情绪，诽谤了罗山的大好形势。这是需要气度的。根据朱全璨先生的记载，罗山当时还是一个守旧势力占上风的地方，周召南决心披荆斩棘、勇往直前，改变罗山的面貌。

到了大名道之后，周召南更想有一番作为。1929 年 6 月，东明县刘庄黄河决口。据朱全璨先生实地调查，周召南严厉督促河务官员，限期堵住决口，恢复河堤：

当黄河初决口时，周道长（笔者注：周指周召南；道长，指道尹，一道之长。下同）施用恩威并济之手续，召集黄河两岸河工局局长及职员等，讯诘责，尽训诲，教导各职员一一遵命，无敢支吾者，遂赏北岸局长大洋千元，令其力助南岸局长，急为合龙，以救二十余县人民之水灾。又谕南岸局长当不加罪，令其戴罪立功，如果杜好决口，速为合龙，大功告成之日，不但令其将功折罪，亦必与北岸局长共得保举，一同受赏。倘若再任意疏虞、漫不尽力催促河工速为合龙，则必二罪俱罚。

由于措施得力，成效大验。据说，工程预算 200 万元，结果只用了 24 万元，"昔之筑堤，恒逾年不成，今之筑堤，未逾月而成。昔日河决，田禾连年失种，今次河决，秋后即能种麦"。看起来，这位相当于今天地级市市长一级的官员，没有利用黄河决口的机会，去造豆腐渣工程，收受贿赂，洗钱，把钱存到国外的银行账户上去。

说周召南是一位廉政、勤政的地方官，大约是没有什么问题的。

然而遗憾的是，北洋时代是一个刚刚跨入民国的时代，或者说，是一个民主社会的新观念、新事物、新制度、新规则极其稀罕，甚至，刚刚破土而出，不成气候，不堪一击的时代。官场习气停留在清者自清，浊者自浊，没有任何制度保障的水平上。朱全璨先生慨叹：

今之官吏……其未得县令时，奔走钻营，如狗如鼠。既得县令后，勾结劣绅，为狼为狈。居衙署，终日烟赌为消遣；莅公堂，惟视金钱多寡为判断。甚至明里出示，严禁非法，暗中包庇，贿赂公行，目的在升官发财，何暇念及愚民。殚其地之出，竭其庐之入，不足填我赃吏之欲壑者。

朱全璨先生指出，官德、官风所以如此败坏，是由于官僚制度的腐败："苟上不能迎合长官意旨，下不能附和劣绅私情，则未有不立遭地方之攻击，遽被长官斥革者。"他说得对，官员不由人民普选，而决之于逢迎上司，巴结左右，则永无政治清明之望。

周召南被罢免，就是因为遭到北洋军阀的排斥。朱全璨先生应周召南之邀，被委以考察各县县长业绩、宣传政务的重任，结果因为周召南的去职而不了了之。大名道 37 个县，他考察了 22 个县。他的记录，留下了一份对基层县官的考查报告。

不妨举几个例子：

在长垣县，县长马德诚优柔寡断，地方恶势力十分嚣张："查长垣县马德诚，仁厚有余，刚断不足，县绅把持公权，一切政治，多掣肘"；"查该县地滨黄河，土沃麦富，惟有三龙五虎、十大弟兄把持公权，兴革不便，文明渠业已凿成六十余里，尚有五六里为彼所阻，致使大水逆流，淹禾一千余顷，长官不敢过问，冤民忍气吞声，其残忍可知。"

在东明县黄河渡口，县税务局长设卡收钱，穷凶极恶："方渡河时，闻过客言，五日前新来一收税局长，凡有渡河者，均得纳税，牛马每头大洋四元，无者拘押。"

在广平县，县长腐化堕落，民愤极大："查广平县知事颜景风，精神颓靡，日卧烟窟，诸事不理，怨声载道。据绅商言其意旨，似以县小为嫌，多不满意，遂废政治而不理云。加以宠爱小妾，日贮金屋，虽县小民稀，亦难胜任。"

在沙河县，教育局长的所作所为引起公愤："该县各机关首领十四人，拦路递一公禀，群控教育局长侯兆星溺职等弊，乞为转禀周道长，撤职查办。"

在内邱县，县长威望不孚，能力平庸："查内邱县知事郝峰桐，本系军界出身，对于政治不甚熟谙，对于地方各机关首领，任其把持大权。一则威权不肃，二则不能解决地方党争。"

从这里，不难看到官僚阶层的整体状况及其制度弊端。

第三，作者记录的男子剪辫子、女子不缠足政策的推行情况，反映了中国社会的进步尤其缓慢和艰难的特色。

当时的黄县，新鲜事还是有的，比如新式婚礼。本书记载，1922 年 10 月 29 日：

> 是日，黄县巡行教员刘瑞芳行文明结婚礼。届时亲宾咸集，礼棚为满。男左女右，主婚居中。及轿至，女宾列队，迎新妇入礼棚。夫妇东西列，对行三鞠躬。北向交换表记，各用印于证婚书，主婚及介绍各花押。读致训及盟祝各词毕，北向主婚及介绍，东向男宾，西向女宾，南向来宾，俱行鞠躬礼。奏乐毕，余登台讲演。

这样的"文明结婚礼"，即使今天也还是时尚的。

朱全璨先生到各地演讲，屡屡看到乡下也有女学校，学校里的女孩子不裹脚，天真活泼。1922 年 10 月 14 日，在黄县首善乡举办的展览会上，有 11 所女校的学生列队听演讲，"整肃堪嘉，观天足女生应答活泼"。另外一次演说会上，朱全璨先生称："兄弟到处开会，见开通人家小姑娘通通天足，说媳妇也是尽取天足的"。

男子留辫子，是满清入关之后执行的强迫政策。清末排满情绪逐步高涨之后，日渐具有政治意味。进入民国时代，政府号召男子剪辫子，除了有政治鼎革的意义之外，也因为男人拖着一根辫子，不男不女，确实丑陋无比。想想也好笑，男人每天梳辫子，不浪费时间吗？

女子缠足，由来已久。清末维新运动起，有舆论鼓吹放足、反对缠足。应该说，这对女子的身心解放有绝大好处。

然而，把男子剪辫子、女子不缠足这两件事办好，却很不容易。为此，山东省长下过命令，贴过布告。黄县几任县长贴布告，开会动员，威胁要采取强迫手段，罚款，查封违规理发店。手段不一而足，收效却不明显。1922年3月29日，在黄县李家沟村演讲会上，有四所学校的学生参加，但"学生多带发辫"。朱全璘先生四处演说剪辫子，屡屡被人砸场子。有一次，甚至有人放言：

今天开会，朱全璘劝割辫子么？若说割辫子，我先不答应，着人往台上扔石头。就是金县长来说剪辫子，也是不行……这才几天，剪了辫子就忘了大清家。

金城任内，限一个月把男子的辫子剪光，三个月把女子的缠脚放开。还专门出了告示，不准理发店和澡堂为男人理留辫子的头发，曾有几家理发店因此而被罚款和停业；专门组织剪发队下乡剪辫子；三十岁以下的妇女，三个月之后再有缠足，处五元以上十元以下罚款。

1922年12月24日，黄县政府的布告说：

自本日起，凡有留辫男子，限一个月内自行剪除，逾限不剪者，即由警察强迫勒剪。其女子缠足，年在三十岁以下者，限三个月内一律解放，违抗不放者，从重法办。

1929年11月，黄县政府的布告又说：

近数年来，中央政府对于蓄发、缠足，屡下严厉的命令。本县政府，亦出示布告，限期戒除。但从出示以后，剪辫和放足的，均见多了。奈到今日，还没普遍。你们可听见那雷厉风行的地方，对于带发辫的同胞们那种歧视，派警士、局役们看见就剪，抓着就罚。对于裹脚的姊妹们，派人到她家中，去硬行干涉，甚且处以最重罚金。又于街头巷口张贴标语，有小脚的不准通行云云。弄得人口不安，行路不便，那不是他们自取的吗？

本政府不愿出此激烈办法，爱召集各界公正人士，组织剪发放足会，去促进行。这件事情，用缓和的办法，先向各处宣传。小姑娘们，一律劝她们不许裹脚。已经裹脚的，最晚一个月解放。至于四五十岁妇女，亦须按期解放，虽不能一月半月成功，那弓鞋、带尖的鞋，一概不许再穿。解放日期一多，自然就成为天足了。至于带辫的人，可就不分等级，统限一月剪齐。

七年之前通令一个月剪掉辫子，三个月必须放足。七年之后的布告，还是一个月剪掉辫子，但加上了裹脚的小姑娘一个月放脚。这说明，又有新一代女孩子裹了脚。如果从1912年算起，把剪辫子、放脚这两件事基本做完，估计黄县至少要到"七七"事变，前后应有二十五六年；如果从1903年排满舆论高涨有人剪辫子算起，则大约有三十五年上下。

在专制的时代，王朝政权以培养顺民、奴才为目标。这种顺民和奴才的文化，一方面是愚昧和守旧的土壤，另一方面又是极端和暴烈的温床。等到民不聊生、社会绝望的时刻到来，天下大乱、暴民逞凶的惨剧就会上演。剪发放足的艰难推进，典型地反映了中国社会的这个特点。

第四，作者记录的各地中小学的情况，反映了近代中小学基础教育转型的过程。

近代中国的教育转型，是从高等教育开始的。因为近代中国的工业化，起初目标是发展新式枪炮和轮船，所以，以灌输儒家思想教条为宗旨的科举教育没有用，必须建立使学生掌握西方科学工艺的新教育体制。同时，各行各业迫切需要可用人才，等不及从小慢慢培养。没有新大学，也就没有中小学的新师资。这就刺激了对新式大学的优先需要。1898年京师大学堂的建立，之所以成为国家教育现代化的重要举措，其原因就在这里。

一般说来，近代高等教育的转型，从1898开始，到1922年学制初步规范化大致完成。1862年京师同文馆的建立到1898年是个漫长的准备期。高等教育的转型，为中小学教育的转型提供了师资。所以，近代中小学基础教育的转型，应该比高等教育慢一步。

本书资料生动地证明了这一点。

当时作者所到之处，包括黄县、罗山和大名地区，都属于传统农业经济地区。这些地方的中小学，自然脱胎于私塾。1923年的罗山，还是"旧风难改，私塾林立，学校大受影响"；1929年的黄县，政府还在明令取缔私塾。这是旧的一面。但是同时，新式学校的设立和进步，已经是潮流所趋，无可阻挡了。一是新式学校如同雨后春笋，二是新式女学遍地开花，三是这些学校的师生，大多精神饱满，意气风发。1925年，朱全璨先生印行《鲁直吴豫晋五省游行略记》。联名推荐的有黄县"一百二十处女学校"、"二十四乡教育会"、"四百七十处男学校"；县内共有中学三所。即便乡下的学校也有自己的校歌，黄县江格庄乡崇正学校的校歌如下：

云台深秀诸峰环，绛水黄山文明继，昔贤大开广厦数十间，崇正兴焉，淑英附焉，睡狮唤醒着先鞭，勉旃发轫在青年。莘莘、莘莘，高初级分，纬武并经文，乘时利用学在勤，敬业乐群、乐群，共对着国徽校旗，肃肃振精神。彬彬、彬彬，日新月异，博古又通今，造为有用新国民，同学凛遵、凛遵。共对着国徽校旗，肃肃振精神。

黄县中学遭于璜摧残之后，原校长赵踵先在当地乡绅的支持下，办起了私立志成中学。一年之后，志成中学初见规模：

全校的设备价值六七千元，在山东中学里边，差不多是数一数二的了。所以各县学生，闻风兴起，都负笈担簦而来，不到一年，新旧同学竟从百余人（增）加到三百余人。

志成中学的一个学生，把这件事记录下来。他认定，这所私立学校"在中国教育文化上，都有重要的关系"。这个学生甚至提出，私立学校是教育发展的一个重要方向，他说：

官办学校，动不动受党派的动摇和摧残，若是长此以往，求学既受痛苦，又将可贵的金钱、有用的光阴，都抛在无用的消耗……况且私立学校，各国都很重视。我国私立的学校，以个人的热心，得最好结果也是所在多有。例如天津的南开学校，在十年前不过是一个平常私立中学，今日早已添设大学。其发达且为国立、省立学校所不及。志成中学的将来，一定也是灿烂光耀的。

对照最近20多年的中国教育，你能说，这个中学生不是一位天才的预言家吗？

编者费尽苦辛把本书史料整理出来，把一段历史保存下来了，把黄县的精神传统保存下来了，我向他们表示深深的敬意。

本书编者之一的朱良迅，是朱全礫先生的后人。本书的出版，是朱氏后人对祖先的最好纪念。本书编者之一的郭春香，是李日的妻子。这是一位善良、美丽又有学问的女人。娶到这样的女人，是李日的福分。

李日，山东龙口市人。1997—2003年期间，在湖南师范大学先后攻读硕士和博士学位。2005年，在北京师范大学完成博士后流动站研究，已在辛亥革命史和中国新闻史研究领域崭露头角。他曾经协助饶怀民教授整理出版了辛亥志士杨毓麟的文稿《杨毓麟集》、主编山东辛亥元勋徐镜心的史料集《革命巨子徐镜心》（与徐学航合作），著有《大时代的旁观者：章士钊新闻理论与实践研究》、《中国近代漫画史迹寻踪：官场百态》、《蹈海志士杨毓麟传》（与饶怀民合作）等书。他是一位勤奋、扎实、宽厚而又多才多艺的学者。他取得的成就，是出类拔萃的。

我和李日已经交往十多年了，见面很少，多是电子邮件和电话。记得他博士将要毕业之际，曾经和我联系，要来这里做博士后研究。由于环境太差没有实现。前年他又提出来，要完成拜师的夙愿。其实，做博士后研究，无所谓指导老师，好像只是联系导师而已。他现在的水平，也非我的学养所能指导。然而，他总是那么虚心和诚恳，总是那么淡定，总是在默默地读书，教书，写书。有机会和这样的年轻人交往，大约是一种缘分。借这篇序，衷心祝愿他健康，快乐，不断向前进步。

　　是为序。

李良玉

2013 年 11 月于南京大学港龙园

目录 CONTENTS

朱全璨传（代前言）

1923 年 12 月 1 日，山东各界齐聚省会济南的商埠公园，在那里举行了规模空前的追悼大会，以纪念被日寇残杀的死难华侨。大会的程序是："一、奏军乐；二、奏雅乐；三、主席黄勉斋报告开会宗旨；四、余读祭文；五、奏哀乐；六、行祭礼；七、王尽美演说；八、朱子丹；九、满玉冈；十、朱子枢；十一、余说'国民知耻'四字之解释；十二、李容甫；十三、何冰如。"据记载，当时会场的情形是"说者志昂气奋，听者愤气冲霄，各机关派代表者五十八处，各法团、各学校约八九十处，与祭男有八千，女有五百，军乐、雅乐迭奏哀音。自上午九时至下午一时方闭会，由此会观之，可见我国民热血未凉，尤征同胞壮志不渝矣"①。其中，那位与中国共产党创始人之一的王尽美同台讲演、在会上宣读祭文和号召"国民知耻"的"余"，便是本文的主人公朱全璨。

家继考亭，廷留折槛

朱全璨（1867—1946），字君璞，号金钧，山东省龙口市七甲镇莱山前朱家村人，是反清革命志士、山东近代历史文化名人。清末，他加入同盟会，追随革命巨子徐镜心，在推翻封建专制统治、建立民主共和国家的伟大事业中功勋卓著。入民国后，他致力于通俗讲演，足迹遍布鲁、直、吴、豫、晋等北方十省，对近现代华北社会的移风易俗产生了广泛而积极的影响，因此被誉为"苦口婆心"② 的"社会导师"③，他的通俗讲演被称为"金钧讲演"。

朱全璨出生于一个典型的胶东农民家庭：父希贤公（1828—1901），务农为业；母李氏（1838—1915），为邻村李家沟村李万荣三女，生子二：长全璨，次

---

① 朱全璨：《鲁直吴豫晋五省游行略记》，黄邑吉祥印务局 1925 年版。

② 张鹤一：《讲演所所长朱君璞同志讲演录发刊纪念》，朱全璨：《讲演集录》，黄邑吉祥印务局 1930 年版。

③ 丁履贤：《讲演所长朱君璞先生讲演录发刊纪念》，朱全璨：《讲演集录》，黄邑吉祥印务局 1930 年版。

全珍。生女三：适王、适林、适王①。据1917年《朱氏支谱》记载：莱山前朱氏，"原籍江南，自明初（永乐年间）迁黄（即黄县，今龙口市），安居城南黄格庄"。② "明天顺年间（1457—1464），始迁莱山前定居，故称'莱山前朱家'"③。从现有的史料来看，莱山前朱氏与全国其他朱姓的关系或世系并不清晰，但是每逢春节，莱山前朱氏必定倩人书写"家继考亭，廷留折槛"的对联，悬挂于厅堂或张贴于街门之上，而且"此副对子，唯朱姓之家可用"。

众所周知，中华朱氏有一副常用的宗联是："汉宦忠臣旌折槛，理学心源忆考亭"。其中的考亭，即今福建建阳的考亭村，是宋代大儒朱熹晚年聚徒讲学、定居终老之地，朱熹在此创立的"考亭学派"是"闽学"之源。至明代，朱姓繁盛，后裔遍及全国，播迁流衍，远至韩国。莱山前朱氏奉朱熹为家族的正宗，与亦有荣，可见其较为深厚的江南渊源。

"廷留折槛"，亦称"朱云折槛"。朱云，西汉名臣，"字游，鲁人也，徙平陵。少时通轻侠，借客报仇。长八尺余，容貌甚壮，以勇力闻"，"好倜傥大节，当世以是高之"。朱云职位很低，却"年少抗节"，与党同伐异的佞臣石显、张禹等人势不两立。至汉成帝时，朱云曾在朝廷之上弹劾帝师、安昌侯张禹，留下了"朱云折槛"的佳话，《汉书》里记载了当时的情形：

至成帝时，丞相故。安昌侯张禹以帝师位特进，甚尊重。云上书求见，公卿在前。云曰："今朝廷大臣上不能匡主，下亡以益民，皆尸位素餐，孔子所谓'鄙夫不可与事君'、'苟患失之，亡所不至'者也。臣愿赐尚方斩马剑，断佞臣一人以厉其余。"上问："谁也？"对曰："安昌侯张禹。"上大怒，曰："小臣居下讪上，廷辱师傅，罪死不赦。"御史将云下，云攀殿槛，槛折。云呼曰："臣得下从龙逢、比干游于地下，足矣！未知圣朝何如耳？"御史遂将云去。于是左将军辛庆忌免冠解绶印，叩头殿下曰："此臣素著狂直于世。使其言是，不可诛。其言非，固当容之。臣敢以死争。"庆忌叩头流血。上意解，然后得已。及后当治槛，上曰："勿易！因而辑之，以旌直臣。"④

莱山前朱氏奉朱熹和朱云为正宗，可见其诗书继世、忠义传家的门风。到清末时，由于希贤公夫妇勤俭持家，家业逐步兴旺，家境相对殷实。孩子到了上学的年龄，希贤公便送他们到私塾去。朱全砾"自幼勤奋好学，私塾三年即

---

① 朱广助：《山东省龙口市七甲镇莱山前朱家村朱氏族谱（分支）》，2009年版。
② 朱全珍：《重修朱氏族谱序》，《朱氏族谱》1917年版。
③ 曲长征：《龙口市村庄志》，农村出版社1991年版。
④ （汉）班固撰，陈焕良、曾宪礼、李润英校点：《汉书》（下），岳麓书社2007年版，第1087页。

务农。种田行路，手不释卷，凡四书五经、诸子百家、历史传记，无不博览。精彩段落，皆能背诵。"① 朱全礫的家乡黄县，历史上也是遭受倭寇侵扰和流匪劫掠最为严重的地区之一，乡人为抗暴自保，习武成风。朱全礫亦自幼学习拳术和兵器，"以少林派为旨归"②，"习武强体，以图将来之大业"。③

从 1884 年到 1904 年的二十年时间里，甲午战争、戊戌变法、义和团运动、八国联军侵华等一系列重大事件接连发生，给风雨飘摇的清王朝以巨大的冲击，但外面发生的这一切似乎与莱山之阳的这座小山村无关，人们依旧逐日作息，村庄依旧安然静谧。朱全礫从 17 岁到 37 岁的二十年间，在村中读书耕种、娶妻生子，日子平淡安稳，波澜不惊。1905 年他 38 岁时，已经是六个孩子的父亲了。作为家庭的中流砥柱，他要支撑起一个十口之家，负担之沉重，自不待言，根本无心他顾。但是，清末由全国而山东全省而黄县全境不停激荡的时代风雷，吸引并召唤着血性男儿走出大山，在救亡图存的革命洪流中建功立业。朱全礫正是在这样的历史背景下，毅然抛家舍业，追随"革命巨子"、"辛亥革命大潮的北方舵手"徐镜心，加入同盟会，开始投身于民主革命的时代大潮。

反清革命，屡建奇功

19 世纪末 20 世纪初的中国，正面临着亡国灭种的民族危机。山东形势尤其严峻，"自胶湾租借，德人即据为己有。铁路矿局，星罗棋布，其兵民逡巡四出，又无不淫虐横恣，惨无天日。近日俄战争，日已占旅顺，英尚据威海。数年后，必有英、日合谋以窥吾山东，而攫德人之利权者，是内地之有战祸，将首出于山东"。山东半岛，交通发达，物产丰饶。因此，近代以来，这里一直是列强争夺的目标。1861 年烟台开埠以后，共有法国、美国、挪威、瑞典、德国、日本、俄国等 17 国，先后在烟台山上设立领事馆，其密度之高，创下了亚洲之最④。

朱全礫的家乡黄县（今龙口市）位于山东半岛西端，古称东莱、莱芝古国，富渔盐之利，自古繁华。历史上也是遭受倭寇侵害的重灾区之一⑤，因此也形成了乡人勇于反抗侵略的光荣传统。从地理位置上看，龙口港与辽东半岛

---

① 山东省龙口市史志编纂委员会编：《朱全礫》，《龙口市志》，齐鲁书社 1995 年版，第825 页。

② 朱全礫：《游行略记》，黄邑吉祥印务局 1927 年版，第 31 页。

③ 朱广助：《全礫公传略》，《山东省龙口市七甲镇莱山前朱家村朱氏族谱（分支）》，2009 年版，第 45 页。

④ 李日、徐学航：《革命巨子徐镜心》，山东大学出版社 2011 年版，第 4 页。

⑤ 《中学历史地图》，中国地图出版社 1989 年版。

的营口、旅顺、大连各港口，隔海相望，一衣带水，两地之间正好"南北直行，无需绕道至烟台"，所以列强纷至沓来，"该口遂日益膨胀，大有旭日东升之势"。商务亦"日有起色，外人毕集，设立各种栈行：英有太古、怡和、旗昌三大行，日有三井等行。商房直筑至五千间"，"该口现已轰轰烈烈，即成渤海南岸一热闹商埠矣。"① 其中，日本在龙口的扩张最为严重，日本为了把东三省的势力扩展到山东，在龙口设立了龙口银行总店，在"关东都督府"的特别保护下，滥发军票、钱票，导致"我国北洋银元价格反为低落"，"中国、交通两行之纸币，虽耗折亦不能通行"②。

尽管国家内忧外患，民族危机四伏，"而我国人，犹复琴书诗酒，歌舞湖山，日优游于太平广宇"。"株守旧章，虚延岁月"，"醉人僵卧，方演黄粱，不知死期之已至"。"耳目不灵，虽豆分瓜剖之祸，近在眉睫，而茫然不知"③。地处胶东半岛的烟台更是消息闭塞，"鄙处海陬，政治影响多所不及，以故居民简陋无文。习航海，乐夷俗，仰而取，俯而拾，殖财之外，多非所急。朝政兴革之事，更懵懵漫不措意。偶语以中朝利弊，亦多格不可入，甚至掩耳而走"。④ 目睹清廷的腐朽衰败，列强的飞扬跋扈，国人的麻木迟钝，朱全璞开始深切地关注国家和民族的命运。

清末，留学渐成热潮。黄县徐镜心、赵踵先、徐文炳、仲蔾乙、王学锦、徐镜古、李瀛海等人先后负笈东渡⑤。当时，山东各府之中，登州府的留日学生人数最多，登州府10县之中，黄县留日学生人数最多⑥。1905年，在徐镜心的带领下，绝大多数黄县留日学生都加入了同盟会。这些具有新知识和革命思想的青年回国后，积极宣传新思想，兴办新教育，发展壮大革命组织。不久，

---

① 佚名：《山东龙口之现象》，《东方杂志》1914年第七卷第10期。

② 中国社会科学院、中国第二历史档案馆编：《财政部为日商龙口银行滥发钞票谋抵制密函稿》，《五四爱国运动档案资料》，中国社会科学出版社1980年版，第208页。

③ 徐镜心等：《劝山东人士游学日本公启》，《之罘报》1905年5月7日（光绪三十一年四月四日）。

④ 中国史学会济南分会编：《海陬风雨一夕记》，《山东近代史资料选集》，山东人民出版社1959年版，第177页。

⑤ 张静斋等：《辛亥革命在黄县》，《山东文史资料选辑》第21辑，山东人民出版社1986年版，第31页。

⑥ 黄尊严、徐志民：《清末山东留日学生考释》，《东岳论丛》2004年第2期，第116—120页。

黄县的同盟会员便发展到 60 多人，人数之众，居全省之冠①。因此可以说，黄县是辛亥革命时期山东乃至中国北方最富革命朝气的一个县，是山东旧民主主义革命的摇篮。

1905 年 5 月 7 日，徐镜心等山东留日同学在《之罘报》上发表文章，号召山东父老送子弟出国留学②，由于过重的家庭负担，加上年龄偏大，朱全璨没有选择出国留学。但是他却十分留心新思想和新风气。6 月 11 日，徐镜心等在《之罘报》上发表文章，提出山东自治"法之要有三"，其中第二条便是"广设学校，以开风气"③。到 1906 年时，由于日本出台《取缔清韩留学生规则》和清政府的限制，山东留日学生人数锐减，而回国学生激增。朱全璨便有机会和徐镜心、赵踵先、张殿邦、徐文炳等接触，加入同盟会，按照同盟会北方支部、黄县分会的部署，创办新式学堂，宣传革命思想，培养革命人才。当时，黄县由同盟会员创办新式学校有十余所，绝大部分坐落于县城或北部的沿海富庶之地，仅有朱全璨创办的莱峰学校④位于黄县南部的山区之中。该校系朱全璨捐出自家土地，筹建了五间二层楼房，接纳莱山前七村（王家、邹家、郭家、杨家、西林家、李家沟、朱家）之儿童入学接受新式教育，系当时黄县南部乡村最早的新式小学，开黄县山区现代教育之先河。不惟如此，朱全璨还在云台乡大隋家创办了拨云学校，"教授二年，学生来学者甚众"⑤，朱全璨一人自费创办两所新式学校，这在辛亥革命时期实不多见。

朱全璨办学的过程也十分艰难曲折。相对于县城和北部沿海地区，黄县南部山区历来风气闭塞，人多保守迷信。乡人多不知道世界大势，对新思想多持排斥心理。他们加入各种会道门，为所谓的"神灵"可以卖房典地、倾家荡产，而对于朱全璨办新式学校，则"通说靡有钱"，他们不仅不予支持，而且"找人搅，出名告"，到 1911 年"起革命时，毁学堂，拆楼梁，揭楼板"⑥，极尽破坏之能事。

---

① 据徐学航先生的不完全统计，黄县当时的同盟会员有徐镜心、王治芗、邹斌元、朱全璨、张静斋、赵竹容、赵应秦、庄梦占、徐镜古、王学锦、王日吉、李瀛海、张殿邦、徐文炳、刁砚珍、赵六吉、李召南、徐镜海、周召南等共计 63 人，几乎占到清末山东（共 107 县）672 名籍贯可考的同盟会员总数的十分之一。

② 徐镜心等：《劝山东人士游学日本公启》，《之罘报》1905 年 5 月 7 日（光绪三十一年四月四日）。

③ 徐镜心等：《敬告同乡父老书》，《之罘报》1905 年 6 月 11 日（光绪三十一年五月九日）。

④ 关于朱全璨创办的新式学校的名称，历来被说成是"莱山小学"，这并不准确。学校的真实名字叫做"莱峰学校"，例如"中华民国十六年三月金玓朱全璨识于鲁黄（县）莱峰学校"，见《〈游行略记〉自序》。

⑤ 朱全璨：《鲁直吴豫晋五省游行略记》，1925 年版，第 27 页。

⑥ 朱全璨：《鲁直吴豫晋五省游行略记》，1925 年版，第 5 页。

"莱峰学校"位于黄县"南鄙",居民尽皆"野夫",教员难觅,朱全璨只好一人承担所有教学任务。他将学生"分初(小)、高(小)、中(学)三等",逐日按班授课,开设"国文、修身、历史、地理、古文、社会、作文、套文、物理、教育、算术、音乐、体操、拳术、尺牍、杂记"等共16门课程。一个学期下来,他共讲授、示范"国文略说180篇,修身略说40篇,历史论说及名人略传184篇,地理各省讲义及各省形势歌66篇,古文讲过者72篇,社会文关系国计民生者60篇,作文甲班所作之论说48篇,乙班所作之论说亦48篇,套文以今人之事仿古文篇句24篇,学生仿作者16次。教育科门大纲甲乙两班共28科门,细目不记。物理自行格出者16篇。算术珠算笔算兼授之。音乐,奏风琴、唱爱国歌居多。体操以徒手徒步为通常之练习。拳术以单打、对打、硬掤、实砸为主体,以少林派为旨归。尺牍拟古今名人,往来书札32篇。杂记以古今治乱兴衰,择其有关于社会者64种"。连他自己都感慨:"此乃余一人之教授,全年功课所学如是之多,非余之精力,孰能任之?"①

从朱全璨的"莱峰学校"讲义②及其在烟台益文、黄县志成等学校的教学活动记录可以看出,他的教学注重学生全面发展、强调学生爱国合群、启发学生经世致用,养成学生革命思想,取得了良好的效果,因此也吸引了许多青年学子慕名前来拜师受业。据其日记记载,曾经有"本乡在各中学肄业学生多人,屡次来舍,求余在本村设帐。余见其恳求至诚至切,不忍推却,遂辞志成中学学监之职,遽在本村设一乡校,自春徂夏,按日授课,生徒咸乐听受,俱用心求进,无一怠惰者。查其意趣,实系信仰力使然耳"。③

1911年10月10日,武昌首义爆发。消息传来,山东志士群起响应。11月13日,烟台光复,同日山东宣告独立。但是革命形势十分严峻,11月23日,山东独立被取消,反动势力阴谋加害山东独立领导人徐镜心④,徐镜心偕杨岘庄、仓谷等赴上海,向孙中山汇报山东形势并请示革命方略。孙中山指示徐镜心"山东事君自相机处理可尔",并令陈其美等人与徐镜心"商略",最后达成一致意见:"先据烟台,再取登州,以图济南","且约期会为实力援助"。⑤ 12月6日,徐镜心回到烟台,12日成立共和急进会,"欲据烟台,戡定全省"。但是烟台光复后,革命成果被反动军官王传炯把持,共和急进会在烟台难以立足,

---

① 朱全璨:《游行略记》,黄邑吉祥印务局1927年版,第31页。

② 朱全璨:《游行略记》,黄邑吉祥印务局1927年版,第29—31页。

③ 朱全璨:《自序》,《游行略记》,黄邑吉祥印务局1927年版,第1页。

④ 丁惟汾:《山东革命党史稿》(五),《山东文献》第二卷第三期,第53—60页。

⑤ 《徐子鉴光复登州》,《山东近代史资料》第二分册,山东人民出版社1958年版,第129—130页。

只好转赴大连，到关外集结革命力量，"谋取蓬（莱）、黄（县）益急，以为蓬、黄下，则烟台与济南之路绝，而王传炯不足畏矣"。

1912年1月15日凌晨，徐镜心带领东北援军到达登州。先后攻取清水师营、府衙、电报局等关键部位。至上午9时，全城光复。随后派人到黄县进行军事联络。

黄县是西进掖县（今莱州）、潍坊的咽喉之地，军事位置险要，战略意义重大。黄县同盟会员朱全璨、张彦臣、王叔鹤、徐云卿等人，在接到徐镜心光复黄县的计划后，立即招集民军，着手起义。1月17日，占领清兵防营，黄县光复。18日，黄县军政府成立，朱全璨任谍报。19日革命军开始向西挺进：由120多人组成的敢死队进攻北马镇，当日克复北马。1月20日，革命军将进驻黄山馆，徐镜心特派朱全璨前往张贴布告以及查看清兵房屋。朱全璨在途中得到情报：600多清兵"自新城、磁口开到"，"正驻黄山馆进食，扬称前攻北马"。他"飞奔返报"①，革命军立即退回黄城，避免了与大股清军的遭遇战，否则100多人的革命军若被600多清兵包围，后果不堪设想。

21日，徐镜心带领200余人"怀炸弹，荷土炮"，"雨雪载途，风刺骨如羊角，绝无以苦者"②，从登州赶来支援，清军闻讯遁去。22日，再取北马，民军遭清军伏击，血刃肉搏，战至黄昏，清军溃退黄山馆。27日由刘基炎率领的沪军北伐先锋队到达黄城。29日，北伐军与黄县民军合师西进，遭清军大队人马反扑，北马再度失陷。

2月2日，"清兵围城，向西、南、北三面仰攻。（连）承基、（徐）镜心奋战数日不退。镜心使朱全璨、张殿邦、徐文炳绲城东行乞师"③。当时清兵穷凶极恶，搜捕益急，时天寒地冻，大雪没膝，朱全璨夜宿旅店，"恐光头被捕，以三开帽蔽之，几经险难"。2月11日，黄县城陷。2月13日，沪军由蓬莱到达黄县。清军闻风夜遁。临逃前，将所拘捕的28名革命党人全部杀害。2月15日，南京临时政府通令到达黄县，"宣统退位，共和成立"。

登黄战事结束后，朱全璨遵照徐镜心的命令，从烟台回到黄县，着手调查革命军伤亡和损失情况，朱全璨经过详确调查，"计沪军阵亡将士三十五名"，"鲁军守城及战死者九十二名"。2月底，黄县人民"追念前勋，各团体联合在文昌庙开会追悼，举行公祭，倡议捐资为沪、鲁两军阵亡将士购地立墓。推朱

① 《黄县革命史实》，《山东近代史资料》第二分册，山东人民出版社1958年版，第137页。

② 连承基：《追悼黄县战事鲁军死难官兵诔文》，《光复黄县死事官兵墓碑》，墓碑现存龙口市烈士陵园。

③ 魏懋杰：《黄县三十年闻见录》，《山东文献》第五卷第1期。

全璨、曲子久经纪其事。"① 由朱全璨为烈士"买益源木铺好棺材与好衣服"，分别在北马和九里店购买墓地建设陵园，安葬了光复登黄战事中死节的 127 名烈士②。不惟如此，民国初年，社会动荡，两处烈士墓园迭遭破坏，"县知事郭光烈置之不理"，朱全璨激于义愤，曾于 1922 年 10 月 29 日、1923 年 3 月 17日③两次募捐重修烈士墓园。

巡行讲演，移风易俗

1912 年，民国肇造，百废待兴。这一年，朱全璨 45 岁。作为黄县同盟会、国民党元老，按照民国铨叙规则，朱全璨完全可以与他的同志张殿邦、周召南等人一样，以对缔结民国的功劳和贡献，出任某县知事。但是，他没有选择仕途，而是留在了黄县家乡，开始了他的通俗讲演生涯。

朱全璨之所以做出这样的选择，是因为他对于清末民初的社会人心有着清醒的认识。他认为"清鼎初革，风气未开，必须力加鼓吹"。从清末办莱峰学校、拨云学校开始，他就认识到，黄县尤其是黄县南部山区，风气闭塞，人多愚昧。山野愚氓不仅不接受现代文明常识，而且对宣传现代文明常识的人和事大加排斥，甚至以加入反动会道门相对抗。而民初"利权外溢"，国事砥危，"同胞不知因愧生愤"，竟"犹清歌漏舟之中，醑饮焚薪之上"，更"有以醑眠高卧为得计，引旧排新为奇能者，鱼游釜中，不谋朝夕"，地方官吏"沿旧弊，不急更弦改张"，致"共和十年，自治不立，民冤积怨"，因此他慨然有"事关国民者，皆当以为己任"的使命感，立志要作"社会进化之前驱，文明鼓吹之嚆矢"④，使"五千年之旧邦，布九万里之新命"，建立"非常卓著之鸿业"。⑤

因此，朱全璨全然不顾连丧二子、旋又丧母的痛苦，也根本无暇含饴弄孙⑥，在担任县议会议员、警局巡官、区保卫团团总的同时，经常跋山涉水，走街串巷，宣讲移风易俗。加上他"颇具辩才，大小会场，无不请他演说，讲台甫登，掌声四起。"朱全璨到处宣传移风易俗的同时不忘劝学，由于他的努

---

① 《黄县革命史实》，《山东近代史资料》第二分册，山东人民出版社 1958 年版，第 147 页。

② 朱全璨：《山东黄县巡行讲演报告》，黄县吉祥印书局 1923 年版，第 10 页。

③ 朱全璨：《山东黄县巡行讲演报告》，1923 年 3 月 17 日。

④ 张春芳：《〈讲演集录〉序》，《讲演记录》，黄邑吉祥印务局 1930 年版。

⑤ 朱全璨：《发起同胞爱国文》，《山东黄县巡行讲演员朱全璨造报十一年报告册》，第 2—3 页。

⑥ 朱全璨的长子 1910 年"由于学习事业用功过度患病而早卒"；三子 1911 年时因"用功过度早卒"；母亲李氏 1915 年 9 月去世。长孙良耜于 1908 年 4 月出生，次孙耕于 1914 年 7 月出生（参见朱广助等编《山东省龙口市七甲镇莱山前朱家村朱氏族谱（分支）》，2009 年版）。

力，"甫三载，（黄县）学校数字由四十余处增至六百余处。"如是者数年，"樵牧为之动容，妇孺无不识面"①，在县内颇具威望。1915年底，黄县"遽加"苛捐杂税数十种，全县六乡二百六十八村四百五十位首事推举他为民意总代表，赴烟台与胶东道尹交涉，为万民伸冤。朱全璷中年以后蓄起胡须，美髯没胸，"目光炯炯，貌既惊人，言更压众"，因此同志、邑人皆尊称他"朱大胡子"。

通俗讲演活动是清末民初社会教育的重要方式。清末，官方开始设置"宣讲所"，当时的讲演员，大多是一些"无事做的绅士"，或者由官员兼任，他们都是挂虚名，根本不出去宣讲或者敷衍塞责，只是"在办事室里瞎造几篇宣讲稿或工作报告给上峰"，因此宣讲活动"毫无成绩"。民初，政府将宣讲所改为"通俗讲演所"，虽"经多次的改革"，但讲演员大多数"不能称职"，"一考查实际状况，比宣讲所时代仍好不了多少"。②所以到1919年前后，建立专门的机关，对讲演员进行专门的训练，已是大势所趋。

1918年山东省设立"通俗讲演传习所"，专门培养通俗讲演员。1919年春，朱全璷由黄县劝学所所长徐文炳和黄县知事胡永年推荐，赴省垣济南参加第四期的培训。第四期培训班共有来自全省各地的学员60余人，朱全璷被推选为班长。培训班开设讲演实施法、社会学、心理学、伦理学、教育学、论理学、蚕桑大意、染织大意、音乐、黑板画等十门课程，每日授课八次，学期三个月，期末考试合格，方能毕业。

在传习所接受培训期间，适逢"五四运动"爆发。朱全璷身为班长，带领同学们全体罢课，他们"带讲演员标记"，沿街演说，"听者无不愤激，一时轰动全省街市"。不惟如此，他还与淄博人赵传新上书北洋政府，要求释放被捕学生，严惩卖国贼。他自己还单独上书山东省长，要求省府"电达中央，收回故土，以重主权"。此外，朱全璷等六位优秀学员还被劳动界邀请，"分路演说，愈激愈励"③，有力地声援了北京学生的爱国运动。

6月初，朱全璷通过考试从传习所毕业。他回到家乡，每日到各乡演说。到初秋，黄县霍乱盛行，"染病死者三万余人"，朱全璷"亦病死而复苏者"，经此一劫，他更加勤苦地巡行讲演。由于他卓有成效的工作，1921年时朱全璷被委任为山东省通俗讲演员兼社会调查员，主要负责胶东地区的通俗讲演活动。活动范围也因此扩大，由黄县而胶东，由胶东而山东，由山东而直隶、吴越、豫陕、晋绥、京津，足迹遍及整个华北，对华北社会近代移风易俗产生了积极

---

① 张春芳：《〈讲演集录〉序》，《讲演集录》，黄邑吉祥印务局1930年版。
② 谷剑尘：《民众讲演实施法》，商务印书馆1935年版，第63页。
③ 朱全璷：《巡行自叙》，《山东黄县巡行讲演员朱全璷造报十一年报告册》，版本信息不详。

的影响。作为近代知名通俗讲演家、社会活动家，朱全璨的活动主要包括以下两个方面的内容：

第一，革除陋俗旧弊。众所周知，中国经历了漫长的封建社会，因此陈积了大量的旧规陋习，这些旧规陋习不仅数量大，而且深切地影响了中国人的精神，成为中华民族近代化的巨大障碍。其中最为典型的有女子缠足、男留发辫、聚众赌博、吸食鸦片、酗酒闹事、嫖娼淫乱、重男轻女、封建迷信、包办婚姻、早婚纳妾等。

第二，宣传新风新知。近代以来，伴随着欧风美雨，西学东渐，许多西方的工业文明成果开始影响世界，中国概莫能外。但是由于长期的封建社会的禁锢和钳制，国人对这些舶来品多持顽固抗拒的心态。这些在今天看来再平常不过的常识，在清末民初竟是人人喊打的"异端邪说"，与中国当时主流的社会心态水火不容，格格不入。例如：义务教育（提倡女学、废除私塾）、实业兴国、提倡国货、爱国合群、农业改良、植树造林、慈善救助、依法治国、民主政治、卫生防疫、科技普及、团结御侮、廉洁政府、民众自治、男女平等、废物利用、兴修水利等。

为了破除陈规陋俗，树立新风尚，传播新知识，朱全璨可谓"苦口婆心"[①]，唇焦舌敝，不厌其烦。在其"游行二十年，足历十余省"的上千次讲演中，诸如女子缠足、吸食鸦片等戕害国人身体的恶习，他讲了近200次。诸如男尊女卑、封建迷信等毒害国人灵魂的积弊，他在十余省都讲演过。为了使自己的讲演取得成效，朱全璨不断研究改进讲演工具（使用幻灯和留音机）和讲演方式，这些创新是非常难能可贵的。

例如，宣传缠足之害时，他经常会携带预先准备好的宣传画，画的内容图文并茂。每到闭会时分发。"领者争先恐后，如获至宝"[②]。图画的配文也言简意赅，很有特色：

如"莫缠足，莫缠足，莫使女儿受痛苦。阻血脉，伤筋骨，碍卫生，误事务，把好好的天足变为尖足。不是号叫，就是啼哭。女儿不愿缠，拿着笤帚扑添土，种种的祸患，除去一辈子的幸福。也不知道是爱她，也不知是侮辱。稍知人情的，不作这等父母。我同胞，快醒悟，勿使缠足之恶风，再污我华族！"

再如"包脚的两个女子，侧侧稜稜去抬水。足弯不能落实地，身上力太微，正在年轻该强壮，因为包的脚痛，连一桶水也抬不上。离了井崖不几步，一跌摔倒在道旁。洒了一身水，污了好衣裳。捅破鼻子腿磕伤，都是上了包脚的当。

---

① 张鹤乙：《题词》，《讲演集录》（上），黄邑吉祥印务局1930年版。
② 朱全璨：《鲁直吴豫晋游行略记》，1923年8月5日日记。

劝同胞,快快放,软弱的身子,还能变强壮!"①

　　这些文字通俗易懂,对比鲜明,非常具有说服力,感动了绝大多数父母,拯救了无数的女子,其造福于女界和社会,可谓居功厥伟。有龙口籍革命老人回忆说,她童年时,"县人朱全璨(同盟会会员,绰号朱大胡子)在家乡提倡放足,因此并未裹脚"②,后来才能天足走上革命的道路。

　　在20多年、十余省的通俗讲演过程中,朱全璨可谓不辞劳苦,艰辛备尝。据现有记载,他有很多次病倒在讲演途中,还曾数度面临生命危险,如:1919年夏,"日到四乡开会演说。迨夏末秋初,霍乱盛行,全黄染病死者三万余人。余亦病死而复苏者"。1922年正月十六日,"每多乘各乡演戏,登台止戏讲演,听者恒有万千。巡行月余,遂受风寒,加以气虚,遽病不支"③。1922年4月30日,"余因病,遣侄广谟代表开会。值是日星期,四民咸集,学校到者十余处。"④ 1923年8月12日,他组织学生"至第十区保卫团黄城集(讲演),第二组至十区南团石良集,同时出发。""半夜身染霍乱病,吐泻不止,幸劝学所同仁陈星斋等延名医王春波诊视针治,静养十数日方渐愈。"⑤ 1926年9月22日,在东明县讲演时,"夜深,余方欲归寝,忽觉心头作恶,大泻一连七次,忽昏迷不醒人事。"⑥ 幸得"救护,方不至危,否则病恐难测"。1928年9月15日,"晨后忽遭霍乱病症,吐泻数次,遂即气绝,昏迷终日。次日,方渐能语食,闻者咸悦。余恒因时事所激,故连年频遭霍乱,数次死而复苏"⑦。1929年12月1日,"晨起忽病腰肾,卧床十日始愈"⑧。

　　纵然如此,他还是痴心不改,矢志不渝,"余自以为历年以来游行多省,到处专以济世救人劝人遵行圣道,挽救人心,当不至遭此危症,弃身于外,转想此次之遭危症,洵有天幸在焉。从此善念益坚,专思以达素志"⑨。

　　然而,身体的病痛、常常遇到的恶劣天气和落后的交通条件,并不是最大的困难。来自守旧势力的阻挠和破坏才是通俗讲演的最大障碍。如1921年正月初八日,"有十余恶少反对助讲,乘机滋闹,攘臂大呼","观听者遭其扰乱","人丛咸动,嚷声大乱"。"讲听(者)空扯其音,听者杂轰莫辨,愈喊愈力,

　　① 朱全璨:《在北关火神庙的讲演》,1923年8月5日日记。
　　② 连永升:《耄耋老人传奇往事》,《烟台晚报》2010年12月13日,第A24版。
　　③ 朱全璨:《山东黄县巡行讲演报告》,1922年2月12日(正月十六日)日记。
　　④ 朱全璨:《山东黄县巡行讲演报告》,1922年4月30日日记。
　　⑤ 朱全璨:《鲁直吴豫晋游行略记》,1923年8月12日日记。
　　⑥ 朱全璨:《游行略记》,1926年9月22日日记。
　　⑦ 朱全璨:《讲演集录》(上),1928年9月15日日记。
　　⑧ 朱全璨:《讲演集录》(下),1929年12月1日日记。
　　⑨ 朱全璨:《在东明县立高小的讲演》,1926年9月22日日记。

佐理莫可遏止"。朱全璞"遂舞刀练拳，台下略稳。又讲演有半钟之久，滋闹者威亦杀矣"①。

再如，1923年6月4日，朱全璞到芦头集讲演。由于守旧势力的破坏，到下午三点了也没有人来听讲。为首的"殷家六老太爷"出言粗俗，大骂道："教我看，怎净顺屁势把毛放屁，先头说不让剪辫子，就是我说的，我问道怎哪个不是带辫子的养的。这才几天，剪了辫子就忘了大清家"，并且威胁说，若朱全璞演说剪辫子，他就叫人"往台上扔石头"②，气焰极为嚣张。朱全璞毫不畏惧，据理力争，以柔克刚，对方自讨无趣只好离开。

朱全璞文武兼资，在巡行讲演的过程中，总能够从容应对，压住阵脚，给恶少遗老以回击和震慑。这些斗争十分典型、生动地展现了中国近代社会转型时期新旧势力的正面交锋，虽不见刀光剑影，血雨腥风，却也是跌宕起伏，惊心动魄。

由于朱全璞是"著名的社会讲演专家，他对民众的魔力极其伟大"③，加上他历来提倡国货，所以有不法商人竟然借重其影响，设局行骗。1929年10月17日午后，在黄县城内"财神庙戏台，有天津中华国货贸易公司主任董秀夫，邀余等多人开会，助为提倡国货，余为讲演三次。听者一千二百人，咸拍掌欢迎大悦，有崇德学校率队来场，警兵维持秩序，遂分宣言若干。迨后闻该公司乃密设骗局，黑幕已揭，骗者潜逃"。连他自己都曾感叹"此等举动，真是令人梦想不到"④。但这也从一个侧面反映了朱全璞巨大的感召力和广泛的影响力。

朱全璞毕生以"导觉斯民"⑤、"唤起民魂"⑥为职志，以"转移风俗"⑦、"激进文明"⑧为鹄的。20多年以来，他肩书手剑，遒人徇路，"演说登坛，观听亿万"⑨，"振聋发聩"⑩，对于胶东、山东乃至华北社会的近代化都起到了积

---

① 朱全璞：《在马亭庙的讲演》，1922年3月27日。

② 朱全璞：《在芦头集的讲演》，1923年6月4日。

③ 赵踵先：《题词》，《讲演集录》（上），黄邑吉祥印务局1930年版。

④ 朱全璞：《讲演集录》（下），1929年10月17日日记。

⑤ 周弼：《朱君璞先生讲演录发刊纪念》，《讲演集录》，黄邑吉祥印务局1930年版。

⑥ 黄县党务整理委员会：《讲演所朱所长君璞讲演录发刊纪念》，《讲演集录》，黄邑吉祥印务局1930年版。

⑦ 杜永悌：《讲演所所长朱君璞同志讲演录发刊纪念》，《讲演集录》，黄邑吉祥印务局1930年版。

⑧ 山镜湖：《讲演所朱所长君璞讲演纪念》，《讲演集录》，黄邑吉祥印务局1930年版。

⑨ 张春芳：《序》，《讲演集录》，黄邑吉祥印务局1930年版。

⑩ 陈观海：《讲演所所长朱君璞先生讲演录发刊纪念》，《讲演集录》，黄邑吉祥印务局1930年版。

极的推进作用，所以时人曾高度评价其生平事功，有赞曰："木铎路巡，远仿遒人。紫阳家学，愈演愈新。地方福利，党国精神。发挥尽致，说法现身。芝莱之下，绛水之滨。文明进化，激促群伦。语言通俗，出自天真。牖民觉世，是为梁津"①。还有赞曰："世俗已靡，狂澜望挽。春风化雨，先哲未远。誓为木铎，启迪不倦。车辙所至，民风丕变。顽廉懦立，世之模范。"②

值得指出的是，近代中国政权频繁更迭，战争连年不息，社会持续动荡，民生日益艰难，仁人志士们声嘶力竭的呐喊往往被枪炮声、哭喊声所湮没，他们的理想多被残酷的现实所击破，因此在中国社会的近代化过程中，通俗讲演在移风易俗方面之功效，难以与讲演者的预期相吻合，难以与讲演者的汗水相匹配。朱全璓也曾对此有过反思，他认为："余曩年屡出外游，每著游记，多抱乐观，情因各界事业，逐渐改新，一力进行。今见各乡民众窘愁难堪，余亦代作悲观。回思我中国，大局不定，南北意见不和，战争不息，扰攘靡穷。虽有热心忧国爱民之人，总奔走呼号，亦徒劳焉而已。总使齿落唇焦，舌敝耳聋，亦难解劝官僚去其升官发财之志，社会安得不坏，人民何能奠安？此所谓几人倡乱，全国遭殃矣"③。

朱全璓的通俗讲演活动，是清末民初平民教育、下层社会启蒙的一个典型和缩影。以往学界对于近代社会教育的研究，虽然有较大数量的成果，但是由于"声音"转瞬即逝，通俗讲演员的宣讲内容难以保存，因此研究又很难深入下去。幸运的是，朱全璓及其通俗讲演活动为我们留下了大量珍贵的一手资料，这些文献有些本身即是历史现场的真实记录，对于加深相关研究具有重要意义。归结起来，朱全璓的通俗讲演活动具有以下两个突出的特点：

第一，记录周详，保存完好。近代以来，救亡图存是中华民族的历史主题。而开通民智、唤醒民众是第一要务。梁启超认为"开瀹民智最有效之三物，分别为译书、刊报和演说"，对于占中国人口大多数的"下层社会"来说，"若论上下沟通之便捷，死文字断不及生语言"，这正是中国近代"不可不讲演说之术"的原因④。秋瑾也认为"开化人的知识，感化人的心思，非演说不可"⑤。至19世纪末，"以演说代教授"已经成为社会共识，因此从清末到民国，历届政府都设立了"通俗讲演所"，向民众宣讲近代文明常识。有学者指出，中国

---

① 李荣梓：《讲演所朱所长君璓讲演录发刊纪念》，《讲演集录》，黄邑吉祥印务局 1930 年版。

② 田福田：《朱君璓先生发刊讲演录纪念》，《讲演集录》，黄邑吉祥印务局 1930 年版。

③ 朱全璓：《后记》，《讲演集录》（下），黄邑吉祥印务局 1930 年版。

④ 佚名：《说演说》，《大公报》，1902 年 11 月 5 日，第 3 页。

⑤ 秋瑾：《演说的好处》，《秋瑾集》，上海古籍出版社 1979 年版，第 3 页。

近代无论是思想启蒙、社会动员，还是文化传播、学术普及，"巧舌如簧"的演说的功用，一点也不亚于"白纸黑字"。可惜的是，这些声音限于科技条件，转瞬即逝，无法保存。据统计，近代以来，全国共设有通俗讲演所 2000 余处，讲演员 10 多万名。但迄今为止，如朱全璨一样逐日记录讲演活动近十年如一日的，可谓独一无二，因此这些资料堪称中国近代通俗讲演的一个珍稀样本。

第二，持续时间长，涉及区域广。朱全璨一生以通俗讲演为己任，以移风易俗为目标，从 1920 年到 1930 年连续十年未曾间断。他的日记完整地记录其间的讲演活动、华北的社会风貌和中国的内政外交。这些记录中，不仅有通俗讲演活动的组织、培训、管理和考核等常规程式的详细记载，而且有大量内容与当时的政治、社会、思潮紧密相连。大凡风土人情、政治军事、军阀政客、会党教派、学生运动、抗暴风潮等无不详加记载，事件前因后果，无不细加说明，人物是非功过，均能客观评价。众所周知，1920 至 1930 的十年，是中国近现代史上政治黑暗、文化论战、思潮涌动、军阀割据、社会动荡、世道不堪、人心苦闷的十年，这些记录极大地丰富了我们对 20 世纪 20 年代中国社会状况的认识。朱全璨的足迹遍及鲁、苏、直、吴、冀、豫、晋、陕、甘、京、津等华北十余省市，举办巡行讲演 2000 余次，到处宣讲近代文明常识，普及现代生活理念，革除积弊陋习，他的通俗讲演对于 20 世纪 20 年代华北社会的移风易俗产生了积极而深刻的影响。

主持正义，为民请命

作为社会名流、通俗讲演专家和地方国民党元老，朱全璨亲眼目睹匪患、天灾、军阀、贪官等造成"民情窘困、呻吟困苦之状"，"恒终夜愁不能眠"[①]。因此，他总是抓住一切机会为民请命，为民造福。在现有的记载之中，他的主要贡献表现在以下三个方面：

首先，严格考核官吏。

1924 年，朱全璨应同志周召南之邀请，赴河南罗山县进行通俗讲演。在那里，他发现"该方守旧人多"，他"心抱不平，每与仇视新界者侃侃争辩，以救正之"[②]。在罗山的半年多时间里，他寝食俱废，忘我工作，"开会讲演共 73 次，讲历史、地理、古文等书共 220 课，讲古今战略共 64 课，随手在黑板作略说讲义共 284 篇，教练学拳术者 170 人，作训词与讲词共 5 篇，作《社会报》

---

① 朱全璨：《跋》，《讲演集录》（下册），黄邑吉祥印务局 1930 年版。
② 朱全璨：《在罗山县高等学校的讲演》，1924 年 7 月 25 日。

稿与作讲演稿33篇，画各种表式17种，修筑信固汽车路60里，工程四阅月，费钱两万有奇，文武兼操，日益加劳"①，真可谓不辞劳苦，全力以赴。

1926年，周召南升任河北大名道道尹，写信邀朱全璨赴豫佐理政务。朱全璨于8月8日从黄县启程，8月16日到达大名。8月27日，被委任为"道署顾问"，负责到处讲演、视察大名道辖三十七县的吏治、教育、实业和路政等，并以此为依据对各县知事进行考核评价。朱全璨对于此事高度重视，格外认真。对颟顸贪腐者，考核评语多批评和弹劾，如广平县知事颜某"精神颓靡，日卧烟窟，诸事不理，怨声载道"，"加以宠爱小妾，日贮金屋，虽县小民稀，亦难胜任"。②对清廉有为者，考核评语多赞扬和敬重，如邯郸县知事邵鸿基"精明强干，对于地方政治应兴应革者，时常召集绅董，督促进行，是以四民爱戴。民国亲民之官，洵堪首屈一指。吏治清廉，又无官僚习气，若使久于其职，邯郸幸福，不难遽造"。③可惜的是，考察尚未结束，周召南不被吴佩孚所重，10月27日"因病请假"去职。朱全璨誓与周召南共进退，10月28日"即交卸巡查之职务，即行归里"。

第二，为民请命、治理匪患。

朱全璨家乡所在的胶东半岛，在中国近代史上是一个扰攘、动荡、血腥的角逐场。外国列强和各种政治势力、各路军阀，你方唱罢我登场，他们无休止地争斗，给胶东人民带来了空前的灾难。军阀之中，张宗昌、刘珍年等"杂色军队过往太频，来则遍索大洋，动以亿万。去则需索马车，全县应差，富者迭次纳捐，财空室竭"，"杂军"所到之处"不是抢劫，就是焚杀，绅富小康之民通通携眷远逃，贫寒褴褛之民尤多转死沟壑④，"尸骨为群犬所扒出嚼噬者，狼藉多处。屋宇被焚毁者，多村皆然"⑤。

1929年5月14日，安荣昌部与张升九部为争夺地盘和财物，在黄县展开激战，"城里关外，枪炮大鸣，三天三夜方始停止。""两军乘机大肆抢劫，用大车三百余辆，将所抢的粗细等物，运至九里店村，堆集如山，嗣后运至龙口，扣船载出海外"。全城被"抢劫一空，无有一家幸免者。妇女被其奸淫殆遍"，制造了黄县历史上"千古未有之惨祸"。朱全璨"愤火中烧"，"一愤"而赴烟台，要面见刘珍年，上书请愿，"为黄县申诉人民之冤抑"⑥。他还通电全国，

① 朱全璨：《鲁直吴豫晋五省游行略记》，1924年7月30日日记。
② 朱全璨：《游行略记》，1926年9月30日日记。
③ 朱全璨：《游行略记》，1926年10月7日日记。
④ 朱全璨：《讲演集录》（下），1929年1月9日日记。
⑤ 朱全璨：《讲演集录》（下），1929年4月12日日记。
⑥ 朱全璨：《讲演集录》（下），1929年5月15日日记。

揭露军阀罪行，通电首发于《钟声报》，随后多家报社亦纷纷转载披露。对于"杂军"祸害胶东，朱全礫曾亲撰《为民请命书》，要求杂军"勿占民房，勿取民物"等，"嗣七日后，该军首领联名出示"，"前后所设的苛捐杂税一概全免"，"人民搬徙避逃者方始渐少，乡闾略安"。①

近代胶东也是封建迷信盛行、反动会道门活动猖獗的地方。尤其是 20 世纪 20 年代军阀混战时期，各种"左道"乘机活动，如红枪会、大刀会、天理教、八卦教、无极道、黄教（黄天党）、鸾坛、道德会、一贯道、乩坛会、老母会、一心天道、龙化圣教会、安清道义会、卍字会、亚洲会等近 20 种会道门泛滥成灾。它们控制销蚀民众灵魂，摧残戕害民众生命，其中尤以黄天党和无极会尤为恶劣。

黄天党是清末、民国时期胶东半岛地区的民间结社组织。以李桂卿（又名秀卿）为首，以"排外"相招徕，每逢农历三六九，聚众开会，会众多达数千人。会首居于招远赤村、莱州朱桥。"妇女十五岁以上四十岁以下者"，"亦诱其加入，其行径恰如庚子之义和团"。民国时期，该会不断扩张，势力达于周边黄县、蓬莱、栖霞、海阳、莱阳等县，山东省府曾下令各县清剿查缉，"奈声势甚张，绝非区区县官能力所能消弭"②。

无极会，亦称"无极道"，起源于清末民初。风行时，大旗上绣有"终无极而太极，由甲寅而申丑"。道首以传道为名，广招信徒。1928 年，滕县李文正等 8 个无极道师傅，在招远毕郭布坛传道。当地百姓纷纷加入，发展道众 2000 多人。随着势力的膨胀，"招远无极会日益恣横，到处强迫良民入会，煽惑愚民随从"。"数月之间，被左道会徒逼迫，蔓延殆遍"③。招远临县栖霞、黄县、掖县等地亦遭波及。1929 年 2 月，无极会蔓延至黄县，其头目曲长庆（蓬莱人）以李家沟村为据点，先后在石良、十甲等地以"抗捐抗税"为名，"抢掠甚巨，枪挑七八人，绑去多人，勒捐大洋三千元，由是乡间大乱"④、"人民股栗"。朱全礫积极组织联防，上书政府和军队，提出杜绝"左道"之策：先"设法宣慰左道，使其各自安分，不再用剿杀焚掠为宗旨"⑤，即以说服教育为主，争取和平解决，这样就避免了军队围剿时良莠不分，无辜民众遭到牵连，"玉石俱焚"。而对于个别顽固分子，他则主张坚决镇压，以儆效尤。事实证明，朱全礫的策略是正确的，无极道头领最后均通过朱全礫"接洽官方"，表

---

① 朱全礫：《讲演集录》（下），1929 年 3 月 29 日日记。

② 李定夷：《黄天党之黑幕》，《民国趣史》，江苏广陵古籍刻印社 1998 年版。

③ 朱全礫：《讲演集录》（下），1929 年 2 月 7 日日记。

④ 朱全礫：《讲演集录》（下），1929 年 5 月 1 日日记。

⑤ 朱全礫：《讲演集录》（下），1929 年 5 月 3 日日记。

示"不再对抗政府"①，从此敛迹远飏，胶东民众"再也不受这些左道的欺压"② 了。

第三，爱护青年，支持学生。

朱全璨向以"开明"著称，这不仅表现在他对于陋俗旧弊的无情批判，更表现在他对于进步学生及其活动的深刻理解和鼎力支持。这在那个年代的花甲人群之中是最为难能可贵的。他认为"现今，哪国学生多，国就强。学生少，国就弱。无学生，国就亡。这就是学生时代，学生的世界。"因此，"中国待要好，还得学生"，"离了学生，死停得。"他到处呼吁"大家向下随着学生办吧"。③

1919年，"五四运动"爆发后，社会上的保守势力、反动势力污蔑学生"图小利"、"争功"，列强讥诮学生"五分钟热血"，但是朱全璨则在讲演大会上反复为学生辩护。他说："众学生群闯总统府，要求为青岛不签押，不是去要名。查仇货，迫仇货，不是去图利。砸招牌，砸柜台，不是去逞能"。他特别强调"学生尤非捣乱的人"④。他仇视"仇视新界者"，他认为顽固守旧者"大为新界之障碍物"，致使许多地方"风气难开"⑤。他坚信学生是新世界的中坚力量，"若非学生挽救，振其聋聩，有谁能启彼顽固之耳目，使知新世界之潮流乎？"⑥

由于朱全璨对于进步学生有着深刻的理解和殷切的期望，因此所有污蔑学生、迫害学生的言行，他都视若寇仇，与之不共戴天。

民国成立后，黄县有两所中学：一所是县立中学，即黄县中学。另一所是教会创办的崇实中学。自1920年起，黄县中学的校长一直由老同盟会员赵踵先担任。赵乃黄县近代教育的重要开拓者，在其掌校期间，"极力刷新校务，聘请新旧硕学为教师。对于学校的精神上、事实上，一切的设备、组织，虽不敢说极好，然与该校往年的情形开比例，不能不算是一番的进步。从前的种种黑幕，竟从赵君接手，一变而为光明磊落了。"⑦

不料，到1923年时，"酷吏"于璜以"贪夜攀援"出任黄县县长，他任人唯亲，飞扬跋扈。先是在本年春间策动"黄县旅京学会"的学生，"到处飞扬印刷品，污蔑赵校长的名誉，"继而在暑假里上下其手，将赵踵先调离，委任自

---

① 朱全璨：《讲演集录》（下），1929年8月20日日记。
② 朱全璨：《讲演集录》（下），1929年10月17日日记。
③ 朱全璨：《在李格庄讲演》，1923年5月7日。
④ 朱全璨：《在城东沙河戏台的讲演》，1923年5月29日。
⑤ 朱全璨：《在河南罗山县立高等学校的讲演》，1924年5月9日。
⑥ 朱全璨：《在河南罗山县立高等学校的讲演》，1924年7月25日。
⑦ 佚名：《录志成学校事实之说文》，《鲁直吴豫晋五省游行略记》，1925年版。

己的亲信吕瑞洲为新校长。吕瑞洲对于教育本无心得和手段，一到任便"闹出许多笑柄"①。黄县中学师生忍无可忍，终于在8月30日掀起了声势浩大的挽留赵校长、拒绝新校长活动。出人意料的是，面对师生的合理要求，于璜不仅不予关心，甚且"率领警兵六七十名，闯入校中，不容学生理论"，"叱警掩门凶殴，棍棒交加，将学生打得鬼哭神嚎，声闻数里。头破胫折，受重伤者数十名。架去六名，立即拘押。未逃出者，锁关监守，创不得医，饥不得食，保不准出，惨虐暗无天日。"朱全璩闻讯，"眦裂发指"，立即发表宣言并通电全国，号召"全县同胞急起抗争，势必驱此丑类"。②

9月2日，朱全璩被推举为民意代表，赴烟台胶东道署亲谒道尹陶思澄，要求严惩于璜。9月3日，连夜乘船赴天津，转道济南。9月5日，到达济南。6日，即向山东省教育厅、政务厅亲诉于璜罪恶，但这两处的官员"意似推诿"。他便日夜兼程，13日抵北京，当即亲谒山东省长熊炳琦（熊乃曹锟心腹，此时正在北京联合同僚，为曹锟贿选奔走效劳），"连日数谒"，"连呈数禀"，熊"允回省办理"。但最终"时局黑暗，专讲人情面子，不讲公法公理，益知小民覆盆，不易昭雪"。熊炳琦只是敷衍塞责，于璜一直逍遥法外。至此，朱全璩对政府完全失望，他说："转念山东省公署、山东省议会及教育厅、高等监察厅、高等审判庭、政务厅、胶东道尹公署，漠视恶县令如出一辙。不然，黄县各机关联名控禀几百张，历时四阅月，终未撤惩酷吏罪恶也，真乃令人可叹。"③

但是，事情并未就此结束，朱全璩亦不甘心邪恶横行，继续不屈不挠地与黑暗势力作斗争。由他带领，黄县各界"前后控者百起"，并广为散发《除酷吏禀》，登报发表由他亲撰的《驱于璜宣言》④，号召全县人民为赃官熊炳琦、于璜铸铁像，"并立道周，使吾同胞瞩目千载，借儆酷吏，遗臭万年"。⑤ 迫于压力，于璜终于在是年年底狼狈去职。

1937年，日本发动了蓄谋已久的侵华战争，华夏儿女奋起抵抗，抗日战争全面爆发。这一年，朱全璩70岁。他目睹山河破碎，生灵涂炭，不仅悲从中来。作为著名的社会活动家、演说家，他丝毫不顾自己年事已高，四处登台演说，宣传抗日。愤激之时，则在集市、会场上打拳舞刀，激励民气，"八打八不打，八刚十二柔"，招上打下，打左防右，里门外门，翻身滚漏，长拳短打，硬

---

① 佚名：《录志成学校事实之说文》，《鲁直吴豫晋五省游行略记》，1925年版。
② 朱全璩：《请看县知事率警殴打学生》，《鲁直吴豫晋五省游行略记》，1923年8月31日。
③ 朱全璩：《鲁直吴豫晋五省游行略记》，1923年10月12日日记。
④ 朱全璩：《驱逐于璜宣言》，《鲁直吴豫晋五省游行略记》，1925年版。
⑤ 《山东黄县为赃官铸铁像》，《鲁直吴豫晋五省游行略记》，1925年版。

捆实砸，无不精妙。他还号召全县人民"户户打大刀"，人人争抗日，誓与日寇血战到底。曹孟德所谓"烈士暮年，壮心不已"，于此可见一斑。抗战期间，朱全璨多次被中共领导下的黄县人民政府县长曹漫之邀请，参加开明绅士会议，针对抗日救国献计献策，为建立抗日民主统一战线做出了重要贡献。

朱全璨生逢一个国家多难、民族危亡的乱世。在此乱世之中，蝇营狗苟者、明哲保身者、认贼作父者、顽冥不化者所在多有。但是，更有为国为民慷慨就义者、鞠躬尽瘁者。在他的生命行程中时时刀光剑影、处处血雨腥风，他辛苦遭逢、历经劫难，"恒因时事所激，故连年频遭霍乱，数次死而复苏"。正如谭嗣同所言"濒死累矣而卒不死"，他抱定"块然躯壳，除利人之外，复何足惜"之信念，慨然以文明天下为己任，朋友多劝他注意身体，但他说自己"办事心重性急"的"憷性""终难遽改"，"不顾有一番自爱之际虑，故恒染此等危险之病症，或者将来终以此症而送命焉"①。1946年8月12日，朱全璨因中风在家中逝世，哲人其萎，一语成谶，真可谓鞠躬尽瘁，死而后已。

综观朱全璨的一生，文武兼资，急公好义，正气凛然，公而忘私。他40岁时，抛家舍业，参加革命，是缔造民国的元勋；50岁时，专注讲演，苦口婆心，是移风易俗的功臣；60岁时，走遍华北，为民请命，是亦儒亦侠的义士。在山东近代史上，在中国近代社会教育史上，他的英名必将永存。

李　日

2013年9月27日定稿

---

① 朱全璨：《讲演集录》，1928年9月15日日记。

农桑纪念碑碑文

花翎同知衔抚院营务处置登州府黄县正堂张为出示严禁窃伐树株禾稼事。案据农务分会禀称：农林一事，为民间利源之所在。虽三尺童子，亦知其益。惟抵抗磨阻，为各种政策改良进化所必不能越之阶级，故农会为振兴树艺而设。而社会败类、素以盗窃为生活者，即不免捏造蜚言，冀图破此范围，以遂其偷窃之心。现值万宝告成之日，正群小恣意之时。加以岁旱歉收，人思安作。而邻封游民，尤复蜂拥而来，衣食无资，迫而为盗。不法之徒，希图分润，甘作居停主人而不辞。使不高悬示谕，则宵小无所畏惮，非惟盗取树株，私窃禾稼，竟敢公然抗拒，执械伤人，其与农事之关系，良非浅鲜。敢请出示，由会悬于适中之地，使知设立农会，系□国家切要之图，而窃取农产，即法律所不能容。庶匪徒有所畏惧，而农务日见发达等情到县。据此查盗，因野谷麦及草木，应计赃以盗窃论，如有拒捕伤人，应照拒捕科断定例，何等森严，岂容轻为尝试？若如所禀，宵小无所畏惮，恣意窃伐，则是甘蹈法网。除随时严密察拿外，今复出示严禁，为此仰阖邑居民人等知悉。自示之后，尔等务当各安本分，勉为良善，倘有不法之徒，仍敢肆意剪伐，或图利窝留远方匪人，一经访闻，或被举业，定行拘案，照例治罪不贷。各宜懔遵毋违。特示。右谕通知。

光绪三十四年九月十二日①农务分会协理张春芳、协理高□洛、协理田崐山，各区董事封廷献、王启商、曲日铭、陈凤享、王□□、王恒茂、王常达、曹德让、张荣相、孙庆年、吴培林、张豫茂、张之彦、石□璞、吕培、王存□、黄抡元、李梦庚、朱全瓅、吴盛之、□德宣、蒋玉桐、刘常丰、邹树铭、孙钟桓、徐文炳、张殿邦、于寿春、李治文、李永益、赵恒明、陈广运、魏廷兰、曹□□、张□□、任□□、吴□□、李□□、郑□□、丁□□、于□□、逄□□勒

---

① 即 1908 年 10 月 6 日。——编者注。

山东黄县巡行讲演员
朱全璨造报十一年报告册

序

　　纵观千古为社会造福之仁人义士，虽不乏人，未见有如经纬老人①与李君茂堂②者。二君以富贵之资，专心慈善事业。凡有造于公众利益，莫不倾囊乐助，至见报纸之颂扬，众口之美誉，上峰之褒奖。苟非其善念坚，善心厚，善功累累者，曷克臻此之完美？较诸拥厚资一毛不拔，称巨富甘助迷信者，奚啻霄壤？即彼衣冻饭馁之人，不过救少数人一时之饥寒。岂若二君深明，捐施得当，推广社会教育，造此无穷之福哉？吾等见其造诣独深，惟难罄笔莫记，谨述二君善况，冠诸册首，永垂卓识，善人高超千古于不朽云。

　　民国十二年春。黄县教育会、商务会、图书馆、劝学所、农务会、阅报社、中学校、劝业所、讲演所、二十五区保卫团、《新黄县》报社、二十四乡③教育会、自治协进会、二十四乡学务会、男女众学校同识。

---

　　① 丁毓翙（1874—1940），原名毓睿，字子范，号桐冈，晚年号经纬老人。山东省黄县望族丁氏第十六世孙，堂号为怀古堂，清末附生。中国红十字会名誉会员，热心公益事业，对民国初年黄县社会事业多所捐助。——编者注。

　　② 李茂堂（1872—1960），原名李允盛，字茂堂，龙口市诸由观镇后李家村人。清末民初，在黄县城北巷丁家北过道（现龙口市博物馆）处开钱庄，即当时黄县著名的"茂盛钱庄"。后开分号至聊城东昌府，兼营鞭炮厂和其他商品买卖。民国初年，在羊岚集创办养蒙学校，为贫困儿童提供受教育的机会，任该校学董。出资修建村中道路及桥梁，大力捐资赈灾，一生热衷社会公益事业，为当地富绅，社会贤达。——编者注。

　　③ 当时黄县共辖3个市、24个乡，即黄县城市、龙口市、北马市、丰仪乡、石良乡、莱山乡、古黄乡、古莱乡、卢南乡、凤鸣乡、云台乡、永南乡、上庄乡、仪乐乡、诸由乡、会基乡、海宴乡、首善乡、乾山乡、海云乡、诸高乡、金埠乡、乾元乡、马亭乡、仁寿乡、官埠乡、黄山乡。1926年后，变成30个区。——编者注。

山东黄县胶东各县巡行三年讲演报告自序

余自奉委巡行三年，到处讲演，每将开会情形随时填册造报，呈县转详。民国九年、十年报告清册，蒙邑绅经纬老人捐印成本；十一年报告清册，又蒙善士李君茂堂捐印成本。照前邮给各省机关、学校，俾阅者周知各处风土人情、晦明闭塞，借资推广社会教育。今略将开会手续胪列于左（下），以供同志参考云。

一、奉公开会

每奉县署公令，县长预函，令各保卫团，使先期召集各村长、首事及学校乡众，届时到者恒数千人。

一、通常开会

每为各方热心社会者邀约订期，召集男女学校，列队咸临，作乐唱歌，体操练拳，大生兴会，借励精神。

一、按期开会

每逢城镇、乡、区、庵、观、寺院、圣诞神会演戏赛神时，乘时登台止戏，四民男女恒聚万千，免用召集。

一、临时开会

每逢天灾、人事、风雹、水旱之劝赈，兵燹、瘟疫之预防，巡行灾区，临时召集，或适戏场、市集，随事劝导之。

一、开会目标

每到处开会，先将巡行方旗及省厅颁发布画，高悬会场，以资观者悦目，并借资开端，以形趣味。

一、讲演要具

每次先将黑板标题及秩序（列出），并画题中人物强弱之病源，旁标字句，预置会场，使观者触目惊心。

一、招待助讲

每到处，恒为机关、学校及热心社会者招待与助讲，亦常有男女教员、男女学生轮次助讲，以倡风化。

一、散会励兴

每将散会，必邀学生，或合作军乐唱歌、体操练拳，或各校轮流，各奏长技，恒借资以励全场兴会。

一、毕会填册

闭会后，即着各处填写月日、地址、时间、助讲、招待姓名、演题、目的之用意、听讲人数之多寡、职业、秩序之稳紊及备考记事，悉载不遗，各方闭塞，一览周知。

一、按期造报

每月将报告呈县检阅，每届阴历年终，将全年报告，汇为一册，印刷成本，邮寄各省紧要机关、学校、报馆，以飨同志，并助热心社会者之积极进行，更利推广。

以上十条，略述大概，祈省垣、胶东高明，见谅一切不周。

山东黄县公立戒烟酒会章程

诸同志台鉴：乐办戒烟酒会者请注意，烟酒之害，由来渐矣。伤财害身，莫此为甚。更有倾家冻馁，贻社会害者。吾同人身体国家，心悯人类，咸与立会，永绝烟酒，共臻完全之人格，同造良善之社会。以期同人，誓不染指，公订临时简章，咸宜遵守不二。

一、名称：公立戒烟酒会。

二、宗旨：誓除嗜好，永绝烟酒。

三、会员：公举正、副会长各一人，司书、干事各二人，会员咸有监查之权。

四、实行：自立会之日起，凡入会者，互相儆戒，永不再犯。

五、责任：入会人员，各负劝亲友入会之责，以期推广。

六、义务：本会职员，概不支薪水。

七、介绍：有入会者，经会员介绍，能誓断嗜好者，始准入会。

八、惩戒：入会人员，有犯烟酒者，公驱出会，登报声明。

九、奖励：有介绍百人以上者，公议加奖，登报宣扬。

十、会期：每月第一星期午后会读，讨论进行，并订下月开会地址。

以上十条，系属草创。将近三年，入会甚形踊跃。敬祈同志急力推广，是所至盼。黄县莱山乡学务员兼戒烟酒会长田玉书、栖霞布道团演说员兼本会副会长衣鹤翔同启。

敬告同胞痛除四弊

中华幅员之广，人民之众，土产之盛，甲五洲而冠全球，诚他邦未尝有也。自海禁大开，万国互市，而智力、财术之战，不能驾他人而上之，岂非因循之积弊，不能自强耳。夫我国之不强，在财源之不裕。财源之不裕，在耗财之人多。今中国游手坐食之民，何可胜数？特举其要而笔其害，敬告四方同志者，力劝改焉。

曰夫裕财之道非一端，耗财之道有四要：曰烟曰酒曰博曰讼。此四者，一人几耗十人之财，十人不供一人之用。若同矫其弊而正之，财源未有不裕者，吾国未有不强者。何至日形窘缩，甘受外人之制哉？

概自罂粟入中国，吾人受其害者，惨不忍言。日夜迷离，嘘残焰而忘岁月。晨昏颠倒，筹瘾款不顾身家。室如悬磬，妻子日夜啼饥寒。野无青草，父母时常呼水薪。求遍亲友，躬蹈乞人之迹。斧彼山林，身获盗窃之名。似此堂堂男子，以有用之身，甘陷无用之地。迷而不悟，岂不哀哉？

酒之为诫，大圣人代有传言。夏禹恶之，孔子不乱，彼卜昼卜夜，沉湎麹糵①者，引类呼朋，不顾妻子。呼庚癸②声喧拇战③，哪管椿萱④鸣枵腹。红筵一酾，扬扬顾盼自雄。绿醑三杯，事事刚愎自任。甚且呶族猖宗，殃及池鱼；殴妻骂子，祸延邻鸡。俨然人类，甘蹈醒酗之行。苟清夜发其天良，赧何如之？

博之为害，由来渐矣。樗蒲呼卢⑤，囊倾百万；五木喝雉⑥，孤注千金。床头金尽，大为朋辈白眼；囊中钱空，难邀友行青垂。家徒四壁，效彼狗盗鼠偷；贫无立锥，那堪鸠形鹄面。使有陶倚（漪）⑦之资，未免赌兴益豪；总如王侯垺富，难填无底欲壑。似此自暴自弃，覆辙不惩，深可惜哉！

----

① 即曲糵，亦作曲蘖，酒母意，泛指酒。——编者注。

② 庚、癸：军粮的隐语。原是军中乞粮的隐语。后指向人借钱。典出自《左传·哀公十三年》："粱则无矣，粗粮有之，若登首山以呼，曰庚癸乎，则诺"。说的是春秋时期，吴王夫差与晋、鲁等国会盟，吴国大夫申叔仪，向鲁国大夫公孙有借军粮，不好直说，只好用隐语代替。公孙有回答说："细粮已经没有了，粗粮还有一些，到时登上山顶高声呼喊：'庚癸乎'，我们就知道了。"——编者注。

③ 拇战，即猜拳。酒令的一种，两人同时出一手，各猜两人所伸手指合计的数目，以决胜负。——编者注。

④ 父母的代称。椿，指父亲；萱，指母亲。——编者注。

⑤ 也作"摴蒱"，又名掷卢、呼卢、五木，是在六博游戏的基础上改进与变异而成的博弈，其规则比掷骰子要复杂得多。"掷卢"就是樗蒲。樗蒲的用具，起初有盘、杯、马、矢四种。盘是棋枰，杯是后代骰盆的前身，马是棋子，矢即五木，是五枚掷具（最初由樗木制成，故称樗蒲）。——编者注。

⑥ 五木、喝雉，是古代一种赌博游戏。赌具为五个木块，一律削成两头尖锐，中间扁平，状如杏核的五颗子。每子两面，一面涂成黑色，画上牛犊图案；一面涂成白色，画上雉（野鸡）图案，这就是五木，也叫樗蒲。喝、呼：呼喊。雉、卢：古时摴蒱骰子掷出的两种彩，形容赌徒赌兴正酣的样子。今用来泛指赌博。——编者注。

⑦ 陶、漪，指陶朱公和漪顿。陶朱公本名范蠡，字少伯，春秋末期楚国人。弃官经商，在齐经商时化名鸱夷子皮，到定陶时又化名为朱公，被誉为中国古代商人的圣祖，尊称陶朱公。漪顿，春秋时期著名商人。——编者注。

若此人者，玩国法不守规章，启盗心终酿丑行。唆鹬蚌之相持，暗收渔人之利；嗾二虎之相争，明居卞庄①之功。雀鼠因之沸腾，讼狱因之迭起。缧绁株连一案，恒败十家之产。狴犴无辜，一网打尽百里之鱼。民贫且盗，徒悲三木之酷；人急作奸，空伤五木之惨。下民易虐，清白屡受桎梏；上官难欺，墨吏每图中饱。若不同矫其弊，而止之穷耗，安有底止乎？

但愿同胞，痛改前辙，戒烟酒、息赌讼，各寻生财、节财、裕财之道，富强吾国，以御外侮。岂非吾人雪耻良图哉？同胞，同胞，其共勉诸。

发起同胞爱国文

诸同志钧鉴：前午拙草爱国文，遽因口述不全，敬录献阅。

窃以我国自咸、同以来，财力、智术之角，屡蹶于外洋。上下懵懵，我醉人醒。赔抵租借，惟命是听。凡事关同胞，有可耻可虑者，更难展施。鄙人窃不自揣，敢笔其最关于国民者，为我同胞告焉。

溯自闭关以前，疆域日闭；交通以后，蚕食日急。前焉俄窥伊犁，转营辽海；英觊西藏，复略东洋；法据越南，德伺山东。加以群雄环伺，虎视眈眈；列邦逐鹿，瞵视垂涎。噫！岂有卧榻之侧容人鼾睡，浴盆之内任人裸洗，而不以为异者哉？此其可耻可虑者一。

中东之战，全军覆没。北洋战舰、炮台，无一存者。因兹平壤陷矣，旅顺失矣，台湾割矣，沿海东九省咽嗌（喉）险要，悉为所据矣。岂有吭为之扼，背为之拊，手足为之缚，而伸缩犹能自由者哉？此其可耻可虑者二。

马关之约，失地未复，租借日增。俄借旅、连，德借胶、青，英借威海，法借广、南，及曩各国租借与所失之地，百有余处，何以归还？安有祖宗四千余年寸攘尺取之地，任人幅裂瓜分，而不知泚颡汗额，奋袂操杖，疾呼要击者哉？此其可耻可虑者三。

甲午之役，赔款二百兆。庚子之役，赔款四百五十兆。试思六百五十兆之巨款，降自天欤？出自地欤？抑亦取之于民欤？安有吾民之脂膏任彼剥削朘吸，吞噬咀嚼，痛切骨髓，而犹不知救药者哉？此其可耻可虑者四。

甚且交涉法律，畸轻畸重；订约条规，条定条更。铁路汽车，横驰乎南北；铁船兵舰，撑距乎西东。加以利权外溢，太阿倒持。吾同胞不知因愧生愤，如何筹万全、挽狂澜、作砥柱，而犹清歌漏舟之中，酣饮焚薪之上，危孰甚焉？

---

① 卞庄子，春秋时期卞邑大夫，以勇猛著名，曾经一举而获两虎，"齐人惧之，不敢伐鲁"。汉朝时，因避明帝（刘庄）讳，改庄为严，又称为卞严、卞严子、弁严子。——编者注。

不特此也，洋人入革（华），奴隶政府，华人出洋，屡被摧残。胶州杀彼一教士，抵偿数十人，赔金数百倍。黑河推我五千人，彼则逍遥法外。我若褒（袖）而无敢过问者，甚且在欧、美、非、奥（澳）之华民，其丁残遭酷，更不堪言。岂有堂堂大国愿拜下风，依依天朝故作聋哑，使吾民买日而活，使吾国甘居下邦，而不知赧愤者哉？此其可耻可虑之中尤为可耻可虑者也。

呜呼！以吾四万万同胞之众，任彼吸我脂膏，奸我种类，略我土毛，腥我天地。在前清屡次破关犯关，而无一人敌忾。京都迭陷，社稷包羞，贻中国几无一寸干净地。而今犹有酣眠高卧为得计，引旧排新为奇能者。吁！此所谓燕巢宾幕，呢喃自娱，鱼游釜中，悠然自适，不谋朝夕者也，岂计之得哉？此不独为我同胞咎。

盖尝细溯其源，乃当轴者习久安，沿旧弊，不急改弦更张。教育无良法，行政无善人。加以官吏舞弊，贪墨中饱，彼此争权，南北扰攘，致使共和十年，自治不立，民冤积怨。权不能伸，上下不通，中途隔阂，盖亦久矣。甚至谋身家，遄计祖国；输敌情，谁悯民残。是以连年内讧，以致同胞嗷嗷。因之内乱不息，外侮益来。唯唯诺诺，事无果断当机；惕惕惶惶，外惟和约抵押为可恃。此真未鉴夫赵宋之与辽金元盟也。通天之咎，敝在此焉。

噫！既乘民国之坚良，食国民之肥鲜，而忍媚敌以残类，借款以祸国。若而人者，擢发何以数其罪，断膑不足偿其愆。国民已悟病源所从来。故地方自治，所急立之自治之大纲、细目更难。仆数总言，其益国与益民，上下咨议，兴利除害，以惩内弊，而御外侮者也。凡我四万万同胞，从此各愤其可耻，筹其可虑。凡遇行政、变法，事关国民者，皆当以为己任，慷慨奋激，踊跃争先，必使扬国旗于四海，伸势力于全球。俾五千年之旧邦，布九万里之新命，同成绝大军国之规模，共建非常卓著之鸿业，威震全球，势伸万国。安知不自我同胞发之也？

胡为乎，处维新之世，拘迂谬之识，调查以为捐杂款，办学以为随洋教，计亩以为增赋税，编户以为抽壮丁，据晦盲闭塞之妄谈，纠不愚不移之蠢类。一遇新政，力阻良法，破范围，俾国愈弱。长寇仇，甘为奴隶。则不知思深耻、筹远虑，使民无富强之实，国无强大之名者，岂非我同胞之过欤？吾同胞亦体此，其勉诸！摅虑雪耻，以保种族之荧荧，并嘘东亚之炎炎。创新基，垂千古，享永寿于无穷。不愧秉美而生，顶天而立，岂独建卓著之功也已哉？吾少年同胞其勉诸！

附录：剪发、放足告示，借见金县长勤政爱民之至意堪嘉。

黄县公署布告

现奉省长训令：严禁男子留辫，妇女缠足。本知事自应切实奉行。自本日起，凡有留辫男子，限一个月内自行剪除，逾限不剪者，即由警察强迫勒剪。其女子缠足，年在三十岁以下者，限三个月内一律解放，违抗不放者，从重法办。事关省令，尔男女人等，其各禀遵！切切！特此布告。知事金城①。中华民国十一年十二月二十四日。

嗣又出示，严禁理发铺梳辫剃头及卖妇女木底、铁签等物。

海晏寺讲演（1922 年 2 月 12、13 日）

民国十一年二月十二日，在第四区保卫团海宴寺大院，自下午三钟至四钟止。

助讲：王梅占。

招待：田崐南、丁子文、王华亭、马文臣。

演题：种树及风俗改良，在使知树木之利益，风俗之不良。

说：金县长印有八百多张告示，着各保卫团开会分撒给各村长，提倡栽树。凡沟涯、河边、道旁、荒场、山坡、海滩，沙土之地，荆棘之场，闲原旷土，相其土宜，可种果树的种果树：仙桃、瑞李、甜柿、香梨、银杏、花红、酸奈、苹果、山楂、花椒、石榴、软枣，种种的果木，这几年教火轮船装的（着）出口，样样见钱不少，将来火车通行，包管见钱更多呢！可种叶树的地场种叶树：白杨、梧桐以及松、柏、槐、榆、楸、柳、樗、柞、香椿、楝杆，十年通可成材见利。就是墓田，栽桑养蚕，种草搭苫，也可见利无算。俗语说："有懒人，无懒土。种上苗，就长木。"古前管仲治齐，十年树木之法，令家家照着办。咱这个金县长出的告示，有栽树的规条、保护的法、赏罚的法。比管仲十年树木的法还强啦！请大家快快照着办罢。下略。

听讲：男女约有七八千人，真有院大莫容之势。该寺演对台戏四日，四民咸集，车马云屯，不得观听者尚有数倍。遂为该团挽留，明日登台续讲。

二月十三日，在海宴寺西戏台，自上午十二钟至下午二钟。

助讲：李菊泉、杨镇川、单文璞。

招待：田崐南、田禹韶、焦迪斋。

演题：说国耻及种树，在使知耻，种树富国。

说：兄弟昨日在庙院说种树，多有未得听的。大家要知道，我中国之弱，

---

① 金城（1888—1967），字汤侯，浙江绍兴人。肄业于上海复旦公学，历任县、府、道公署幕僚。1911 年，任烟台地方审判厅主簿。1913 年起，先后任浙江天台、新昌县知事，山东省署机要秘书及黄县、即墨县知事，有政声。——编者注。

并不是一条病。大概因我们同胞知识不足，不能乘天时、顺地宜、尽人力。生财致富的，照着金县长出这告示与种树保护的法子，使家家栽树，如同掖县一年栽有三十万株之多。

我黄县父老兄弟们，同照县长这告示办，一年能栽三十万，十年就栽三百万。十年后，不但果木卖钱无算，就是砍枝柴、收落叶，可省去多少烧草煤炭呢？不强似买松柴四吊八，买火头五吊六，大家叫苦买不烧么？二、三十年后，不但有烧柴，就是盖房屋、造器具，也有的是材料，不强似买白松六七吊、买红松八九吊钱，一料不用买么？

大家也通知道，果木也值钱，柴草也值钱，木料也值钱，样样通能见一大些钱。假使十年后一株见个十吊八吊的，十株就见个百八十吊的。倘一家能栽个千八百棵的树，每年卖果木、卖烧柴、卖木料，也可见个七千吊八千吊。我黄县地土虽小，若森林满山，地无旷土，一年进个一千万两千万吊的，不大费事罢？就是北海沙滩里栽桃子、种沙参，也可进个几百万吊的，不强似山上无树木，下大雨冲的沙石压坏河边地么？不强似海边无草木，干燥天赤地百里，年年不下雨么？

金县长提倡栽树，愿使大家致富，过个大财主（一样的日子）。树林多了，天气也不旱了，河边地也不受场（遭殃）了，清阴花香，四时不断，于人卫生，也不受干燥之病啦。请大家快快照着办罢。

听讲：男一万二千，女八千人。四民咸俱，环场仰视，赞成鼓掌。该寺演对台戏四日。时值新正人闲，加以该寺重修开光，士女咸集，车马辐辏，故人数有如此之多。其不得观听者，尚有数倍。

官道北东刘家讲演（1922 年 2 月 14 日）

二月十四日，在官道北东刘家大街，自下午二时至四时。

助讲：刘吉昌、刘吉汶。

招待：同上及刘天福。

演题：说种树、女学、天足，在使实行。

说词太烦不录。

听讲：男三百人，女三百六十人。农界居多，环场如堵，井然不紊。二十二区第一段保卫团（团）董刘吉昌临时召集村众，倡开学风，可谓热心之至。

东转渠村讲演（1922 年 2 月 14 日）

二月十四日，在东转渠村大街，自下午七钟至十一钟半。

助讲：王季生①、刘吉昌、李文梅。

招待：王贤斋、孙传达、刘吉昌、王清斋、刘吉汶。

演题：种树、天足、缠足之利弊、青岛问题，在使深印脑筋，以期实行。

听讲：男七百人，女五百人。农界居多，环场不紊。二十二区第一段保卫团董刘吉昌约人（当）夜开会，有王季生演幻灯、留音机，借开民智。官道北刘家唱文明新剧，以助兴趣。该村燃放花炮，以助瞻观。观助讲之兴会，秩序之稳静，洵属可嘉。惟王季生，携具往返六十里，不惮跋涉之劳，可谓热心社会之至。助讲、招待尤为心热，洵盛会也。

小阜观讲演（1922年2月15日）

二月十五日，在十五区保卫团小阜观戏台②，自下午三时至四时。

助讲：徐德珠。

招待：吕成镐、赵立生、道士宗庆。

演题：种树，欲使造林致富。

听讲：男一万一千人，女三千六百人，仰视静听，井然不紊，台下多有鼓掌称是者。该庙演戏三日，时际新正，四民咸放假赶山，故人数有如此之多。惟吕成镐、徐德珠等招待、助讲，其热心社会，洵属可嘉。

楼子庄张家讲演（1922年2月16日）

二月十六日，在二十二区保卫团楼子庄张家大街，自下午六钟至十钟。

助讲：张允伟、周玉洁。

招待：张允伟、周惠昌。

演题：种树、天足、女学、国耻，在使实行，致富强国。

听讲：男一千一，女二百人。农界居多，环场不紊。该团总张允伟、团董周惠昌临时召集乡众如此之多，其素孚乡望可见。大门里周家、南梧桐刘家，

---

① 王季生，黄县人，崇实学院神科大学毕业后赴美国肯塔基乔治唐学院学习。毕业后回崇实学院任教。1931年春任崇实学院院长，不强迫学生做礼拜、读圣经，并允许学生参加抗日救亡活动。——编者注。

② 小阜观，为旧时黄县"三大道观"之一。观内有一石碑，碑文中有"汉献帝重建"的字样。明代重建，清代屡有修葺。由山门、前殿、后殿和东西廊房组成，观中供奉大小神像50余尊。山门前有一座戏楼，工艺精湛，远近闻名。每逢庙会，戏楼演戏，游人如织。1946年被拆除。——编者注。

轮次登台演坐腔①戏曲，以助兴味。南梧桐毕家村长毕世英，率村众高挑灯笼，鼓乐喧天，前来助兴。其诸君热心社会，洵堪嘉尚。团丁维持秩序不紊，其尽职可嘉。

芦头集讲演（1922 年 2 月 20 日）

二月二十日，在十四区保卫团芦头集戏台，自上午七钟至十钟。

助讲：王熙和、麻善政。

招待：宋富元②、王世槐。

演题：种树、天足，使知富强之益。

听讲：男一千二，女三十五。农界居多。仰视静听。学生迭次鼓掌。是日集期，听讲又多趋市之人。有北芦头学校率队临场，戎装整齐，鼓号震天。每逢有问，多能应答，足征平素教练之善。团丁维持秩序，可见指挥得当。

二月二十日，在芦头集高等学校大院，自上午十一时至十二时。

助讲：王树名、麻善政。

招待：同上。

演题：提倡学生求学、爱国，在使知耻有方。

说：今日在贵街开会，为奉金县长教全县栽树的公事。正逢着你们贵校开学，兄弟对学友们说几句话。照着中国说，士农工商，知识不足，因为求学的太少。照着贵乡七八十村说，没有一个高等校。贵校办的高等，这就是求学的幸福了。大家今日既入高等求学，尤比不得初等。所学的实用，就是为士农工商实业，所学的真本领，就是爱国合群，所学的真方法，就是富国强兵。我中国向下待要好，非你们这般少年英雄出来办事，不能成为富强的。若是还如早前那等求学的法，不但出了学校，于士农工商新知识一点没有，就是爱国合群的真本领、富国强兵真方法，也是不通。兄弟见众学友们精神非常的好，求学心理，想必早把宗旨拿定了，无待兄弟烦言了。下略。

---

① 坐腔是一种民间艺术形式，由民间文艺爱好者自发组织，自编自演，自弹自唱，自我娱乐。人员不穿行头，不化妆，可坐可站，演唱顺序，依剧情发展需要，依次出演角色。自清道光年间到上世纪 40 年代至 60 年代，盛行于华北民间，以戏曲、曲艺、民歌、音乐、说唱等为表演形式，是过去人们在闲暇时进行娱乐活动的一个泛称。——编者注。

② 宋富元（1863—1934），字中三，黄县前宋家村（今龙口南山）人，时任黄县第十四区保卫团团总。为人不畏强暴，不欺贫弱，生活俭朴，深受乡民爱戴。为保百姓安宁，不辞劳苦，废寝忘食，自己应得的报酬，却分文不取。曾卖掉 9 亩私田，救济贫民。1933 年，周围 48 村乡民赠其"保障梓里"、"好行其德"匾额两方，在交通要道旁立"公正廉明"石碑一座。——编者注。

听讲：男二百六。学、农居多，学生列队，四民环场，井然不紊。是日，该校开学，借资鼓励学生，故有是会。可见职教员办学热。略记大意，不没其善举。

洽泊村讲演（1922 年 2 月 21 日）

二月二十一日，在第二区保卫团洽泊村戏台，自下午二钟至三钟。

招待：张习瑜、范循俤。

演题：种树及义务教育、天足之益、在使实行力办。

听讲：男一千五，女九百。四民咸俱，仰视静听，井然不紊。该村演戏四日，该团议借台讲演，免为召集。团丁维持秩序周到，足征团规之善。观听者咸欣然大乐。

大栾家疃讲演（1922 年 2 月 22 日）

二月二十二日，在第二区保卫团大栾家疃戏台，自下午二时至三时。

助讲：杜永俤。

招待：吴洪钧、张嚣礼、张坤堂。

演题：种树，义务教育，天足，戒大烟、吗啡，使知力行其是、去其非。

说：今日有几件要紧的事对大家说说。

第一样是金县长教人民栽树。若全县遍种果树于出（山）中，遍种叶树于路旁，多种花树于园庭，十年后果树结果，家家进钱无算。花树开花，人人受益。更多叶树成材，建屋造器，处处通不犯难。古人说十年树木之大利也，是人人知道的。请大家快快照着金县长出的告示办罢。

第二样是义务教育。就是财主拿钱，穷人念书，名叫教育普及。所以使着男女小孩通能入学，（经过）十年的教育，男女通成了有用的人才。为士农工商，通能合群爱国，赚钱发家。这就是普通的人通能受这完全教育。请大家快快照着章程办罢。办好了教育，再不能受外国欺压啦。

第三样是一个穷病。请大家看这两张图，上头画的天生的大脚，这张图画的人做的小脚。照着天生一双大脚，为父母的偏偏毁成两只小脚。这不是谬天背地么？照着人情说，为父母的通愿教子女好，先把小姑娘两脚揉断了，教他成了残疾人，使他（她）一辈子不会走。这不是害他（她）么？所以，这个缠脚的，妇人知道自己吃亏，劝这些小闺女不包脚。请大家快快把自己闺女脚放了罢。再莫包脚害了他（她）啦。

第四样又是一个穷病。请看这张图，这个人手拿大烟灯、大烟枪，腿上贴的膏药，是盖的吗啡针眼。这个人他自己知道吃亏，方才劝这些年少的不要吸大烟、打吗啡啦。今天到贵处，不用说这条。因为这方靡有吸大烟、打吗啡的。通知道烟太贵了，怕吃穷了。不但对不起亲戚朋友，连自己老婆孩子通对不住。倘然把家业卖完了，儿子娶不（上）个媳妇，向下断了根，真对不起三代祖宗了。兄弟早知道，咱这方没有这条穷病，今天也不必说。但是金县长为这几条很注意的，大家通是高明开通人，赶紧的劝亲戚朋友快快的种树、入学堂、行天足，不包脚、不吸大烟、不打吗啡，家家省钱，人人挣钱，过个大财主（日子）享福罢。

听讲：男三千六，女一千八。四民咸俱，仰视静听，鼓掌雷鸣。该村演戏四日，二区保卫团预约登台讲演，借开乡风。团丁维持秩序，可见公益心热。遂分"训告四要"若干张，咸争领乐受。

北马镇讲演（1922 年 2 月 28 日）

二月二十八，在北马镇保卫团大街戏台，自下午二时至三时。

助讲：刘丕著、李子经。

招待：李子经、王寿山、史信五、赵荣九。

演题：说种树之益，义务教育之办法，戒大烟、吗啡之害，在使实行其是，力去其非。

（讲词不录。略记吗啡之害）说：我中国受外国毒药最有害的是大烟、吗啡。大烟的害处已经说过。吗啡之害，更为人人所易见的。既费了钱财，把身体打的希糊烂。凡是打吗啡的同胞们，吃的、穿的通不顾，有钱只顾打吗啡，丢人现眼也不管，家产卖净也不痛。且外国用他（它）打（到）马身上，提激上阵的马，使他（它）有精神、加力气，多抗时候，不知困乏。我国用他（它）打（到）人身上，细想想，岂不是自己甘居畜类么？劝同胞方今抵制仇货，不要再买仇人吗啡啦。

听讲：男三千五，女五百。四民咸俱，始终井然。该庙演戏四日，团总李子经预约登台讲演，倡开乡风，派团丁维持秩序，足征公益心热。

官庄丁家讲演（1922 年 3 月 1 日）

三月一日，在官庄丁家大街戏台，自下午三钟至四钟。

助讲：丁修亭。

招待：丁兆忠、周玉田、丁衍纶、丁增云。

演题：种树，教育，实业，缠足之害，大烟，吗啡，赌局，使知趋是去非。

听讲：男三千，女二千五。四民俱有，踊跃乐听，鼓掌雷动。该村演戏四日，村长丁兆忠等约登台讲演，提倡乡风，其热心风化，洵属可嘉。观女界听天足之乐，男界知种树之益，人心向化益见。

黄山馆讲演（1922 年 3 月 2 日）

三月二日，在黄山馆大街，自上午十时至十一时半。

助讲：邢宝三、刘绅甫。

招待：刘士选、赵国才。

演题：同前。

听讲：男一千五，女三百六。农、学居多。环场静听，鼓掌频鸣。该乡教育会长刁兰阶预期召集。学校届时戎装列队，到者有后徐家、臧格庄、大脉村、店子村、三元宫姚家村、西阁庙邹家村、隋家村，咸执国旗、校旗，遮天蔽日。铜鼓、洋号，军乐喧天。轮次唱歌，以助兴趣。操衣整齐，实足壮观。又有该街第三、第五二女校，亦列队来场，天足，步伐整齐可嘉。观学风之竞进，学生之尚武，洵有日新月异之概。团丁维侍礼节周到，足征团规进行。

臧格庄讲演（1922 年 3 月 3 日）

三月三日，在臧格庄大街，自上午九点钟至十二钟。

助讲、招待者：邢玉生。

演题：提倡男女学务及天足。

听讲：男七百，女五百。农、学居多，静听不紊。该村校长邢玉生召集村众，提倡风化。届时率戎装学生，列队临场，旗鼓俱备，奏琴唱歌。持哑铃体操，步伐整齐，足征教练之善。其女校亦列队到场，及南校教员刘维翰亦率学生来临。观邢君之热心风化，洵可冠诸一方，将来该村男女学务之发达，未可限量。

西关阅报社、劝学所讲演（1922 年 3 月 9 日）

三月九日上十时，在西关阅报社。

讲演：袁集庆、赵福堂。

招待：丁景崴、杜景源。

演题：爱国拒仇货，振起国民精神。

说：吾中国，古称大国，于今称谓大弱国。究其所以，因为什么弱的？因为无好教育。

早前私塾念的书，礼乐不通，射御不懂，就是写算也是不会。口称教圣人的书，（其实）孔子所重的六艺，一样不通，这是圣人书么？

现今学堂六艺俱备，就是射御也改为体操，学生学得这样完备，还有不入学的。细想想，不入学堂，知识少，穷病多。我说这话确有实证。照着不读书的人说，不但中国、外国的事情不能知道，就是各种机器也是不懂。你说知识少是不少？说到中国的穷病，也是太多，略举几条。顶重的第一是吃，第二是穿。我所说（的）吃、穿，不是吃粗饭、穿布衣，乃是无益的吃、穿。男子吃烟哈酒（喝酒），女子锦绣绮罗，以无益的消耗，费了些有用的银钱。男子吃哈（喝）是不是无知识？女子穿戴是不是因为缠足？若是女子不缠足，子女通入学读书学知识，中国怎样（能）弱？外国怎样（能）强？通知从那里受的病，也好一齐下手治一治，把中国治好了，不受外国的气，这才是真爱国啦。

再把迷信的烧纸箔、扎纸货、祈神还愿、念经唱戏的这些钱，省下来办工厂、兴实业。自己的国货用不了，永不用外国货，这才是真抵制仇货啦。方才，袁义亭先生所说的爱国的法子，大家也通知道了，愿大家各人劝亲戚、劝朋友，快快教子女入学校，求知识，去消耗，办实业，人人赚钱，家家财主，然后可说能国富兵强啦。不然的话说，高丽、台湾牛马之惨奴隶，就在眼前啦。

听讲：男一百五。商、农居多，列坐井然。是日集期，听讲又多趋市之人。该报社原有城区热心社会者四五十人分组演说。余为丁晓岑所约，故有是会。特为报告，不没城区甘尽义务三年不倦之热心者。

三月九日，在劝学所，自下午二时至五时。

研究者：赵元璞、李春霆、徐文炳①、王治从、范循约、赵踵先②、曲建樟。

提议促进天足之办法，欲使速收效功。入议种种，不能详记，但条条办法，

———————————

① 徐文炳（1880—1966），字云卿，山东龙口人。清末秀才，曾留学日本，同盟会会员。——编者注。

② 赵踵先（1888—1970），号竹容，黄县城关镇二圣庙村人。幼承家学，18岁去日本留学，毕业于日本宏文学院师范科，与"革命巨子"徐镜心相交莫逆。1907年，回国创办育英学堂。辛亥革命前，追随徐镜心，在山东及大连宣传、策动革命。武昌首义后，积极参加光复黄县的战斗。1913年夏，任黄县县立中学英语教师，后任学监。1920年，任校长。1923年，县立中学发生第一次学潮，遭地方实力派排斥，被迫辞职，朱全礫为之奔走呼告（详见本书《鲁直吴豫晋五省游行略记》）。因得到学校师生和工商界人士支持，于当年8月另外创办志成中学，任校长。1928年，志成中学与县立中学合并，任校长，是解放前黄县新式教育的重要开拓者之一。——编者注。

确有高明远见。特此报告，不没各机关首领热心社会者。

后柞杨、程家村讲演（1922 年 3 月 12 日）

三月十二日，在八区保卫团后柞杨大街戏台，自下午二时至三时。

招待：王葆民、李永和、李振海、刘作孚。

演题：说种树，义务教育，戒鸦片、吗啡，缠足，欲使实行力戒。

听讲：男一千二，女五百。四民咸俱，井然乐听，鼓掌称是。该村演戏四日，借台讲演，倡开民风。团丁招待，职尽公益。是日星期，学生咸集，尤有应答中肯者，足征平素教练之善。

三月十二日，在程家学校讲堂，自下午四钟至五钟。

助讲：孙吉堂。

招待：程世运、程维书、宋安溪、程维达。

演题：救人三大要，在使读书、识字、天足。

听讲：男八十八人。学生居多，列坐静听，应答中肯。该校教员孙吉堂特邀讲演，鼓励学风，足见热心之至。观学生精神活泼，尤征教练有方。该校将来之发达，未可限量。苟非孙君循循善诱，奚克臻此完美。

大杨家讲演（1922 年 3 月 13、14 日）

三月十三日，在七区保卫团大杨家庙前，自下午二点至五点。

助讲：王恒源、吕廷璋、孙吉堂。

招待：杨万青、王恒源、刘敬斋、杨志翰、杨范九、尚仞千。

演题：种树、义务教育、戒大烟吗啡、缠足，在使行其是、戒其非。

听讲：男一千八，女五百。学、农居多，学生列队台前，四民环场，观听如堵，鼓掌雷动。该区（除）召集全乡外，学校戎装列队到者，有宋家、大杨家、冶基、马家、唐家集南北二校、程家、唐格庄、郭家，咸旗幡蔽日，鼓号震天，唱歌慨慷，操步整齐。又，唐家集发育女校，亦列队临场，整肃堪嘉。又，试驾庄、尚家、东小河口、小李家，均便衣散到。惟教员于寰清、姜有义、吕廷璋，戎装持刀，大有尚武之风。观众学生之应答活泼，诸教员之口令清沈，招待、助讲之热心，均堪首屈一指。唐家集、宋家童子军，（军）旗五彩夺目，团丁荷枪，起起武士，操队整肃堪嘉。该方学风之竞进，乡风之开化，足见热心有人。苟非诸职教员、众首事办理之热（心），孰能使乡风开化之速。似此盛会，亦为平素不可多见者。

三月十四日，在大杨家学堂，自午前七钟至八钟。

助讲：杨范九。

招待：杨万青。

演题：说国耻，使知御外侮。

说：昨日开会，见在场男女学生，精神活泼，应答如流，兄弟非常高兴。故今日再对学友们说几句话。

我中国自从近几十年来，受外人欺压不堪，乡间的人还有许多的不在意的，这通是不知国家与人民有莫大之关系。若人人知道利害，哪有不着急的？比如一人无故被欺，终身引以为耻；一家无故被人所闹，一家必以为大耻。中国被人欺到这个样子，倒不如一个人、一家人知道羞耻。且一人、一家被欺，还可以论理，也可诉讼，按着法律，地方官惩办欺压人的恶徒。国若受人欺，可以上哪去论理，上哪去诉讼？虽有万国公会，人家也看你强弱下评议，不见高丽、台湾么？不见安南、印度么？国亡家灭，人作马牛。言到残酷灭种之惨，真令人哽咽，鼻酸啜泣，莫可如何之叹。兄弟略举一两件事，是大众亲见的。

（壹）国之所贵的（是）人民。我国人民无人保护，黑河被俄罗斯吞陷，我（们）的同胞五六千人，尽溺死在大江中。我若交兵打败仗，是我用兵不行。我（们）的商人、工人犯有什么罪，不论是非一遭陷害之？当驱逐入江之际，鬼哭神号，真可说天帝爱莫能助。临死呼父母妻子之惨，鬼神亦无可搭救矣。

前几年，日本打青岛，由龙口下船，天降大雨，路陷不能行车，北马一带高粱，连穗割了垫道，豆子割了喂马。黄山馆西大水，过不去老界河，在黄山馆以东十几村住兵，将门窗木器劈开烧着炊饭，鸡、猪宰割吃了，将妇女惊逃旷野田禾间，尽遭淋雨，啜泣不敢着（作）声，逃不出去，被日兵捉住，抱在锅内用水洗净，按在炕上任意玷辱。男子不敢着（作）声，真遇忍不可忍的事，言方出口，手枪一响，立即毙命。从龙口到莱州府，为奸淫口角，被手枪打死的，报官登报的一百多名。靡人报官、靡脸登报的，又有好几倍。请问大家，被人无故残杀的，是不是我们的亲戚朋友，是不是我们的种族同胞？既是同族同胞，有权有势的不过问，无权无势的不敢过问。其他受种种残酷，更难细说。我国不知自强，甘受这样欺辱，其怨谁呢？

（贰）国之所宝者（是）土地。近数十年来，土地被人租借、割据、抵赖，更不可胜说。略举其要紧的，外兴安岭、东海滨省、大连湾、旅顺口、威海、青岛、香港、广州湾、台湾、南洋群岛及沿海内地商埠口岸，尽归他人所有。更不用说琉球、高丽、安南、片马及外蒙、西藏啦。他人得我们这土地，得寸进尺，得尺进丈，如蚕吃桑叶。桑叶不尽，是不肯止的。自己尝恃土地广大，边幅割裂，以为无关紧要。就这路说（数），岂不教旁观者掀髯大笑，有识者替我寒心么？

（叁）国之所尊者是主权。有人民被欺不能作主，土地被人占个不少，人家愿开口通商，就得允人通商；人家愿意开矿，就得准其开矿；人家无理邀（要）求强迫的条约，靡有一样敢抗的。主权尽失，将来家业财产、妻子老少，通不能作主，你看令人可怕不可怕呢？

吾国若此之弱，现在不亡，亏了学生请求总统不签字。是学生打卖国贼，是学生抵制仇货。维持国货也是学生发起的。不但说雪国耻，在你们学生，将来造亿万年的幸福，亦得你们这般少（年）英雄了。你们既有这样精神，这样学识，再将志向立好了，办人所不能办的事，立他人所不能立的功，这才不负教员的苦心啦。请勉立大志，雪耻救国吧！

听讲：一百六十人，学生居多，列坐静听，悲愤交形于色，咸具去侮雪耻、矢志不贰之概。该教员杨范九欲鼓励学生爱国，故有是会。观学生精神之贯注，应答之敏捷，秩序之整肃，足征平素教练之善、管理有方。观杨君范九种种之教练，洵堪称教育界之巨擘。

苏家庄讲演（1922 年 3 月 17、18 日）

三月十七日，在栖霞苏家庄大街，自下午二钟至五钟。

助讲：苏德善、张瑞庆。

招待：苏德明、王玉生、苏德善、刁福祥、王福顺、王玉兰。

演题：新、旧学务之比较，欲使学有用之学。

听讲：男五百六，女二百五。农、学居多。该村校长苏德明召集乡众，学校列队到者，有船止沟、前迟家、丰义店、荆子埠。惟该村学校军乐迭奏，鼓号齐鸣。船止沟学生唱军歌，一唱众和。嗣五校合操柔软运动。观学生应答，又多中肯，逆知该方办学之热，必收日新月异之效，均堪嘉尚。

三月十八日，在苏家庄学校讲堂，自上午八时至九时。

招待：刁福祥。

演题：代教军歌，使知壮慷慨气。

听讲：男四十人，学生居多。坐听立唱，激昂动人。该教员刁福祥欲励学生志气，故有是举。特为报告，不没热心教员。

前迟家讲演（1922 年 3 月 18、19 日）

三月十八日，在前迟家大街，自下午二钟至五钟。

助讲：迟焕章、张瑞庆、曲光润、刁福祥、吕调声、迟继道、学生迟玉隆。

招待：迟焕章、迟继道、张瑞庆。

演题：女子教育，促进女学。

听讲：男五百六，女二百八。农、学居多，环场如堵，鼓掌雷动。该校召集乡众，学校列队到者，有前迟家、苏家庄、荆子埠、后迟家、小院夼、下苏家、店埠曲家，咸唱歌助兴。惟苏家庄旗鼓俱备，军乐迭作。嗣七校合操，大形尚武之概。观学生应答之敏捷，职教员招待、助讲之热忱，均堪嘉尚。地居栖（霞）、黄（县）毗连之乡，学风有如此起色，可见热心有人。

三月十九日，在前迟家学校讲堂，自上午六点半至七点半。

助讲：张瑞庆。

讲题：教《打虎歌》，使知寓言爱国。

听讲：男七十人。学生居多，坐听立唱，唱和咸乐。该校班长欲学军曲，故教是歌，可见学生志大心高。亦具报告，不没学生立志之伟。

附录《打虎歌》曰：

老虎缘何打，为其能伤人。缘何不打活老虎，为其猛力难与伦。幸而一朝虎竟死，此时不打非君子。你一棒来我一枪，打得死虎遍体伤。旁人共佩英雄汉，好比武松下卞庄。老虎未死人人怕，谁敢轻轻打一下。岂真胆落怯山君，俊杰识时关系大。如今虎死身先僵，拳脚交加本不妨。倘教虎有还魂术，试问诸公怎样防？

他歌不录。

丰义店、石良集讲演（1922 年 3 月 19 日）

三月十九日，在丰义店学校讲堂，自上午八钟半至九钟半。

招待：慕泉浚。

演题：鼓励学生，使知国耻。

听讲：男四十人。学生居多，咸列坐静听，忻然而乐。该校教员慕泉浚着学生便道相邀，欲使学生奋发有为，故亦报告，不没热心教员。

三月十九日，在十区保卫团南段石良集戏台，自下午二时至三时。

招待：曹礼、葛宗文、曹纲、赵式斌、刁景福。

演题：种树、义务教育、天足之益、戒大烟吗啡、缠足之害，在使兴利除害。

听讲：男八十，女四百。四民俱备，仰视静听，欢声雷动。该集适逢会期，演戏五日。每年是日，人马辐辏，四民咸集，故人数无用召集，能有如此之多。

其不得听闻者，又有数倍，乃山会为卖买麇集之地故也。惜在该方历年屡次开会，未见各校学生列队到场，其首领特性与不相连属之情，可想而知。

鹰口王家讲演（1922 年 3 月 22 日）

三月二十二日，在鹰口王家大街，自上午九钟至十一钟。

助讲：田玉书。

招待：王宗清、王德聚、王德新、王德报。

演题：女学、天足，在使进行。

听讲：男二百四，女二百六。农界居多。学生列队，男女咸列街中，并然不紊。该村学董王德新，欲励学生尚武，故代排操队，借资演说。该校学生唱歌，声调激昂，列队体操，步伐整齐。观学生精神贯注，应答从容，足征教练之完美，苟再加以戎装旗鼓，洵可冠诸一乡。

三月二十二日，在鹰口王家东街，自下午二时至四时。

助讲：田玉书。

招待：王德聚、王德报。

演题：说国耻，使知救弱。

听讲：男二百六，女二百三。农界居多。学生列前，男女环场如堵，乐听不倦。该校教员田玉书，着学生绕街振铃，召集邹（家）、王（家）二村（民）众，届时率学生列队唱歌助兴，学董王德聚、王德报杆悬布画，使观听者触目惊心。学生王连璧，以髫龄之童，而能唱教军歌，童音嘹亮，众和慷慨，均属热心堪嘉。

附录：《历史三字经》①。诸同志鉴：因口授不全，敬录献阅。

明伦堂讲演（1922 年 3 月 26 日）

三月二十六日，在明伦堂，自上午十句钟至下午四句钟②止。

首，袁义亭③报告教育一切进行事宜。次，徐聘珍。三，李菊泉。四，曲杏

---

① 参见本书第 143 页至第 145 页，此处从略。——编者注。

② 一句钟，即一点钟。如《文明小史》第四十回："大家约定一句钟在子由家里聚会同去"。杨玉如《辛亥革命先著记》第七章第四节："九江新军得武汉首义消息，早有欲动之象……至九月初二日午后一句钟，五十三标军士，乃迫令标统马毓宝起义"。——编者注。

③ 袁义亭，民国时期黄县学界名流。1919 年，任经正小学校长。1924 年为私立志成中学义务授课。1938 年 5 月，以开明绅士身份被选举为黄县行政委员会主席，但未到任。——编者注。

岩。俱报告关于教育事。五，田玉书。六，徐竹斋①。略言当办之事。七，王兼三演说。八，侯述先演说。

听讲：男三百二，教员居多，列坐静听，井然注意。县教育会函招全县职教员以开例会，研究学务进行。观袁义亭君报告，种种条件，清晰动听。听王兼三君之演说，句句中肯，洵堪令人钦佩。观济跄满堂，堪羡人才之盛，故全黄教育之跃进，尤赖诸君兴学之热忱。

马亭庙讲演（1922年3月27日）

三月二十七日，在二十一区保卫团马亭庙戏台，自下午二时至三时半。

助讲：张殿鼎、王金选、仲兆训。

招待：牟雪端、孙嘉俊、成培蓉、刘横渠。

演题：金县长"训告四要"及种树，在使实行其是、去其非。

听讲：男八千，女二千六。四民咸俱，秩序大乱，人声沸腾，忽静忽喧，始终不稳。该庙演对台戏四日，该团总张殿鼎预约登台讲演，倡开民风，其热心堪嘉。乃该方学商开化最早，又杂以多不开化之人观开会，秩序之乱，虽热心亦为其混淆，故不得观听者尚有三倍。

附有《感言》，请鉴人格：

余自奉委，三年于兹。在本县城乡及省垣、胶东各地，登台讲演，七百余会。无论文明开化之境，与野蛮闭塞之乡，无不鼓掌大乐、连声称是者。间有无知之徒，在台下千万人丛中，虽略有闲言，于秩序毫无摇动。惟客春正月八日，在唐家泊戏台，有十余恶少反对助讲，攘臂大呼，虽观听者遭其扰乱，亦不如此次之甚。略述情形，使知该方亡国奴之可叹。初，该团总张殿鼎订午后人多，两台一齐止戏，同登北台。张君方启齿，台下群小声张"走，走"，拥奔南台。见南台亦停唱，反奔力拥，人丛咸动，嚷声大乱。及余出台，大声疾呼，台下略稳。际商、学称赞喊好，群小乘机滋闹，攘臂大呼，拍掌喊好，声动天地。讲听（者）空扯其音，听者杂轰莫辨，愈喊愈力，佐理莫可遏止。余遂舞刀练拳，台下略稳。又讲演有半钟之久，滋闹者威亦杀矣。视此可叹亡国奴，有负该方热心社会者多多矣。

---

① 徐镜海（1871—1945），即徐文筠，字竹斋，同盟会会员，龙口市黄山馆镇馆前后徐家村人，"革命巨子"徐镜心之族兄。曾任徐镜心秘书兼联络员，参与黄县光复，任谍报员。民国成立后，在家乡从事教育，宣传移风易俗，捐资助学，颇孚众望，邑人尊称"四先生"，获政府颁赠"尚义足嘉"匾一块。——编者注。

山东黄县巡行讲演员朱全璨造报十一年报告册

磨山迟家讲演（1922 年 3 月 28 日）

三月二十八，在磨山迟家校院，自上午八钟至九钟。

招待：田玉山、田福祥、迟元溪、迟有彭。

演题：说操衣、剪发，使知尚武从新。

听讲：男六十人，学生居多，列队整然。该校职教员，欲励学风，使学生知所趋向。故亦报告，不没热心办学人。

李家沟村讲演（1922 年 3 月 29 日）

三月二十九日，在李家沟村关帝庙台，自下午一钟至六钟。

助讲：张培兰、蔡宝桂、王学恭、田玉书、王丕熙。

招待：李元刚、李元成、李丕（培）孚、李丕（培）益、张丕兰、林学古。

演题：说保卫团之利益及剪发、天足，使知实行自治。

听讲：男五百，女三百。农界居多，秩序井然，观听者咸乐。该村首事李元刚等，路邀开会，提倡乡风，立时召集乡众。学校列队到者有敖子埠、西林家、王家、李（家）沟，咸唱歌助兴，又多能应答。嗣四校轮操，各奏长技，大形尚武。其招待、助讲，均属热心可嘉。惜该校学生多带发辫。

陈家村讲演（1922 年 3 月 31 日）

三月三十一日，在陈家村河崖，自下午二时至四时。

招待：张鸿宾、陈作义。

演题：为商合保卫团办法，使知兴利除害。

听讲：男三百六，女五十。农界居多，静听咸乐，无不首肯。因奉金县长训令，命接十一区保卫团一切公事，召集全区磋商办法。届时到者有陈家、北谢家、南谢家、院下、姜家店、十（七）甲、史家庄、东林家、西林家、王家、李（家）沟、朱家、邹家、郭家、杨家、敖子埠，共十六村首事人等。又，陈家学校列队到场，见人心之向化可知。

说：保卫团原为保人民的治安，并靡有骂人、打人的。既是家家拿钱养着他（它），他（它）还要打人、骂人，这算个甚么保卫团？前日进城，金县长命将南北合为一团，令即接办，余并不愿办这宗事。嗣后命我举送二人，我遂将前后办事人姓名报上十几个，命我担团总，着苏立信、姜文进为团董，办全乡治安事。

照着保卫团办法，先有预算表，每年能用多少钱，再将每年所进的款项，算其存、欠，四季清算明白，各村张贴去清单，教大家通通知道。团丁查路，防备来往匪人，再将看山的裁去，在咱乡又能每年省去四五千吊钱。多张（贴）劝戒的布告，断烟禁赌，使游手好闲的人，尽归有事业。屠宰猪税钱一千零八十，从此全乡俱免。

倘各村有不法之徒，各村惩罚，以充各村地母（亩）捐。从前赌局、烟馆，彰明较著的干什么，大家也通知道的。从今以后，各村再有烟馆、赌局，是村人通可来团指名报告。若不敢明报，可以写帖暗报，即传来团，勒令出保具结，永不再犯。倘再不自悛，若经查出，立即送县惩办。咱团上也不打他，也不罚他，但是能改了就好。至于兄弟月薪，分文不取，每月十五元尽捐于团，每年全乡也可省个三两千吊。大家若有高见，请说说才好。欢声雷动矣。

圈杨家村讲演（1922 年 4 月 2 日）

四月二日，在圈杨家，自上午九时至十一时。

演题：为奉令接保卫团，另行整顿。

听讲：男三十六人。首事居多，坐立听讲，一切交接，奉金县长训令，接担团事，预定期是日。前团总公件一概不交，言其订期次日。代招有账户眼，同过共欠八百三十余千（吊）。余因疾甚，着团董姜文进次日代为相机接收。

五龙坛讲演（1922 年 4 月 30 日）

四月三十日，在五龙坛戏台，自下午三钟至四钟。

讲演者：殷长庚、朱广谟、田玉书、苏立信、张丕兰、田积亮。

招待：田玉书、苏立信。

演题：说义务教育，欲使教育普及。

听讲：男二千，女一千。四民咸俱，井然不紊，多有点头称是者。该庙演戏四日，学务员田玉书特邀借台讲演，以开乡风。余因病，遣侄广谟代表开会。值是日星期，四民咸集，学校到者十余处。惟下田家学生戎装列队荷旗，登台唱军歌，动人听闻。诚为南鄙破天荒创举也。朱广谟报告如是。

河北谢家讲演（1922 年 5 月 24 日）

五月二十四日，在河北谢家学校讲堂，自下午四时至五时。

助讲：陈作贤。

招待：陈作贤、姜德璞。

演题：说音乐之益，使知礼、乐并重。

听讲：男六十四。学生居多，列坐静听，精神贯注。该校长陈作贤特邀讲演，借开学风。学生作乐唱歌，大生兴趣。足征山陬学类，亦有进步矣。特此报告，不没热心办学人。

财源泊开成学校讲演（1922 年 5 月 29 日）

五月二十九日，在财源泊第一开成学校大院，自上午八时至十二时。

讲演：王谏堂、许志远、范省斋、袁义亭、赵竹容、王兼三，学生王垂虔、丁毓生、王垂衡、李佐民、王训寀、王丕珠、王尔勤、王连策、戚长通、王策庚、王新训、王垂珣、王可琮、李维保、王可琳、董振铎、王策贤、韩余琳、王衍瑞、纪学礼、王酉训、纪万年、王经策。

招待：王谏堂、范省斋。

演题：捐资兴学，欲使捐资心热，学风竞进。

听讲：男七百，女八百四。学、商居多，高搭长大席棚，男女分（别）列坐数十余行，学生列左，整齐队（伍），井井有条。该校开十六周（年）纪念会，各机关要人，咸临场观光，学生作军乐，奏琴唱歌体操，演国音留声机，国旗招展，鼓号震天。女教员率天足女生，及第二开成（学校学生），列队咸临。观学生之精神，讲演之从容，洵堪首屈一指。更可奇者，十数髫龄之童登台演说，咸中时弊，侃侃而谈，旁若无人。非平素教练之善，奚克臻此完美？其育才将为社会造久远之福，未可限量。

并附歌二曲：

迎宾歌

学校团体如家庭，我师长其学生，今日聊申地主情，欢迎众宾朋。政治学术屡变更，我辈青年何适从？愿诸君启迷蒙，无吝教言尽劝惩，指示方针与儿童，斯校争光荣。

谢宾歌

盛会已将散，欲留不可能。得侍嘉宾座，有如在春风。爱我留训词，可以终身行。善言拜稽首，印入脑筋中。长歌巴人曲，敬谢诸公情。临别无仙赠，全体一鞠躬。明年今今日，倒屉复欢迎。

闻此歌曲，益知教练高出千万矣。

蓝渠高家讲演（1922年6月2日）

六月二日，在蓝渠高家北学校讲堂，自上午十钟至十二钟。

助讲：鲍景禹。

招待：王德厚。

演题：学生爱国，使知合群御侮。

听讲：男八十四人，学生居多。列坐静听不紊。该校教员鲍景禹欲励学生，故有是会。学生唱歌欢迎，童音嘹亮，声调合拍。观学生精神，足征平素教练之善。故亦报告，不没热心教员。

六月二日，在蓝渠高家大街，自下午二时至七时。

助讲：鲍景禹、李树梓、王中榜。

招待：王德厚、王常棣。

演题：说女子教育及天足，欲使女学发达，天足实行。

听讲：男一千一，女八百六。农、学居多，环场井然，鼓掌雷动。该村南、北二校，同时召集乡众。学校戎装列队到者，有该村南、北二校，洽泊，打线（达善）徐家，后崔家，逄家，鲍家，泉水疃北校，灶户孙家共九校，旗鼓俱备，操衣整齐，军乐迭作，唱歌助兴。打线（达善）徐家、泉水疃、高家北校，武术运动，诸多合法。嗣九校合操，步伐整齐，观学生多活泼。逆知素常教练之善，该方学务日益竞进矣。

诸由观坤德女校、诸由观大街讲演
（1922年6月3日）

六月三日，在诸由观坤德女校，自上午九时至十一时。

助讲：张荣龄，女教员王佩珍，女学生王世贞、姚兰舫、王瑞兰、张葆真、田鸿梅。

招待：王殿魁。

演题：女学、天足，在使女学进行，天足发达。

听讲：男十六人，女二百四十人。咸列坐静听，多啧啧称是。该校长张荣龄、女教员王佩珍，临时召集村中妇女，借开乡风。奏琴唱歌，合拍中律，音调激扬。观校舍之清洁，学生之活泼，应答之敏捷，操队之整齐，洵堪首屈一指。非平素办理合法，教练完善，奚克臻此。尤堪羡者，六七岁髫龄女童，登台演说，切中时弊，巡行胶东，亦所罕见。将来女学之发展，未可限量。

附录：

欢迎歌

叹我乡风气闭塞，开通在提倡。朱君行旌今一到，大家齐仰望。高谈雄辩动人听，战国之苏张，同学知识日增长，盛德永不忘。

蓝渠高家北校欢迎歌

欢迎欢迎欢迎，朱先生讲演，厚意来到我村中，我同学，大欢迎，齐钦敬，欢迎我公，钦敬我公，提倡教育兴。

缠足之害歌

缠足容貌败，体弱瘦如柴。步履艰难，动前仆尘埃。请姊妹快快脱离缠足之苦海。你看那天足女，行走何自在。母把闺女爱，惟恐不自在。骨肉伤残，母心不忍耐。为甚么，缠断女足，视之如草芥，其实是，忍心害理就把闺女害。

诸由观坤德女学校女教员王佩珍作。观此歌，逆知提倡天足，煞费苦心矣。

六月三日，在诸由观大街，自下午二钟半至五钟半。

助讲：张荣龄、李殿□，学生吴殿卿、赵常睿、吴殿良、陈孟起、吴鸿儒、马福炳、袁鸿德、姜宗藩、王兆奎、张恒新，女学生王瑞兰、姚兰舫、姚兰艇、袁淑和、王世贞。

招待：张墨林、赵聘臣、赵孚轩、姚法舜、张恒贞、王以顺、秦士选、王殿魁。

演题：风俗改良，在使日进文明。

听讲：男三千二，女一千二。农、学居多，环场静听，井然不紊。演至兴处，拍掌雷动。该乡教育会长张荣龄，当日召集乡众，学校戎装率队到者，有诸由观真乙观、冶基、马家、蓝渠高家、苏家沟、庄头村、诸由观女校、观张家女校、蓬莱西正、李家、高家、楼底下陶家、河北杨村共十三校。旗幡蔽日，鼓号震天，诸教员持刀率队，步伐整齐，大有赳赳熊罴之威。又，便衣列队到者有东台上两校、西台上村、冶张家共四校。届时咸临诸由观真乙观，唱歌助兴。陶家、庄头二校学生，各带彩花，尤足炫目。有坤德女校及陶家、真乙观，咸执童子军旗，五彩夺目，尤足壮武。其诸职教员之热心，男女学生之整肃，足征该方教育有日新月异之进步，将来人才辈出，未可限量。观男女学生登台讲演，切中时弊，尤为他方所罕见者。张君等临时仓猝之间，召集学校乡众如此之多，其平素之联络与素孚乡望，益可见矣。洵盛会也。

六月三日，在诸由观坤德女校讲堂，自下午七时至八时。

助讲：女学生张素珍、赵兰香、王瑞兰、张维贤、张秀珍、曲瑞基、袁淑和、魏贞蕙、田鸿梅、赵兰薰、曲培荃、姚兰舫、赵兰芬、王世贞、张葆芬、哀素秋、张霞云、张葆芳。

招待：王佩珍。

演题：重男轻女之弊，在使女权发达。

听讲：男八十人，女四十六人。两校学生居多，列坐有序，无不欣然称是。该校女教员王佩珍欲励学生，故有是会。届时男校学生列队来场。观女生应答之敏捷，演说之从容，声调之清婉，洵有高出人头地。最堪羡者，以六七岁至十一二岁之女童，犹能登台演说，咸侃侃而谈，旁若无人。余巡行三年，开会七百，亦未尝多见，其教练之善，不问可知，其学习之良，亦益可见。兴女学者请注意。

朱家、李家沟等村讲演（1922 年 6 月 11 日）

六月十一日，在朱家、李家沟、敖子埠、东郭家、东林家、十（七）甲村、史家庄、西林家、北夼杨家、邹家、王家、郭家，自上午八钟至下午八钟。

助讲：朱长温、林兴田。

招待：朱长温、李元珊、李培益、王学孔、蔡宝贵、郭兆锡、林吉德、王进学、史永恩、林兴田、杨学金、邹绍成、王德魁、郭殿清。

演题：匿契价之误，论其除旧弊，归自新路。

听讲：男女约一千五百人。农人居多，到处环听乐从。为奉金县长训令，着谕知各村长，转（告）各居民业户，听前团总姜余选主令匿写地价者，来县自首免罚。故偕村长朱长温，团丁隋玉魁、李元丰，一日之间，巡行三十里，开会十二村，到处读训令，谆谆告诫，使各改过从新，故听者无不乐从。人心去恶迁善，即此可见。各村匿价漏税之弊，罪有专归矣。

西关讲演（1922 年 6 月 24 日）

六月二十四日，在西关财神庙戏台，自上午十时至十二时。

讲演：英国女士丁玲、美国教士海查理。

招待：王兼三、范省斋、赵若泉等。

演题：戒烟酒，欲使节财、去毒物。

说：方才丁女士与海先生所说烟酒之害，大家也通听明白了。所有的烟通能伤脑，所有的酒通能乱性。若是脑力伤，人的精神必定短少；若是心性乱，人的知（意）识必定慌（恍）惚。人若是精神不足、知（意）识慌（恍）惚，教他为士农工商，必定不及人。若是为士农工商通不及人，自己谋生活，岂不难了么？美国、英国定的法律，禁止烟酒，文明国真知道烟酒于人生、社会、国家，通有种种大害，所以首先断绝了。

我中国也早有见到这种害的。广东这几年办有拒毒会，就是力绝烟酒。招远也有办的戒烟酒会，就是兄弟前年与诸同志也办了一个，戒烟酒会立有十条规则：现时入会的终身不吸烟、不哈（喝）酒的也有七八百人了。烟酒有十大害，顶重的一害，就是伤财弱种。上年调查，中国一年吸纸烟所耗的钱财，能养一百万兵军饷，吸旱烟的，一支烟袋大约每年得十千钱。假如一村有二百支烟袋，每年就得耗费两千吊。

若将此两千吊钱办学校，百八十的学生念书用不了，不强似自己吸烟，把自己男女小学生眼都炝瞎了，不强似自己哈（喝）酒，把自己的好儿女的心灌醉了。若使儿女双眼瞎、心里醉，教他谋生活，一则不识字，二则无知识；教他讲卫生，一则先天不懂胎教，二则后天不明却（祛）病延年。若使全国男女老幼通吸烟哈（喝）酒，用不（了）几年，全国人尽成痴的、瞎的了，尽成残疾病人了。

请看吸大烟、打吗啡的同胞，为士农工商，问他那（哪）样能及人呢？今天到场的，通通是高明人，要知道丁女士、海先生一系英国人，一系美国人，不惮口干舌枯之劳，不怕风吹日炙之苦，千里跋山，万里涉洋，来到我中国，为的（是）救我同胞出烟酒苦海，省钱财，强身体，家家过日子能以富，人人养身体能以强。请大家快快的将烟酒忌（戒）好了，方才不教文明国见笑啦。方能对起丁女士、海先生这番苦心啦。

听讲：男一千一，女四十八，商界居多。仰视静听，井然欣然，美国节制会干事员丁玲女士，巡回演说劝戒烟酒。海查理翻译，王兼三佐理，黄县商会（会）长范循约等召集商界咸临，诸君热心社会，实属可嘉。届时西关教立女校，率天足女学生列队来场，其开放女权，洵堪令人钦佩。

振兴蚕桑（1922 年 6 月 30 日）

六月三十日，录振兴蚕桑。

说：从来致富之道，莫如实业。生利之源，尤贵蚕桑。中国妇女，多赖纺织。不事蚕桑，由来久矣。近数年来，纺织无利，女工尽闲，生利之人渐少，耗财之处尤多。岁稔年丰，四民多不温饱。倘遇凶荒，三时何御饥寒？急则点金乏术，困则疗贫无方。若不预兴蚕桑，何以开利源助济民艰？夫养蚕须先种桑，桑多则蚕溥，蚕溥则利厚。提倡推广，处处皆然，使之野无旷土，世无闲人，桑林蒸蒸，蚕丝累累。十年之后，家有储蓄之积，人无冻馁之虞。先富后教，有勇知方，岂非国家富强一助云。谨拟八简法，以备采择：

一、种桑地。路旁、墙边、河涯、沟畔，或除荆棘之场，或植野荒墓中。闲原旷土，无不适宜。

一、种桑法。先将桑椹散溅细草绳上，将绳埋于土中，绳霉桑出，分移他处，勿使有缺。

一、植桑法。或春栽桑墩之劈根，或夏插桑枝于涝地，或移栽预种之桑苗，培植灌溉，勿失时宜。

一、蓄桑法。将初年之桑条倒压土中，次年可生十条，再将十条倒压，三年则生百条，数年成林，信有征矣。

一、养蚕。腾闲屋，置高架，以八寸为格，每格可铺席箔一张，每间可养三十箔，一女四五十日，可获钱二三百仟（吊）。

一、饲蚕。每昼夜以五次为度，及将（结）茧之日，或加二三次，勿使缺食，则丝自厚。

一、缫丝。先将茧炼好，待蚕丝毕，女工闲暇，自行纺织，比售茧之利，尤获倍蓰。

一、获利。桑叶既可饲蚕，桑条又可编器，桑皮尤可造纸。即或售条，较之荆、柳、杨、槲诸条，得值百倍。

余才疏学浅，窃不自谅，谨述管见，伫望振兴。愿吾中国父老兄弟，不惜余言，力为提倡，为幸多矣。诸同志钧鉴，因笔述不周，谨献台阅，借资劝导，是为至盼。

北涧村讲演（1922 年 7 月 13 日）

七月十三日，在北涧村大街庙前，自下午一钟至五钟。

山东黄县巡行讲演员朱全璪造报十一年报告册

助讲：王皋亭、单文圃。

招待：王汝邻、王荣九、王寿臣、王注东、王秀芝。

演题：男女教育法，在使教育进行。

听讲：男一千一百人，女六百人。农界居多，始终不紊。该校长王汝邻等召集乡众，学校列队到者，有该校与郑家庄子，戎装鼓号，唱歌奏乐，大动观听。观学生应答敏捷、精神活泼，足征平素教练有方。又，该女校亦散临，使天不霖雨，人数何止数倍。

洼姜家集讲演（1922 年 7 月 14 日）

七月十四日，在洼姜家集，自下午二时至四时。

助讲：姜孝侯，学生田兆汇。

招待：姜锡三、张蓬三、姜孝侯、姜祇亭、姜濯之、姜绳三、张理臣。

演题：教育进行法，欲使学务发达。

听讲：男七百六，女六百人，农界男居多。环场井然，始终不紊。该村女学校长张彦臣①，预期召集乡众。学校戎装列队到者有洼姜家。军乐迭作，唱歌数曲，合拍中律。又，海云寺亦到。观学生应答，多有中肯者。使不天雨农忙，人数必有数倍。又，该区团丁四人，特来维持秩序，足征公益心热。

明伦堂讲演（1922 年 8 月 2 日）

八月二日，在明伦堂。自上午十钟至下午一钟。

报告者：张建邦。

研究者：学务员王存韬等多人。

---

① 张殿邦（1876—1945），字彦忱、彦臣，山东省龙口市洼里村人，清末秀才。毕业于济南优级师范学堂。1906 年夏，由徐镜心介绍加入同盟会。1908 年任黄县劝学所学董，并在本村创办洼里小学。竭力提倡女学，曾腾出自家东厢房做教室，创办"育德女学堂"。1911 年武昌首义后，跟随徐镜心积极参与山东独立，并成为山东同盟会的骨干之一。1911 年 11 月，在黄县组建冬防队，接收改编清军防营，与王叔鹤、朱全礫等人积极配合徐镜心领导光复登黄起义，为光复登黄的主要参加者之一。1912 年，任黄县劝学所所长。在黄城明伦堂旧址创办县立师范讲习所。1924—1925 年，出任山东赵县县长（赵县地处河北省境内，时为山东省"飞地"，以后划归河北省），任内释放狱中许多蒙冤者，有政声。1928 年，任黄县县长，不数日辞职。不久，被军阀刘珍年部下诬陷入狱，幸免于难。1933 年至 1935 年，任黄县修志馆馆长，历经三年，县志终成底本。在修志过程中，还与好友徐云卿、王厚庵等人投资在柳海村一带翻砂改土，压条防风，改黄沙为良田。1945 年 8 月去世。——编者注。

演题：义务教育筹款进行法，欲使教育普及。

听讲：五十人，学务员居多。列坐井然，群声杂进，解决办法，条条有绪。

余说：方才诸君研究进行手术，多防流弊，大凡是无论什么良法没有靡弊的。若只防生弊，畏而不能力行其法，或观望不前，虽有良法，不但不能积极进行，亦难达到目的。依兄弟看来，向下各村卖田房之草法，由各小学职教员代写盖章。小学校免查其价目多寡，卖主也不用另开借字的一分用钱，一举两便。有或弊生呢，保卫团换官契纸时，将用钱代为扣存，按期支配均领，也不能有旁的说词。

但这一分津贴，分到各学校，寥寥而已，无济于义务普通进行。诸君俱是各乡热心学务之巨擘，何不照上章酌筹殷实（之）家？各酌各乡情形，分为三等，或分为四等、五等。譬如上等户捐助二十元，二等户十五元，三等户十元，四、五等七元、五元通可。或用普通筹法，按着农家几亩地为起码，譬如五亩地户捐助五千（吊），十亩地户捐助十二千（吊），十五亩地十八千（吊），迭次增加。以上所说二法，总不外乎上章酌筹殷实富户的法子。若通将一乡共有男女几校，共算亏款若干，再将全乡殷实户酌计上中下三等，多寡按户均摊。譬如一乡男女有二十校，预算全年共亏一万，酌计全乡上等户百家，每家劝令捐助五十千（吊），百家共计五千吊；中户百五十家，每户令纳三十千（吊），共计四千五百吊；三等户每纳十千（吊），凑个千千八百吊的也不费事。

若大家通主持此等办法，各人回乡，约期开会，宣布明白上章的意思。先列预算表，次列富户表，安排明白，再加以婉辞劝导。使知国耻，激其慷慨气；使知教育，为人才蔚起；使知群才荟萃，为图富强、立根基，家成富家，国成强国；使知雪大耻辱不难矣。彼富户并非富而不仁也，非顽固难化，乃拥厚资享洪福，实多不知爱国，必须合群富强，必须教育普及，彼常存为一家积财心重，并未尝计及为社会造福为急务。彼既拥资称富，家必多有灵敏之人，苟将婉词动其心思，大概未有不捐助者。

况且，章程通行全国，咱黄县也曾会议几次。倘真有一二强横不服（者），劝之不听，谬不随众，可着彼之亲友相信者代为劝导。倘犹即执迷不悟，视财如命，一劝不听，再劝不成，三番五次，也不成功，可即禀劝学所，论其捐纳，倘再不服，何妨送县惩办，借一儆百。

愿大家热心学务的，不要畏难，力行办一办罢。想中国事，恒因知道的多怕得罪人，不敢办；不知道的，更不愿得罪人，不能办。同志们想，咸存此等心理，中国赶几时能好呢？一旦国耻不雪，人成奴隶。诸同志呀，一腔热血向何处洒吧？岂不成了亡国奴之罪人，有何面目对（得）起我们五千年的祖宗？

此会乃劝学所函预召集全县学务委员，决议义务教育及津贴学费。观诸君决定进行之办法，洵堪嘉尚，所以学务之兴，日进一日，足征热心有人，特此报告，不没各乡热心的学务委员。

西林家讲演（1922 年 8 月 9 日）

八月九日，在西林家学校，自下午四钟至六钟。

助讲：田玉书。

招待：王丕熙。

演题：破迷信、重教育，在使信学不信巫。

说：日前，金县长问一奇谈案，如（与）西门豹矫送河伯娶妇的故事相仿佛。因城中有一巫婆，迷信的绅董之妇女，以谓有神，最灵。信巫者咸于六月节进香上供，鞭炮齐鸣，故违禁令，被巡警干涉。彼巫恃绅董在座，不服质问，遂被军警拿来，交县堂审。

金县长问巫祀神之原因，巫言其神之灵验。县长说，神既有灵，必能保护你。我今日抓你来，要办你，神怎么不能保护你？如果有神，我打你，神必能救你不挨打，命打二十嘴（巴）。把差役喊堂行刑，神巫叫苦求饶。县长又说，你既以神为灵，我若将神案焚烧，神必逃去火灾，命差悬神像，当堂举火焚之，立成灰烬，吓得小巫不敢认承为巫者，二人遂被释放，将大巫拘押。此记略耳。似此等迷信，狡猾者借神行奸，黠慧者借巫行淫。余游几省，到处无耻妇女，无不借巫神，行其奸淫者。若各县地方官，咸如金县长判断巫案如西门豹，中国巫风，不几年可尽革矣。何有此等迷信之耻？至如他项种种迷信尚多，改革尽在教育普及，尔等少年英雄，其心理必不迷信的。

听讲：男五十八人，学生居多，列坐立听，井然不紊，该校着学生来邀为开议学务事，故有是会。观学生答，多中肯，可见知识由于教练。惜学生多带发辫，足征提倡乏人。

东林家讲演（1922 年 8 月 26 日）

八月二十六，在东林家学校操场，自下午二钟至五钟半。

助讲：朱全珍、田玉书。

招待：林吉盛、林吉德、田鸿修。

演题：提倡全乡教育及筹办高等学校，欲使教育普及，人才辈出。

说：我问学友们一句话，中国因为什么得受外国气？外国因为什么能以强？学生应曰：中国无教育。众位即说无教育，场中必有不愿欲（意）的人。我略说给大家听听：早前念的书，所学非所用。做八股、考文章，能以抵制外国不能？习弓箭、演刀枪，能以敌住枪炮不能？时今学堂的功课，所学有所用，就是古前圣人的法，又加上多样的科学，所以时今学堂出来的学生通知道，中国弱在这麽有好教育。

照着咱莱山乡说，男女学堂，办了二三十，还有若干不入学的人。多半是男孩不入学，怕体操，怕剪发；女孩怕行天足、不包脚。大家请看，今日在场的学生，还有麽剪发的么？还有不会体操的么？这张布画是不是劝人放脚的？这张布画是不是劝人天足的？于今开通家，早行天足、不包脚啦。黄县城里的女人，十人之中有八九人放脚的，何用怕？

时今通得办义务教育，财主拿钱，穷人念书，男女小孩，七八岁通得上学。四年毕业，再入高等。咱乡只有初等，麽有高等。方才田先生提倡办高等，因为初等毕业，仍留在原校里，一不能特设高等班，二不能上外乡升学。这等办法，岂不把学生误了么？所以先举学董，由学董再举校长。今天虽然举了舍弟朱全珍为高等校长，但是筹款不大容易，请劝大家各人回家，劝殷实家快快的多捐钱，将咱一乡学务办好了。人人通成有用的人，个个能挣钱，家家有蓄积。推之全县，一城一镇二十二乡，通把学办好了，县县皆如此，二十二省及五属地，也将学务办好了。十年后，中国再不（用）受外国气了，你们大家通通享福罢。不强似有子女不令入学堂，误了他一辈子事？不强似有钱财捐之于迷信，耗费于奢侈？当这个慌慌乱乱的时势，终日提心吊胆的，格外害些怕。

听讲：男五百人，女一百二，农、学居多。列坐列队，环场不紊，莱山乡教育会长朱全珍，学务员田玉书，预函召集全乡村长、学界，学生列队到者，有东林家、小院夼、西林家、下田家、王家、颜家沟、谢家、陈家、姜家沟、大草屋、敖子埠、李家沟，多唱歌助兴。惟谢家军乐迭奏，与下田家俱戎装整齐，旗鼓亦为该方之创举。嗣十二校合操，大形尚武。其职教员之热心，学生之兴会，洵堪嘉尚。每校分金县长训告数十纸，词不录。

南关沙沟讲演（1922 年 8 月 29 日）

八月二十九日，在城南关沙沟海神庙戏台，自下午二钟半至四钟半。

助讲：王子民、丁伯诚、王翼文、田尚武。

招待：王介人、王子民、王蔚亭、孙升如。

演题：风俗改良，在使富强可期。

说：风俗古今不同，人总得随时势为变更。大家若是守旧不改，请问钻木取火为何改到洋火？刀枪弓箭为何改到后膛枪、机关炮？风船改到火船，陆车改到汽车，气球变成飞艇，火药变成炸弹，茹毛饮血渐变米粟膏粱，衣皮衣草渐变布帛锦绣，谁敢说不改？是怎么怕学堂，怕当兵，怕剪发辫，怕不包脚？说起怕入学堂，到处皆是学堂。若人人不怕当兵，我中国谁敢欺？现时再若带发辫，真是反对国体，岂不教人轻看么？顺天然自在，何用包脚呢？大家通知道风俗得改良，为何不先改有益的？要紧的是入学堂，通剪发，行天足，开知识，壮国体，强种族，这才是真改良啦。略记大意。

听讲：男三千人，女二百六。四民俱有，仰视静听，井然不紊，演至兴处，欢然鼓掌。该庙演戏六日，志正学校校长王子民预约借台讲演，倡开风化。届时率戎装学生一百余人，列队临场，登台作军乐，鼓号震天。台下学生，应答敏捷活泼，足征教练之方，可谓该方（之）冠。观招待、助讲之热忱，环场秩序之稳静，足征开化人多。

北马镇讲演（1922 年 10 月 29 日）

十月二十九日，在北马镇大街礼棚，自上午十一钟至下午一钟。

助讲：徐文炳。

招待：刘希可。

演题：文明结婚礼，使知男女平权说。

说：今天到场的，通是来看巡行教员刘瑞芳先生与小学教员乔淑芳女士行文明结婚礼。余先为新郎、新妇贺。贺的是刘瑞芳先生，才学超群出众，声名洋溢四方；乔淑芳女士，才貌兼全，举止大方，学多艺，教多术。真可说才子佳人，一对男女平等的好夫妻。再为大众男女同胞贺，贺的是有了自由结婚，就没有重男轻女之弊。看了这个文明礼，就破除了弊陋旧风俗。更为我中国贺，贺的是男女学生多了，自由结婚也就多了，倘男女通能行文明礼，女权发达，有了家庭好教育，我中国岂不是有了好人才了么？

说起旧婚礼，更令人可笑。亲迎时不上轿，还得男人抱上轿，到婆（家）门不下轿，还得拉出轿，带上眼罩不会走，还得扶着两臂行。又，见客不会行礼，见家人不会说话，只用有一双小脚，就是好媳妇。风俗坏，人也乖，大家想想奇怪不奇怪？今天看新郎、新妇对行三鞠躬，这就是圣人重人伦之始的大礼，夫妇交换手表为记，这就是终身不二之老靡，他夫妇一同用印于婚书，介绍主婚同花押，这就是白头到老、儿女满堂，亦不能渝其初志而生憎恶心。就像这样自由结婚，全行文明礼，世间哪有怨女旷夫，家庭哪有夫妇反目？此真可贺中尤可贺的啦！请大家从今以后劝亲戚、劝朋友，快送子女入学堂，学文明自由结婚如刘瑞芳先生、乔淑芳女士，则可遗终身之乐无憾矣，真可为众位的令郎、令爱预贺的。

是日，黄县巡行教员刘瑞芳行文明结婚礼。届时亲宾咸集，礼棚为满。男左女右，主婚居中。及轿至，女宾列队，迎新妇入礼棚，夫妇东西列，对行三鞠躬，北向交换表记，各用印于证婚书，主婚及介绍各花押，读致训及盟祝各词毕，北向主婚及（即）介绍东向男宾，西向女宾，南向来宾，俱行鞠躬礼。奏乐毕，余登台讲演。

听讲：男三千六，女人二千五。秩序大形拥挤，观听者咸乐。嗣送新人入洞房，夫妇行合卺礼，新郎、新妇偕行，逐至客厅鞠躬谢客，举止大方，真不愧文明人之目，与行文明礼之周，十数客厅，四十余座，无不交口称赞矣。洵兴会也。

劝捐助修烈士墓（1922 年 10 月 29 日）

十月二十九日，在北马镇保卫团，自下午四钟至五钟。

招待与助讲：该团总李子经。

演题：劝捐助修烈士墓，欲使乐助义举。

说：今天到贵团开会，际贵团会议自治学员津贴，兄弟听说各团不一际（致），有每月每名贴十五元的，有十元的，还有不纳的。大凡无论什么捐款，于国家地方有益的，皆可捐助；若归于中饱，于国家地方无益的，皆不可捐纳。若这种津贴是为地方有益的，大家捐纳才好。兄弟今天还是为捐来的。这宗捐是为第一等仁人义士乐助的，于地面漏脸，于国体增光，就是为重修九里店烈士义冢。

当民国成立之初，政府将光复登黄死节的烈士命地方埋葬祭祀，大开追悼。当（时）兄弟奉山东都督胡经武与徐子鉴①命令，自烟台回黄县调查死伤与损

---

① 即徐镜心（1874—1914），族名文衡，字子鉴，山东省龙口市黄山馆镇馆前后徐家村人。1903 年，由山东大学堂选派赴日本早稻田大学留学。1905 年，加入中国同盟会，被任命为中国同盟会北方支部负责人兼山东分会主盟人，负责领导鲁、晋、冀、豫、绥和东三省的革命活动，是辛亥革命时期中国同盟会在北方的领袖和舵手。1905 年，受命回国，创办东牟公学。1906 年，主编《盛京时报》，宣传革命思想，壮大革命组织，在山东独立、烟台光复、登黄战事过程中功勋卓著。在东北进行革命活动长达四年之久，创建中国同盟会辽东支部，发动武装起义十数次，时人将其与黄兴并称"南黄北徐"。入民国，任国民党山东支部理事长。1912 年，被选为国会参议院议员和宪法起草委员会委员，拒绝袁世凯高官厚禄的拉拢诱惑。"宋教仁"案发生后，在国会首倡弹劾袁世凯，并联系柏文蔚、李烈钧起兵反袁。1914 年 4 月 14 日，被袁世凯秘密杀害于北京，因此世人又将其与宋教仁并称"南宋北徐"。徐镜心文韬武略，是孙中山先生的亲密战友，为推翻清朝，结束统治中国两千多年的封建制度，创建中华民国，立下了不朽功勋，被誉为"革命巨子"。徐镜心是中国北方，尤其是山东和东北地区旧民主主义革命时期不可逾越的标志性人物。——编者注。

失，遂时覆书登报，故北马镇东烈士墓，系山东军，清兵破黄县死，共九十二烈士，合葬一大义坟。（此）乃兄弟于民国元年阴历正月在城调查详确。至秋，曲子久奉令迁葬此地，蒙大家保存至今毫无损坏，岂不是为地面增光么？

乃九里店村西义塚，系刘基炎[1]引北伐军在北马大战死节三十二人，当时抢回黄县。兄弟代为买益源木铺好棺材与好衣服，埋于城东南圩外义地。民国元年冬，烟台都督府着人迁葬于九里店，姜炳炎司令来开追悼会，遂着庄头村长代为保护。

民国三年，该村长病故，无人经理。砖石渐失，垣墙被拆，九里店也曾有人报官，乃县知事郭光烈反对革命，置之不理。而该方不要脸的小人，渐窃砖石，益无畏忌。数年之间，毁坏不堪入目。由小而论，该方人士，成何风俗？黄县人士，成何体面？由大而论，于国体包羞，不亦耻乎？所以金县长深知巨细有关，屡次提议，故发这样捐启，着兄弟与各机关代为募捐重修，以壮国体。兄弟带来捐启，说与大家：

迳启者。照得殁而可祀，忠烈之气长存，葬者为藏墟墓之灵斯妥。而况英魂毅魄，皆执戈卫国之人；死义从军，悉光复共和之士。如黄邑九里店战士义塚者，岂可任其毁坏而不随时注意乎？查该义塚为茔数十，阅时十年，风霜剥蚀，垣墙已旧，倾颓封树，无存基址，行将莫辨，不知修葺，何懋沸台？兹拟照旧规复围墙一道，以壮观瞻。估计工料约需京钱千吊，鄙人首捐薄俸百缗以为之倡，所冀乐善君子，各施埋背掩骼之仁，毅力热心，共襄扬烈表忠之典，庶北邙山下，重新百步之阡；而东郭墙间，不废五人之墓。是为启。民国十一年九月金城谨启。

金县长为革命烈士费这样的心，我们地方人吏当尽力的。大家也通知道，推倒满清，创造民国，皆是革命的热血、烈士的头颅换来的。我们共和平等自由的幸福，也是革命热血、烈士头颅换给我们的。俗语说的好：为人莫欺无主的人，莫毁无主的坟。战国时，暴虐强秦出兵伐齐，有令至柳下季垄五十步而樵采者，死不赦。真是教外国知道我们民国人格连战国暴虐之强秦赶不上，所以兄弟对大家说这宗捐项。更为要紧的，捐一千（吊）胜别的捐项十百千（吊），有能捐一百元大洋的，金县长立时给他挂善人匾额。这样善人比别的善

---

① 刘基炎（1880—1961），河南光山人。1905 年留学日本，加入同盟会。1907 年回国，参加了徐锡麟、秋瑾领导的起义。曾任沪军都督府参谋长、北伐先锋司令官等。后在冯玉祥部任第十六混成旅参议、豫南武装警察司令、陆军检阅使署参议。大革命失败后回乡经营农商。抗日战争时期曾任县长、专员、自卫军第七路司令等职。抗战胜利后曾任河南省参议员、第五绥靖区司令官张轸的顾问等。新中国成立后，历任河南省政协委员、民革河南省委员会组织部部长等。——编者注。

人也是高超一等的，请大家费心在意罢。

听讲：男五十八人，各村首事居多，坐列整齐，多点头称是。该团总李子经召集开会，为议津贴自治学员费，为烈士坟捐，早有约言，今适逢其会。该团总遂分捐启十二纸，可谓首倡大义，热心公益之巨擘。

固县村讲演（1922 年 10 月 30 日）

十月三十日，在固县村大街戏台，自下午三钟至四钟。

助讲：马宜腾、张建邦。

招待：张恒进、王树藩、马仁国、曲世勤。

演题：爱国先爱人，使知合群御侮。

听讲：男三千六，女一千八。四民咸俱，秩序始乱中静而终稳。及问学生，咸乐融融矣。该村演戏四日，劝学员张建邦预约借台讲演，倡开乡风。该村校长马宜腾、曲家女校长曲世勤，集聚固县、曲家、陈家三校学生登台，应答可课，热心社会。观学生应答，敏捷可嘉，观台下杂荞乖张，蠢愚可悯，略述情形，借知乡风。

余巡行三年，开会七百，无不秩序井然，欢然鼓掌。惟客正初八在唐家泊，今春二月二十九在马亭庙，助讲出台，群少滋闹，余亦莫遏其扰。此次群少嚷乱，呼动不灵，故秩序始略嚷动，中静而终稳。台下皆欢然乐听，群少亦目瞪口呆，无术滋闹矣。可见该方听戏，人格高出唐家泊、马亭庙千万矣。堪嗟！蠢愚群少以守旧为怀，似此顽固人格，有负该三方文明高见者苦心多多矣。略记情形，使知亡国奴之难化。

西关二圣庙街经正学校讲演
（1922 年 10 月 31 日）

十月三十一日，在西关二圣庙街经正学校①，自上午九钟至十二钟。

讲演：首袁义亭，次王谏堂，三金县长，四赵竹容，五学生王秀林。

---

① 1906 年由袁丕龄创办于黄县城内二圣庙。原系初等小学，1912 年秋添高级班，学制 7 年（初小 4 年，高小 3 年）。1919 年袁义亭接任校长，捐款建校舍 20 余间。1922 年增设女校。1923 年袁乾一捐大洋 1 万元设办学基金。该校历来注重培养学生自治能力，曾建"经正市"学生自治组织，按一个城市的组织框架成立相应的"行政部门"，如总务科、卫生科、实业科、社会教育科和警务科等，由学生分工负责办理所辖事宜，以增强学生自治能力和法制观念。——编者注。

招待：袁义亭、张桂芬等。

演题：落成及毕业，在使知办学有功、成绩攸著。

说：今天经正学校开落成会及行毕业礼，余谓有三可贺：第一贺的是，袁义亭先生办学有方，成效大著，学生受其益者，指不胜屈。其卓著之功，昭然在人耳目，亦为大众所周知。第二贺的是，众学友既受此完美好教育，将来为士农工商，必有竞胜之能，为社会国家，必有深筹远虑、力图富强之计。第三贺的是，学风日进，社会有人，靖内乱，御外侮，人不乏才，才不乏用，国家有赖。从此，我国万岁之基，尤赖尔等少年英雄造之。苟造福日深，图谋益远，同成绝大之规模，共布全球之新命，施仁政，息战争，大同一家，人群是赖。此尤可贺之中更可预贺的。余以为经正学校落成毕业之贺，不如以经正学校人才辈出、造民国亿万年之福为大可贺也。

并略记金县长正大光明之训词：

尔诸生毕业以后，无论在世界做什么事业，无论社会什么潮流，总不可去掉"孝悌忠信礼义廉耻"这八个字，"孝悌忠信"为人立身之本，"礼义廉耻"为人涉世之根。本坚根固，枝叶未有不荣茂的。人若据根本，立功幸福，未有不能造的。人民的幸福，国家的巩固，未有不以这八个字作根本的，尔诸生同勉力行之，是本县所厚望焉。

此等正大光明之训词，非学博识富，谁能道得出？洵堪作千古不磨之箴言，故谨志诸报告，以备致训词之模范云。

听讲：男一千一，女一百六。堂中男女分行列坐，院中列队环立，井然不紊，数次鼓掌。学校开落成会及举行毕业礼，届时各机关咸临观光，学生戎装列队，军乐两作，女校亦列队临场。每层门首学生持枪分列站岗，礼节周到，大有童子军维持秩序之雄概。操场高搭席棚，下扎彩台，夜演文明剧，观听男有三千、女有八百。苟非文明学生，谁能揣摩社会人情若是之动人观听也？嗣王季生演幻灯，其诸君之热心社会教育，洵属巨擘。

观学生演文明新剧，巧中社会人之心理。余因有感言，自古为社会教育之利器，无过演剧者。在专制时代，溯昏君庸臣，每好听靡靡淫佚（逸）之曲以为乐，上好下甚，遂漫不加禁，渐致风俗浇漓，时浊世乱，因之亡国丧身者有之。而明君贤臣，洞悉其弊，悬为厉禁，恒倡忠孝节义之戏剧，借为整顿社会之斧斤，潜移默化，人民去恶迁善而不自知也。是以风俗醇，人心正，国赖以宁。递及近世，忠孝节义之戏日益减，溺媚淫佚（逸）之曲日益增，政府不暇顾及，人情愈趋愈下，以致情薄俗媮，酿成奸淫畔（叛）乱，几致无术救药。

忆观济南易俗社之演剧，于社会大有裨益矣。观此学生所演之文明新剧，其揣摸社会中人迁善改过之心理，更不减于易俗社①。然易俗社之教育社会，虽煞费苦心，屡蒙政府褒奖，所演不过一城一埠之地。经正学生不过偶演一时，三五出耳。若教育部能审定于社会有益之戏曲，调查各省风化人情，分配颁布，政府下一通令，非教育部审定，不许演唱，并令各处地方官查禁亵曲淫词，有违令偷演者惩罚不贷。力行数年，民心有不向化者，谁其信之？余拙于文，如蒙热心社会诸君子赞成愚说，请速上条陈于政府，致教育部颁令施行，则中华民国四万万同胞之改图进步，必有日跃千丈之势。

遇家佩实女校讲演（1922 年 11 月 14 日）

十一月十四日，在遇家佩实女校讲堂，自下午一时至二时。

助讲：李震霆、张建邦、李静安。

招待：李震霆。

演题：说女子教育，在使女权发达。

听讲：男三十八，女五十六，学生居多。女列坐静听，男院中环立。该校学董李震霆特邀开会，提倡学风，对于教育可云热心之至。观女生礼节整齐，精神静肃，足征李君办学有素，教练有方，洵堪嘉尚。特此报告，不没其热心。

首善乡展览会、东川学校讲演
（1922 年 11 月 14 日）

十一月十四日，在首善乡展览会、遇家村东川学校大院，自下午三钟至五钟。

助讲：李震霆，南关育坤女学生单桂琛，诸由观女学生王瑞兰、姚兰舫、姚兰艇、袁淑和，女教员王佩珍。

招待：林肇谦、李恒敦、李震霆。

演题：说展览会，使知品艺精良。

说：今天女同胞、女学生，同来到这个展览会看热闹，哪知道这些展览品，乃是贵乡男女众学生造的，来看的要知道有"三要"：一要知道，小楷、大楷

---

① 易俗社，取"移风易俗"之意，全称"山东省易俗新剧社"，1917 年在济南成立。社长杨新斋，为前清秀才，能编能演。社址在济南大布政司街皇亲巷观音堂内。其经费由山东省教育厅拨给。该社以上演新编京剧而引人注目，如《胭脂》、《风波亭》、《步步难》（据日本小说改编）、《看看新知县》等。并到上海、青岛、烟台、淄博等地演出，广受欢迎。——编者注。

是哪校几年级的学生写的，怎样好。二要知道，图画、手工是哪校几年级的学生做的，怎样强。三要知道，论说、书札是哪校几年级的学生作的，文理通顺。更要知道男女学生的功课，办学的人热心，所以才有这样成绩功著，有这样的品艺精良，这才是真会看展览会的人。

但愿各人回家劝邻里、劝亲戚，既入校的学生好好用功，未入校的学生快快入学校。劝男女学生涌入学堂，再开展览会，更有可观。若是在哪个不留心的人和不识字的人来参观，不过是看了几张图画，动植物、山水画得好看了，几幅绣锦、几顶花帽绣得强，至于看大小楷、写信、作文、地图、字画，一懂也不懂。归家后，茫不记忆是件什么事。若这等看法，岂不是空负办展览会这些热心人么？请大家，姑娘、太太、众位女同胞好好留心看一看，你们贵乡这些男女学生造的这些成绩品欢喜不欢喜人罢。下略。

听讲：男六百，女一千五，学界居多。女生列队整齐，妇女环场，男立户外大街，井然不紊，演至兴趣，鼓掌雷动。该乡大开展览会三日，学务员林肇谦预约讲演，倡开女风。是日为女界游览，届时女校执旗列队到者，有财源泊王氏女校、南关育坤、前苗格庄启阱、东小渠疃三益、该村佩实、北涧肇基、百盈五溪、羊岚集养蒙、小姜家作新、诸由观庆德、城里凤鸣共十一女校，咸列队临场，整肃堪嘉。观天足女生，应答活泼，足征教练之善。助讲者咸中时弊，逆知程度高尚。最堪羡者，诸由观坤德女校八九岁女学生，犹能登台演说，侃侃而谈，旁若无人，其教练之善，不问可知。借展览而约开演说，林恭言君其热心社会，洵高出千万矣。似此女界盛会，余巡行三年，亦不多见。惟诸由观、财源泊二校，往返二十余里，不惮跋涉之劳，可谓热心之至。观该会成绩优著，真堪首屈一指，洵盛会也。

朱家村讲演 （1922 年 12 月 1 日）

十二月一日，在本村朱家大街，自上午九钟至十钟。

助讲：朱广恩、朱广惠。

招待：朱广大。

演题：说国耻，使知灭种之惨。

说：我这几年常不在家，不能对大众说些现今的时势什么样（儿）。闻听说咱这一方还有不入学堂的，还有盼望后清的，也有说总得出来真主的。请大家想想，不入学堂，上哪里求学？盼望后清，张勋逼着宣统强坐三日，被爱国志士打了个冰火消灭。

若说真主，时今天下多是民主共和，哪里有什么真主呢？我中国早前是关门坐朝廷，换朝如同换当家的，如同买卖家换掌柜的，村中换了会首一般。新主登基，出榜安民，老百姓只管给他兑粮纳草，就完了事。时今我中国门户大开，垣墙尽撤，我国里所有的人性风俗、军事政治、土产生计、技艺才能，通被外人调查明白。人家通知道你们中国样样是不行的。譬如一家人过日子，当家的终日稀漓（里）糊涂的，什么事也不管，家人终日游嬉浪荡，也不整理家务，这样日子怎么会不坏？我中国之弱，是不是如同这家败世人家一样呢？

外人见我国男女糊涂人太多，方才敢来欺我们，方才思想灭我们。时今灭国，不同早前换朝。早前换朝，还是为民，时今灭国，连人种通灭了。譬如财主买了一块荒地，先将荆棘蒿草刈除净了，然后种上谷麦黍稻。在外人看我们人，如同无用的荆棘蒿草，看他自己人好似有用的谷麦黍稻。若不将荆棘蒿草除净了，怎么能生长谷麦黍稻呢？若不将我们无用的人灭净了，怎么能安置他们有用的人？

说起灭种之惨，真教人一言难尽。这几年灭国也是很多的，灭种之法也是很奇的。有定的男女到四十岁方许嫁娶的。大家想想，人若十三岁嫁娶，男女两个血气未定、筋骨不成的小孩，若交合生出男女来，能不寿短多病么？有为嫁娶婚配分三等纳捐的，上等户纳二百元，中等户纳一百五十元，下等户纳一百元。有定的凡居民一举一动通得纳捐的，无钱纳捐就罚苦力，有田产房屋被逼卖完了，卖物无什么卖，卖人无主要，逼的急了，把天通卖了。你若卖了天，他官场的人将你们户销了，上了封皮，一家老少通饿死在屋里。因为天是他买的，连天日也不叫你看，你说死得可怜不可怜吧！

近百年以来，灭国灭种之惨，一天半日也是说不了的，请大家向下看是什么世界。若还迷信邪教，不改旧风俗，恐怕国亡了，家业财产、妻子老少，通作不了主啦。我们这一方人，再不要误听那些老顽固的话啦。

听讲：男一百五，女一百二，农界居多。咸静听不紊，多点头称是。是日，村中朱、李二家嫁女，亲宾、村人咸集，故有是说。此记略耳。因朱广恩、朱广惠二人自海北族里频欲提倡乡风，故其助讲之言咸中时弊，其少年为风化之热忱，亦可概见。故亦报告，不没其爱国之心。

蓝渠高家第六国民学校、北校、义乐院庙讲演
（1922 年 12 月 23 日）

十二月二十三日，在蓝渠高家第六国民学校，自上午八钟半至九钟半。

助讲：遇丕亨。

招待：高锡暇、遇丕亨。

演题：提倡爱国，在使励志图强。

听讲：男三十八人，学生居多数。列坐静听，井然不紊，该校长遇丕亨欲鼓励学生，故有是会。特俱报告，不没热心办学人。观学生精神活泼，程度高尚，足征教练有方。该校将来之发达，不可限量。讲词不录。

附录：丕亨立志说

时虽不遇，断无长困之蛟龙；命纵多舛，岂有久穷之豪杰。翻云覆雨，权当他牛鬼蛇神；树业立功，须气贯山河日月。参禅学佛，懦天之消极堪悲；遁世忘机，天下之仔肩谁负？姜椒到老，其味愈辛；松柏后凋，经霜弥劲。男儿立志，应百折不回，一息尚存，气节未容稍贬。

观此文立志，其高尚可嘉。

十二月二十三日，在蓝渠高家北校，自上午十时至十一时。

助讲：鲍景禹。

招待：王德厚、王常棣、范培龄。

演题：提倡天足，使去缠足之害。

听讲：男一百二十人，学生居多。列队静听，井然不紊。该教员鲍景禹欲提倡学风，故有是会。观学生人数之多，精神活泼，其办理教练之善，不问可知。观女学生之楷书，字体端好，学业优著，洵堪嘉尚。将来学校发展，人才辈出，未可限量。非办学热（心），奚克臻此？特此报告，不没热心教员。

十二月二十三日，在二区保卫团义乐院庙前，自下午二钟至四钟半。

助讲：张季符、袁子才、林子刚、李树梓。

招待：张季符。

演题：金县长要公八条、自治教育等等，在使实行力办。

说：今天到贵区开会，乃是金县长"八条要政"。令兄弟去到各保卫团，对农商学界一一宣布明白，可见咱这个金县长勤政爱民的至意。所以将这八条先写在黑板上，对大家细细说说。第一是明春种树；二乡间井上做盖；三各村取缔客民；四催登记户口；五催各学校学董名册；六学校由保卫团征收一分借字费；七减价契约，由卖主按照减价回赎；八剪辫放足。限一（个）月（至）三（个）月务要净尽。

这八条要政，城乡通有告示，也有公事到保卫团。金县长约定九月初一日起，首同劝学所、劝业所、自治讲习所，与鄙人逐日到各保卫团演说，提倡要政。因为龙口出了日本的交涉，上了烟台，把下乡演说、提倡民风的事，就耽搁下了。嗣后劝学所造册，劝业所长晋省，自治讲习所考毕业。三所通忙的一个不得了。

所以金县长着兄弟下乡，先着各团召集村甲、牌长、首事及学界人等，向下同负地面的责任，故兄弟前来与大家谈谈。

先说今春种树，奉金县长种树的告示，分遍全县，兄弟到处演说，栽树的很多，大收成效。明春种树，大家先要预备，大凡沟涯、河边、山坡、海滩、路旁、墓田及闲原旷土，通可种树。种树不难，保护则难。今春金县长出的告示上保护法很完善的，若是大家通照着办，十年后果木出口，见钱无算，木料烧草，也不短少。这是个生财的好道。昔管仲治齐，就用十年树木生财的法子，请大家快快预备吧。下七条略，不录。

听讲：男一千二百人，女四十人，学、农界居多。环场静听不紊，咸喜形于色。该团总张季符临时召集（各）村牌、甲长暨学界。学校列队到者，有蓝渠高家北校、打线（达善）徐家、洽泊、林家庄子、灶户孙家、大栾家疃，皆军乐喧天，步法整齐。泉水疃、水亭子，亦列队来场。惟蓝渠高家、洽泊二校，大合旗鼓，军旗五彩夺目，行伍整齐可嘉。观学生应答敏捷，精神之活泼，足征平素教练之善。观该团总临时召集人数之多，足征素孚乡望。使天不阴雪，路不泥泞，人数何止倍蓰，乡风之开化，教育之进行，洵堪首屈一指。

江格庄学校讲演（1922 年 12 月 24 日）

十二月二十四日，在第三区保卫团江格庄学校大院内，自下午二钟至五钟。

助讲：王梓友、汤子英、赵镒斋[①]、遇松山。

招待：赵镒斋。

演题：金县长要公八条、自治教育等等，在使实行力办。

说：今天到贵团开会，有金县长八条要公，请大家看黑板上。（上略）再说第二条是乡间井上做盖，咱黄县靡有自来水，通通是吃井水的多。照着卫生说，井上做盖，春天不刮土，秋天不刮草，就是夏天雨水雾露，冬天风飘霜雪，也不能下进去，人吃多少干净水。若照着危险说，热天小孩们不能有堕井之祸，也省得受气的糊涂媳妇投井淹死。就是田间浇地的井，若秋后各处盖好了，也省得下雪化水冻坏井口，也可免去行人为风雪迷途，失足堕井之患。金县长这层远虑，于讲卫生、防危险、坚固井口，真有莫大利益。做一个井盖，又费不了几个钱。村甲、牌长及首事人等一句话，凑几吊钱，大家办一办这件利人利己、有功有德的事罢。下略不录。

听讲：男一千一百，女一百八，农商居多。女列校内，男皆环场，井然不

---

① 赵镒斋（1861—1938），字元璞，山东黄县（今龙口市）人，同盟会员，曾办崇正小学，参与黄县光复。辛亥革命后，任黄县财政课课长。——编者注。

亲。该团总赵镒斋先期召集各村甲、牌长及学界。学校列队到者，有财源泊、黄格庄、庙横埠、庙阎家疃、北智家、江家庄男女二校，咸作军乐，大震声威。观学生应答活泼，足征教练之善，少年英俊可期。赵镒斋演说切中时弊，非平素经阅、素识民情者，奚克有此之伟见？观诸君招待、助讲之热心，将来该方公益必收完美之效。使不雪溶路泞，人数何止数倍？

毡王家、程家疃、邵家讲演（1922 年 12 月 25 日）

十二月二十五日，在十三区保卫团毡王家，自上午九时。

招待：王春宇。

据该团总王春宇言未见信到，故未召集，嗣言不必另为订期，代为宣布等等，要公为金县长训告四要。陈晓农捐印注音字母，亦未收留。故亦报告，不没其代办意。

十二月二十五日，在程家疃大街，自上午十钟至十二钟。

助讲：张子蘅。

招待：同上及王仙甫。

演题：种树、戒烟、兴学、天足，期于实行。

听讲：男三百人，女二百人，农学居多。沿街两列，喜形于色。是日，在十三区保卫团奉公开会，言未见信，未能召集，就便往见该村前任湖北建始县知事张子蘅君，言及讲演于乡风有益，特邀开会，提倡村风，届时村众咸集。有三官庙学校教员鲍梅坪，率学生列队到场，唱歌助兴。村长王仙甫布置会场，甚形周到。张、王、鲍三君，热心风化，泂堪首屈一指。张子蘅演说风化改革，切中时弊，诚为富有经验之伟人，无怪百里才高，造福社会，到处为人所欢迎也。

十二月二十五日，在邵家大街，自下午二时至三时。

助讲：杜体臣。

招待：杜云亭。

演题：提倡女学、天足，在使实行。

听讲：男七十人，女七十人，商界居多，环场静听不亲。该村首事杜体臣等欲提倡女学，故有是会。届时召集村众临场，倡开风化，可谓热心社会之人。特此报告，不没该村诸君办事热心。

李格庄、达善宋家讲演（1922 年 12 月 26 日）

　　十二月二十六日，在第五区保卫团李格庄庙，自上午八时至九时。

招待：淳于润澍、单麟书。

该团董单麟书言二信俱未见明，故另订期开会，特此报告，不没热心公事者。

十二月二十六日，在达善宋家大街，自下午二时至五时。

助讲：宋国翰、宋世官。

招待：同上及宋国禧。

演题：提倡男女学务，在使实行力办。

听讲：男三百六十人，女一百八十人，学、商居多。环场静听不紊。演至兴处，喜形于色。该校长宋国翰欲励学风，故有是会。届时学校列队临场，军乐迭作，唱歌助兴。嗣又体操，步伐整齐。观教员李树桥喊操，口令清沈，大有陆军尚武之概。观学生应答敏捷，精神活泼，足征平素教练之善。观秩序之稳静，逆知热心人多。该校将来之发展，未可限量。如该校长之兴学热，洵属不可多见。

羊岚集、黄家讲演（1922 年 12 月 27 日）

十二月廿七日，在二十四区保卫团羊岚集，自下（午）一时至下（午）二时。

助讲：吴耀东。

招待：吴树明、姜子受。

演题：金县长八条要政，在使力办。

说：金县长今秋预备到各乡，提倡爱民的要政。因在龙口与日本的交涉，耽误日期，故未能遂来，令兄弟到各区宣布。今天下雨，诸君又能来，可见热心。兄弟将八条说说。上略。第三条是各村取缔客民。因为我黄县出外经商做买卖的人多，家中雇工人，尽多用西府外县人。他在这里住久了，他的亲戚朋友多有来投他，托他找地方雇工的，这还是好人。又有在家闹了事，逃出来躲灾难，雇工不愿做活，做买卖无资本，常有勾结聚伙闹事的。这几年盗墓劫案，多出于这宗无营业的外县人。所以金县长深知道这个弊病，所以教（人）到各保卫团转告各村甲、牌长、首事人等皆负责任。各查各，村中倘有无妥实保的外县人，立逼他找妥实连环保，无保的不准存留。倘有不听，立即报知保卫，驱逐出境，以免酿成祸乱。这就是金县长爱民、安民之良法，请大家照着切实办罢。下略。

听讲：男二十八，各村首事居多。列坐静听，咸允代办。是日为天雨所阻，故到场人数寥寥。该团董吴树明言，随后召集各村牌、甲长以及学校开会，代为报告，遵照办理，不误要公。观天雨地泞，而又有若干首事到场，足征该方热心有人，洵不愧首善乡之称。使不天雨路泞，人数总不下数千。

十二月二十七日，在第六区保卫团羊岚黄家，下午四钟到，预备次日开会。据该团总陈广润言，三信俱未得见，愿后代为开会声明，力辞不劳开会，故亦报告，使知所以用意之妙，遂辞行。乘泥泞难越之路，夜奔十七区。

十二月二十七日入夜，在十七区保卫团南王家。

招待：王子杏、王子安。

据该团董王子杏言，一信未见，声言代办，免再开会。又言团总到郑家庄子，次日方能回团，是亦报告大概，以见其方，并不没其代办之功。

郑家庄子讲演（1922 年 12 月 28 日）

十二月二十八日，在郑家庄子学校讲堂，自上午十钟至十一钟。

助讲：学生王恒钺、栾万经。

招待：王大衡、王大和、郑克宽、栾松亭、单用慈、王大华。

演题：爱国，使知合群御侮。

听讲：男九十人，学生居多。列坐静听，井然不紊。该校长单献寿欲鼓励学生，故有是会。观学生精神贯注，应答敏捷，讲演合时，足征教练之功。非单君循循善诱，奚克臻此完美？嗣唱童子军歌，雄音激壮，大有慷慨之概。该校人才辈出，未可限量。

十二月二十八日，在郑家庄子大街关帝庙前，自下午二钟至五钟。

助讲：王情田、单献寿，学生张可瞻、张恒凤、王恒礼、栾盛春、王恒钺、王在中、栾万经、张维乾、王恒久、王恒桢。

招待：王大衡、王大文、单用慈、王祥三、郑士武、王恒有、王大谟、栾元茂、郑克宽、王大华、王大和。

演题：男女教育及剪辫放足，欲使教育进行、剪辫放足实办。

听讲：男六百八，女三百六十人，农、学居多。环场静听，咸喜形于色，啧啧称是。该校长单献寿前约乘便开会，提倡乡风，临时召集乡众。学校列队到者，有该校、埠子后、北涧，鼓号震天，唱歌助兴。嗣体操，各奏长技，大形尚武。南乡城东、西二校，亦来临场。观该校荷枪如林，及北涧戎装列队，均有尚武精神。观招待、助讲之热心，秩序之稳静，学生应答之活泼，尤知开化人多。使不雪溶路泞，人数何止倍蓰，洵盛会也。

并附录在该校演唱童子军歌：

吹筇齐队整军装，男儿志气昂。五色国旗风飘扬，铜鼓咚咚响。童子军队何雄壮，枪刀耀日光。如能人人尽登场，中国自然强。将来辟地与开疆，五洲归我掌。童子军功立霄壤，幸福万年享。

十二月二十八日，入夜七钟至十钟，在郑家庄子学校内。

助讲：单献寿。

招待：郑克宽。

演题：说国耻，使知御侮。

听讲：男一百二十人，学界居多。静听，愤形于色。该校长欲使学生咸知灭国之惨，故有是说。学生合奏雅乐，笙、笛、箫、管、风琴、胡琴，唱奏中律，音调铿锵，大动听闻。可奇者，十数髫龄之童，轮流吹拉唱奏，无不入妙。余巡行三年，开会七百，亦未之多见。此等教授，大有孔门之乐，苟非单君多艺，曷克有此乐境大化乡风？

海晏寺讲演（1922 年 12 月 30 日）

十二月三十日，在第四区保卫团海宴寺大殿前，自下午二时至五时。

助讲：杨镇川、汤子英、田经武、张子周。

招待：田理堂、丁子文、焦鼎臣。

演题：金县长八条要政，在使实行力办。

说：今秋大家也通知道金县长下乡宣布这些要政，因公事太忙，故令兄弟到处对大家宣告八条要件。请看黑板上写的。上略。再说第四条登记户口。金县长为这件事催过数次，还有靡办起的，有的是对乡间父老说（得）不详细，加上乡间无知人造谣，村长首事就不能办，所以迟延，至今不齐。清查户口，原是我中国好几千年的旧法，治民第一要紧的政治。若照法清查，一村有几户，一户有几口，总而言之，查哪方人口多，哪省人口少，以施迁徙补救之方。倘有旱干水溢天灾流行，也容易赈施，济救其困。故历代明君贤相，未有不以清查户口为要的。自前清雍正五年廷议收税艰苦，改税票为地丁花户，从这个根，只管哪县每年几万地丁花户，税不少就不管人口有多少。每查户口，尽数敷衍了事。

譬如黄县，并不知道是四十万，也不知道是三十八万。中国四万万的约数，多少年总无真实的确数。向下办自治，若再不知一准的数，分设学校不知学生有多寡；创办医院不知残废病疾有几名。且农数不知农业何法振兴，商数不知商业何术发达；至迁徙、生死、婚嫁、过继，更不详细确凿。自治怎么办？良民怎么保护之？游民怎么安插之？若是户口登记不清，岂不是糟乱自己地方事么？愿大家不要忽略金县长这个安民的要政，各村首事快快好好的办罢，不要误听谣言啦！下略。

听讲：男一千五百八十人，女四十人，学商居多。环场静听，咸点头称是，鼓掌雷鸣。惟略有拥挤之形。该团总田崑山召集村甲、牌长，学生列队到者，有申家疃、杨家疃男女二校、松岚日新、九里店时敏、徐家庄子、庄头、埠子后、九里涧中正、王家疃、焦家十一校，学生鼓号震天、旗幡蔽日，咸列队整齐。唱歌助兴，军乐迭作，又动观听。嗣合唱，雪中行军，声激气壮，洵称少年英俊。观学生之应答，益知教练之善。观人数之多，愈形热心有人。该乡风气之开化，大有日新月异之象。观杨镇川率天足女生不惮泥泞之苦，尤为热心之至。

阎家疃讲演（1922 年 12 月 31 日）

十二月三十一日，在阎家疃大街，自下午二钟至四钟。

助讲：汤子英、张子周、赵亨谦。

招待：马庚臣、汤子宾、马文卿、张子周、马春舫、汤子英、王兼三、汤尊一。

演题：进行女学，在使女学发达。

听讲：男五百五十人，女三百二十人，学农居多。环场井然，观者悦目，听者解颐。该村校长马春舫频邀开会，提倡风化，可谓热心。届时学校列队到者，有该村男、女二校及申家疃，咸唱歌助兴、鼓号大作。女教员奏琴、女生唱歌，声调中律，婉雅动听，足征教练之善。观学生应答之活泼，女生讲解之分明，洵堪冠诸一方。观天足、观放足之多，足征开化有人，洵堪嘉尚。男生唱歌，声高气扬，尤壮英俊之慨，可云盛矣。

李格庄讲演（1923 年 1 月 3 日）

中华民国十二年一月三日，在第五区保卫团李格庄庙前，自下午一钟至四钟。

助讲：淳于润澍、王情田。

招待：单麟书、淳于润澍、淳于锡祉、单丕恕、李恒奎、单丕令。

演题：金县长要政八条，在使力行照办。

说：金县长为我们黄县造福，预备九月初一日起首，下乡到各保卫团讲演要政。因为龙口出了交涉，故着兄弟到各乡开会，请大家看黑板上写的八条要政云云。上略。再说第五条，催各学校学董名册。金县长知道从前办学的学董多不负责任，所以着各学校造学董名册，按名发给聘任书，然后开学董会，教学董各调查本学区男女学生数，好按照殷实家捐钱办义务学校，使男女贫富小学生通能入学肄业。三五年后，待教育普及，人人有了智识，作工为商为农，通能赚钱发家。即然做官当兵，也知爱民爱国，到那时家富国强，不受外人欺，就是你们众学董办学（的）大功了，请大家极力地把男女学校办一办吧。

听讲：男五百人，女二百四十人，商学居多。环场井然，鼓掌频频。该区保卫团团总淳于润澍召集村甲、牌长外，学校列队到者有于家□、经纬，鼓号震天，唱歌助兴。又，北涧、李格庄咸临，散到者有单家等校。观学生应答之活泼，足征教练之善。

冶基马家学校、老母庙讲演（1923年1月4日）

一月四日，在冶基马家学校讲堂，自上午九时至十时。

助讲：于寰清。

招待：于寰清、张恒扬、姜文山。

演题：提倡教育及学生尚武，使知去文弱、立自强不息（之志）。

听讲：男一百三十人，学、农居多，咸列坐静听不紊。该校教员于寰清欲励学生尚武。观学生应答，精神活泼，足征教练之善，其学风将来之进步，收日新月异之效，故为报告，不没热心教员。

一月四日，在冶基马家女校讲堂，自上午十一时至十二时。

招待：马万金、魏金藻。

演题：谈女子教育，欲使女校发达。

听讲：男五人，女二十四人，学生居多。列坐井然不紊。该校长马万金欲励学生，故有是说。观女生作文，句理通顺；观大小楷书，字体端好。足征教练之善。特此报告，不没办学热心。

一月四日，在第七区保卫团冶基老母庙大院，自下午二钟至四钟。

助讲：吕廷璋。

招待：王恒源、杨化选、姜树馥、刘治熙、唐存志、郭景文、程丕乐、辛丕春、杨范九。

演题：金县长八条要政，在使实行力办。

说：今日到贵处开会，为奉金县长的令，来说八条要公。请大家看黑板上八条云云。上略。再说第六条，是各学校由保卫团征收一分借字费。现时各区办法不一样，照着金县长的办法，（自）八月一日起，教各保卫团代收，省了有偷漏之弊。现今也有学务员代收的，也有各学校自收的，通得保卫团换写官契纸，时见靡有学校盖印的草契，就不给他换写官契纸。这等办法，买田房的不用找借字，省出这一分借字，用钱津贴本乡学校，这就是变无用的钱为有用的了。请大家商酌，赶紧地办罢。若再迟延反抗，分明反对教育、仇视学务。真可说不识时务了。下略。

听讲：男九百，女一百二十人，学、农居多。环场井然，鼓掌雷动。该团总王恒源召集村甲、牌长外，学校列队到者，有冶基马家、王会庄、郭家、宋家、大杨家、程家，鼓号震天，合唱军歌，气调激扬。观学生应答精神，足征教练之善。团丁维持秩序不遗余力，操法整齐，礼节周到，足征团规整肃。又，散到者姜家等数校。

诸由观坤德女校、丛林寺庙前戏台讲演
（1923 年 1 月 5 日）

一月五日，在诸由观坤德女校，自上午八钟至九钟。

招待：张锦堂、张子元、王华堂、王殿魁、王佩珍、陈士选。

题意：参观女校，欲征集讲演材料。

该校女学生四十余人，按班肄业，排列班次，整齐可嘉。该校女教员王佩珍教授与管理之善，不问可知。观学生楷书、手工、图画、讲解、识字，班班可称优著。其讲演天足，尤为痛切中弊。该校将来之发展，必收日新月异之效，预造女界幸福，必收百倍功。洵堪嘉尚。

附录：缠足歌

缠足风不良，日久累红妆。稽诸古传，始南唐。脚弯新月样，窈窕此宵娘。矫揉造作媚君王，后世相效仿，结亲论短长。但求金莲小，哪计貌不扬。遂令父母心，忍把女体伤。无疾之人，常带三分病。井臼诸事莫能任，深居在闺房。吾辈何不速解放，行走乐徜徉。

女教员王佩珍作。观此歌，益知为天足煞费苦心。

一月五日，在第八区保卫团丛林寺庙前戏台，自下午二钟至五钟。

助讲：张召棠、张子元、姜文泉，女教员王佩珍，女学生姚兰舫、姚兰艇、袁淑和、王瑞兰、赵兰香、曲之玉、赵桂兰、张葆真、张淑珍、张秀珍、魏贞蕙。

招待：张召棠、张藜青、张元祥、田子超。

演题：金县长八条要政，在使实行照办。

说：今日开会为的是金县长有八条要公，请看黑板上云云。上略。再说第七条，是减价契约，由卖主按照减价回赎。这是济南省财政厅来的公事，金县长前日已经出过告示，恐怕不能全知道，所以更为大众声明。这种事情，下官恐怕买卖田房的减价省税。大概这种情弊，早前到处通有。近几年来，由保卫团换写官契纸，情弊就少了。大凡在我们黄县，更是靡有减价的，买起地，税起契，谁也不能图想省税教大家轻看了。大家既通知道犯法的事，查得紧，照章罚，想我们黄县开化人多，向下更靡有图小利的人了。下略。

听讲：男一千五百，女一百五，学、农最多。学生列队，四民环场，井然不紊，鼓掌雷动。该团总张召棠召集村甲、牌长外，学校列队到者，有诸由观男女二校及程家、西台上、真乙观、庄头、冶基马家，咸鼓号震天，前柞杨、丛林寺、西河阳，亦列队到场。观学生军乐操步，应答声响，足为该方之冠。观七八岁女生，又能登台演说，侃侃而谈，旁若无人，其教练之进化，不问可知。又，散到者数校，惟诸由观男、女二校、程家、西台上、庄头，因召集未定时间，上午率队来临，空劳往返，下午又能率队临场，及冶基马家俱往返几二十里，咸不惮跋涉之劳，可谓热心之至。嗣学生合唱军歌，一唱众和，声震天地，大有尚武之概，堪称盛会。

上庄魏家讲演（1923 年 1 月 6 日）

一月六日，在第九区保卫团上庄魏家大街，自下午二时至四时。

助讲：魏金芳、曲世厚、宗学谦，学生郝先乐、宗景峻，女教员魏丹林，女学生魏秀莲。

招待：魏辑五、魏清浦、魏金芳、魏凤韶①。

演题：金县长八条要政，在使实行。

说：今日到贵乡，为奉金县长的公事。请大家看黑板上八条云云。上略。前七条大家亦通听明白了。再说第八条，乃是新任山东熊省长②的通令，剪辫

---

① 魏凤韶（1889—1943），字虞廷，山东省龙口市诸由观镇魏家村人。1914 年，保定讲武堂一期步兵科毕业后，历任营长、团长、副旅长、师副，1939 年任苏鲁战区副官处处长。1943 年 5 月初，日军大举进攻沂蒙山区。11 日，逼近苏鲁战区总司令部所在地蒙阴县董家峪。12 日拂晓，双方激战于董家峪南山。苏鲁战区总司令于学忠亲自指挥部队作战。为掩护于学忠，魏凤韶一面令人将于学忠架走，一面换上黄呢高级将官制服，胸挂望远镜，腰佩左轮手枪，引起日寇注意。日军遂发动猛攻，魏亲自操作机枪向日寇射击，在激战中头部中弹，壮烈牺牲。1943 年，国民政府明令褒扬，追赠陆军中将。1986 年 10 月 18 日，被追认为革命烈士。烈士故居系清代建筑，现为烟台市级文物保护单位。——编者注

② 即熊炳琦（1884—1959），山东济宁人。1922 年 9 月，任山东省省长。1924 年 9 月，随曹锟的政权垮台而下野。1926 年，被吴佩孚起用，任河南省省长。1927 年，随直系溃败而下台，寓居北京。——编者注

山东黄县巡行讲演员朱全璨造报十一年报告册

子限一个月，放足限三个月，务要净尽。咱这金县长印刷这种告示上说得分分明明的，过期罚办，想大家也通知道的。照我中国说，四五千年没有编辫的，早年是束发外包一网，偶然在戏台上看见有带发辫的。台下听戏的人，无论男女老幼，通一口同音说是"北国老鞑、北国老鞑"，可知这辫子是满清家鞑子逼着我汉人留的，以为鞑子记号。

于今满清已亡，我大汉民国，业已十二年。若是再带发辫不剪，一则是反对国体，一则是惹外人见笑。若是照着孔圣人严夷夏至戒，可说是随娘改嫁不知归宗了。兄弟在大地场开会，未见有带辫人，所以这种事情不用多说。再说放足，天生的是方足，女人揉成尖足，岂不是谬天么？手足通为有用，偏使女子缠足，变有用为无用，岂不是害人么？若是女子好包小脚，男子为什么不包小手呢？

兄弟到处开会，见开通人家小姑娘通通天足，说媳妇也是尽娶天足的。每问，几千百学生通喊声举手说要大脚的，可见开通人多，有文明见识。若到来年，二三校到期不放，被罚的时候，请问拿钱时可怨谁吧？请大家快快照着金县长的告示，救这些女同胞快快出这黑暗苦海罢。

听讲：男四百五十人，女三百八十人，农、学居多。环场男立女坐，井然有序，惟少数学生大形拥挤。该村团总魏金芳召集村甲、牌长外，学生列队到者，有上庄、魏家男女二校及大宗家南庙学校，咸唱歌助兴，（鼓）号震天，大宗家北校亦散到。惟大宗家南庙学校教员宗学谦，戎装持刀指挥，口令清沈，体操运动，大形尚武。学生戎装，持童子军旗，尤为壮观。学生演说，尤多合时。惟女教员魏丹林演说古之贤女才妇，以证当时，剀可详明，津津动听，足征学问高尚。观其爱国合群之说，非洞悉时弊者，曷能谈此利弊？女学士之称，洵堪首屈一指。

财源泊讲演（1923 年 1 月 8 日）

一月八日，在财源泊大街，自下午二时至四时。

助讲：王禾千、王子民、陈志瀛，南关育坤女学生王玉琴。

招待：曹品卿、王世卿、王禾千、陈志瀛、王镕卿。

演题：提倡女界天足，在使实行解放。

听讲：男三百六，女四百二，农、学居多。环场井然不紊，鼓掌雷鸣。该村女学校长王治年邀约开会，提倡人才，可为热心之至。届时率女学生列队临场，唱歌声调合拍。男校列队临场，军乐大作，唱歌助兴。南关育坤女学校，亦率队临观。学生精神之活泼，应答之敏捷，足征平素教练之善。观招待、助讲之热忱，秩序之稳静，又知该方开化人多。助讲者言论滔滔，切中时弊，洵谓有经阅之人。最奇者，育坤八龄女生又能登台演说，旁若无人，洵堪嘉尚。嗣观女校作文，咸文理通顺。大小楷书，字体端正。其程度之高尚，不问可知。造成女才之盛，洵堪首屈一指。该村之盛会尤属可嘉。

诸高炉学校、大庙讲演（1923年1月9日）

一月九日，在诸高炉学校大院，自上九钟至十一钟。

助讲：张虎臣。

招待：张兰亭、张宝卿、张虎臣、张信如。

演题：提倡尚武，使知拳术之有益。

说：今日到贵区，过午开会，本为金县长有若干要紧的公事，闻听说贵校办得非常的好，所以特来参观。见众学友们果然精神出众，但是盘杠子的，固然是练身体，然学拳术，尤为练身体之要者。方才几位盘杠子的很得法，练拳术尤尽其妙，足征是素常日子用过功夫的。大凡练拳术，总得要经明师，先学姿势，步要站牢，脚要轻快，手腕要灵敏，目力要明捷。

至于迭打滚漏、闪转腾挪、长拳短打的捶，登山跨马的步，或里门翻外门，上路连下路，与打上防下、打左招右，总得随身应用。若不经明师，何能得此妙着？你们贵教练亓鹏九乃是著名的明手。若是贵校众学生一百多人，通能用心常受教练，三五年后通成了强壮人，哪能有积弱多病的身体呢？再说，这种技艺在万国中，也没再赶上我中国的。在靡兴枪炮以前，我中国真有些超群出众的好武艺。

从枪炮大兴以后，多说拳术没用。哪知道练拳术，一则强身体，二则强种族，三则壮气力，四则祛疾病，种种益处更是说不了。即然与外国交战，也能耐劳，精神不困，倘若打了交手仗，坐作击刺、进退步伐，更能胜他数倍，请众学友们再莫听乡愚糊涂话，失却好机会，耽误终身的好技艺啦。

听讲：男一百四，学生居多，环场列队，整齐不紊。观该学生盘杠子，身轻技巧，练拳术，飞猿堪喻。因此提倡尚武，学生咸乐。足证该校办理之善，教练有方，加以巨擘之称，非过奖也。该校将来之发展，未可限量，诚能始终如斯，进练不休，何患武技不扬？

一月九日，在十六区保卫团诸高炉大庙前，自下午二时至五时。

助讲：韩绎之、单文璞、张本善、郑江汝，学生王恒钺、王恒久、田常桐、萧桂芝、张可瞻、萧玉峰。

招待：韩绎之、石镇东、亓鹏九、张中杰、张兰亭、张宝卿。

演题：金县长要政八条，在使实行力办。

讲词烦多不录。

听讲：男一千五百，女八百六十，农、学居多。环场井然，鼓掌雷动，咸喜形于色。该团总韩绎之召集村甲、牌长外，学校戎装列队到者，有撇羊高家，又南乡城西校及郑家庄子，荷枪如林，大有陆军敌忾之概。诸高炉、前高家、后高家、北乡城东校、韩家、北宿曲家、郑家、乡城庙，共十一校同列队临场，唱歌助兴。嗣郑家庄枪操行伍，步伐整齐可嘉。诸高炉学生练拳，闪转腾挪，各尽其妙。观学生精神活泼、应答敏捷，足征教练之善。观招待、助讲之热忱，秩序之稳静，又见该方开化人多。该团总久病新愈，又来招待、助讲，其为公益之热心，洵可冠诸全黄。乃该教练亓鹏九，戎装持刀，率队执旗，巡街唱歌集众，亦属热心之至。洵盛会也。

吕格庄讲演（1923 年 1 月 10 日）

一月十日，在十九区保卫团吕格庄庙大院，自下午一时至三时。

助讲：仲干卿、曲凤庭、陈稼轩，学生孙文津、陈志潍。

招待：仲干卿、仲子方、陈稼轩。

演题：金县长要政八条，在使实行力办。

演词不录。

听讲：男七百，女五十，学、农居多。环场井然，鼓掌雷动。该团总仲伟臣召集村甲、牌长外，学校列队到者，有陈家、三甲、仲家，军乐迭作，唱歌助兴，固县亦列队到场。惟仲家戎装整齐，大有尚武之概。为烈士捐启，曲君若韶首先倡捐拾吊，可为急公好义之巨擘也。洵堪嘉尚。

海云寺庙前讲演（1923 年 1 月 11 日）

一月十一日，在十八区保卫团海云寺庙前，自下午二时至四时。

助讲：徐茂田、王铭三、孙春云。

招待：徐曰义、徐茂田、刘秉仁、孙春云、徐文炳、徐培谟。

演题：金县长要政八条，在使实行力办。

讲辞不录。

听讲：男二千一，女一百二，学、农居多。秩序井然，鼓掌雷鸣。该团徐茂田、召集村甲、牌长外，学校戎装列队到者，有中村洼、姜家、洼后田家及海云寺、后不拦、邹家东西二校、栾家、张家、双庙徐家、海云寺徐家女校，咸旗幡蔽日，鼓号震天。高王、刘家、龙化村亦列队临场。中村教员田玉璋，戎装持刀，指挥队伍，大有陆军尚武之概。观学生唱歌之精神，秩序之稳静，尤见教练之善、开化人多。以天寒风冷召集人数之众，该团总素孚乡望，不问可知。洵盛会也。

草道刘家讲演（1923 年 1 月 14 日）

一月十四日，在二十区保卫团草道刘家大街，自下午二时至四时。

助讲：逄旭东、吕助臣、孙文垣。

招待：逄旭东、吕助臣、陈仁斋、于长源、吕长稳、孙文垣。

演题：金县长要政八条，在使实行力办。

讲辞不录。

听讲：男一千二百五，女三百六，学、农居多。学生列前，四民环场，始井然不紊。嗣学生大乱，拥挤不紊。该团总逄旭东召集村甲、牌长外，学校列队到者，有草道刘家、北皂姜家、王格庄、厫上、桥上、龙口、刘家，共七校学生，咸来临场。该团地址设在龙口曲家。乃该团总特定于适中会场，使各村道里平均，其办事之公心，洵属高卓无比。

马亭庙戏台讲演（1923 年 1 月 23 日）

一月二十三日，在二十一区保卫团马亭庙戏台，自下午二钟至四钟。

助讲：孙嘉俊、于天喜、于继忠、张殿鼎、王金选。

招待：张殿鼎、牟云端、成培蓉。

演题：金县长要政八条，在使实行力办。

讲辞不录。

听讲：男二千四，女二百五，学、农居多。仰视静听，始终不紊。学生应答，声震数里，全场鼓掌大悦。该团总张殿鼎召集村甲、牌长外，学校列队到者，有土城子、马亭、王家男女二校、庙前张家、四甲、王家、河口于家，咸军乐大作。沟东成家、河北宋家、河南宋家亦列队临场。马亭、王家、河口于家同唱歌助兴。观学生精神活泼，足征教练有素。观召集人数之多，足征该团有联络之情。观秩序之稳静，又见开化人多。始演留声机，以资召集，洵属热心，亦称盛会。

后徐家讲演（1923 年 1 月 24 日）

一月二十四日，在十五区保卫团后徐家大街，自下午二时至四时半。

助讲：王国翰、孟昭泮、阎宝树、吕颂声、姜日陞、徐镜海。

招待：王国翰、徐脉襜、刘有信、徐芸苔。

演题：金县长要政八条，在使实行力办。

说：今天开会，不料大雪不止，而大家犹能冒雪来场，真是令人可钦。通和大家这样热心，中国自然就能快好了。但是，治国如同治病，治病总得先知道病源，然后才可开方下药。治国亦得先知人民之病源，然后才能按方下手施治。请看黑板上金县长所出的八条要政。这就是治民治国的要方妙药啦。

第一条是明春种树，这是富家强国的好法子。昔前管仲治齐，十年树木，以图富国强兵。大家想想，有懒人无懒土，种上苗就长木。若是家家把闲原旷土种上果树，十年尽可卖钱。沟涯河边栽叶树，十年尽可成材。山坡海滩栽上柞栎，种上沙葖，柞栎也可放蚕，沙葖也可袪病，卖茧卖葖，十年通获大利。若是森林遍野，天必无亢旱之灾，到处绿树阴浓，人必少瘟疫之病。就是收落叶、砍枝柴，也能省多少烧草、煤炭呢。不强似松柴五吊二、火头六吊八买不烧么？请大家快快预备明春栽树吧。

第二条是乡间井上做盖，这也是富家富国的法子。照着浇地的井，用两块短木头，横搁井上，再铺秫秸，加上滋土，为自己打算，省的冻酥了井口，为人家打算，省了风雪迷路人有堕井之患。再说吃水的井，做上一个木头盖，用不了几个钱，打水时掀起来，不打水时盖下去，也省的春天刮尘土、秋天刮草叶，就是下霜雪、下雨水、下雾露，通不能流入井中，人吃干净水，少招多少病。就是无知的小孩子及受气的糊涂媳妇，也不能跳井丧了性命。村长、首事人只费一句话，你捐三百钱，他捐五百钱，凑个七吊五吊的，做上一个盖，把井通通盖好了，这不是救人去病么？人通不受病，少吃多少药，人若无病，多干多少活，于讲卫生、防危险，也是有莫大之益的。请大家通通照着金县长这个有功有德的事办一办吧。

第三条是各村取缔客民，这也是金县长预备保治安，使民享太平一条要紧的好法子。照我黄县说，男子外出的，家中多尽用外路人，好的固然是不少，但是有西府人在家作了乱子，逃奔黄县来投他的亲族与朋友。教他做工夫，他出不得力，教他做营业，他又无资本。住过几个月，他拉下账无法混，常有勾串三五成群闹乱的。前年城东洽泊村明火案，城后屡次盗坟案，尽是西府人做的。若是各村长、甲牌长通通留心查，有外来的人教他找妥保，无妥保令他出境，倘有不听就报保卫团，再不能找妥保，送交金县长驱逐出境。凡是有了几层保，他必不乱累保人。这就是金县长为我黄县思患预防，保治安使民享太平的好法子。请大家通负点责任，办一办罢，千万莫亏了金县长的厚意啦。

第四条是催登记户口。这就是为清乡办自治的好法子。我中国数千年户口是最清的，历代到今，人丁通有税，门户房地亦有税。自从前清雍正年间将丁户田房税赎，这是济南省财政厅一道通令，恐怕买田房减价省税。照我黄县说，这种弊病是很少的。俗语说的好：买起马，治（置）起鞍，买起地税起契。金县长恐怕还有图小利的人，买地减了价。倘有照省令按照减价回赎的，一来自己得吃亏，二来被人告发了，还得按照章程罚办，得花钱。这是金县长爱民的至意。所以教兄弟到处宣布明白了，教乡民不必图小利，也不能吃大亏，还是省钱过财主的好法子。

第八条是剪辫限一个月，放足限三个月，务要净尽。这又是发财过财主（日子）的好法子。我中国四五千年没有编辫的，自从满洲鞑子逼我汉人留发辫，有了辫子的人，三天两日得梳头，算计起来一年能耽误多少工夫呢？无论作什么事情通当害。若是说起包脚来，真是教人可笑又可恨。笑的是天生方足包成尖尖脚。恨的是天生有用的足揉成无用的脚，甘心使着自己的娇贵闺女，不是多病就是寿短，不是无能为（力），就是得遭穷罪。你说可怜不可怜吧？若是男人剪了辫，作事先利便，必定多挣钱；女人不包脚，走道又得力，作事也有力气，帮着男人作生活，一家子一年能省多少钱？看起来，男人剪辫子，女人放了脚，更是教人人发财，家家过财主的好法子，况且能救多少人呢。

愿大家照着金县长这八条要紧的好法子办一办吧。人人预备发大财，家家通过大财主，十年八年的，通能过个一百八十万的身份，这往下才能通享福，不受外人的气。若是人人有知识，家家就有钱财，造枪炮有钱，养兵有饷，就是造飞艇、造战船，也通有的是钱。这不是往下为子孙打谱，享久远的福么？请大家快快照着金县长这八条发财过财主的好法子办一办吧。

听讲：男五百六，女八十人，商、学居多。环场静听，多喜形于色，惟学生略有不稳。该团总李子经召集村甲、牌长，学校列队到者有南庙，军乐大作，旗鼓俱备，□□女校亦列队临场，又散到者数校。是日，雪地路泞，故学校多未到场，不然人数岂止数倍。该镇警察亦来助团丁维持秩序，足征咸为公益心热。观李子经创办贫民工厂之简章，尤为完备，其将来为社会造福，未可限量。

今冬自金县长八条要政为万民谋治安，余奉命到各保卫团开讲，预函令先期召集村甲牌长、乡众以及学界，每多士女云集，咸乐听受，交口赞成，无不感激金县长之德政者。到处先将八条要政书于黑板上：一、明春种树；二、井上做盖；三、各村取缔客民；四、催登记户口；五、催各学校学董名册；六、各学校由保卫团征收一分借字费；七、减价契约由卖主按照减价回赎；八、剪辫、放足，限一月、三月，务要净尽。余每指黑板逐条剀切详明讲解利弊，咸中社会心理，故欢然鼓掌，无不乐受者。并分撒金县长上年出版的"训告四要"数千张，咸如获至宝。可见人心向化，无不从同。

附录：

训告四要：一、做人要勤俭忍耐，不犯法昧良，便算好人，做国民的不可不注意，否则丧身。二、教儿要孝悌忠信，不溺爱废学，便成好儿，做父兄的不可不注意，否则败家。三、户口要清白仁正，不窝贼烟赌，便是好户，做甲长的不可不注意，否则受累。四、风俗要朴厚温良，不兴讼奸盗，便称好俗，做村长的不可不注意，否则酿祸。

金县长颁发此等训告，前后数万张分撒全县，张贴殆遍。其为黄人造福，岂有量哉？观数年政治教化、勤政爱民之善举，罄笔难书。即如此"四要"、"八政"，亦可见其一斑。至于四民爱戴，仁闻邻封，虽古循良，无以加焉。其片言折狱之才，尤属罕见者。

附录：

致学界诸同志的信

学界诸同志鉴：

前谈单级教授法，能使数班学生一起进业，永无甲忙乙闲，偷玩旷课之弊者，非有他术，全凭设法鼓荡其终年兴会、乐不可支，并收其信仰爱慕、不欺不背心，再施轮受轮习，使无余暇而不知倦也，略举数端以见意。

一、譬如上识字班（课）。写黑板，使会识，随写随识随问讲解。嗣分座问，继单问几人，最后择问一二人，加以口头褒贬，使知用心竞进。

一、譬如默字班（课）。先使将石板横二竖三界成井田，共形成十二方格，教员翻书签字，口讲手书，学生耳听，按格默田。批其错画借字，加口头赏罚，使对者兴会，错者愤（奋）进心生。

一、譬如算术下班（课），紧接体操班（课）。先在黑板上将口令姿势、排列行伍。进退动作，按法指示说明，再按册点名，使应声站队报步，出队时高唱军歌，一唱众和，使其精神焕发，永不知困。

一、譬如游戏班（课）。按照规矩监视之，或盘杠子，或练拳术，或打野操，或竞走夺标，按名记册以笔，褒贬赏罚之，激其恒怀竞胜、进取愤发有为心，使（具）终身不欲作庸流汉的思想。

一、凡（无论）讲修身、国文、历史、地理等课，先令不在是班者，照黑版誊，随口白话行书文，令其按格变书小楷。倘有不识的字，使空格，待讲完课，使先誊完者一人问，众逐格另填之。此法费时少而收功多。

一、手工图画班（课）。量其巧拙施教之。作文、尺牍以及日记，按其程度高下改削之，使无窘困嚣张之弊生。

一、每讲课毕，随手行书黑板上一篇白话文，按程度班次，令余时誊写讲解之。不过一两学期，未有不能作文者。其式如下：

（一）譬如讲修身爱弟说。"人之痛痒相关者，莫如手足。人（之）同谊相亲者，莫如兄弟。人苟有弟不知亲而爱之，何以尽孝情以慰父母之心乎？古人尝以手足喻兄弟，洵有见也。世有听妇言薄兄弟者，苟清夜思之，何以孝慰父母乎？"

（一）如立志。"人之立志，如铁之有钢，铁无钢，不足以利器。人无志，不足以建功。不见夫汉之班超乎？当佣（拥）书时，苟不立志，只图逸身糊口，使不投笔从戎，何有西域之使、万里之封，以伸当年之愤，并垂千古之称哉？古人云：有志者事竟成。良可信也。噫！若班超者，可为立志者之良龟鉴也。吾人安可不取法，矢志如铁钢之利，以建非常而垂千古乎？"

如讲国文（第）五册《嫘祖》《蚕丝》，二课并作一说。"我国蚕丝之利，教自嫘祖，四千年不受皱瘀之患者，皆出西陵之赐。自华洋互市，我国以丝帛获外人之利甚巨，乃外人洞悉利权攸关，取我蚕丝之法而励精之，以抗我出口之销售，而杜彼财之漏卮。近将握蚕丝之利权，遽使我西陵氏之大功一败涂地焉。吁！愿后之有志者，欲挽蚕丝之利权，可不善筹抵御之策乎？"

如讲国文（第）六册《农》《工》《商》，三课并作一说。"古圣王知人生之与事业相关，故其处民也，必首以农、工、商业为重。夫农者，树艺五谷之人也。如不重农，则工商之食何所赖？工（者），造作器具之人也。不重工，则农商需器何所资？商（者），转输货物之人也。不重商，则农工之用何所备也？今际万国交通、环球互市，苟不重南亩之农、肆场之工、梯山航海之商，何以措国基于巩固哉？是以文明之国，首知三者之相因，其关系国家也甚巨。故日讲求农工商战之术，以为富国强兵之具，而角胜于文明之场焉"。

譬如讲历史《元》，作一说。"元以蒙古种族起，自北方肉金吞宋，始主中国。西越回藏，势伸欧洲，幅员之广，自古未有也。然虽武功烈烈，惜其教养惛惛，尊宠僧佛，不恤下民之苦，多信邪慝，不谙经国远猷，故十世百年，祚遽断焉。原其所自，皆由信佛祸民，以渐致天下溃决而不可收拾也。噫！今之善为天下者，于异端祸民之术，盍不绝地划根、除而去之乎？"

如《明》，作一说。"明太祖当元末造，起自布衣，又焉有安天下之志？削僭乱，逐蒙古，定十六世、三百年之基，何雄也！永乐鼎迁于燕，励精求治，寰海镜清，洵驾唐宋而上之，非虚语矣。正统以还，权奸迭擅，国势渐衰，阉宦屡专，事多丛脞，东林党贤，残杀而不惜，人之云亡，其与邦国殄瘁何。迨闯、献蜂起，潢池弄兵，将相无人，国遂沦焉。向非吴贼，事仇弘光，不灭吾中国，何有满夷贻患至今哉？"

《南北朝》，作一说。"晋自罢州兵徙使胡，以致中原瓜分、九州幅裂，二百年之久，无一宁岁。南则五朝相夺，杀人盈川。北则胡汉相吞，积尸横野，甚至婴儿舞架，川血而山骸，燕巢春林，赤地几千里，生民涂炭，未有甚于此时者。总以专制之毒，逞一二人之私欲，俾强壮死于刀兵。拂亿兆民之公理，致老弱转乎沟壑。原其所自，有由来矣。假使西晋武备不虚，夷不内徙，何有生民涂炭若此之甚者？今际民国共和，甚勿虚武备，攘异类，以贻吾国无穷之患哉！"

如（以）一人为题，如说张良。"从来英雄，当国家积弱、被强邻吞噬际，未有不愤起以报国仇至于生死不计者，如张良是也。椎击不中，英雄惜之，而良亦知无可为力之地矣。故遭圯老人之错折而甘受之者，乃其降心养志，以为复国仇也。佐汉灭秦国，仇复矣。而又平楚，盖泄灭韩之恨也。噫！若张良者，洵可为千秋爱国者所可取法也。"

一如说岳飞。"从来吾国受外夷之祸者，莫如宋。能御外侮者，又莫如岳飞。当岳飞乘朱仙镇屡胜之威，誓除金虏，金兀术急欲卷甲渡河弃甲而遁，便无书生献策，奸桧矫诏，则河北应飞者众矣。而飞勇往直前直捣黄龙府，非意中事也?！则宋何有偏安之局，而中原何有金寇之患哉？噫！由此思之，奸桧之罪，罄竹难书。武穆之忠，千秋益明。尔诸生苟愤爱国之心，以岳飞为矜式，可以无计成败而隳爱国之志焉？"

一譬如讲地理，说山东。"山东东篱，当沿海之冲，恃芝罘、威、青之险，西通南北孔道，阻浊□泰山之固，鱼盐甲乎诸省，矿产几冠仙洲。官山府海，诚形胜富庶之区。慨自海禁开、险要失，强邻压境，日伸垂涎之爪牙，欲攫而食之，危孰甚焉！可叹民智不开，堕阱又不知陷，因循苟且，势将酿成不可救药之险象，何其愚也！嗟乎，愿我父老兄弟，毋处焚薪而不觉热，乘漏舟犹不惧溺，终日懵懵，以为无关紧要焉！"

一如长江、黄河，作一说。"我国大川多自西趋东，盖因西高而东下。其称巨擘者，惟长江、黄河而相伯仲。当然，长江流域居民富、物产丰，黄河流域居民瘠、物产啬，则长江不横溢为害，而黄河频溃堤为害故也。古人每以长江为天堑，以限南北之界，皆以战争为要地防守者，无不恒加注意焉。黄河之害，自禹决治而后民安未久，故商殷六迁而避其灾，祸延至今，三千余年，未得防御之善策，以除兆民随波逐浪之害。愿尔诸生为此深加虑焉可也。"

如讲国文《桂与菊》，作一说。"花之清香者，莫如桂。花之清雅者，莫如菊。桂之香，日久而益烈。菊之雅，秋老而益洁。若以士君子仿之，正大光明之浩气，历千古之香名，远胜于桂。洁身高蹈之隐逸，钓万冬之清号，尤过于菊。吁！士君子际今竞争时代，立志效桂无效菊可也。"

又如《蝇与蟋蟀》，作一说。"苍蝇、蟋蟀，俱小虫也，一则贪得无厌、卒死非命；一则振翅大鸣，声动非凡。若以现今官僚革命比之，其攫金充囊、饱腹无厌者，非蝇营之官僚乎？其大声疾呼，斗死不惧者，非愤蟀之革命乎？嗟嗟，由二虫观之，贪勇优劣，亦可耻可嘉之至云。"

诸如此说，笔不胜书，略述几篇，使知每课讲完必信手草书一篇略说，专用孟子对齐王"好色好货于王何有"的意思，鼓励学生爱国合群之心，驰终身不渝其志。在校使誊讲无余暇也。不必贵文华美，只要明白清澈，按其程度高下施用之，以促其远大志，自然各纷纷速成也。所谓教员费力百、学生收功千矣。特此奉阅，并祈高明见谅，管见不备之憾，是余之所厚望焉。

三官庙曲家讲演（1923 年 1 月 30 日）

一月三十日，在十一区南段保卫团三官庙曲家大街，自下午二时至三时半。

助讲：田玉书。

招待：苏立信、曲彤云、王积礼、田玉书。

演题：金县长要政八条及破迷信，在使实行其是、去其非。

说：金县长有八条要件，通是为黄民造福的，请看黑板上这几条，一样一样对大家说说。词略不录。但是咱这一方迷信的道，太多人乩扶，男女尽日的烧香信神，入黄天党①的男女，终日思想脱祸避灾，加上持斋的、念经的、祷神唱戏的，耽误多少有用的工夫，化（花）了多少无益的钱财。教他的子女入学堂，他说无有钱。请问迷信的道，甚么（是否）耗费钱？教他孝养父母，他说靡有钱。迨父母死后烧纸箔、烧纸货，化（花）个三百吊二百吊的，也有了钱了。若是这些穷病不改，迷信再不破除，金县长这八条发家的好道也不照着办，甘心遭穷罪，你说教明白人甚么见笑吧？

再说办保卫团。闻听说大家犹有不随的。这个保卫团，原为保治安的，黄县保卫团，好的固然不少，坏的也有好几处。不能同合（和）咱这十一区的前团总这样捣乱的。全乡打官事（司），一打二三年，一区分到两段，还是打官事（司）。你说同如咱乡这样，保卫团为什么教人不害怕？大家也通知道，他办了这几年，发财也不少，开大宝局，一年到头的赌，别人合大局，缴上规矩

① 清末民国时期胶东半岛地区的民间结社组织。以李桂卿（又名秀卿）为首，以"排外"相招徕，每逢农历三六九，聚众开会，会众达数千人。会首居于招远赤村、莱州朱桥。妇女十五岁以上四十岁以下者，"亦诱其加入，其行径恰如庚子之义和团"。民国时期，该会不断扩张，势力达于周边黄县、蓬莱、栖霞、海阳、莱阳等县，山东省府曾下令各县清剿查缉，"奈声势甚张，绝非区区县官能力所能消弭"。1949 年 8 月至 12 月底，连同一贯道、乩坛会、老母会、一心天道、龙化圣教会、安清道义会、卍字会、亚洲会、道德会等 9 个反动会道门一起，被依法取缔。——编者注。

钱，一样的干。

这回因为谢某人滚了赌，被谢某人当堂献上他亲笔记的赌账好几本，咱金县长待人宽厚，给他面子，准其辞职。他把持权利，又请客运动村长保举他，千方百计不交账本。金县长派委员张季符亲来怎（咱）乡，押令交出账簿二十一本，错的逼他当面盖上小印，谁知道他将减价的用钱，通通记在账上，一年换一个堂号，收为借钱的名目，随时领出这项赃款，按大小股分赃。谁料又被金县长按账查出，下令着各业户明白告发。十数日，出首告者四五十名，其余胆小的几百名，减价漏税的不敢告发。嗣堂讯按账对质，一笔不虚。

金县长格外从宽，只判他八个月有期徒刑，缓刑二年。假充太和堂王某，判罚京钱五百吊了事。他连上三趟省，找某议员出主意，告团捣乱。你们通看见他遇事苛罚打押，聚赌嗾盗，上吞国课，下虐乡民，（乡民）视保卫团，畏之如洪水猛兽，避之如蛇蝎毒虫。若按他这几年所作所为，真是查封家产、枪毙其身，也不能洗全乡万民之冤。所以，恁南段向下将地面事好好的办办吧。量（谅）（后）来不能再有北段前番之不要脸的人。今年北段（我）接办以来，快到一年，未罚一人，未打押一人，赌局烟馆，自行敛避，全秉大公无私的办法保卫治安。乡民交口称赞，省钱了事，更是一半时说不了的。请大众向下照着金县长出的这些法子办罢。大家男女老少通通享点福吧。

听讲：男六十人，女五十人，农、学居多，列街静听不紊。该团董苏立信召集各村甲、牌长开会，竟无一人到团，无奈酌将会场移于曲家大街。学务员田玉书、教育会长朱全珍，各偕村民临场，研究一切教育进行之办法可嘉。乃该村长曲彤云、王积礼预备黑板、桌凳，甚形完备，以山陬僻塞之村，而犹有如此热心之人，洵堪嘉尚。

巡行自叙

余自民国八年春蒙本县劝学所长徐文炳、县知事胡永年选送晋省，入山东省立通俗讲演传习所肄业。所长顾文麟[①]，乃热心社会之人，与教员王鲁生等六七公，已教授毕业者三班。此乃第四班。四道同学六十余人。

开学之初，举余为班长，应上接下之事，责余负焉。每日授课八次，功课十门，乃讲演设施法、社会学、心理学、伦理学、教育学、论理学、蚕桑大意、染织大意、音乐、黑板画。学期三阅月，考试毕业。此本所之定规，乃开学中

---

① 顾文麟，字祥符，曾任山东通俗讲演传习所所长，1922年时为山东省教育厅第三科科员，参与筹办山东历史博物展览会，编有《山东百七县通俗教育讲演稿》（1924年，石印本）。——编者注。

间，际争青岛问题，万国和会，交涉失败，省垣遽开全体大会在演武厅操场。各界咸集，人有十万八千之多，高搭讲台，可容一百人之阔。余全所师徒，咸带讲演员标记，登台与焉。各界轮次演说，声泪俱下。余同学分多组，沿街演说，听者无不愤激，一时轰动全省街市。越日，被劳动界首事李凤林等函邀下街，重为演说。所长遂令全班共举六人，再于六人之中举一主人，余又应主人之选，担负日人滋事寻隙之交涉。余六人同下街演说，三日后全所学生罢班，分路演说，愈激愈励。际此北京打卖国贼，拘去三十六学生。省城六十二团各举代表上书政府，情愿代三十六学生抵押。余又被全班举为代表，遂即上书云：

具书人临淄赵传新、黄县朱全㻋，为义士被累，恳准替换事。窃闻北京于本月之四日，学生有为青岛问题，干涉卖国贼，当蒙捕获、拘留者多人。思青岛系山东领土，能否恢复，凡山东践土食毛者，应负完全责任。乃观望不前，坐视一般热心义士，无辜被累，清夜内省，自愧血凉。为此公恳所长先生转详政府，请予替换，以赎义士，虽至万死，不辞。

余又上省长书：

为请愿据理收回故土事。窃青岛原系吾国故土。清末被德人强迫租借，嗣因联邦战德，吾国亦加入战团，方致德人一蹶不振。尔时，日本倡言，夺回青岛，交还中国。故下邑奉令，甘为供给车马。按公法公理，为国土含垢应羞，自属当然。今彼又倡言与吾国有约，合办云云。诚如彼言，何全国未闻谁人签押？徒肆抵赖，不顾万国公议。公民等既为国民分子，不甘受其欺慢，为此吁恳省长沈公①钧座，电达中央，提出前约，收回故土，以重主权，山东幸甚，民国幸甚。胶东黄县公民代表朱全㻋谨呈上省议会。

他机关书不录。

余考试毕，星夜由天津回黄县，偕（县立）中学、崇实二校学生，日到四乡开会演说。迨夏末秋初，霍乱盛行，全黄染病死者三万余人。余亦病死而复苏者。再幸子求医针治急，得渐苏。静养两三月方痊，此亦余之一劫也。后闻霍乱症，急用针刺，四肢放血，无不立愈者，故吾村针刺数十人皆无恙。

民国九年春，余将远行，忽来省委巡行讲演员，责催胡县长委（余）为黄县巡行讲演员。逐日在城乡开会，遽蒙各乡热心社会者约期欢迎。迨秋，际直鲁豫晋陕五省旱灾，奉令劝赈，到处讲演，四民踊跃输将，全县共捐三万余元。

---

① 沈铭昌（1870—1919），字冕士，浙江绍兴人。清末举人，捐资为四川宜州知州。后以道员调任两江督署文案。曾任天津海关道、长芦盐运使。1912年，任直隶都督署总文案、河南都督府秘书长。1913年1月，任河南豫东观察使。1916年7月，任山西省省长。1914年，任北京政府内务部次长、财政部次长。1919年2月，任山东省省长。——编者注。

蒙金县长转详大总统，同颁赏给二匾额，以褒奖之，余思功微褒重，心甚愧焉。届阴历年终，蒙邑绅丁毓翔，将讲演报告捐印六百本，代为分给各机关学校，以资推广社会教育，其热心为国，洵属高卓可钦。闻其捐助中国红十字会，有终身弗懈之宣言，推其誓志之坚，洵为高超善人之巨擘。

民国十年，依旧巡行。自正月初二日起，至八月二十九日，忽接省垣来电，催令即日晋省。及至，始知为所长顾老师所荐，遂蒙委任山东通俗巡行讲演员，兼各县社会视察员，分行胶东道，为道路熟、方言同故耳。在千佛山开会后，领起公事，遂趋赴东海路。巡行两三月，届阴历年终，回省交清公事，请假一月，遂回黄县旅里，后造全年报告清册，附记各县巡行日记，十数日方告竣。又蒙中国红十字会名誉会员、邑绅经纬老人丁毓翔君捐印千本，代为邮寄各省，以资提倡社会。若丁君者，洵可为乐善不倦之模范也。

民国十一年正月十六日，省假期满，治装就道。抵城，谒辞金县长，遂被挽留，代为电辞省职，着即下乡开会，宣布要公。每多乘各乡演戏，登台止戏讲演，听者恒有万千。巡行月余，遂受风寒，加以气虚，遽病不支。急将预定约二十余处会期，咸函辞焉。嗣服药月余方愈。初，仲春，蒙金县长委任为十一区团总，余屡次力辞不准。盖因前团总聚赌被控，及主使买田房者减价、省税种种弊端故也。寻又委为讲演所长。余思一差尚恐旷职，兼摄二差，能不误事？无奈团总一职，委人代理，所长一席，屡辞亦不准，余终未敢接办。迨秋冬间，金县长令到各乡区宣布八条要政，并分训告四要数千张。到处多蒙热心社会者欢然乐办，虽雪地冰天，全区学校恒到十余处，乡众恒到数千人。一闻金县长要政，无不交口称赞者。届阴历年终始归里，造报全年报告清册，现已告竣，尚待印刷成本，再为呈报，转详分发各处。此三年巡行记略，谨附册尾，敬献同志，借识余近来之行迹，并谢翘盼道讯之厚谊。是为叙。

山东黄县巡行讲演员朱全礫造报民国十一年报告册终

鲁直吴豫晋五省游行略记[①]

序

闻之世道昌明善人多，风俗浇漓道德衰。近世类多私心自用，罔顾大局。求一民胞物与普救世道者，纵贯历代，虽不乏人，未见有如义士李茂堂君者。李君者，吾黄人也。以富有之家，专心慈善事业。生平以来，急公好义，屡捐一切公益，罄笔莫记。较之有财挥霍于邪侈、捐助于迷信者，奚啻霄壤。即彼之施絮衣、设粥厂者，亦不过救一时或一方少数人之冻馁。岂若李君迭次捐印通俗教育于成册，推广中华风俗之改良？苟非深明济世大义，施财得当者，安能为社会造此无穷之福哉？吾等与李君同桑梓，重义气，见闻较切，未敢颂扬，颇难掩昧，故谨略记其义举，以供周知，足征卓识善人高超千古于不朽云。

黄县教育会、教育局、中学校、商务会、农务会、劝业所、讲演所、财政处、图书馆、阅报社、戒烟戒酒会、一百二十处女学校、三十六区保卫团、二十四乡教育会、二十四乡学务员、四百七十处男学校同启。

余游行四方，见各处风气闭塞可叹，尝作一《发起同胞爱国文》，附录以飨阅者。今天下，一竞争之世界。近百年来，弱肉强食，吞并不已。吾中国，以四万万黄种之大群，不胜白种数千百万之小群，其故何哉？非守闭关旧规，不悟交通新例之所致欤？鄙人窃不自谅，敢陈卑辞，以助吾同胞爱国之心，祈博雅君子与留心时务者谅之[②]。

羊岚集养蒙学校讲演（1923年3月17日）

中华民国十二年三月十七日，即夏历二月初一日，至黄县城北首善乡羊岚

[①] 该书封面注有"中华民国十四年一月十六日出版、山东黄县金玓朱全瓅稿"字样。——编者注。

[②] 该文已收录于《山东黄县巡行讲演员朱全瓅造报十一年报告册》，此处从略。——编者注。

集养蒙学校，自下午二钟至四钟。

助讲：校长陈祥云。

招待：义士李茂堂。

演题：为募修烈士坟捐，目的在使乐助重修烈士坟。

说：前几日，听说贵村李茂堂君好善乐施，见义勇为。兄弟年前到处开会，分撒金县长《为九里店西烈士坟捐启》，募点捐，重修一修。因为此坟，乃是沪军司令刘基炎所领的北伐队，在北马大战，阵亡三十二烈士葬于此地。后山东都督胡经武，着司令官姜炳炎等，同地方官绅商学各界大开追悼会，着庄头村长负保护之责。

民国三年，村长病故。地方附近愚民以为革命党坟，渐窃砖石。嗣有报官者，乃县知事郭光烈置之不理，而该地方附近无知之徒，益无忌惮。从此大门木铁，拆毁渐尽，垣墙砖石，日益减少。该方首事，无人过问。高明者触目心伤，而不要脸的小人，将垣墙拆毁，不堪入目。由小而论，该方人士成何风俗？黄县人士成何体面？由大而论，国体包羞，不亦耻乎？

昔秦人伐齐，有令：敢去柳下惠坟五十步而樵采者，死不赦。这件事，若是教外国人知道，我们民国的这样人格，连暴虐强秦通跟不上啦。再说，推倒满清、创造民国，是革命的烈士头颅热血换来的。金县长深知于中国风俗有关，所以亲手作的捐启，发给兄弟与各机关，代为分给各热心义士，捐助重修，以壮国体。若将烈士坟修好，不但于黄县人增光，就是于捐钱的义士，也是善人高超一等的。

听讲：男三百人，职业学生居多，秩序井然不紊。

备考：是日乃该村义士李茂堂君，因见金县长倡修九里店村西革命烈士坟募捐启文，慨捐大洋壹佰元整，其热心义举，洵属巨擘。该校职教员，亦咸有捐助，可见公益心热，虽非正式开会，特为报告，不没义士之善举。

冶基马家女校讲演（1923 年 3 月 18 日）

三月十八日，至城北会基乡，在冶基马家女校讲堂，自下午二钟至三钟。

招待：男学校长张恪龄，学董姜汝忠，女学校长马万金，教员魏金藻。

演题：说造福与享福之区别，欲使女权发达，同造社会福。

听讲：男五人，女三十八人，女学生居多。女生列坐，窗外环立，咸静听焉。该校长马万金欲励学生，故有是会。观校舍清洁，秩序整肃，作文通顺，楷书端好，足征办理之善，教练有方，故亦报告，不没兴学之良，讲词不录。

城西圩门外讲演（1923年4月6日）

四月六日，至城西圩门外，在大马路旁，自上午八钟至十二钟，金县长率众，行清明种树礼。

观者：男有三千六百人，女有三百五十人，四民盈郊，各学校生沿路列队，余皆散列大路南北。工毕摄影，观者多不入列。

是日清明节，县知事金城预令劝业所长单用翾，召集各机关，届时咸集，学校列队到者有经正、中区、中学、商业、志正、意诚、公益、公益女校、绛西、崇文、务实、竞化共十二校。咸戎装整齐，大形尚武。是日又逢集期，观者又多趋市之人，故拥街塞途，大路列满。自金知事莅黄（县）三年，每届清明，亲行植树礼，必手植数株，以为万民倡。故黄县全境，尊其告谕保护条规，种植遍野，其为黄民四十余万同胞造福，岂浅鲜哉？若金公之勤政爱民，虽古循良，无以加焉。数年以来，口碑载道，仁闻邻封，岂无因哉？

四月八日，行四十里，至龙口商会，为龙马镇教育会长陈晓农君约送演国音留声机之迟元溪，借演国音，以正龙埠军警商界学国语者，其热心社会如陈、迟二君者，尤属可嘉。

杨家疃讲演（1923年4月10日）

四月十日，至城西海晏乡，在杨家疃南大街操场，自下午二时至四时。

助讲：男女两学校长杨镇川。

招待：同上及学董兼教员赵寿西、杨和亭、高子诚。

演题：女子教育及天足，欲女学发达、天足实行。

听讲：男二百六，女三百八，农、学居多。男生列队，女生列坐，四民环场，咸乐融融。该校长杨镇川创办男、女二校多年，欲普学风，故有是会。届时率戎装学生荷枪列队，大形尚武，奏琴作乐，韵调婉美，唱歌应答，精神贯注。观天足之女生，活泼静肃，荷枪之男生，气概英武。嗣观学生日记，言清句雅，非热心教育，奚克臻此完美？

四月十一日，至城里劝学所，会议旅大问题及市民大会之办法，自下午二时至四时。

届时各机关到者三十六人。研究者：劝学所代表程敦熹、教育会长王治丛、副会长袁集庆、商会副长代表赵达源、农会长李钟璠、劝业所长单用翾、劝业员林恭言、中学校长赵竹容、报社主笔丁景威、学生联合会长张鸿儒、姜绥章、商学校长田桂九，中区校长赵潼沄，财政处代表赵文周，绅董代表邹明伦，第一区保卫团总丁毓翙，自治学员唐金章等多人，聆诸君研究开会种种之手续，咸俱卓识不群之见，真堪令人钦佩。

朱家村讲演（1923 年 4 月 12 日）

四月十二日，至城南三十里莱山乡，在本村朱家大街，自上午十时至十二时。

演题：宣言金县长之要政八条及旅大问题，使知贤县长勤政爱民之至意。

说：我这几年，常不在家，不能对大家说些有用处的话。从入民国以来，我们黄县的县官，数着金县长。自从他到任，快到三年，靡有哪条事，不是为黄县造福的。年前，着我到各保卫团宣布"八条要政"，到处开会，男女常数千人，靡有不赞成的，因为样样通是为民人打算过财主的好法子：

第一条是明春种树。若是家家将沟涯河边，闲原旷土，通栽上各样树木，十年二十年后，通成了财主了。

第二条是乡间井上做盖。若是井上有盖，人人尽吃干净水，每年少受多少病？城西道旁浇地的井（都有井盖），夜间行路也放心，这也是省钱的一个好法子。

第三条是各村取缔客民。什么叫客民？就是西府来的外县人。咱黄县佣功夫的，多系外县人，若无妥实保人，闹乱子是很多的。若照着金县长的法子办，就没有偷骗拐掠事。

第四条是登记户口。这向下办自治，若是户口登记不清，吃亏地场才多啦。这也是欲使人人有职业，有保护，安插游民的好法子。若是人人有职业，无游民，十年通成了大财主啦。

第五条是催各学校董名册。金县长因为各学董多不负责任，令各校造学董名册，照名发给聘任书，使各学董竭力地办男女学堂。若是教育普及了，十数年后，黄县人才辈出，人成有用的人，家成有钱的家，这又是一个享福的好法子。

第六条是各学校由保卫团征收一分借字费。向下买田、房的，用附近学堂写草契，将一分借字费津贴学堂。金县长恐怕不均平，着各保卫团代收，令各乡学务员按季支领，照各学校人数多寡，均分之各校，能省若干夥支钱。寒家子弟求学，也就容易了。

第七条是减价契约。由卖主按照减价回赎，这是山东财政厅恐怕有买田、房的减价，所以出这种告示。我到处说，买起驴，治（置）起屉。买起地，税

68

起契。何必减价，图小利，犯国法呢？

第八条是剪辫子限一个月，放足限三个月，务要净尽。这更是教人过财主的好法子。男人有辫子，是最当害的，女人缠足，是最有害的。若是去了梳头的害，是最最便利的。若是去了包脚的害，是最得力的。大凡人人靡有大痴的，这么一些好法子，哪有不照办的。

我到处开会，先将这八条写在黑板上，逐条细讲，听者咸乐，所以没有不遵办的。金县长上年出版的《训告四要》，黄县张贴已遍。若是通照着《训告四要》行，靡不过财主的。咱这金县长在黄县办的善政有的是，一年半载的也说不完，大家也通知道的，不必多说啦。

现今，旅顺、大连到了期，日本抗赖，不交还我们中国，学生联合会各处开市民大会，演说抵制日本货，愿大家在意罢。（下略）

听讲：男三十六人，女五十人，农人居多，沿街旁立，妇女席地坐听，咸啧啧称善。是日旋里，群邀宣布时事，故有是说。余虽久不还乡，然风气日有进化，可见去恶迁善，人心无不从同。虽未正式开会，特为报告，使知贤县长为黄民造福之苦心，乡人爱戴之心愿。

朱家女校讲演（1923年4月13日）

四月十三日，在本村朱家女校，自下午三时至四时。
助讲、招待者：本莱山乡教育会长朱全珍。
演题：说爱国，使知国耻。
听讲：男三十八人，女十七人，学生居多，男女学生列坐院中，有环立者。男女两学校长朱全珍，欲使学生知国耻，故有是说。观女生程度之高尚，足征教授之得法，特为报告，不没其热心。

小河口程家女校讲演（1923年4月14日）

四月十四日，至城东北会基乡二十里外，在小河口程家女校，自上午九时至十一时。
助讲：劝学所文牍程敦熹，教员李万鸿。
演题：说重男轻女之弊风，在使女权发达。
听讲：男三十二，女三十五，学界居多。女生列坐，男立户外，静听不紊。该学董程敦熹，欲励学风，故有是会。观女生天足解放，精神雅肃，及招待、助讲者之热忱，足征热心人多。该女校将来发展，未可限量，其功课礼节，尤为完美，洵堪嘉尚。

小河口程家大街讲演（1923 年 4 月 15 日）

四月十五日，在城东北二十里会基乡之小河口程家大街，自下午二时至五时半。

助讲：教员杨耀廷、吕廷璋、程敦熹、孙吉堂，女教员魏丹林、女学生马万润、聂治蓉、程茹梅。

招待：该校校长杨思道，学董程敦熹、李文开、程世运、宋大溶。

演题：说维持国货及女子教育，欲使杜漏卮、造女才。

听讲：男二千八百人，女二千三百人，农、学居多，男女分列，井然不紊。演至兴处，鼓掌雷鸣。该校长杨思道、学董程敦熹等召集乡众，届时学校戎装列队，到者有蓬莱北沟集尽义、黄县唐家集发育、冶基马家、程家各率男女二校及大杨家、唐格庄、试驾庄，共十一校。咸戎装整齐，鼓号震天。东王家亦便衣来临，又散到者（有）冶基姜家、郭家数校。惟唐家、宋家、唐格庄三校，各执童子军旗，五彩夺目，尤足壮观。教员宋乐楠、吕廷璋、孙吉堂、杨耀廷、孙墨林五人，咸戎装持刀指挥，大有干城之概。其尚武精神，令人可钦。唐家发育、北沟至仁、程家广益、冶基马家四校女生，佩戴彩花，天足步伐，尤形大方。助讲言中时弊，其救时苦心，真有造于社会。惟女教员魏丹林引古证今，尤为合时，巾帼英才，洵堪首屈一指。有蓬莱北沟集尽义、至仁男女二校，往来二十余里，不惮跋涉之劳，其热心社会可嘉。观学生应答之敏捷，招待、主讲者之热心，足征该地方开化有人，似此盛会，洵不可多见者，讲词太烦不录。

黄城东街城隍庙讲演（1923 年 4 月 16 日）

四月十六日，在黄县城里东街城隍庙戏台，自上午八时至十二时。

讲演：商会副会长赵达源，中学赵踵先，教员王克忱、祈廷玉。

招待：中学、崇实二校学生联合会会员数十人。

演题：特开市民大会，使咸知国耻。

说：今日开这市民大会，到场人数是很多的，又值淋雨，人不少动，真见出父老兄弟及女界同胞爱国心热啦。大家既是热心爱国，必能维持国货，抵制仇货的。请问大家一句话，从今以后，还有买仇货的没有，群声喊应没有。若是大家真能立定志向，往下永久不买仇货，请举手定志，谁若不举手，非真心爱国的同胞，台下万众咸应声举手，可见大家同能立志举手表决，永远不买仇货的。更要知道旅顺、大连湾，为我国东篱门户，租期二十五年，如今期满。日本抗不交还。若是旅顺、大连不得收回，"二十一条"未能取消。若是"二十一条"不能完全取消，则我国主权丧失，已至何极。若是主权丧尽，则国立成亡国。倘一旦国众被人吞灭，不但我同胞家业财产、父母妻子不能作主，就是父老兄弟、诸姑伯姊，生命亦恐难保啦。到那时，岂不悔之已晚了么？为今之计，别无他法，惟有尽力提倡国货，大兴利权，抵制仇货，力杜漏卮，全国同胞，万众一心，为我政府之后盾，同心协力，坚持到底，庶可制敌人之死命。到那时，我黄炎子孙，尚可生存于世界。

请大家一起努力挽回主权罢。办到国富民强的时候，方可享亿万年的幸福啦。不然的话说，若仍蹈五分钟的热血之讥诮，不难遭高丽、台湾牛马之惨局。请问父老兄弟，往上说，何以对起我四千六百年文明开创的祖宗？往下说，何处是我炎黄子孙托足之地？诸君，诸君呀，努力努力吧！千万莫要甘做自了汉，变成第二第三亡国奴啦。

听讲：男一万八千人，女二千五百人。学生列队，四民环场，应声举手，声动天地。全县各机关约开市民大会。届时学校戎装列队、冒雨到场者有县立中学，教立崇实初（小）高（小）中（学）大（学）咸临，及开成、三余、河滨、慎余、公益、经正、中区、崇文、乐育、意诚、崇正、商业、经纬、务实十七校，旗幡招展，鼓号震天。又，女校率队到者有崇实初高中大、及王氏、凤鸣、经正、崇正，亦执旗来临，天足步伐，整肃大方。商团亦执旗列队来场。天虽淋雨，人不少动。其爱国热忱，已达极点。闭会后，各校团体冒雨列队游街，不惮衣湿履泥，大喊愤乎，唱和不绝，讧（轰）动街市。沿街分撒报（传）单（一）万数千张。观听者，拥街塞途，咸表一致。使天不雨，又逢集期，人数何止数倍。似此胜会，从不多见。如城外九里店、杨家疃等村男女二十余校，中途遇雨，未克莅会。往返有几二十里者，不惮天雨路泞，可谓爱国至热。

西关讲演所讲演（1923 年 4 月 17 日）

四月十七日，在城西关讲演所，自下午三钟至五钟。

研究者：劝学所长徐文炳、财政处长赵元璞、中学校长赵踵先、农务会长李钟璠、讲演所长姜棧庆等。讨论讲演所进行办法，在使实行扩充。

旁听：男二十五人，商界居多。是日，会议该所进行方法，因天雨路泞，各机关未能咸临，观在座诸君，冒雨来会，决议进行手续，洵属高尚可钦。

江格庄大庙前、淑英女校讲演（1923 年 4 月 19 日）

四月十九日，至城南云台乡，在第三区保卫团西江格庄大庙前，自上午十钟至下午一钟。

讲演：县知事金城、第三区保卫团总赵元璞。

招待：团总赵元璞，团董贾孝铭，书记赵炳南，教育会长王治从，教员赵文青、赵文周、王梓友、戚维之、赵介眉。

演题：说种树修路、剪发、放足，俱限期实行。

说：金县长方才说的种树、修路、剪发、放足，种种的利益，样样的好处，通是为我黄县人民打算过财主的好法子。栽树十年见利，所以无论栽什么树，十年通能见利。上年，咱这县长出的告示，大家也通知道的，兄弟到处演说，大家多有听见的，全县栽树也是很多的，愿大家将闲原旷土，快快的多栽吧。

再说修路，更是为大家兴利的，若是把自己村前瞳后大小路修好了，自己行走多样便宜。再大家助工，把大路修好了，交通来往，岂不更便宜么？前年，我到文登、荣成，见山路通修成康衢，也是当地人助工修的。贵区财源泊村东南北大道，也早修好了，行路没有一个人不说便宜的。况且自己天天走的道呢？

为男人剪辫子、女人放脚，这更是教人人享福好法子。男人留辫，女人包脚，妨害多少事，受了多少罪。从这十几年，上等人通改了，唯独下愚的人还要守旧法，情愿遭穷罪。细说起来，真是令人可笑，又教人可怜。就是痴子也不愿意自找遭穷罪。

况且金县长奉省强迫令，限期一个月剪辫，三个月放足。正月二十八日，亲到第四区保卫团开会，限十日一律剪齐。二月二日，亲到第一区开会，也是这宗办法。大家想想，金县长到处演说，不惮口干舌枯之劳，栉风沐雨、跋山涉河之苦，为的是给黄县造福，为的是给人民除困苦耳。为甚么还有找着吃亏的？请大家不要再糊涂啦。罚金定的虽轻，哪赶上照告示办，不用咱县长多费事呢？这才不负咱县长勤政爱民的苦心啦。大家回家劝亲戚朋友、宗族邻居，通照着办吧。

听讲：男二千四百人，女一千三百人，农、学居多。学生列队，四民环场，静听不紊。金县长按区迫令限期剪发放足，预令该团总赵镒斋召集全乡众。学校戎装列队到者有江格庄、王村庙、财源泊、王村杜家、横埠庙、阎家瞳、北智家、大宋家八校，军乐叠奏，队伍整齐。女校到者有江格庄、财源泊二校，天足列队，步伐大方。又，散到者有大隋家、战家夼数校。观男女学生之精神，天足之开放，足征教育优长。观招待之整齐，足征热心人多。观告诫之恳切，尤见金县长爱民心殷。使不夜雪路泞，人数必有数倍。

四月十九日，在江格庄淑英女校，自下午二时至五时半。

助讲：该校长赵镒斋，学董贾翰卿，女管理员张同荣。

招待：赵运卿、赵文周、赵介眉、王梓友、赵文青。

演题：女子教育，欲使女权发达。

听讲：男一百人，女一百五十人，学、农居多，女咸列坐，男立院中，静听不紊。该校长赵镒斋欲励学风。该学董贾翰卿、赵文周临时召集村中妇女到校听讲。说者词婉，听者首肯。观女生应答敏捷，足征教练完美。女管理员张同荣发天足之决断，赵镒斋告诫之恳挚，非洞悉时弊者，奚有如此之伟见？该村女界之幸福，将来未可限量。其招待、助讲之热忱，洵属巨擘之称，将来为社会造福不浅也。

蓬莱北沟集大街、至仁女校讲演
（1923 年 4 月 21 日）

四月二十一日，至蓬莱北沟区三十里，在北沟集大街，自上午九时至十时半。

助讲：男女两校长杨式衢、树人学校校长钦家禄。

招待：杨式舆、杨式衢、杨式鹭、杨范九、杨式坡、王序九、杨怡青、杨乐天、杨耀庭。

演题：学校与私塾之比较，使知学校之益、私塾之害。

听讲：男三千人，女五百人。四民咸俱，学生列队。四民环场，井然不紊。该区长杨式舆、校长杨式衢，欲励乡风。届时率学生戎装列队，军乐大作，步伐精神，高尚可嘉。是日集期，听讲尤多趋市之人，是以贩夫路运停观者，拥街塞途。观其向化之风，足征提倡有人，团丁维持秩序，不遗余力。尤见区长指挥得当。该方风气开化，亦益可见。

四月二十一日，在蓬莱北沟集至仁女校，自上午十一时至十二时。

招待：杨式衢、杨式坡、杨范九，女教员王文彩。

演题：说重男轻女之弊，欲使女权发达。

听讲：男四人，女三十六人。女学生居多，咸列坐，寂然静听。该校长杨式衢欲励女风，故有是会。观女生学业程度，讲解礼节，着着高尚。其办理与教练之善，不问可知。观天足之普，足征开导有人。非诸君热心社会，谁能办理如斯之完美。特为报告，不没其为女界造幸福深且巨也。讲词不录。

四月二十一日，在北沟集关帝庙戏台，自下午二钟至五钟半。

助讲：姜文泉、曲子珍、孙吉堂、李万鸿，学生程敦利、程敦久，女学生程茹梅、程广桂、杨化坤、杨咏絮、杨素卿、杨素中。

主席：杨式衢。

招待：杨式舆、杨式坡、杨式森、杨中士、杨瑞五、杨赋中、杨怡青、王序九、杨乐天、杨范九、杨耀庭、杨式鹭。

演题：女学、天足、剪发、抵制仇货，在使实行力办。

说：我中国开国五千多年，文明进化是最早的，地大物博，人数也是最多的，常称天朝大国、中华神州，以他国为外邦，名为夷狄，目为鬼子。自以谓（为）唯我独尊，天下全球无两矣。哪知道我国在早关门坐朝廷，并不知外国日进文明，远胜中国。如今万国交通，环球往来，如同一家一般。中国门户大开，垣墙尽撤，我国里的情形，通教外国知道了。人家看我们中国人是个个不中用的，自己穷病也是很多的。今天把顶要紧（的）坏病说给大家，改一改才好。

第一样，人得上学求知识。我中国自秦始皇焚书以后，到时今两千多年，读书的随便，加上这些专制的君王专用愚民政策，如同前清那样，读书的读一辈子，也是不能对待外国的。何况，中国四万万同胞读书，能明白古今中外的，千百之中找不着一个人。外人管用什么法，我们也不懂，怎样欺压，同得受。留学外洋的真知道，救我中国，非兴办学堂不可。所以极力办了二十年，各省男女学校办了个不少。唯独我山东，女子学校不甚多。女（子）为国民之母，女子失学，母教先缺，国民安得不愚呢？所以，愿欲家富国强，女子未有不急于求学的，请大家快多办女学，培育女才吧。

第二样，人的身体不好、毁坏的。我中国女同胞，天生不是个完全人。为父母的，先给她揉断两只脚，教她终身不得力，遭穷罪。飞的鸟，走的兽，尚知疼爱子女，保护种类。乃人为万物之灵，先残刖其亲爱的娇女两只脚。请大家说说，真果的跟不上个禽兽有知识啦。若是做母亲的，年轻上过学，受过完全好教育，她再不能使那个残忍心，下毒手把她娇生惯养的闺女两只脚，揉成两把月牙钩，给她找个薄幸女婿，拿着当玩物，不能做生活。婆婆骂，女婿打，媳妇哭，孩子闹，成辈子计闹，穷草鸡，不毁了（吗）？大家想想，把闺女造制到这个样子，做父母的有什么法子救她罢。请大家快给闺女放了脚上学吧。

第三样，人要遵国体，不要守外制。我中国多读孔子书，孔子著《春秋》，最严夷夏之辨。尝言：微管仲，吾其被发左衽矣。所以被发辫之制度，乃是满洲鞑子给咱汉族同胞硬按的一个丢人的记号，使我们汉人年深日久了，就忘了这个丢人的事。他好多坐几年朝廷。大家看见演剧的，戏台上出来前朝的戏，哪有带辫的人。倘然出来一个带辫的，戏台底下人无论男女老少，通说北国老鞑。如今民国十二年，再要带着辫子的记号，请问读孔子书的这些不剪辫的老先生，什么是随娘改嫁不知归宗了。若是拿着满清家当祖宗，不但是孔子的罪人，照着春秋大义，齐襄公报九世之仇的大孝论，这真成了圣教中的贼子奸臣了。今日在场的父老弟兄，辫子通是早剪的，请大家费神转告靡剪辫的老先生，不要再为中国汉族丢人啦。

以上所说的三条，是顶为外国小看的。我在黑板上画上三个人，对大家一说就明白了。第一个人是不会作活的人，事也不懂，大家必说痴。第二个人，拄拐行路，离（了）拐不能走，大家必说瘸。第三个人仗着明杖寻路，去了明杖，寸步难行的，大家必说瞎。请问一家四十口子人，痴的有三十九，瘸的有一半，瞎的也有三十八九个，怹说这家人家，虽有老家留的钱财多，撇的产业大，什么能守住财产过日子？大家必说不能守住的。若是真有这样一家人，财产得受人家借，挨人骗，被人欺，遭明火绑票的。因为什么？人家通知怹一家人没有一个中用的。如今，我中国四万万同胞，比如一家四十口不懂的痴、缠足的瘸、不识字的瞎，所以地土受人家借，钱财挨人家骗，政府被人家欺，人民遭人家残害，甚于明火绑票的。一个大国，没有中用的人，外国才敢进来下毒手啦。请大家快快剪辫子，放了脚，入男女学堂，学知识救人救国吧。向下不要满嘴胡讲孔子道德啦。

再说抵制日货，大家更得注意啦。词略不录。

听讲：男八千六，女三千七百人。虽四民咸俱，而学界居多，学生列队，女生列坐，四民环场，井然不紊。演至兴处，鼓掌雷鸣。该村区长杨式舆、校长杨式衢、社长王福照，预期召集乡众。学校戎装列队到者有黄邑西程家男、女二校，及大杨家与蓬莱北沟尽义、至仁女校、西正楼下村，西正高家，河润村树人，三十里店，冶张家，草店东、西二校，北林院，上口小李家，郝家，上口高家，港里村东校，北王绪女校，共十九校。步伐整齐，鼓号震天，咸唱歌助兴，音调合拍。又，北王绪南、北、中三校、南王绪、聂家、后营、北沟自新，共七校，亦便衣列队来临。又，散到者有数校。惟教员孙吉堂、杨范九、杨耀庭、梁敬新、栾仁馨、钦嘉谋、高绪长、吴经一八人，咸戎装率队，持刀指挥，洵有赳赳干城之概。观学生应答，精神敏捷，足征教练之善。嗣合唱军歌，声激气壮，尤有英武之表。女生歌韵中律，婉雅可钦。观秩序之稳静，招待、助讲之热忱，可见开化有人。该校长、区长、社长，召集人数之多，三君之素乎乡望可知。助讲者言论滔滔，听者兴会淋漓，其乡风之良益见。加以团丁维持秩序，尤见公益心热。似此胜会，巡行三年，开会八百，亦所罕见者。该方学务、风化之进步，必收日新月异之效。惟上口小李家，率戎装学生，旗鼓俱备，往返三十余里，不惮跋涉之劳，可谓热心之至。往返二十余里者，有十余处，均属热心。

蓬莱北沟尽义学校讲演（1923 年 4 月 22 日）

四月二十二日，在北沟尽义学校大院，自上午六时至七时。

助讲：杨式衢。

招待：杨式坡、杨乐天、杨耀庭、杨范九。

演题：说提倡童子军作用，欲使学生尚武，并造社会福。

说：昨天开会，见学友们精神非常的好。今见体操，更有英俊气概，若是再编成童子军，将来整齐地面，改革风俗，是第一等的利器，为地方造福，岂有量哉？

兄弟前年冬间，曾在烟台瀛洲戏园开会，商、学两会召集到场有万人之多。不但戏园里面人多莫容，就是门外大街拥挤也断了交通。幸有益文学校，预派童子军十余人，戎装整齐，手执木梃，分立内外，如警站岗。观其英气之表概，真有震慑千里之声威，望之凛然生畏。不但园内百色杂人无敢拥越出入者，直至门外大街远立不得观听者，亦寂然肃立，无一嚷语之人，其维持秩序之效功，真远胜警役千百矣。嗣在荣成南门外戏台开会，县立高小学校亦派童子军维持秩序，其收整肃之效，亦令人大可钦敬。可见童子军作用，为地面造福是很多的。贵校若能将年岁大的学友们，检编一队，教练上一年半载的，即行改良社会，力挽浇风，不但说能为北沟区几十村人民造福，改革蓬莱全县的风俗，也是很容易的。若是推广日多，普及全国，向后，安知不为中国转弱为强，威震全球，使我四万万同胞享亿万年幸福？非你们这一般童子军，谁人能以办得到呢？请贵校首先倡办吧。

听讲：男二百人，学生居多，列队大院，注意静听，大有感动。是日，见学生齐队，大有尚武之概，故有是说。虽非正式开会，亦为报告，不没该校办学热忱。观该校长杨式衢激励学生，切中儿童心理，足征奖勉得法，真堪令人钦佩。

附录：童子军歌，并祈指谬。歌曰：

吹笳齐队整军装，男儿志气昂。五色国旗风飘扬，铜鼓咚咚响。童子军队何雄壮，枪刀耀日光。如能人人尽登场，中国自然强。将来辟地与开疆，五洲归我掌。童子军功立霄壤，幸福万年享。

姜家沟大街、学校讲演（1923 年 4 月 23 日）

四月二十三日，在姜家沟大街，自上午八钟至八钟半。

特说者：王振民。

助说者：姜文进。

演题：为说抓赌群殴事，欲为了结息讼。

说：我是朱家的，大众通认得我。这位是黄县警备队总队长王振民先生。他奉金县长的令，来查赌局与殴伤事情。今日天未明，来到保卫团。我昨日晚上自蓬莱北沟集回家，王队长今晨两着警兵，持片相招，我这才一同来到贵村。听说首事们将分队长、警兵今晨送县，我们本意前来为两下调停，不料贵村愿意起诉。大家有话不妨对王队长告诉，唱戏的安排有无赌局，石良集警队来了多少人抓赌，两下因为什么打的仗，你村众人追赶几里地，将他队上抓回几个人来，怎么留了一宿今晨才送县？在大街上人多，说话太乱嚷，可找个闲房，对王队长细说一下。队长好把你们（的）情理，对金县长回复，不强似大家通站在街上乱嚷嚷的，也听不上头绪。

听讲：男一百五，女一百七，农人居多，沿街列听，妇孺咸集。该村演戏四日，良莠杂聚，石良集驻防警队长王清濂带队抓赌，开枪击毙人命，为该村群殴，将警队追抓绑留。金县长令王振民带人查解，邀约同往调停，故有是说。特为报告，借见警队之野蛮，并见金县长之爱民。

四月二十三日，在姜家沟书房。

演题：说劝去浇风，使知改良。

说：我昨日晚上自蓬莱北沟集回家，王队长到保卫团邀我同来调停。方才在大街上，有几位说到书房，正遇众位会议，我们净来打扰了。方才，大家对队长说这些话，人多嘴杂，十几村的人说，教我看，不如怎本村一二人说，倒清疏，还容易记住情理。说的这样的多，恐怕把理说靡有了，才说唱了四天戏，保卫团都靡到场。闹这案子，连去三蹚（趟），终久不来。这也难怪他，咱乡里保卫团，当日靡人办，后来姜余选办，在他门口，怎这一方出来搅，打官事（司），一气二三年搅不行，这才为着独立一小段，顶名有团不办事，连换团董四五个，这才推出苏立信当面子，大家不拿钱，一个团丁通养不了。有事教他怎么办？

再说，咱乡十四五年前，我在家办学堂，大家一齐骂我随鬼子，找人搅，出名告。起革命时，毁我学堂，砸自治公所，拆楼梁，揭楼板，通是咱乡闹的。我十几年不办本乡事，骂的少，说好（的）多，还有不信。我这几年走遍四方，几省几县开会演说，靡有不信的。大家倘有愿听的，队长也走了，不妨对大家说上几句。

咱东南乡这一带，粮农人家通是很下力的，过日子也是很勤俭的。但是守着旧风俗，通不愿改，有了钱，就会设戏唱，通说是为敬神。你想，无论他是甚么神，通是正直的，恁烧几炉香、焚几张纸，念两天经，唱三天戏，他就保佑你。不烧香唱戏，他就不保佑你。从亘古哪有这样神？即然真有这样不要脸的神，专图钱，爱听戏，他必不甘心坐在妇女背后里，看老婆听淫戏。譬如贵村闹的这场祸，（即）为关帝、土地唱戏惹来的。关帝、土地怎么不保佑？周仓和小鬼怎么不拉救？有人教恁办学堂，通说靡有钱，念经唱戏，管花多少，也不害痛。戏箱靡等待到，四方的光棍子通来了，白日在疃外赌，这是会首的面子。黑夜在本村首事家里赌。请问一村的人，那个敢得罪他，地方这些地痞、土棍、二大爷？

这几年常听说，这一带有入鸾团，念经祷神的。有人入黄天党，脱难成神的，新近又有入道德会①，倡言男人不剪辫、女人不放脚，专安私塾念圣人书的，还有一般糊涂人，终日盼望出来真主的。犹有典房卖地、捐钱不害痛的。

请大家想想，既是中华民国，做官的通是明白人，办事的通是开通的。是开通人知道的多、看见的远，无论改的甚么法，通是于民有益的。我们三家村住在深山里，从靡见过外边的事，专守迷信旧规矩。一听改法，他就害怕，因此他就满嘴造谣言，甘心入邪教。心中以为有了护符，这可不用剪辫子、放脚了、入学堂啦。常念经祷告神，等待出了真主时可好了，这真来了咱的朝廷啦。念圣书，开科考，得功名，那可喜的了不得。通如这样人，简直说是做梦还未醒啦。这是（因为）我多少年不在南乡办事，也不能合大家谈时务。孟夫子曾说过：孔子，圣之时者也。若是读孔子书，还不知道圣人也是因时势为变更。上古靡有火，人吃生食，后钻木取火，人吃熟食，犹谁能知道钢铁撞石能以冒火星。现今又用洋火更便意。古前交战用弓箭枪刀，如今用枪炮。古前行陆坐车，日行百里，如今坐火车，日行千里，汽车两千里。涉水坐船，风不顺，不能走，如今火船，不用风。至于飞艇航空，一星期能行遍全球。潜水艇穿海，战船无法抵防，更有海底水雷，半空的炸弹，变更顶要的，一时哪能说得完。

---

① 即万国道德会，旧时反动会道门之一，创办于1918年。其宗旨是提倡尊孔读经，维护封建伦理道德。各地设有分会。民国初年，宣传封建迷信，反对剪辫、天足。"九·一八"事变后，其东北分会改名为"满洲帝国道德会"，公开投敌叛国。配合日伪政权征兵、献铜铁等的宣传工作。极盛时，设市县分会208处，乡镇分会529处，办"义务小学、安老所、怀少园"600余处，民众讲习所650余处，节孝讲习班和初、中、高讲习班6000余处，为日本在东北建设"王道乐土"服务。解放后被取缔。——编者注。

请问，守旧好（还是）改新好吧。大家不要做梦想好事，快看看外国来欺中国，什么利害样。下略。说（了）有两钟之久，场中寂然。

听讲：男一百五，女三十人。农人居多，屋内列坐，院中、户外咸立。该村殴绑警队送县未至，总队长王振民，奉金县长令，带警来查解、调停不遇。及至该塾有十数村众，群聚盈屋，嚷声杂进，无隙容喙。送队长行后，遂对该方十数村众，大破旧弊，使知从新。故亦报告，使知远僻乡俗闭陋，提倡乏人，蠢愚盲从，妄作痴想，甘入邪流，终陷苦恼，令人堪怜，言之兴嗟。有地方责者，盍速设法拯之。

龙马镇南大街讲演（1923 年 4 月 27 日）

四月二十七日，至城西三十里地，龙马镇南大街，自下午一钟半至四钟。

讲演：萧程千、顾文钰、于金钺、张鸿儒、刘丕著、马宜龄、戚善助、陈稼轩。

招待：商会值日曲学五、孙恒斋、吕晓三、吕均、吕镜亭、吕志三。

演题：抵制仇货，在使利权不外溢。

听讲：男五千六，女三百二。学、商居多，学生列队，四民环场，井然不紊。是日，县立中学、崇实二校学生联合会代表六十余人，到该镇特开市民大会。届时，该方学校，戎装列队到者有官道北曲家、陈家、北马南尚家、三甲仲家、诸留村、唐家泊共六校，旗幡招展，鼓号震天，大有尚武之概。又，散到者数校，惟中学、崇实，程途三十余里，不惮跋涉之劳，登台轮讲，不惮口舌之苦，爱国热衷，形诸声色，其热心已达极点。嗣八校游街，观者拥街塞途，使天不淋雨，人数何止倍蓰。该方四民之热心，虽遇雨，人不少动，将来抵制仇货，必能达到圆满目的。观招待之周到，足征爱国之热忱，尤堪嘉尚。

龙口北庙戏台讲演（1923 年 4 月 28 日）

四月二十八日，在龙口北庙戏台，自上八钟至十钟半。

讲演：萧程千、顾文钰，学生马宜龄、王鸿书、王元德、吕永经、张鸿儒、张习灏、孙镇东、祁裕民、仲伟忠、孙汝砥、蔡廷浩、陆启书。

招待：商会长王惠堂、曲子珍。

演题：市民大会，使知爱国。

听讲：男三千二，女三十六。商、学居多，仰视静听，井然不紊。应答拍掌，声动天地。是日，黄县中学、崇实二校学生，由龙马镇冒雨晨行抵龙口，特开市民大会，巡行游街，唤醒同胞。演说激昂，大发爱国之忱。其热心气概，已达极点。又有该街学校及逄家学校，便衣列队来场，嗣三甲仲家率戎装学生亦来。观中学、崇实，往返百里之遥，三甲仲家往返几四十里，其爱国热心，洵堪令人钦佩。观商界之举手赞成，必收圆满之效果。此次抵制必胜从前之严厉，方洗"五分钟热血"之讥诮。

姜家店、北谢家讲演（1923 年 4 月 28 日）

四月二十八日，在姜家店、北谢家东坝，自下午四钟至五钟半。

助讲：陈作贤、田玉书、王凤池，学生李培亮、朱希孟。

招待：陈作贤、姜文进、朱全珍、朱广谟。

演题：特开乡民大会，欲使通知爱国。

听讲：男三百六，女二百二十人。农、学居多。学生列队，四民环场，应答声震。本乡教育会长朱全珍、学务员田玉书，预函召集六乡五十余校，届期连日淋雨，学校多未能来。惟有谢家戎装列队，军乐迭作，朱家、李（家）沟，亦戎装整齐，西林家、王家，亦列队来场，俱往返二十余里。惟周家庵、三官庙，往返几四十里，不惮天阴路泞，可谓热心之至。三官庙及北杨家先至，候余时久，未及开会，率队先归。余自龙口乘汽车抵城，佣脚奔临，已下（午）四钟矣。故会场移于谢家，同五校学生开演矣。使连日天不淋雨，人数何止万千。

姜家店讲演（1923 年 5 月 1 日）

五月一日，在十一区保卫团本团姜家店，自上午八时至下午一时。

助讲：姜文进、朱全珍、田玉书。

本保卫团招待。

演题：为本团清算及筹本乡高等（小学）捐款，欲使团账清楚、高等校发达。

说：今日到团，诸君通是咱乡首事，为地面是很有功的。但是，咱团自上年兄弟接办，到今一年多，诸位也通很出力的。今日预备薄酒蔬菜，聊谢众劳，只是不成敬意。今有一年的入款、出款预算清单账本，请诸君详细检阅一番。倘有遗漏、错误，尚祈改正。

还有几句话对诸君说。自这几年，诸君屡次举我办团，兄弟几次不允。金县长下委（任状）以后，我又屡辞在案，未蒙批准。咱乡不要脸的几个人，见兄弟屡辞团总，他们假捏村长名义，连递数禀，有保留前团总的，有攻击兄弟的，又有捏禀到省，诬兄弟不办的，更有自己愧悔递禀述不知情的，这些事通为诸君亲见的。他们不要脸的捣乱，早为金县长看明白了，托多人对我说不准我辞职，是以担命到今，也靡办些什么有功的事。

但是，从我办一年多，遇事即了，从未曾拘押打罚一个人。全区也通守规矩，偷盗破获，也没有托人私自送礼的。自从出了几回布告，烟馆、赌局，几天通没有了，对兄弟也是很留面子。烟鬼、赌棍也没有托人说规矩的，典房、卖地来换契纸，早晚赊欠，没有被罚的，也没有托人来说减价者，省税不省？保卫团二分用钱的入款虽少，办事实多。从没有遇事苛罚、捏名为特别捐的。团丁会哨、查路，下乡了事、进城办公，也没有功夫终日在团上聚伙看牌、哈酒行令以致怨骂四起的，这宗办法全是诸君帮助的力量。

虽然大家量力帮助，然我巡行讲演，常不在团，一切事情，更亏了姜文进先生常年出力。为团事，我实不愿担任。今春正月初七日，我又禀辞批准，金县长正在择委之际，不要脸的又捏名递禀，称挽留兄弟禀帖是假的。诸君虽有挽留兄弟的话，我不令递挽留的禀，既是县署没有这张禀，彼等禀称有张假禀挽留，故金县长一看，知彼等显系有意捣乱，遂将另委团总。这件事（一）直搁到于今，嗣后兄弟催了几回，越发不准辞职。

彼等真是作法自弊，自己在团，办得无天无法的事，被金县长判出罪状，是黄县二十五区保卫团及九分区，每处一张，谕令全县。因此全县团练，靡有不以十一区作炯戒的。死灰不焰，还要捣乱，其不要脸，真达极点。还有一句话要诸君牢记，向下无论谁人办团，大家要得监视团中一切出入款项，是为团务开销了，是归个人中饱了，要得留意的。还有一句话，团员、团丁是保卫治安的，若终日营私或消闲无事，空耗乡人脂膏，也得极力干涉他，向下乡人才能受益啦。

教育会长朱全珍、学务员田玉书二君，为高等校，还有话说。余不录。

听讲：男五十人，村长居多，列坐静听，研究适当。本团整理期年，特开会清算，故多村长毕集，会议将来之进行。遂又遵县令，各区办农林分会，公推栾廷贵、林吉盛为正副会长，克日成立。特此报告。借见诸君办事敏捷、团总得人之不易。

五月一日，在姜家店大街，自下午二时至三时。

助讲：姜文进及招待。

演说：女子教育，欲使女权发达。

听讲：男二百五，女二百，农界居多，沿街列立不紊，谢家校长陈作贤欲励学风，故有是会。届时，该校学生戎装列队，军乐大作，应答声震，足征教练之善，又见为社会心热，洵堪嘉尚。

黄城东街城隍庙讲演（1923年5月4日）

五月四日，在城里东街城隍庙戏台，自上午八钟至十一钟。

讲演：商会副长赵若泉，中学教员刘巨川、王克忱、臧天宝，小学巡行教员王阁麟，学生联合会会长张鸿儒，自治协会会长丁伯诚，学生仲伟忠、李岱东、李芳华，女学生王秀卿、李玉尊。

招待：黄县学生联合会。

演题：市民大会，在使发达民权。

听讲：男六千八百人，女一千五百人。四民咸俱，学生列队，四民列前，仰观静听，虽雨不萦。是日，为五四纪念，商门悬旗，四民聚会。届时，学校戎装列队，到者有中学、崇实、经正、意诚、经纬、河滨、商团、商校、崇德、养蒙、东川、公益、志正、中区、时敏、崇正，共十六校。旗幡蔽日，鼓号震天，教员戎装起起，持刀指挥者四十余人，口令清沈，气盖山河，真有震慑千里之威。惟九里店时敏，荷枪如林，大有陆军之概。又有女学列队到者有中学、崇实、凤鸣、公益共四校，旗幡招展，天足大方。讲演者激昂气扬，招待者布置周到，嗣冒雨游街，喊叫雷动。使天不霖雨，人数必有数倍，学生热心爱国，可见一斑。

西关阅报社讲演（1923年5月4日）

五月四日，在西关阅报社，自下午二时至四时半。

讲演者：赵若泉、林恭言、丁晓邨。

招待：黄县学生联合会。

演题：为会议抵制仇货之办法，在使坚持到底。

听讲：男八十六人，商界居多。列坐静听，间有阅报者。届时，到者有商会副会长赵若泉、劝业员林恭言、劝学员张璞臣、报社记者丁晓邨、巡行教员王阁麟、农会副长邹叙亭、学生联合会长张鸿儒、姜绥章、孙镇东等。自治会长丁伯诚、商董张子真等，共（同）研究办法，井井有条，可见抵制之法，愈出愈妙，无奇不有矣。

城北李格庄讲演（1923年5月7日）

五月七日，在城北李格庄庙戏台，自下午三钟至四钟半。

讲演者：学生张鸿儒、于金铭、王元德、仲伟忠、戚善助、于寿昌。

助讲收场者：单丕嘉。

招待：淳于润澍、单用经。

演题：抵制仇货，在使人人誓不购买。

说：方才，众位学生所说爱国的这些话，大家也通听明白了。要知道中国现在不亡，亏了学生。中国待要好，还得学生。怎么说？前年打卖国贼，是学生办的，不让总统签押，也是学生求的。开会演说，学生不惮劳苦，查验仇货，学生不怕事，斗奸商，砸招牌，验货车，查洋行，迫卖仇货，焚烧劣货，这通是学生办的。除了学生，谁人敢办这些事？士农工商，许多知道的不敢办，不知道的不能办，离了学生，死停得。看中国糙精，大家向下随着学生办吧。

听讲：男五千八，女二千五，四民俱有。该庙演戏六日，学生联合会际五七纪念休课。该会长张鸿儒等，不欲虚此光阴，特邀偕往，鼓励乡风。中学、崇实二校代表三十二人，各执一旗，列队到场，其热心为国，洵属高卓无比，实堪令人敬佩。

城校军场讲演（1923 年 5 月 10 日）

五月十日，在城校军场，自上午九时至十二时半。

演题：金县长阅操，在使联防。

观听：男三千八，女二百二十人，环场观阅，虽多不紊。金县长预示全县二十五区保卫团及九分区来场会操。届时，率团丁荷枪执旗，列队到者二十六团，按次轮操，各演长艺。惟十三区言事忙未练，第五区言来人太少，十一区因到场甚晚，俱未操练。下场者俱有可观。惟十八区、第四、第一、第二、第三等区，大有陆军之教练。操毕，金县长亲为预令，会听先事预防之诚，命其为黄民谋治安，可谓勤恳之至。

五月十日，在县公署客厅，自下午二时至五时半。

提议者：县知事金城。

助讲者：四区长田崑山、三区长赵元璞、十八区长孙春云，其他区长多赞成提议条件。

一、创修老县衙署。二、具款领枪。三、实造树表。四、津贴学校。五、重查户口。六、强迫剪辫。七、厉禁缠足。八、筹款筑桥。议决件件积极进行。

说：咱县长为我们黄县造福，可说是山东第一勤政的。我们同为地面，极力进行，用不几年，将黄县办到山东模范县，于大家面子也是很增光。方才，大家样样费了许多的话，才一体赞成了。依兄弟说，县长出这样力，我先发表几句：

修衙署，用现成的款，一举两得，大众也通赞成的。

领枪，各团随便，欲领几支，速为备款，省了迁延日期，耽误复公事。

造树表，接着开会，提倡多栽树。兄弟连年在诸君贵团上演说咱县长栽树保护法，各团提倡栽的，也是很多的。一分借字，用津贴学校，年前奉县长令演说后，各团通收，但是办不一律，现今就有三团两团靡办到。照县长章程赶紧办，靡有什么得罪人。

登记户口，大家多说，重新另整顿，县长更乐意。全县办清了，（可）保治安，办自治能省多少力。

剪辫子，大家公推兄弟一个人带警队下乡去强迫，但恐兄弟向后再到各乡开会演说，无人到场。若各保卫团到期一齐下手，也不难办得到。若是剪发，对下哪乡，兄弟就到哪乡去演说，保管乡民就不害怕，通乐意剪了。

妇女放脚，定罚金，限三个月，不如一面劝导，一面强迫。只出告示，南乡僻乡，多有不识字人，常有不知告示为何事的。

修筑东河大石桥，为款不足，大家量力捐助。

大凡无论什么事，靡有容易的。当这个时势，有咱县长这提倡法，大家一齐进办。把咱县办到模范县，不但说于县长与诸公通有面子，就是于山东于中国，也是很增光的，想诸君也通乐办的。在座五十六人，各保卫团总、乡学务员而外，别无他人，咸列坐磋商，间有众声沸腾。金县长为黄县大造幸福，故有是会议。聆其发表种（种）切（实）之办法，洵堪令人感慕。其筹划高尚，吾黄（县）父老兄弟，何幸得此贤知事，为我四十余万同胞造此无穷福。

五月十日，在城隍庙保卫团公所，自下午六时至六时半。

讲演者：商会副会长赵若泉。

演题：说为抵制仇货普及之办法，欲使全县一致进行。

在座男三十人，国货会员居多，列坐参差，议论井然。黄县学生联合会会长张鸿儒等，预约重整进行法，故有是会。届时，会员咸集，决定全县各保卫团同负调查仇货之责任。观此办法，全县不难一致进行。特此报告，不没学生联合会人员促进（之）功，并表黄县商会人员爱国热（忱）。

财源泊开成学校讲演（1923 年 5 月 17 日）

五月十七日，至城南云台乡，在财源泊开成学校大院，自上午八钟半至十二钟半。

讲演者：教育会长王治从，该学校长王治年，商会长范循约，教员王乃渔、王勤溪、纪家庆，劝学所长徐文炳，中校学监王星伯，女教员魏丹林、王贞诚，女学生王莲英、王明章、张莲洲、王明萃、王明新、王贞品、王贞吉、范彤芬、王文适、王文莲、王明秀、王明玉、王明宦、胡玉珂，男学生赵常贵、王连策、王可忠、李作民、纪安法、王策顺、纪普庆、戚常通、李会海、王垂衡、王垂洵、王新训、王衍瑞、王训彩、王策恒、范迪庸、范迪庚、李香海、李树魁、王垂绍、纪学安、王西训。

招待：王治从、王禾千。

演题：十七周（年）纪念、捐资兴学及行毕业式，在使学校发达，捐资心热。

说：今日贵校开的会是十七周（年）纪念及展览会，看这人才辈出，展览品精良，真是令人有若干可贺的。闻听说，十七年经费通是热心善士捐助的，使男女学生有此幸福，此其可贺的一。贵校女教员出了若干，几乎教遍全黄县女同胞，女界有此幸福，此其可贺的二。连年数开纪念会，每次陈设展览品，使男女老幼同胞有开眼界、听演说之幸福，此其可贺的三。贵校历年办理完美，教授精良，能使男女学生超群出类，此其可贺的四。向下，贵校人才辈出，各界造福，永不乏人，女师矜式四方，推及全国，此其可贺之中尤可贺也。俗语说得好，一人造福万人享，如贵校捐钱办学的诸君，这样热心，将来造全国四万万同胞亿万年的幸福，岂止万人而已乎？

听讲：男五百人，女一千一百人，学、商居多。高搭长大席棚，女咸列坐棚内，男立棚外，学生列队左檐下，井然不紊。该校开十七周（年）纪念会及行毕业式与展览会。届时，各机关咸临观光，学生戎装列队，迭作军乐，唱歌励兴。女教员王文彩奏风琴，合作雅乐，笙笛琴铎，大动听闻。女校来参观者，有冶基马家、南关育坤、阎家疃、松岚及该校，共五女校，咸队伍整齐，天足大方。又，慎余男校教员李作朋戎装持刀率队，鼓号震天，大有干城之威。讲演者咸中时弊。

惟该校男女学生三十六人，迭次登台讲演，侃侃而谈，旁若无人，其言词之清爽，学理之充足，苟非平素教练得法，奚有如斯之高谈？冶基马家女教员魏丹林，率天足女生往返四十里，临会参观，助讲合时，不惮跋涉之劳，可云热心之至。观招待、助讲之热忱，学生演说应答之精神，展览品艺之精良，女生作文之高尚，洵堪首屈一指。十七年间，造成若干女师，教育四方，真堪模范。全黄（县）其捐资兴学者，功亦伟矣。

三官庙戏台讲演（1923 年 5 月 19 日）

五月十九日，在三官庙戏台，自下午二时至三时半。

助讲：田玉书、陈作贤、朱全珍、曲学进，学生朱希孟、陈万约。

招待：田玉书、曲长训。

演说：国民大会、抵制仇货及剪发、放足，使知经济绝交，顺从国体。

听讲：男一千五，女六百人，农界居多。学生列队，四民环场，仰视静听，井然不紊。该庙演戏四日，因有金县长要公，特借台讲演，以倡乡风。届时，学校戎装列队到者有朱家，执童子军旗，五彩夺目。及李（家）沟，登台唱歌，声调激扬。北谢家，国旗高竖，鼓号震天。及下田家，咸有尚武之概。又，散到者七八校。乃该方与栖（霞）、招（远）二县毗连，风气闭塞，提倡乏人。学务员田玉书、教育会长朱全珍等，屡邀开会，可谓热心。惟谢家、朱家、李（家）沟，往返二十余里，不惮其劳，可云热心之至。可怪者，保卫团说无人，着人三邀团董苏立信，终无一人到团，以致金县长要公未能对团宣布，该段人格，可想而知。

文基大张家学校讲演（1923 年 5 月 21 日）

五月二十一日，在文基大张家学校，自上午十钟至十一钟。

招待：张学专。

演题：为鼓励学生，在使立志尚武。

说：现时各处学生，通有尚武的精神。方才见恁体操，亦有尚武气概。今日为学生，数年以后，通变成士农工商了。若是在学校不立志求学，及为士农工商时，一点知识靡有，怎么能以和外边的士农工商争势力？所以这样看来，为学生时候，更得立志尚武，励精神，求知识，预备出了学时，好决胜于中外文明之场。无论为士为农为工为商，设完全法子，积极进行，挽回利权，富强中国，这才不负学生这立志求学的心啦（下略）。

听讲：男七十人，学生居多，列坐井然。该校长张学专欲励学生，故有是会。观学生精神活泼，足征教练有素。虽非正式开会，亦为报告，不没其办学之毅力可嘉。

文基大张家大街讲演（1923 年 5 月 23 日）

五月二十三日，在古黄乡文基大张家大街，自下午二钟至五钟半。

助讲：张学专、姜文进、陈作贤、张王氏，学生张守美、成德林、成得良、成学亮、成德斌、张德馨、张永乾、张启瑞、张化麓、张永绍、张化滋、张化文、张洪福。

招待：张学专、张德辉、张德馨。

演题：抵制仇货及剪发、天足，在使实行力办。

听讲：男五百六，女七百八十人，农、学居多。学生列队，四民环场，井然静听。该校长张德辉、教员张学专，召集乡众。学校戎装列队到者有河北谢家，军乐大作，国旗高竖，又北杨家二校、北邹家、岭上孙家及该村男、女二校，咸列队到场。嗣各校轮操，俱演长技，大形尚武之概。其唱歌助兴，尤动听闻。观该方风气之开化，远胜从前。本十一区团丁，特来维持秩序，实为公益心热。该会乃中学学生张德馨特为邀约，其热心社会可钦。

东黄水郭家、平里院、黄城集讲演
（1923 年 5 月 24 日）

五月二十四日，至城东古黄乡第十区保卫团，在东黄水郭家大街，自下午二时至三时半。

助讲：张焕尧、王温南。

招待：郭奉春等十数君。

演题：金县长强迫剪发、放足令。

听讲：男二百五，女二百四十人，农界居多，环场井然。金县长派剪发队下乡强迫剪发，恐僻乡未能周知，故为到处演说。是日，该团总温长松恐召集不遍，遣书记于翰臣带丁，同剪发队下乡，约数村至郭家大街开会演说，有郭家、孙家、马家三校，俱率学生列队到场，唱歌助兴。惟马家军乐大作，大震声威。观听者咸乐，乃该地方与蓬莱毗连，此会实为破天荒之创举也。

五月二十四日，在平里院大街，自下午四钟至六钟。

助讲：刘世恭、曹竹厚、于翰臣。

招待：曹竹厚等六七人。

演题：说金县长强迫剪发、放足令，在使实行。

听讲：男三百六，女三百四十人，农、学居多，学生列队，四民环场，静听井然。该十区书记于翰臣、古黄第二校长张焕尧偕行下乡，带丁同队随行二十余里，到处召集开会，其热心社会可嘉。其学校到者，惟马家军号铜鼓，大形震动。又，郭家、孙家亦率队偕巡，平里院东、西二校，亦列队临场，应答唱歌，大生兴趣。该方风气大有动机。该团教练郭焕台到处召集村甲、牌长及学校临场，措施有力，非久有经阅，不至于（如）斯之得当，洵堪嘉许。

五月二十四日，在黄城集第二校，自下午六钟半至七钟半。

招待：张焕尧、马可喜、周嘉耀。

演题：说国耻，在使立志图强。

听讲：男六十五人，学生居多，列坐井然。该校长张焕尧欲励学生，故有是会。观学生精神，即知教练之善。虽非正式开会，亦为报告，不没其创办男女学校之热心。

大金家、韩庄村、石良集讲演
（1923 年 5 月 25 日）

五月二十五日，在大金家大街，自上午八钟至九钟。

助讲：于翰臣。

招待：金永明、金声鹤、金德文、王克亭。

演题：说金县长强行剪发、放足令，在使实行净尽。

听讲：男二百二，女一百二十人，农、学居多。学生列队，四民环场，井然不紊。该团书记于翰臣召集乡众，学校列队到者有黄城集南北二校、大金家、荷花朱家、金家庄子、小金家。咸唱歌助兴，惟大金家鼓号震天，足征办理与教练之热心。

五月二十五日，在韩庄村大街，自上午十钟至十一钟。

助讲：于翰臣、张焕尧。

招待：马振东、崔殿卿、李芝圃。

演题：说金县长强迫剪发令，在使发辫净尽。

听讲：男五百五，女二百五十人，学、农居多。学生列队，四民环场，静听井然。该团书记于翰臣召集乡众，学校列队到者有黄城集南北二校、大金家、荷花朱家、金家庄子、小金家、韩庄村七校学生，咸唱歌助兴。惟大金家、韩庄村二校，军乐迭作，大动观听。惟韩庄学生戎装整齐，大有尚武之概。该团总温长松周日之间，邀开五会，使巡行其全区几四十里，派书记于翰臣带丁随行，到处临时召集，其用意之妙，可想而知。连年到该地方开会，未见学校到场，此次下乡巡行，遽到学校之多，洵令人诧异从前。

五月二十五日，至石良乡第十区南保卫团，在石良集大街，自下午二钟至四钟。

助讲：警备队长王子民，团董曹礼、王敬斋。

招待：曹礼、葛监周、曹纪庵等七八君。

演题：说金县长强迫剪发令，在使实行净尽。

说：金县长上年冬奉省令出的剪发的告示，限一个月内一律剪齐。嗣又出告示，禁止理发铺和澡堂子，不准剃、梳带发辫的头。正、二月间，剃头铺封门，罚了好几家。现今，从夏历三月二十五日会看全县保卫团的操，就力会集各机关，下强迫剪发的令。限十日后，着各保卫团催查各村甲、牌长，着其挨户调查，催令剪发辫，如有抗（令）不遵办的，送县惩罚。恐各保卫团碍（于）面子不实行，又分派剪发队，分头下乡查剪反抗的人。又怕老百姓看告示不明白，着兄弟到各区演说。这几位穿军衣的就是县长派的剪发队。这几日，到处剪发，沿路沿村，剪了若干。大家不信，请看这一捆辫子有多少吧。再说，我中国五千年没有带辫人，这是满清鞑子给我们汉人留下丢人的记号。民国十二年（了），还不承认自己的国，教外国多样见笑。若是为自己打算，去了辫子，先不挨虫子咬，袄领不招灰，睡觉不当害，作活又便宜。为国打算，先不反对国体，洗去为满洲奴的耻，免去豚尾长拖之讥诮，外人不敢再轻看我同胞。这么一些好处，为何不学上等人，早早剪他（它）去，何必等县长罚？今日到场的，通是高明人，不用贵区长多费事。个人回家，多劝劝朋友邻里，通照着县长告示办罢。

听讲：男一千四，女五十人，农界居多，全场井然。该区长曹礼召集乡众。学校戎装列队到者，惟该街高、初两校，步伐整齐，鼓号震天，作乐唱歌，精神活泼。又散到者数校。是日适逢集期，听讲又多趋市之人，观秩序之稳静。招待、助讲之热忱，洵堪令人钦佩。该区北团书记于翰臣、教练郭焕台率丁随行二十里开会，整三次招待佐理，洵属热心之至。

姜家店讲演（1923 年 5 月 26 日）

五月二十六日，至莱山乡十一区保卫团，在姜家店大街，自下午二点至四点。

助讲：姜文进，女教员姜美玉、高桂芳。

招待：本团书记姜文进等。

演题：说金县长强迫剪发令，在使净尽。

听讲：男二百五，女三百二十人，农界居多。沿街列听，欣然称是。本书记姜文进召集乡众。学校列队到者有谢家，军乐迭作，唱歌助兴。姜家店女校亦列队来场助讲，可谓热心之至。

江格庄学校、明伦堂讲演（1923 年 5 月 27 日）

五月二十七日，至云台乡展览会、江格庄学校大院，自上午八钟至十二钟。

讲演者：教育会长王治从，商会长范循约，财政处长赵镒斋，女教员万陜仙、王佩珍、王明新，女学生姚兰舫、姚兰艇、王世贞、张葆真、袁淑和、曲瑞基、王贞诚。

招待：赵元璞、王治从、王时懋、戚善桢、遇衍茂。

演题：说展览会，使知品艺精良。

说：今日，贵村开的是全乡女界展览会，来参观的女同胞也是很多的。既是来到陈列室，要得留心（仔）细看看才好。看作文，得知是哪校几年级的学生，做得怎样强。看大小楷，要知道哪校的学生写得古人哪路帖。再要知道手工做得怎样巧，图画描得怎样精。至于看信稿、看日记，要知道是哪校几年级的学生的，句法怎样的通顺。回家后，劝亲戚、劝邻里男女小孩快快入学堂。再开展览会时，展览品想必更多啦。若是不留心来场走一趟，不过是看了几张画图，并不分动植物、山水怎样画的，也不知锦帽花枕怎么绣的，至于大小楷、作文，更不知字体端好与文理通顺的，岂不亏负学生的苦功，辜负办展览会的热心人么？请大家姑娘、太太、各界女同胞好好留心看一看，千万莫辜负这些男女众学生这样的品艺精良啦。千万要知道，这向下人才辈出，非入学堂是不成的。大家愿教子女好，快入学堂罢。

听讲：男五百人，女二千人，农、学居多。女多列坐，男立场外，井然不紊。该乡大开展览会三日，是日为女界展览，届时四方妇女咸集女校。列队到者有诸由观坤德、苗格庄启笄、牛辋公益、江格庄淑英、财源泊王氏、遇家佩实、祁家、阎家疃、王村邢家九校，女生咸集，天足步伐，整齐可嘉。男校列队到者有阎家疃、江格庄，操衣整齐，鼓号震天。观该会品艺，手工精良、图画工巧，洵堪冠诸一方。惟诸由观、苗格庄、遇家三女校，往返三四十里临场参观、助讲，尤属热心。最堪美者，坤德髫龄女生登台演说，切中时弊，侃侃而谈，旁若无人，非教练得法、启其天资，奚克有此高谈？该校长赵镒斋说有一钟之久，其热心发于至诚，非胸具有伟见，亦不至于有此奇辩。似此女界盛会，巡行四年，开会八百，亦不多见者。午后，杨家疃女校列队来场，妇女益多，赵镒斋、杨镇川等，又演说数钟之久，可谓热心之至。

五月二十七日，在明伦堂，自下午一钟至三钟。

讲演者：金县长，劝学所长徐文炳，教育会长王治从，教员林子刚、王季生、马宜腾，诸由观坤德女学生袁淑和、姚兰舫。

招待：劝学所。

演题：说天足之办法，下实行强迫令。

说：方才，大家研究实行天足之办法，真是完善。期限三个月，也不算远，罚金一元至五元，也不算多。一面使男女各校挨村游行，演说相劝，一面使保卫团强迫催令村甲、牌长，挨户搜查，双方齐进，总算很周密。但是，今日在座诸君，俱是学界开通最早的，以兄弟意料，诸位的姑娘、太太，必有靡完全解放的。俗语说，欲正人，先正己。自己不正，焉能正人？兄弟家自前清末年解放，实行天足，近来巡行演说，不知的还有若干的质问，由此质问看来，兄弟家行天足最早，几乎全县士林无人不知道的。倘有若干的质问，倘诸君家中姑娘、太太，有靡解放的，或有靡放齐的，巡行本乡，倘遇质问，将何言回答？大家若不能以身作则，虽具热心，有毅力，收天足之效功，恐怕慢一点。若是待要速奏效功，大家先从自己家中起手，用方才研究的办法，一面开导，痛陈利害，一面强迫，首先实行十天半月后，再下手办邻里乡区，就不难啦。兄弟说话，有些抢白，祈大家原谅。想诸君改革的最早，必不用小弟多心的。

听讲：男三百二，女三人，列坐静听，间有笑语暗诮同僚者。此乃第十八区保卫团总孙春云等提议天足促进办法之议案，故有是会。观金县长之面谕与各机关之讨论，井井有条，进行有序，将来天足之收效，必达于圆满之目的。可奇者，诸由观坤德女校，髫龄学生登台演说缠足之害，洞悉利弊，剀切详明，其卓识不群之见，在大庭广众中，能为高明所嘉许，诚可尚也。

大脉张家讲演 （1923 年 5 月 28 日）

五月二十八日，至十三区保卫团，在大脉张家大街，自下午三钟至四钟。

助讲：张有璞。

招待：王春宇、张有璞、张毓芝。

演题：金县长强迫剪发令，务使净尽。

听讲：男二百五，女一百八十人，农界居多，沿街列听不紊。该区团总王春宇，因届时无人到场，故将会场移于凤鸣乡大脉张家。该村学生列队到场，以资应答，听者点头，观者首肯，乡风似有动机。

城东沙河戏台讲演 （1923 年 5 月 29 日）

五月二十九日，在城东沙河戏台，自下午四钟至五钟半。

讲演者：萧程千、王克忱，学生周炳烈、王元德、孙文元、于金钺、张德馨、孙振东。

招待：黄县学生校友会。

演题：说抵制仇货，欲使劣货不入境。

说：学生方才说的，大家也通知道的。现时，我中国若是不着学生，早就瓜分了。怎么说呢？押地借款的图利，彼此捣乱的争权，花钱买票的想得议员，收买议员的图做大总统。至于买仇货的，图占眼前小便宜。俗语说的，图小利，吃大气。外人诮我们"五分钟热血"，只一阵，请大家向下不要存私心、图小利啦。快通学这些学生，合群爱国吧。再说学生心理一无所图的。前年北京打了卖国贼，不是去争功。众学生群闯总统府，要求为青岛不签押，不是去要名。查仇货、迫仇货，不是去图利，砸招牌、砸柜台，不是去逞能。

这几年，北京、天津、烟台、上海、长沙、福建以及各省道县的学生，到处开会演说，痛哭流涕，大声疾呼，唤醒同胞。为的是爱国家，为的是救同胞，并不是如他们推到内阁去争权，推到财政去夺利。学生并无权利心，也不是那赶跑大总统的想着坐总统，驱走督军的想着做督军，学生尤非捣乱的人。现今，哪国学生多，国就强。学生少，国就弱。无学生，国就亡。这就是学生时代，学生的世界。兄弟并不是偏重学生，轻慢同胞。请大家仔细想想，通合老先生那路旧心理，到如今一点不改变，我们四万万同胞，早就成了亡国奴啦。早就把主权、土地、人民交到他人手了。不用再想抵制仇货、对待仇国啦。请大家父老兄弟呀，姑嫂姊妹呀，快照着学生说的办吧。不要再买仇货啦！

听讲：男一万二，女三千。四民咸俱，仰视静听，多有鼓掌赞成者。该会演剧五日，学生联合会长姜绥章，特邀借台讲演，故有是会。届时，中学、崇实二校学生齐集，讲演者慷慨激昂，大发爱国之忱，悚劝全场，听闻其热度，沮达极峰，真堪令人钦佩。

吕格庄讲演 (1923 年 5 月 30 日)

五月三十日，至十九区保卫团，在吕格庄庙戏台，自下午一时至二时半。

助讲：仲伟臣、吕廷瑞、孙汝砥、于士魁、陈晓农，学生王鸿书、吕永经、吕尊一。

招待：仲伟臣、曲世俊、仲伟义、仲端一、姚殿祥。

演题：说金县长强迫剪发、天足令，抵制仇货，在使实行力办。

听讲：男一万一，女二千五百人。四民咸俱。学生列队，四民环场，仰视静听，鼓掌雷动。该庙演戏三日，该团总仲伟臣欲借台讲演，倡开民风，适值学生戎装列队到者有龙化张家、龙化村、北马村、北马兴复、仲家集中和三甲仲家志道、诸留庙张家庄子、官道北曲家共八校。咸旗幡蔽日，鼓号震天，又有中心泊等村数校，亦便衣来临，散到者约有十余校。观学生精神活泼，应答敏捷，足征教练之善。观招待、助讲之热忱，全场秩序之稳静，尤征开化人多。惟教员孙汝砥戎装率队，持刀指挥，大有陆军尚武之概，沮堪嘉尚，诚盛会也。

儒林庄讲演（1923 年 5 月 31 日）

五月三十一日，至龙马镇北第十八区保卫团，在新安乡儒林庄庙戏台，自下午一钟至二钟半。

助讲：邹焕章、王评诗。

招待：姚云梯、孙步青、由玉璞、刘子安。

演题：说金县长强迫剪发、天足令，在使实行。

听讲：男一千八，女一千五百人。四民咸俱，仰视静听，欢然称是。该庙演戏三日，十八区前团总徐松坡邀约借台讲演，倡开民风，洵属热心之至。助讲者大发爱国之忱，非有经阅，不至如是之恳挚。

中村集大街讲演（1923 年 6 月 1 日）

六月一日，在中村集大街，自上午九钟至十一钟。

助讲：徐松坡、苟省三、杨子佳、徐良臣。

招待：周子猷、徐松坡、孙步青。

演题：说金县长强迫剪发、天足令及抵制仇货，在使实行。

说：兄弟前年在贵村开会，遇着下雨，听讲的人永不少动，可见贵村风气大开的。前次是为女学，这回是为男人的辫、女人的脚。咱金县长有强迫的令，着各保卫团一齐开剪。闻听贵处辫子早已剪齐，但是四方到贵村赶集的，还有带辫的，贵团乐意迫剪两集，大家也通乐意的，为剪辫，不必再说了。

但是，女人这两只脚，还得注点意。贵处虽然放的不少，兄弟昨天在儒林庄庙，见他那一带听戏的妇女一两千还是靡放的，多可怜。女同胞黑暗苦海，赶几时能以脱了去。这通是乡间无人提倡，还是守旧不改。所以，前几天金县长召集全县学界、机关，全体议决：三十岁以下的妇女，三个月后谁再缠足，科以五元以上十元以下之罚金，到期着保卫团催查强迫。大家想想，女人包脚有什么好处？这几年，上等人早通放了，愿今日在场的同胞，回家劝邻里亲戚，未包的不必再包，已包的快快解放，省了到期挨罚啦。（下略）

听讲：男三百，女一百五十人。农、学居多，学生列队，妇女沿街静听咸悦。该村是日集期，徐松坡特邀讲演，倡开民风。又约海云寺学校列队到场，以资应答、助讲，洵属热心社会之巨擘，真堪令人钦佩。

海云寺徐家女校讲演（1923 年 6 月 2 日）

六月二日，在海云寺徐家女校讲堂，自上午九钟至九钟半。

助讲与接待：前团总徐松坡。

演题：说重男轻女之弊，欲使女权发达。。

听讲：男三人，女二十八人。学生居多，列坐整齐，静听咸乐。该校长徐松坡欲励学生，故有是说。观学生规矩礼节，整肃堪嘉，非热心教育者，奚克有此办理？

龙口东小孙家讲演（1923 年 6 月 2 日）

六月二日，至乾元乡，在龙口东小孙家大街，自下午三钟至七钟。

助讲：孙作德、苟省三、刘清波、于士魁、徐松坡、吕香陔，学生刘永慈、刘天培、刘元魁。

招待：孙作德、孙文垣、吕香陔、孙会首。

演题：说金县长强迫剪发、天足令，在使实行。

听讲：男一千五，女一千二百人，农、学居多。学生列前，四民列后，演至兴处，鼓掌雷鸣。该校长孙作德召集乡众。学校戎装列队到场，惟北皂村及王格庄、小孙家、梁家，咸作军乐，大吕家、草道刘家、小孙家女校、甲格庄刘家，亦列队来场，共八校，咸唱歌助兴。嗣七校合操，大形尚武。观招待、助讲之热忱，男女学生应答之精神，洵堪嘉尚。男生唱歌，声调激昂，女生唱歌，声调婉雅，尤励全场兴会，洵盛会也。惟徐松坡君订约三四处，偕行数十里佐理助讲，其为社会之热心，已达极点矣。该方蒙其德，岂有量哉？

附录：小孙家学校欢迎歌

抵制仇货，发动爱国情，请看今日集会。男女数千人，观听甚齐整，老幼尽俱严肃容，一片铁石心，众志能成城，提倡专赖朱先生，日德战胜后，咸推小学功，破浪每欲乘长风。

观此歌，盖知其热心教育。

楼子庄张家讲演（1923 年 6 月 3 日）

六月三日，至二十二区保卫团，在楼子庄张家大街，自下午五钟至六钟半。

助讲：张允伟、于士魁。

招待：张允伟、张允庆、刁福魁。

演题：说金县长强迫剪发、天足令，在使实行。

听讲：男一百五，女八十人，农界居多。学生列队在前，余皆沿街静听。该团总张允伟召集乡众。学生戎装到者有尚家，国旗高竖，鼓号震天，洵为该方之首称。张家学生亦便衣列队到场，同唱军歌助兴。尚家军歌，声激气昂，尤形英武。可怪者，连年在该方开会，学校到者绝少，洵令人莫悉其情因。

芦头集太山宫南阁讲演（1923 年 6 月 4 日）

六月四日，至十四区保卫团，在芦头集太山宫南阁上，自上午六时抵团至八时。

该永南乡教育会长麻善政到，遂传单召集附近村长、学校。未几，团总宋富元等陆续相继到团。约定午后二钟登台开会，宣布要公。及午饭休息后，余凭阁外望见市人渐稀，顾众云：天有两点没有？该书记王敬典云：快到三点了。戏台上，桌、凳、黑板通预备好了，旗和布画早挂就了，但是人忙赶集的，快好散市了，学校靡到，不如先开会，街上还有人。麻善政说，头晌将传单已经八撒了，就近的学堂通知道了，不如再等一会，有几处来的，咱就开会。正谈话间，宋富元等声嚷登阁，（边）行（边）说："我辞，我辞"。一入门声厉色变，说："朱先生，今天甚么好不开会？你在这里要一天，明日再回城。不强教大家通不愿意，埋怨我赶集通散了，学堂也靡来。说给谁听？"

教育副（会）长王熙和说："学校通不来，是因为前年金县长来演说，不让学生在场，是为这个才通不来"。

富元说："不是才说为芦头争芦南乡学款，说人家朱先生不该做干证么？再说，朱先生也靡上省，他争人家学款，管着是理不是理，他也把官司打赢了。怨人家朱先生做甚么？丧良心的话，我不能说。保卫团我也不办了。我早递的辞职禀帖，也不知县长甚么批准了。咱乡公事没有办，谁愿办谁办。我看咱乡里甚么好事也跟着挑情理。朱先生，今天不用开会，叫团丁把会场收拾了"。

余遂曰："开不开会，没有甚么关系。金县长这些公事，各保卫团通有告示，大家通知道了。这次开会，原为乡间，你们凡事要商办，千万不要闹意见。一闹意见，办事人就隳心，风气也难开。更有顽固党乘隙破坏，甚么新政也阻碍进行，地方能吃多大亏！我晌午在帷帐里卧的，听见不知哪位先生上来，大声说：是今天开会，朱全犫来劝割辫子么？若说割辫子，我先不答应，着人往台上扔石头。就是金县长来说剪辫子，也是不行。你先告诉他，若是演说时，不准他提倡这一道，我告诉你知道。赶听到这里，大家靡有敢回言的。想诸君不愿开会，是不是为听这话，怕有闹事的？若是为这些恫吓的话，更不要为难。金县长派的剪发队，已经下乡好几天了。各保卫团开剪子，现有十几处。金县长开大会，办的是剪辫子。兄弟奉命到各处，也是说剪辫子的理由，原来是劝他各人乐剪，这就是一面强迫一面劝。哪位先生若是不愿意，不妨请他来，兄弟对他细谈一谈，也不至于必得闹背谬（别扭），请问是哪一位？"

富元说："俺乡的辫子，没有个剪，谁也不敢办。黄县带辫子的，哪乡也靡俺永南乡的多，连说通不敢说。你说谁敢办？"

室内忽有一人厉声大骂曰："教我看，恁净顺屁势把毛放屁，先头说不让剪辫子，就是我说的。我问道恁哪个不是带辫子的养的。这才几天，剪了辫子就忘了大清家。先头就是我说的不让（演）说割辫子。若演说剪辫子，我就教他们往台上扔石头。朱先生，你回城去告诉金县长，就说是我说（的）不让演说剪辫子。我知道你和金城也能说着话，你去禀着，我教他出票把我抓去。我问问他是不是大清家生的人。"众皆不敢着声。

余问宋富元说："中三，这是谁？"富元低声说："这就是俺这股家店子殷大人家六老太爷子。"余亦为之愕然曰："这是六老太爷子么，久仰尊名，从靡会过面，所以兄弟不认识，实在对不住。但是兄弟这几年奉命到处演说，乃是一件挨骂的事。凡是劝人去旧从新的，通犯旧人的忌讳。譬如六老太爷子，这大的年纪，这个辫子是一定不愿意剪的。若是管说什么，人人通不骂，哪里还有想大清家的人？但是咱中华汉族，开国五千多年，没有带辫的人。满洲鞑子逼着我们汉族留辫子，是强迫的。那时候，不留辫，他就杀。在他势力范围下，谁敢不留呢？近来这十几年，国令、省令、县令，迭次催着强迫剪发，想同一国体。大清亡了十二年，再带鞑鞑的记号，自己先反对自己的国，教外国人笑我们随娘改嫁不知归宗哩。既然说大清不可忘，如今也是汉满蒙回藏五族共和为一家了，忘与不忘，没有甚么很要紧，总是莫忘了我自己是个民国，是我们民的国，中国也就快好了。兄弟说话很粗莽，六老太爷子莫要见怪，还祈原谅一些。"

协臣先生说："各校学生通不来，为前年金县长开会不教学生在场，所以这回也不来。""今天兄弟不说，大家到底不明白，甚么是？那天有几校先到了，金县长很高兴的出来，教员合学生通站在庙院，直立瞪眼看，学的六艺，连一个礼字通没有。金县长等了老半天，对兄弟说，君璞，你对学生说上几句勉力求学的话，令教员带学生早早回校，省了耽误学生的功夫。嗣后，登台演说时，来得晚的学校，（还）不是为人太多了，站在外边进不来？若是金县长不教学生到场，恁看着我的报告册。在别处，学生靡有不在场的。在北马位庄庙、黄山馆、诸由观、义乐院等，各保卫团开会，学校通到十几处，学生通到几千人。

金县长每次通对学生特谕立志求学一些话。唯独在恁永南乡，不让学生在场？不想有一次兄弟在这戏台上演说，学生听见买甜瓜的大喊"甜瓜贱啦"，不是十几校的学生，一轰通散了么？协臣先生不埋怨贵乡的教育，而怨金县长，对么你说？学校通不来，是为金县长么？团总才说，是因争芦南乡的学款，为我作干证，到县里、省里，官司打了多半年，我一回也没出过庭。几回禀上通有我的名，我因公事太忙，不能到。既然，为芦南乡作干证，也是应当的。怎么说（呢）？据德小学十几年前，提仙台庵的款，是兄弟经手来，他去年提这太山宫的款，也是兄弟经手来。他把两处庙产浑合一块，假借兄弟名，递禀瞒官说，兄弟为他撤的庙地，被芦南乡学务员吕大勋偷卖八分地。兄弟自来办公事不提私事，我若对金县长说明，两庙相隔四十里，芦南乡所提仙台庵学款在十五年以前，永南乡所提太山宫的学款在去年三月间，他怎么能以凭空把人家的学款夺到他的手？是不是明欺芦南乡无有人？"

"再说，丁金陵力办男、女两校，他将学款地同劝学所的卖，被夺款的，运动证人不到案，劝学所递禀到县，说一时受其蒙混。若是劝学所不给他递这张禀，前番提款证人通到案，他的官司怎么能赢？兄弟办公事多年，从靡有对县长说过私事的。不但说前后的县长通取重我，就全黄县士林绅商，哪个不是同声称赞我？大家若是平心细想，连恁团总方才说，咱不能说丧良心的话。既是贵乡借机办高等（小学），争人家提就的款，又能运动到手，因兄弟不受运动，托人请客，兄弟不赴席，这就怨恨兄弟，暗使各校不到场，以致团总无法开会，并使兄弟不能宣布金县长的要公。他们谤诬兄弟，于兄弟毫无伤损。阻扰开会，于贵乡更是无益，使出殷六老太爷子，未开会议前，借端恫吓，将开会之际，寻隙海骂。请问诸公，此等损人不利己的伎俩，（是）出自学界呢，（还）是学界听从小人呢？（是）将欲破坏公事呢，（还是）甘心破坏乡风呢？兄弟甘愿请教，以聆听高明的指诲。"

在场者十三人，该乡教育会长麻善政临时缮发传单，团总宋富元预备会场，乃订午后二时开演。近午，忽有唆使殷恭先六叔出，登阁扬言，不让提说剪辫，否则干涉等语。以致宋富元等束手无策，进退多时，力辞开会。余见宋君维谷堪怜，故有是说，借挽浇风。虽非正式开会，特为报告，使知该乡风气开化之迟。情因自居高尚者处事之鄙，见利忘义、恬颜无耻者流，能挟持贤者，甘随破坏一方，洵令人堪叹。故该方有谚云：此乡兴学，提款彼乡。借学争款，人心失去公道，天理也不昭然？闻此俗谚，益知该方夺款人（人）格之卑劣。

西关讲演所、明伦堂讲演（1923 年 6 月 16 日）

六月十六日，至城，在西关讲演所，自上午十钟至下午一钟讲演者：首金县长，次省委员薛秀夫，三姜棁庆，四余自说社会教育，五田祖兴，六朱铭阁，七姜文泉。

招待：金县长、徐文炳、姜棁庆。

说者欲使社会改良。

听讲：男一百一十人，商界居多。列坐静听，时有当户拥立者。是日，乃省委巡行讲演员薛庸来黄（县）开会。时因麦秋农忙，学校咸放假，故人数无几，幸商会（会）长范循约、赵津源等，召集商界来场，各机关亦多到者。

六月十六日，在明伦堂，自下午四钟至六钟。

讲演者：余首开演，次薛秀夫，三田祖兴，四朱铭阁，五姜棁庆。

招待：金县长、徐文炳、姜棁庆。

演题：说女子教育，欲使女权发达。

听讲：男五十，女一百五，女学生居多。女咸列坐，男多立户外，寂然静听。省委巡行讲演员薛庸来黄（县）开会，劝学所传知附近各学校。时值麦秋农忙，虽四门布告，亦徒劳心。届时幸有财源泊王氏、南关育坤、崇实中学、城里凤鸣四女校，率天足女生列队来临，可谓热心之至。使将会场设于戏台，听讲必有数倍。

龙口商会讲演（1923年6月17日）

六月十七日，至龙口，在商会讲堂，自下午五钟至六钟半。

讲演者：首余说维持国货，次薛秀夫，三田祖兴，四姜棁庆。

招待：金县长、该商会及姜棁庆。

余又说杜漏卮。

听讲：男八十人。商界居多，列坐整齐，该委员由龙口赴蓬莱，故有是会。幸商会临时召集商界到场，否则几无人莅会。使将会场设于北庙戏台，人数何止数倍。惜哉各有一见也。

七月八日，在城隍庙保卫团总公所。

提议研究者：于县长、田崐山、赵元璞、丁毓翙、张习梓。

提议黄县政治进行多件，在使官民一体办。

在座者三十二人，保卫团总而外，别无几人，议论有序，列坐井然。第一区与第四区团丁侍茶，甚形周到。是乃于县长新下车，即着保卫团总公所，预函召集二十五区及九分区保卫团总、团董，来所商谕地方政治进行之要件。惟四区长田崐山、三区长赵元璞、一区长丁毓翙、二区长张习梓四人，参议最多，非咸脑中具有伟见，安能指陈于斯之明了。余亦间有参议者。嗣订五钟会于县公署客堂再议。

姜家店讲演（1923 年 7 月 20 日）

七月二十日，至十一区，在姜家店本保卫团，自上午八钟至下午四钟。

监督：石良集分驻警备队长王清濂。

招待：本团员。

演题：改选保卫团总，欲自交卸。

说：今日召集大家，（大家）也通来了，兄弟对大家说几句话。自我受委，未整顿保卫团以前，两次开会请大家会议咱乡兴利除害的事。兄弟倘有见不到的事，还求大家帮助一些，不要如从前那样的捣乱。

我屡次宣言，因公事太忙，金县长着我找妥人办团就绪后，准我交卸另委。不料，我这样说法，还有捣乱的，假捏村长名义，县里告、省里告。金县长见他胡搅，屡次不准兄弟辞职。今年正月初七日，我从邮政局转禀辞卸，方欲定期改选。不料又有人捏词刁控，金县长更不准我辞卸，所以逼我担任到今，未能另选人接办。于县长上任时，我又亲谒面辞，于县长当未允可。

我决意不办团事，你杨树棠又告我勒捐肥己，较前尤甚。请问，兄弟勒谁的捐，为什么不明指出来？想来是因为我屡出布告查禁烟赌，于恁这几位不大便宜。再说，杨先生你打、卖吗啡，我靡查办你，因和你父亲多年相好，父亡子交，（我）拿恁弟兄不能错待的。你怎么就能随从伊等小人，觍颜出首告我勒捐，你的良心安在？

从前，伊等办团，轻则打押勒罚，重则送县诬良，如同关门坐朝廷一般。生杀予夺之权，任其所欲，如同占山为王一样。抢夺掳掠之事，层见叠出，你们倒反随声附和，图分赃款，致乡人忍不可忍，兴讼连年不息。胡县长恨将咱一区划分两段，各不相干。某等恶心不死，又勾串村人兴讼，嗾使两段划界跳区。胡县长愤极，一齐斥革，另选人合办。某等如此鱼肉乡民，捣乱全区，你怎么不告？你怎么见我禁烟、赌、吗啡，就敢诬告呢？

自从我办团年余，未尝打押一人，未尝遇事苛罚一个户，也靡受过人家贿赂，包庇烟赌，也未准过人家的面子贪赃减税。以上所说的，某等所办的，及兄弟所办的，是为全乡所共知的。请问大家，兄弟所说的有一句虚言没有？众皆曰没有。兄弟有勒捐没有？又应曰没有。大家通知道，兄弟自来办事，不怕人骂，不怕人告。我也常对大众说过的，凡办事，只在办得对不对。我若办得对，有知识的满口夸奖，无知的愚人骂有何妨。我办的事。通于人有益，有良心的哪个不说蒙福，无良心的诬控，于我何损？

　　我若是办得事多不对，哪还能挡住人家骂，不准人家告呢？既然不骂不告，官署也不能事事委我办，乡间也不能到处通颂仰你。随无耻的费心空告了好几回，不但无效验，什么是当堂取辱、自寻苦恼呢？你自己真不觉羞愧么？

　　我劝你向下用精神，办点于大众有益的事，不要专办损人不利己的事。自己丢脸丧德还不要紧，为什么使着无廉耻的人，通跟着丢脸丧德？倘然真出上那份子脸，更不妨同兄弟到公堂上，把怹前番办团吞掳的赃款二十一本账，清算一算也好，给咱全乡人出出这口气，省得尽日里坏心眼使不了。可行可止，请大家表决一下。众皆说，过去的事，不必再究啦。再说，大人不见小人的怪。你从来办事有些担负，前事不必提，向下通不究，拉倒吧。但有一件，既然大众通能说良心话，我也不格外追究。倘有人出来追算前团未交的器物和不清的账目，我哪能不管了？请大家好好将团办一办，不要贻笑大方啦。

　　听讲：男四十六人，村长居多。余在本团挂名团总，整顿年余，因兼差事忙，实难摄篆，屡辞始（获）准，故另选委接办。讵料，前团某某，率伊党徒十余人，行将扰乱全乡，故有是说。虽非特开讲演，故亦报告，使知社会之蠹，有害闾阎，岂浅鲜哉！有地方责者，破除情面以拯乡愚涂炭可也。

冶基姜家讲演（1923年7月22日）

　　七月二十二日，在第七区保卫团冶家姜家老母庙，自上午八钟至下午四钟，回抵城已七钟矣。

　　是乃黄县中学、崇实二校学生联合会，发起天足促进团，共举二十名代表，分两组，乘放暑假，分头到各乡区促办天足分会。成立后，另开全体大会，研究一致进行，强迫天足，以拯女界。自七月十六在城明伦堂，同于县长及各机关首领、学商各界开成立大会，遂分组到各区演说促进：第一组会长张鸿儒、姜平章、于金钺、孙文元、于炳南、吕尊寿、邱永寿、张德馨、韩春海、成身明。第二组会长姜绥章、孙镇东、张士英、阎怀生、马宜龄、王占岳、李毓荃、李岱东、郭维城、张习濑。

　　是日，与第二组偕往，际天雨如注，未克开会，同十学生代表乘兴而往，扫兴而归。冒雨行二十余里。路泞衣湿，观甘为社会服务学生之热心，可云至矣。教员孙吉堂代分全区知单，临时召集，可谓仁心之至。第一组至第六区天尊埠屯，亦遭淋雨，往返同遭苦情。

李格庄讲演（1923年7月24日）

　　七月二十四日，至首善乡第五区保卫团，在李格庄庙戏台，自下午三时至四时。

助讲：淳于润澍、王可裕。

招待：淳于润澍。

演题：说天足促进法，欲使普及天足。

听讲：男一千二，女四百。四民俱有，仰视静听，欢然鼓掌。是日，与第二组学生偕往，适值该团庙会，演戏三日。届时，北涧学校戎装列队，鼓号震天。教员王祥三，戎装持刀，大形尚武。乐育学校亦列队到场。散到者又数校。第一组至第四区连开二会，全区学生咸临。

北马镇南庙学校讲演（1923 年 7 月 25 日）

七月二十五日，至北马镇保卫团，在南庙学校，自下午三钟至五钟。

助讲：李子经、唐汇东。

招待：李子经。

演题：说天足促进，欲使实行解放。

听讲：男三百人，学生居多。列坐静听不紊。是日，偕学生团二十名代表同往。该方学校，戎装列队到者，惟尚家大旗高竖，鼓号震天，大有军人之概。南赵家与该庙学校，亦便衣列队来场。是日集期，人方集到大街会场，被雨逐散，使不终日淋雨，人数岂止数千。该团总李子经招待佐理，甚形周到，可谓为公益热心之巨擘。

小阜观后徐家讲演（1923 年 7 月 26 日）

七月二十六日，至仁寿乡十五区保卫团在小阜观后徐家大街，自下午三钟至六钟。

助讲：丁衍绪、阎宝树。

招待：王国翰、徐脉占。

演题：说促进天足，在使天足普及。

听讲：男一千一百人，女五百人，学、农居多。环场静听井然，学生应答敏捷。是日，与第二组学生偕往。该区学校列队到者，前徐家、上孟家，均戎装整肃堪嘉，及后徐家、上斋泊子、王家，咸军乐大作，旗鼓俱备，又官庄、丁家南北二校、曹家、王寿村、阎家店、苗家，亦均列队到场。惟前徐家童子军，军旗五彩耀目，格外生威，洵能壮武。使午前天不大雨，人数必增数倍。第一组在北马后街。

大吕家讲演（1923 年 7 月 27 日）

七月二十七日，至龙口东曲家第二十区保卫团，移在大吕家北大街，自上午十钟至十一钟半。

助讲：逄日明。

招待：吕助臣、逄日明。

演题：为促进天足，欲使普及解放。

听讲：男四百人，女七十人，学界居多，环场井然。是日，偕第二组学生同往。届时，该方学校列队到者，有北皂村军乐俱备，甲格庄、刘家、大吕家、王格庄、廒上村，咸列队来场。第一组至第二十一区，在马亭庙戏台，该团召集在午前，开会又在午后。

黄山馆大街讲演（1923 年 7 月 28 日）

七月二十八日，至黄山乡第二十三区保卫团，在黄山馆大街，自下午三时至六时。

助讲：王书声、徐焕章[①]，女教员叶志贞。

招待：刘树楠、陈安源。

演题：说促进天足办法，欲使去缠足之害。

听讲：男六百五，女四百四十人，农、商居多。学生列队，四民环场。妇女多列树下者。是日，与第一组学生偕往。该街学校列队到者，惟店子街、西

---

① 徐焕章（1895—1960），字孟明，山东黄县（今龙口市）黄山馆镇后徐家村人，"革命巨子"徐镜心长子。7 岁入学，14 岁入本县官立高等小学堂。18 岁赴济南，入军官教练所和音乐团学习。后回村任"明新学堂"教师。1923 年，任山东省教育厅帮办庶务。1924 年，入青州省立第四师范讲习所学习。1926 年，经徐镜心生前日本好友仓古箕藏引荐，入张宗昌部任需官，因不满军阀部队的习气，旋即辞职回乡。1928 年任山东省民政厅科员。1930 年，任山东省行政人员训练所、区长训练所公务员。1931 年，任峄县台儿庄公安局局长，因与省府参议沙月坡立场不合（一说因抓赌抓了沙月坡亲属，将其得罪），辞职去察哈尔警界任职。1932 年，回烟台，在建国中学教书。1935 年，回村任本村小学校长。1936 年秋，参加全县"教育参观团"赴济南学习交流。后兼习中医，开办"真离医社"。1938—1939 年，任村长。抗战期间，参加八路军抢救队，利用所学医术救助伤员。1940 年，回乡任黄县第二十三区黄山馆馆前后徐家高等小学校长。1944 年，辞去校长，专事中医。在学界、政界时，多得父亲友人提携，但因受父亲"做事不做官"的思想影响，厌恶官场习气，不屑于阿谀奉承。在家乡致力于教书育人和悬壶济世。精于中医，对易学、地舆学研究颇深。著有《保赤推拿法》、《孟明济录》等。——编者注。

阁庙，均军乐迭作，唱歌助兴，第五女校亦列队来场，天足大方，助讲合时，洵堪嘉尚。第二组至第二十二区东转渠、莱山庙、楼子庄，连开三会。

三甲仲家、中村集讲演（1923 年 7 月 29 日）

七月二十九日，至第十九区保卫团吕格庄庙，移在三甲仲家大街，自上午九时半至十一时半。

助讲、招待：仲伟臣。

演题：说促进天足，强迫实行。

听讲：男二百，女一百五十人，学、农居多。沿街两列，欣然咸乐。是日，偕全团学生合组同往。该方学校戎装列队到者有官道北曲家、固县，军乐大作，国旗高竖。又，散到者有仲家等校，散会遂赴十八区。

七月二十九日，至十八区保卫团，移在中村集庙戏台，自下午二钟至三钟半。

助讲：孙春云、张殿邦。

招待：孙春云。

演题：说促进天足，欲使一律解放。

听讲：男一千一百人，女五百六十人，四民俱有。是日，偕学生全团两组同往。值该庙演戏三日，故借台讲演，免用召集。届时，该区学校戎装列队到者有隆化村胸带彩花，格外增艳，与后不栏栾家、邹家、中村共四校，咸军乐大作，队伍齐整，横列台前，应答声震天地，作乐鼓号齐鸣，大有尚武之概。又散到者洼里等村数校。

西关讲演所讲演（1923 年 8 月 4 日）

八月四日，在县公署客厅，自上午十一钟至十二钟。

提议者：县知事于璜。

参议者：田崐山、赵元璞、田玉书。

议题：议防土匪法，欲使联防。

会议者三十八人，保卫团总居多，列坐磋商，终无完善办法。于县长函招各区保卫团总，会商捕拒明火架票预防法。因连日明火抢掠多家，架票多人。会议多时，终无善策。可叹官匪世界，治恒穷于术矣。

八月四日，在西关讲演所，自下午三钟至四钟半。

研究者：姜棪庆。

提议：讲演进行法，欲使说者有序。

在座者二十二人，阅报者多。该所长姜桧庆特会讲员，预备克期进行讲演，故有是议。为之报告，借见其任事热心，将来必收讲演之实效。

北关火神庙讲演（1923 年 8 月 5 日）

八月五日，在城北关火神庙西戏台，自下午四钟至五钟半。

讲演、招待者：学生天足促进团。

演题：说天足促进法，欲使普及解放。

说：方才所说的是天足的好处、缠足的害处，大家也通明白了。外国所以敢欺负我们，就是因为我们人太痴了，将自己的女孩子的脚给她扭断了，教她一辈子遭穷罪，不能谋生活。请大家看看这几张图画：大脚的汲水担两笞，送饭担两罐，走得快，绊不倒。小脚的去汲水，两人抬一笞，送饭担的少，走得慢，多磕交（跤），常有磕倒的，把水和饭桶通撒了。还有一件大毛病，身子弱，养的孩子也是弱，不是多病，就是寿短。请问，把脚扭上一个尖，有什么好处？若是通不包脚，行天足，读书习文、体操尚武，把文武功夫通练习好了，男人能挣钱，女人也能挣钱，男人能上阵打仗，女人也能上阵打仗。十年后，几百年无用的女同胞，通变成有用的女国民了。四万万同胞走的一条道，办的一样事，又同心协力的为国家。到那时，外国还敢小看么？请大家通照着学生所说的办，千万不要尽日包脚、不念书啦！

听讲：男八千六，女一千二百人，四民咸俱。该庙每年于是日恒演对台戏，各界放工消遣。数十里外咸来游览，买卖麇集，车马云屯，士妇恒集，数万人之多。顾环望不得听闻者有数倍。学生团分两台，届时一齐止戏。第一组登北台，第二组登南台，各作军乐、雅乐，唱歌助兴。讲演豪爽，练拳舞刀，刺矛抢棍，各尽其妙。观此等少年英俊，文武全才，其爱国热忱，发诸声色之表慨，洵堪令人钦佩。嗣分撒印刷画图三千张，领者争先恐后，如获至宝。似此盛会，亦不多见者。每到闭会时分画报四种，择录几曲，敬献同仁。

图一：《小脚母亲痛打女儿正缠足》

配文：莫缠足，莫缠足，莫使女儿受痛苦。阻血脉，伤筋骨，碍卫生，误事务，把好好的天足变为尖足。不是号叫，就是啼哭。女儿不愿缠，拿着笤帚扑添土，种种的祸患，除去一辈子的幸福。也不知道是爱她，也不知是侮辱。稍知人情的，不作这等父母。我同胞，快醒悟，勿使缠足之恶风，再污我华族！

图二：《天足的母亲领女上学堂》

配文：快放足，快放足，快快使你女儿为天足。合卫生，便事务，能作活，能行路。入学校,把书读,母亲头前行,女儿随后步。无用叫,无用哭,到处是幸福。我同胞,怎么这样的愚鲁,明明知道天足有好处,为何求祸而舍福?

图三:《缠足二女抬水之惨跌》

配文:包脚的两个女子,侧侧稜稜去抬水。足弯不能落实地,身上力太微,正在年轻该强壮,因为包的脚痛,连一桶水也抬不上。离了井崖不几步,一跤摔倒在道旁。撒了一身水,污了好衣裳。捅破鼻子腿磕伤,都是上了包脚的当。劝同胞,快快放,软弱的身子,还能变强壮!

图四:《天足儿女各挑两筲水》

配文:请看这边两个女,一个挑两桶,丝毫也不妨。不是身体格外强,乃是两只天足所供享。做事多方便,拾起筲来拿担杖,打出水来挑着走,口里还歌唱:不包脚,真有福,虽在人间如天堂。

总问答:请问到底不包脚好,还是包脚好?仔细酌量酌量,必说不包脚好,包脚不好。不包脚省去多少烦恼。包脚的虽在人间,如同居地狱。遭罪的时(候)多,享福的时候少。劝同胞,快放了,越早越好。

学生天足促进团绘。

芦头集、罐子姚家讲演(1923年8月9日)

八月九日,至永南乡十四区保卫团,在芦头集戏台,自上午十钟至十二钟。

助讲:麻善政。

招待:宋富元。

演题:说天足促进办法,欲使实行解放

听讲:男三百人,女五十人。农、学居多,列场远立,忽静忽动。是日,偕两组同往。该方学校戎装列队到者,有芦头集北芦头、北树口,俱作军乐,又散到者香房等村,未及闭会,天雨如注。午后,同两组学生冒雨至二十五区。

八月九日,至二十五区保卫团,在罐子姚家大街,自下午三时至四时半。

助讲:李铭三。

招待:姚学恒。

演题:说天足促进,欲使速放足。

听讲:男一百二十人,女八十人,农界居多,沿街散列,虽遇雨淋漓,人不少动。是日,偕全团两组学生同往。该团召集在上午九时,为天雨所阻。故下午外村到者绝少。散会后,偕学生冒雨回城,学生团热心社会,洵高出千万。

南王家大街讲演（1923 年 8 月 10 日）

八月十日，至新安乡十七区保卫团，在南王家大街，自下午三时至五时。

助讲：王福堂、王子安。

招待：王绍诗。

演题：说天足促进办法，欲使天足普行。

听讲：男一百六，女一百五十，学、农居多。沿街列听，学生列前。是日，偕第一组学生同往。该团临时召集学校到者，有西秦家、南王家、南高家、南乡城，蜂拥到场。后各校列队，学生团作军乐、奏雅乐，以资助兴，兼静肃秩序。第二组在十六区诸高炉。

上庄魏家讲演（1923 年 8 月 11 日）

八月十一日，至上庄乡第九区保卫团，在上庄魏家大街，自下午二时至四时半。

助讲、招待：魏瑞龄。

演题：说天足促进办法，欲使速行天足。

听讲：男一百七，女一百五十人，农、学居多。学生列前，余人沿街静听不紊。是日，偕第二组学生同往。该方学校列队到者，有上庄魏家，军装整齐，鼓号震天，大宗家亦列队来场。使天不雨，到者必多。第一组在十一区姜家店。

八月十二日，第一组学生至第十区保卫团黄城集，第二组至十区南团石良集，同时出发。余半夜身染霍乱病，吐泻不止，幸劝学所同仁陈星斋等延名医王春波诊视针治，静养十数日方渐愈。在斋著稿数章，以资报告。

近自黄县中学、崇实学生联合会发起天足促进团，共举二十名代表，分两组乘暑假，分头到全黄（县）二十五区保卫团及九分区，到处开会，演说促进天足。每预期函知各区团总，令召集村甲牌长及各乡教育会长、学务委员、男女学校到场，促办天足分会，一致进行。巡行一月余，连开四十会。顾此等学生冒雨冲风，不惮其劳，日炙汗流，不避炎暑，力拯女界于当时，救种族于来兹。顿使数百年缠足之苦海，一旦打破铁门关。全黄（县）二十万女界之同胞，片刻跋出刖足狱。在当时，愿缠足者，速为解放，勿负学生勤恳之至意。到后来，家富人福行天足者，两手加额，恒念学生救己之巨功。虽谆谆告诫者，在热心学生，然念念不忘者，尤赖诸同胞。惟愿父老兄弟，极力助办，诸姑伯姊，速为进行。俾女界早出黑暗牢狱，使全黄（县）大放一线光明，方不负学生苦口婆心、救人救国之苦衷，方能符同仁爱人爱国之至意。是余所厚望焉。

济南商埠公园集会讲演（1923 年 11 月 14 日）

十一月十四日，上午八钟至济南省城，在商埠公园借学、商各界公开市民大会，为日本残杀中国侨胞与英国不交威海卫事。

届时，四民咸集，各校学生有作军乐者，有便衣列队者，团体六十余处，到场人有两万八千之多。讲演者：首，黄勉斋报告开会大意；次，何炳玉；三，余说旅大、威海之交涉；四，张苇村；五，胡觉；六，吴慧铭；七，刘梅斋；八，余说讨还旅大、威海卫之办法；九，黄勉斋。演说者慷慨激昂，英气愤发。观听者大形愤激，多现拊膺切齿之概。可见人思御侮雪耻，发于诚心，誓志众表，热诚可钦。足征人心不死。

散会后，各界代表四十三人入厅会议，为日本残杀中国留日侨胞，群推举七人筹办大开追悼会，与（英）争威海卫，通电全国。一切事宜，余与维持国货会长朱子枢、《晨钟报》①社记者吴慧铭、《民意报》社记者刘振汉、东文中学校长李鹤仙、《晨钟报》社主笔王铭禄、商埠医学专门（学校）校长张苇村，共七人，连日会商筹备开会抵制之事宜。

济南商埠维持会、国货研究会讲演
（1923 年 11 月 16 日）

十一月十六日下午三钟，群会于济南商埠维持会国货研究会。到会者二十八人，磋商要件：一，为威海卫问题；二，为反对省议会延期；三，为日人残杀华侨；四，为追悼会办法；五，通电全国各法团；六，宣布国会卖国议员罪状。又有（其他）数条。议者尽欲旋乾转坤，办者咸欲拔山扛鼎，金言可取，众志可嘉。洵不愧热心爱国之国民。倘有权有势者，亦如是之热忱，我中国安有外侮之患、不雪之国耻哉？

---

① 《晨钟报》，在中共济南支部的推动下，由汝仲文创办。创刊于 1923 年 8 月 2 日，四开四版，公开发行，每日发行量 600 份，王翔千任主笔，王尽美、王用章等任编辑。该报大量报道工人及各界群众开展革命斗争的情况，积极进行反帝反封建的宣传。1925 年 8 月 15 日被军阀张宗昌下令查封。——编者注。

济南商埠公园讲演（1923 年 12 月 1 日）

十二月一日上午八钟，在济南商埠公园。

届时，各机关咸集，大开追悼会，中置留日华侨惨死之灵位，绕厅悬挂挽联一百余付（幅），高搭阔大席棚，陈设整然有条。届时，振铃开会：一，奏军乐；二，奏雅乐；三，主席黄勉斋报告开会宗旨；四，余读祭文；五，奏哀乐；六，行祭礼；七，王尽美①演说；八，朱子丹；九，满玉冈②；十，朱子枢；十一，余说"国民知耻"四字之解释；十二，李容甫；十三，何冰如。说者志昂气奋，听者愤气冲霄，各机关派代表者五十八处，各法团、各学校约八九十处，与祭男有八千，女有五百，军乐、雅乐迭奏哀音。自上午九时至下午一时方闭会，由此会观之，可见我国民热血未凉，尤征同胞壮志不渝矣。

河南罗山县东街文庙内新剧场讲演
（1924 年 2 月 25 日）

民国十三年二月二十五日，下午四钟，在河南罗山县东街文庙内新剧场戏台。

讲演者：首，罗山县知事周召南；次，余说救人救国三大要；三，李济青；四，青年会社学生。

观者男有三千二，女有两千五百人，男东女西，列坐井然，鼓掌雷鸣。是日，该县青年会社演文明新剧，特邀讲演。观学生之热心，演剧之有益，诚为该方之创闻，并录剧场一联云："用全体精神改良这万恶社会，洒满腔热血唤醒我大梦国民"。苟非青年英雄，谁能为社会服务之热诚，将来为中国造福更无限量矣。

罗山县南街讲演所讲演（1924 年 3 月 14 日）

三月十四日，在河南罗山县南街讲演所，上午九钟。

---

① 王尽美（1898—1925），原名瑞俊，又名烬美、烬梅，字灼斋，山东省诸城市人。中国共产党创始人之一，山东党组织最早的组织者和领导者。在党的创建和早期革命活动中，做出了卓越贡献。——编者注。

② 即王荷波（1882—1927），原名灼华，曾用名满玉纲（钢、冈）、彼得洛夫、汪一喜，福建省福州市人。中国工人运动的先驱者之一。——编者注。

演题：说缠足之害。

听讲：男一百二十人，女二十四人，余因赞助该县提倡社会教育，故每星期三次讲演。同讲者或三人二人，听讲者平均在百人以上，每次登台开讲，听者咸点头称是。

罗山县立高等学校讲演（1924 年 3 月 30 日）

三月三十日上午九钟，在罗山县立高等学校讲堂。

演题：说新旧教育之比较。

听讲：男二百人，学生居多，列坐井然。该校长王笃生特邀开会，提倡教育，足征办学热心。

罗山县立高等学校讲演（1924 年 4 月 27 日）

四月二十七日上午九时，在罗山县立高等学校讲堂。

演题：说国耻。

听讲：男二百一。学生居多，列坐井然，精神活泼，校长王笃生特约说国耻，欲使学生咸知爱国，可见办学热心已极。

罗山县五九纪念讲演（1924 年 5 月 9 日）

五月九日上午八时，在罗山县立高等学校大门外操场。

为五九纪念，该校长王笃生特邀演说国耻，多人轮说，秩序井然。余问学生，应答声震，鼓掌雷动。

听讲：男二千五，女三百六十人。该校长预函召集，学校列队到者，男校五处，女校四处，学生各执小旗，上书"国耻"字样，武装警察亦列队来场，戎装整齐。闭会后排队游街，观者塞途，午后又整队沿街演说国耻，分撒日本强迫我国二十一条约及各种宣言多件。观幼稚学生之演说，尤动人之听闻。惜守旧太多，大为新界之障碍物。虽学校具此热忱爱国，彼等又有嗤言，该方风气之难开，真令人可叹。

罗山县立讲演所讲演（1924 年 5 月 9 日）

五月九日上十时，在罗山县立讲演所。

演题：说国耻。

画全国、（全）省图于黑板，指陈日本三大政策图谋中国。

听讲：男三百二，女二十八人。听者咸愤，可见人心不死。惜该方鼓吹乏人。

罗山县立高等学校讲演（1924 年 7 月 25 日）

七月二十五日下午四钟，在河南罗山县高等学校大院内新剧戏台。

演题：说改良三新三可贺。一贺新人格，二贺新社会，三贺新国家。皆归功青年学生。讲演者有青年学生数人，言论滔滔，口似悬河，引古证今，大有苏张之辩。

听讲：男有六百，女有八百五十人，列坐静听，井然不紊。使天不霆雷淋雨，人数何止倍蓰。观该方守旧人多，青年虽具热心，顽固犹多破坏。余之心抱不平，每与仇视新界者侃侃争辩，以救正之。然旧风难改，私塾林立，学校大受影响。若非青年挽救，振其聋聩，尤谁能启彼顽固之耳目，使知新世界之潮流乎？此次演说，乃应高等校长王笃生、讲演所长樊中兴之邀约。若王、樊二君者，洵为热心社会之巨擘也，令人可钦。

罗山县讲演（1924 年 9 月 5 日）

九月五日上午八钟，在河南罗山县讲演。

演题：说所（以）尊孔圣人之原因。

说：自古以来，我中国可祭之人多矣。为其有大功于社会，则祭之。惟我孔圣人，独立大功。每年春秋二八月丁日祭之，祀以太牢。上至君王，下至黎庶，无人不敬而祭之。为其有大功于人群也。

孔子姓孔，名丘，字仲尼，系周朝鲁国人，即今之山东省兖州府曲阜县。孔圣人生当东周列国，时天子无权，诸侯横恣。孔子见世乱，人民涂炭，心甚忧之，常思挽救世道，莫如教育。慨伤当时教育甚形颓败，故其设帐泗水之滨。十数年间，教成能挽救世道之弟子三千余人，身通礼乐射御书数之六艺者，有七十二人。他这三千弟子通能讲道德、说仁义。

孔子也曾身仕鲁国，为司寇。三个月的工夫，把鲁国治得夜不闭户、路不拾遗。当时列国竞争，诸侯各自图强。齐国与鲁国为邻，恐怕鲁国治得国富兵强，自己国民得受他的气，故设了一个法子，选了一些好女子，教成一班女乐，妆扮好了，送给鲁国，鲁君及大夫季桓子遂受了女乐。君、臣只知终日欢乐，三日不理朝事。孔子见其君臣荒淫，遂辞官去位，率领徒弟周流列国，欲以言行挽救世道。

周游多年，受了多少辛苦困难，道终不行。乃当时诸侯轻视礼法，专尚横暴。故孔子虽说的仁义、讲的道德，各国的君臣听之，以为逆耳之言，终无有一国能行其道的。故孔子之大道，不行于乱世，遂返回鲁国。犹不忍坐视人道沉沦于浊俗，遂与弟子们著书立说。删诗书，正颂典，定礼乐，明教化，作春秋，寓褒贬，编孝经，重人伦，使先圣之道不没，使后世人道益重，所以流传到今。

无论圣君贤臣，非孔子之道，不足以治国。无论村夫愚妇，非孔子之道，不足以谋生。凡读圣贤书的人，无有不知孔子流传万世之法程，真足以规模世道于万代也。不但说我中国世代君王的饬令各县，咸以太牢大礼祭孔子，即西儒花子安①也早料到，数百年后，孔子之道盛行于全球。盖所谓孔子之道于人生、于社会，纯系尚大同、重人道之良法也。

由此看来，孔子师徒，千秋万世，累代加封，官绅祭之，万民仰之，岂无因而然哉？今日是丁日，祭孔子，明日是戊日，祭关岳。关是三国时保汉不降曹的关公，岳是扶宋不惧金的岳飞。关壮缪正大光明，能扶汉讨贼，岳武穆尽忠保国，能誓志灭金。故后世累代加封，到处修庙，亦与孔孟并祭。可见吾辈通知祭圣人，尤通知祭关岳，终不如效法四圣人嘉言懿行，勉学而力行之，方不负尊圣人、祭圣人之厚意焉。不然的话，说当祭敬四圣人之时，心中虽敬而爱之，嗣后遂忘而背之，岂不空冒祭敬之名，总使年年祭之，自己于世道人心毫无一益，岂不大违祭圣人之真意乎？

听讲：男有三百，女有四十，咸观黑板简笔画图，助听演说趣味。此乃讲演所长樊中兴择题，故有是说。观听者，所内拥满，户外林立，可云盛矣。

山西太原洗心社讲演（1924 年 9 月 21 日）

九月二十一日上午九钟，在山西太原洗心社自省堂。

讲经者：首，第三旅旅长赵次陇②君，讲"士不可以不弘毅"一节，甚形

---

① 指德国传教士 Ernst Faber（1839—1899），汉学家、植物学家。1865 年到香港，后在广东内地传教。1886 年赴上海。1898 年德国占领青岛后，移居青岛。著有《儒教汇纂》、《中国宗教导论》、《中国妇女的地位》、《从历史角度看中国》、《孟子的学说》、《玩索圣史》、《明心图》、《自西徂东》（Civilization, China and Christian）、《性海渊源》、《秦西学校》、《教化议》等书。被誉为"19 世纪最高深的汉学家"。——编者注。

② 即赵戴文（1866—1943），字次陇，山西五台人。历任山西省政府主席，国民政府内政部长、监察院长等职。著有《孟子学说足以救世界》、《禅净初谭》、《清凉山人文稿》、《读经隅笔》、《唯识入门》、《周易序卦说》、《读藏录》、《宇宙缘起说》等。——编者注。

透澈（彻）。次，梁硕光①君演说。三，余说救国救人法。

说：救人需先用爱人法，否则无益于人也，等等。比较反复辩论，黑板间以画图以形容之，观者瞩目，听者注神，咸欢然称是。乃该堂每星期上午六钟军界自省至九钟，一长官领各界自省意者，凡七日。各自省言行，于人、于己、于社会、于国家是否有当，是则加勉，否则改行。即是圣道学问曾日三省，颜不二过，克己复礼，是善非恶之功用也。故其人成善人，省成模范，岂无因而然哉？是日游行参观，由海子边公园，偶至洗心总社，值社中诸君咸集，遂为推让讲演，故有是会。讲者登高台，听者咸列坐，俱系高尚文明者流，约有千人之多，可云盛矣。

太原文庙讲演（1924 年 9 月 25 日）

九月二十五日，在山西太原文庙内，自上午九时起至十二时止。

讲经者：首，洗心社讲长张俨若。次，第三旅旅长赵次陇君。三，徐仲孚。四，余说尊孔孝悌忠信礼义廉耻，当学之立言立行立德立功，更当实践。此等纪念，愿人人学孔圣言忠信、行笃敬，方不负祭敬圣人之至意，亦不负仰慕圣人之热心。执此大义，反复辩论，众皆拍掌。五，赵炳麟②演说。

是日，值孔子圣诞，余应洗心社讲长张俨若君邀约，及至文庙，又为诸伟人推让，与祭行礼，凡三次。每次咸跪拜四叩首。礼毕方登台演说。

听讲：男五千人，女百人，学界居多。观衣冠者流，咸不以伟人自居，尤能为社会造福。各校学生，咸列队到场，精神不凡。其余各界，亦均有礼让，令人忆之。非晋省之教化熏陶，悉克臻此文明之境域。余非过奖，良有以也。

太原洗心社自省堂讲演（1924 年 9 月 28 日）

九月二十八日上午九钟，在太原洗心社自省堂。

讲演者：首，政务厅长孟炳如君；次，余说烟丹之害，甚如蛇蝎，黑板简画一蛇一蝎，人见而逃避之。烟丹之毒人，犹甘心染之，两相形容比较。

---

① 梁硕光（1871—1964），名俊耀，山西忻县人。同盟会员，清末发起成立天足会、教育会，自任会长。在村中举办保甲，宣传自治，训练壮丁，准备参加革命。后因当局追查，被迫流亡锦州，入民国后返晋，任山西都督府参议员，曾当选中华民国第一、第三届国会众议员。——编者注。

② 赵炳麟（1873—1927），广西全州人，清末曾任翰林院任编修、都察院侍御史等职。1917 年，为避新旧桂之乱，应阎锡山之邀，出任晋省实业厅厅长，提出发展农林、矿务、畜牧等主张，著有《赵柏岩集》。——编者注。

坐听者有五百人，咸鼓掌。是应洗心社讲长张俨若君之邀约，政务厅长孟炳如君之推让，故与是会。若张、孟二君者，可谓热心社会之伟也，洵堪令人钦佩。

太原海子边公园讲演（1924 年 9 月 28 日）

九月二十八日上午十钟，在山西太原海子边公园陈列所大楼上，凭栏杆边。

讲演者：首，青年会社职员数人轮次演说。次，余说烟酒当戒，引种种之害，以儆醒之。众咸鼓掌，问（是否）誓志拒绝，众咸举手，应声雷震。嗣倡令大呼山西万岁、民国万岁。万众鼓掌，声动天地。

是乃青年会特开拒毒大会、游行会。余为该会理事部主任王宠锡君预约，又为该会职员姚石庵、王青田等诸君推让，故有是说。观王、姚诸君之热心，拒毒之誓愿，晋省人民之幸福，大有赖焉。观莅会男有万人之多，女有五百之众，学校列队到者六十余处，戎装整齐，鼓号震天，分四路游行，沿街大呼"贩金丹的可杀，杀杀杀"、"食金丹的可戒，戒戒戒"。一倡百喊，呼声远闻，各执一旗，上多儆语，商店、居户尤多悬旗欢迎，可见万众一心，无有不自儆者。由此盛会观之，足征晋人造福社会之热心，洵为全国之巨擘。

太原文庙图书馆讲演（1924 年 9 月 28 日）

九月二十八日下午五钟，在太原文庙图书馆内。

首，作雅乐；次，馆长报告开会宗旨；三，山西省议会崔议长演说；四，余说去贪立功、正名生利等等之比较，引大禹治水立功，孔圣著书正名，关圣辞曹却利，皆以不贪，只知正谊，引古证今，众咸鼓掌。五，梁硕光君演说；六，作乐；七，闭会；八，摄影。

是日，为众所约，故有此说。观临场者有五百人之列坐，纯系文明高尚者流。讲者言方出口，听者即了然于心，故说者兴会，听者亦欢然。由此会观之，足征晋省文明教化之盛。而一日之间，邀约讲演连开三会，诸伟人为社会热心，已达极点矣。

太原基督教会讲演（1924 年 10 月 4 日）

十月四日上午十钟，在山西太原基督教会。

讲演者：首，该会牧师赵星奎君报告开会大意。次，韩国人金石君说高丽亡国（之）惨。三，余说造福救人。简画痴、癫、瞎三图于黑板，借以形容比较之。听者群集，拥塞户牖，众皆欢然，屡为鼓掌。

是日，为洗心社职员宋国华君邀约偕往，该会牧师赵星奎君推让，故有是说。若宋、赵二君者，可谓热心社会之首称焉。

黄县南关志成中学讲演（1924 年 11 月 11 日）

十一月十一日，在山东黄县南关志成中学校大楼上讲堂，自下午四钟起至六钟止。

讲演者：首，该校长赵竹容君报告开会，欢迎余之还里；次，余说鲁、直、豫、晋四省之政治、教育、社会风俗之闭塞，及所游览各种之现状，众屡鼓掌。

听讲：男三百人，女四十人，学生居多，列坐于前，男皆列坐于后，秩序井然。该校长赵竹容预约讲演各省情状，故有是会。观众学生之精神，足征诸教员之高尚，观学校之发达，尤知办理之得人。微热心教育者，奚克臻此之完美。

蓝渠高家学校讲演（1924 年 11 月 15 日）

十一月十五日下午一时，在黄县城东义乐乡蓝渠高家学校。

演题：说山西省之政教。

听讲：男五十人，学生居多。是日东行，为该校教员鲍景禹所邀，故有是说。若鲍君者，可谓热心教育之尤者，洵堪令人钦佩。

明伦堂讲演（1924 年 11 月 16 日）

十一月十六日下午二时，在黄县明伦堂。

一，振铃开会；二，经正学校学生作军乐；三，教育会长王斌报告开会宗旨及欢迎余之旋里；四，教育局长代表王荣；五，余说山西教育之改良及山东教育三弊窦；六，教育副长王治从；七，教育副长袁集庆；八，龙马镇教育会长陈晓农；九，王斌重讲；十，余说山西之政治及一切训词。

听讲：男五百六十人，学界居多，列坐井然，户牖拥立，一堂为满。是日，该会长王斌等预约讲演，故有是说。观诸君研究教育之进行法，足征知识高出千万矣。惜学界多不能一致进行，有负热心教育者多多矣。

余自巡行山东，通俗讲演，每届年终，为造报告，屡蒙丁毓翔君与李茂堂君捐印成册，分赠全国政教机关，推广社会教育于无穷。若经纬老人丁毓翙君，与大善士李茂堂君二人者，洵可谓善人之巨擘焉。兹将民国十二年秋八月以旋，及十三年游历各省概况附记册尾，以献于热心政教忧国爱民诸君子，借以观览，如历中央各省然。

八月二十七日，力疾进邑城，为应公约，会议多件。

请看县知事率警殴学生（1923年8月31日）

八月三十日，适值知事于璜率警兵砸毁中学校，殴伤诸学生，抓押校友会六代表，妥保不释，众甚愤焉。

八月三十一日，录出宣言书《请看县知事率警殴学生》：

黄县中学学生一百八九十名，因挽留旧校长，谢绝新校长，被于璜于夏历七月十九日午后，率领警兵六七十名，闯入校中，不容学生理论，被革八名代表，于是学生全体辞学。于璜大怒，叱警掩门凶殴，棍棒交加，将学生打得鬼哭神号，声闻数里。头破胫折，受重伤者数十名。架去六名，立即拘押。未逃出者，锁关监守，创不得医，饥不得食，保不准出，惨虐暗无天日。以学生幼稚之童，挽留校长，受此恶劣残酷，痛哭可怜。转想谁无子女，视如明珠，而于璜轻听一二人之私言，使我全黄四十万父老兄弟、诸姑伯姊，受此数千年未有之奇辱。请问，学生何辜，罹此荼毒？出款养警，反遭殴辱。凡有血气者，无不眦裂发指。况吾全黄多有好义之士，岂能裹足袖手，而甘受此贻后来数千百年不洗之奇耻乎？谨将详情奉闻，愿我全县同胞急起抗争，誓必驱此丑类而后已，不平者鸣。

由是各机关会议救济法，咸云函电交驰，上峰置若罔闻，群推余至烟台胶东道尹公署，面恳其速为派员拯救学生，余即赴龙口就道候登汽车往焉。

九月二日，乘汽车抵烟台，亲谒道尹陶思澄[①]，诉一切，慨允派员查办于璜，拯救学生。委员归舜丞，亦云秉诸良心办理。

九月三日，乘顺天轮舟赴天津，奔济南，以图速恳上峰快除恶吏，以拯黄民之（于）水火。

① 陶思澄（1881—?），字紫泉、芷泉，江苏武进人。1921年8月，署山东济南道道尹，兼山东全省路政局总办、山东赈务处坐办等。12月，调署山东胶东道道尹兼烟台交涉员，1923年去职。抗日战争时期投敌，任维新政府财政部参事，汪伪财政部专员、安徽省财政厅长等职。——编者注。

九月五日，抵济南。六日，亲诉酷吏于璜于教育厅第一科长熊观民①、政务厅长许钟璐之前，咸允立即查办。嗣闻二人以省长熊炳琦在京，未敢擅办，意似推诿。由此思之，可见官不负责，亦系政局之恶习惯所染，于璜祸黄（县），宁有已乎？

九月十三日，乘津浦车赴北京。十四日抵都，亲谒熊省长，不遇。十五日，又亲谒熊省长，遂派李代表接见，面诉于璜之酷虐，连日数谒。嗣允回省办理，刻不顾及，遂连呈数禀以促之。余虽身在北京，心念桑梓政教之摧残，酷吏一日不去，黄（县）民（众）一日不安。屡访黄县旅京学生，谈至于璜祸黄，尽皆发指。

十月十日上午，在京都前门外西车站，见人趋如蚁，乃接曹锟就职大总统，故沿街密挂红灯，观者如堵。余由天安门随观，至地安门通俗讲演所，值某君讲演曹总统就职，语多讥诮，足征其人格高尚，故其出言不讳耳。

余居京都一月余，缮禀写信外，即访友谈心。余暇游览名胜，如天桥，如新世界，如东安市场，如游艺园，如万生园，如中央公园，如三大殿，如北海子，如万寿山等等。诸名胜无不穷奢极丽，多有空耗民人膏血，于社会毫无一益者，诚可慨焉。愿文明诸君子速为改造于国计民生、于社会人人有益之善举，启发人心，富强吾国可也。

十月十二日，闻熊省长回济南，余遂乘火车经天津赴济南。与黄县教育局长徐文炳等，连上十余禀。前后又有自黄县来者，控于璜者数十起，总未能遽为撤办酷吏，可见时局黑暗，专讲人情面子，不讲公法公理，益知小民覆盆，不易昭雪矣。转念山东省公署、山东省议会及教育厅、高等监察厅、高等审判庭、政务厅、胶东道尹公署，漠视恶县令如出一辙。不然，黄县各机关联名控禀几百张，历时四阅月，终未撤惩酷吏罪恶也，真乃令人可叹。

为日人惨杀留日华侨与威海卫之交涉的通电
（1923 年 11 月 20 日）

十一月二十日，为日人惨杀留日华侨与威海卫之交涉，各界会议力争，遂群发全国快邮带电云：

全国各报馆转各省会、各商会、各工团、各界同胞钧鉴：

国政沌繁，外侮紧迫，国势渐形凋敝，同胞屡受荼毒，英人强占威海卫，

---

① 即熊梦宾（1886—1953），字观民，山东阳谷人。曾任山东省教育厅第一科科长、厅长、胶澳督办公署秘书长、京汉铁路局局长等职。1930 年任冯玉祥西北军秘书长。1950 年，任山东省人民政府委员兼省文史馆首任馆长，民革山东省委负责人。——编者注。

悍不交还。惨杀我同胞，有如牛马。每思我国土未亡，国权犹存，而彼辈竟敢以亡国视之。苟吾人血性不枯，当不甘以自为暴弃，一任其侵掠侮辱而不顾也。

前者，敝处为威海卫交涉事，曾行召集市民大会，竟欲以群策群力，促政府力争，警英人悔醒。然我官府无能，丧权卖国者，比比皆是。既未能与英人力拒抗争，反与逢承周旋之唯恐不及。顷者，日本地震灾起，我国人方殷殷募捐救济，而彼也不仁，竟敢擅杀我同胞百余人于无辜，是诚丧尽天良，以怨报德之行也。而我官府亦置若罔闻，似此情状，倘我国民犹燕雀处堂以嬉，则威海卫被占，山东亦属唇亡齿寒。山东既不能固立，则我国之土地，亦未始不涉于濒危。而日人之惨杀我同胞也，亦未始不能举之，惨杀我国内之同胞，况已在国内屡见之者矣。

是以敝同胞不甘坐以待毙，亦不妄思以无能而媚外之官府来避风雨，已于昨日集合市民筹谋应付之策。当经公决，对英则即日抵制英货，以警强顽，而争国土。并主严行惩办丧权辱国之贼，以免效尤。对日则除与被杀之同胞举行追悼会外，仍行继续经济绝交。夫如是，庶几与国有保，国权可展，敝处同人除努力进行上列各项外，理应奉达于国人，希冀有以赐教。临电毋任迫切之至。山东市民大会执行委员会叩。删。

此电由邮政局分发全国。

十二月一日，大开追悼会，余与黄县教育局长徐文炳为日人惨杀留日华侨挽联云："震灾未死，饥寒未死，竟死于倭奴杀伤，大辱奇羞，好男儿快把精神振作；外交不争，军阀不争，力争者市民大会，丧权误国，恶政府真乃头脑昏庸"。此挽联乃徐文炳作，足征其热心为国。

十二月四日，在济南商埠国货研究会，聚议外侮种种进行法，一连数日，议定多条，嗣未能进行实办。惜哉！

责官不怨民（1924 年 1 月 2 日）

民国十三年一月二日，屡见山东报纸，各地盗匪日炽，焚杀劫掠，日甚一日，遂作《责官不怨民》，报稿以登焉：

我山东近几年来，盗匪已甚。说者多谓治匪不得其法，由是下令清乡，安设保卫；由是分兵驻防，剿获正法。意谓盗贼可尽，庶民可安，孰知焚杀劫掠，日益滋蔓。并未计及兵益多，地方担负益巨，闾阎之困苦愈深，民之愁怨愈积，其为盗之心愈萌，盗匪宁有戢乎？

窃谓：官者，管也，负管民去恶迁善之责，使其日进乐境而不自知也。吏者，治也，负治民归业，衣食有赖，不忧冻馁也。苟山左一百（零）七县之县令，俱能奉职尽责，爱民如子，同其好恶，利为之兴，害为之除，朝惕夕栗，以忧民之忧，务使农工商士各安其业，男女老幼各得其所，使人人咸能自食其力，而后家给人足，不忧饥寒。教之以礼仪，励之以廉耻。安有甘心为匪盗，不顾父母妻子，情愿以身试法之民哉！

昔龚遂治渤海①，视盗贼为饥民，为良民，巡行本郡县，令盗贼卖剑买牛，使民各安其业，不期年而盗贼悉化为良民。不动一兵，不费一饷，不劳一卒，不杀一人，而渤海治。岂其爱民之良法，宜古而不宜今耶？抑亦驱蚩蚩之氓，而不拯恤耶？明鉴者，早洞悉其弊矣。

今之官吏，未尝不知此法之良也。不但知之，而不为，且将"清、慎、勤"三字，置之于不顾。其未得县令时，奔走钻营，如狗如鼠。既得县令后，勾结劣绅，为狼为狈。居衙署，终日烟赌为消遣；莅公堂，惟视金钱多寡为判断。甚至明里出示，严禁非法，暗中包庇，贿赂公行，目的在升官发财，何暇念及愚民。殚其地之出，竭其庐之入，不足填我赃吏之欲壑者。

噫！吾民贫者，窘于饥寒，何处呼庚癸？吾民冤者，举家悲泣，何处诉覆盆②？是以饥寒不堪者，多流为盗贼，含冤积愤者，恒思铤而走险。所以，近来各处酿成焚杀劫掠，日甚一日者，纵军警林立，亦不能遽尔收效也。此所谓舍本而治标，故敢断言责官不怨民。

此山东济南《大民主报》③登余之稿也。

山东时局谈（1924年1月9日）

一月九日，屡忆山东政局之黑暗，与同仁每谈山西政治之光明，遂作《山东时局谈》云：

昨日遇友，谈及中国时局堪嗟。友遂问余曰：我山东与山西比较，山西称为模范省，百废俱举，民皆安乐。山东内乱迭作，民不聊生，其郅治与致乱之

---

① 龚遂，字少卿，山东邹城人，西汉时渤海郡发生灾荒，农民举行起义，被任命为渤海太守，曾单车独行赴任。上任后开仓廪，济贫民，选良吏，施教化，劝农桑，起义者纷纷解散归田，郡境逐渐安宁殷富。《汉书》有传，入循吏之列。——编者注。

② 覆盆，指阳光照不到覆盆之下。比喻社会黑暗或无处申诉的沉冤。如晋葛洪《抱朴子·辨问》："是责三光不照覆盆之内也"。李白《赠宣城赵太守悦》诗："愿借羲皇景，为人照覆盆"。——编者注。

③ 《大民主报》，创刊于1919年11月1日，中美合办，日报，对开8版。美国人克劳任社长，周朗山任经理，特聘原天津《益世报》副主笔董郁青任主笔，刘季安任副主笔，编辑有鲁佛民、王云樵、丁惠夫等。该报在当时影响颇大，日销量曾达3000多份，成为当年济南的第一大报。1928年5月"五三惨案"后停刊。——编者注。

病源安在？

余答曰：山西之郅治，纯系阎督军兼省长政权在握，专以责官爱民为本位。故山西郅治之隆，冠诸全国。我山东时局之不靖，其坏病有三：

一、坏于贪赃之县吏。兹因上峰迭更，不暇督责吏治，而知事任意妄为，搜刮民膏，以填贪欲之欲壑。官刮其一，吏剥其十，以致闾阎骚扰，民不聊生，上行下效，奸诈百出矣。

二、坏于刁诈之奸民。兹因知事贪墨，贿赂公行，而奸民夤缘敲诈，借端架讼，上瞒下骗，致使一案恒败数家之产。骗钱到手，任意挥霍，民之贫冤愁怨、冻馁堪虞，其不萌盗心者寡矣。

三、坏于匪盗之充斥。兹因政失教养之术，加以种种苛政虐民，乡里困苦难堪。弱者托钵行乞，转死沟壑；强者铤而走险，到处架掠抢夺。民之惶恐益急，盗匪之滋蔓益横，其由来非一日也。

现已酿成不可收拾之险象，虽上峰忧心民瘼，日不暇给，亦不能遽收效功而安黎庶。纵观山西郅治之隆兴，与山东致乱之源，其易明矣。我山东苟欲长治久安，非从根本上下手，用一劳永逸之法，不能以奏肤功。

其法之要点有三：第一，要速去赃官，选用廉明官吏。第二，要术化奸民，厉禁刁诈风。第三，要务使匪徒咸归有业，永不忧饥寒。倘有督吏治之责者，力行此"三要"不懈，千日后，庶可与晋省颉颃矣。否则，未敢望其后尘焉。友乃点头称是者久之。

此乃山东济南《大民主报》登余之稿也。至于他报社所登余之新闻稿尤夥矣，故不能悉记。

驱于璜宣言（1924年1月10日）

余自被全县机关公推为公民代表，与徐文炳等上控县知事于璜，数月未收效功。官府无公理，人民遭涂炭，信然哉。于一月十日著《驱于璜宣言》：

黄县知事于璜，荒谬成性，残忍居心。莅黄半载，恶剧万状，甘为劣绅之鹰犬，自图似狼附狈，觍颜宦途之狗鼠。凭借狐假虎威，引用群小，摧残善类。受贿则丧心枉法，审判则是非倒置。砸学被查，贪赃有据，诬贞为淫，纵警杀人，四境兴嗟，道路以目。于璜本无理民之才，强使操刀试割，其心发财目的，借威搜刮闾阎，因兹盗贼充斥，全境抢劫殆遍，四民怨声载道。冤抑哭诉无门，是以控者接踵。讵料百禀无效，惟是宣言，送出无难，置若罔闻。嗟！我黄民何辜，遽尔遭此荼毒。虽云政局黑暗，从未见如斯之甚。总言下民易虐，终不闻若是之忍，民等呼拯百日，未出水火，想大力者未谙详情，群意再恳菩萨大发慈悲，使吾黄人重睹祥光，则吾黄四十万同胞长跽顶礼，永诵再造鸿恩于不忘矣。

此济南《山东新报》登余之稿也。

余此次由济南晋京历月余返济，住有百余日。除公事外，访友谈言，鼓吹社会风俗改良，故与同志连开大会，倡开民风，足征人心不死，爱国有人。间游览省垣天造人设之胜景，如城南之千佛山，每至九月初一日至十五日止，循旧俗，登高峰，参庙禅，拜偶像，士女云集，车马雾拥，空耗有用之金钱，消靡无益之光阴。高明倡之，愚民困之，敝风陋俗，良可慨焉。

如北城内之大明湖，内多画舫，借乘以游古庙，观览历下亭。忆舜帝之仁风如在，观览铁公祠，知燕王之惨杀忠良。有心者，忆古伤今，无意者，观水思鱼。余谓官民终日消遣，不如借此恒思为国。

如南关趵突泉，游人麇集，市廛繁兴。如迤南广智院，陈设博物，增人之见闻。他如商埠公园，亭榭林错，萃卖场之大楼，高列云齐。至于小清河之来源，东流水与黑虎泉之洰注，五里沟之兴盛，因胶济路与津浦车之转输，今非昔比，愿游览者自念现状，并虑将来可也。恶风陋习，有不堪以言传者，想留心社会者，必早洞悉其敝矣。

一月十四日，乘津浦车赴洛阳，路望泰山高插云际，忆乡传昔有赛神之举，千百里外，多有结对登顶祷神祈福者，似此迷信之蠢愚，将何术以化之，使进文明，以助吾国之富强焉。经徐州，为问关夫子（关羽）当日屯土山约三事①之古迹。嗣行车，路上已望之矣。忆其大义贯古今，信然不虚矣。

一月十五日上午七钟，乘陇海车赴洛阳，夜宿郑州。

问诸土人，即周之列国晋楚所争之郑地也。由今思昔，又多慷慨系之矣。古为中州之区，今为京汉、陇海二路之枢矣。时势变迁，尤非人之所能预料。

一月十六日上午九时，开车路经汜水、巩县、偃师等县，土山丛列，人多穴居。车轨屡穿土洞，心甚危焉。抵洛阳，急将公事办毕后，遂转回郑州，赴信阳，将至罗山县。回忆洛阳，昔为建都之地，古迹虽多，亦不暇瞻览。惟至吴巡帅②新筑营垒，小为浏览。茂林重阴、屯壁坚固，其筹划经营，煞费苦心矣。

---

① 曹操进攻徐州，刘备战败，落荒而逃。关羽与刘备、张飞失散，被困于土山。曹操手下大将张辽与关羽交情颇深，前去劝降，关羽便与曹操约定三事。若曹操答应，关羽即投降；不然，宁死不降。"三事"为：一，吾与皇叔设誓，共扶汉室，吾今只降汉帝，不降曹操；二，二嫂处请给皇叔俸禄养赡，一应上下人等，皆不许到门；三，但知刘备去向，不管千里万里，便当辞去。——编者注。

② 吴巡帅，指吴佩孚，吴时任直鲁豫巡阅使。——编者注。

一月十八日晨，至信阳，路过许州，即曹操挟汉献帝建都之处。由今思昔，奸宄一辙。彼等捣乱民国者，何时能已乎？

一月十九日，抵罗山县，与县知事周召南谈乡梓之旧谊，及各地风化与各方政治教育之良否，可谓有心人。

忆金汤侯宰黄政略（1924 年 1 月 24 日）

一月二十四日，忆记金汤侯宰黄政略，以应周召南之问，借为循良吏择取适宜者，而施行仁政便民一助云。

一、裁去捕班。金谓盗匪无人捕获，汤侯乃饬警兵、团丁，查烟赌，清盗源，遇有吗啡客、乞丐男，打逐出境，城乡市镇，不闻盗警。

一、联防会哨。饬全县三十六团及警队互相会哨，借查奸匪，盗皆远飏。

一、清查户口。饬全县按村逐户清查人口，时常检册，宵小敛迹，间阎奠安。

一、对册审案。凡有兴讼，必查户册，即知国民有无职业，故费词少，烛奸明。

一、查税得法。将官契纸分交各团，令买田房业户到团领契，按册催税，无一漏者。

一、大改科吏。衙署要差，咸用亲信之人，吏无招摇之弊。

一、接呈先阅稿。饬起诉者只递呈稿批准，换呈不准，劝令回家，央村长调处，讼案日减，官民两便。

一、权不假人。凡关一切公事，必亲手解决，不轻假人。

一、拒绝关说。初（任）某绅为总役，求情立即判役徒刑八年，从此无有串讼之人。

一、不压讼案。每出票，按道里远近，期限开审，讼者称便。

一、不准情面。常对众宣言，事有理赢，无理输。若托人说情，必被人撞骗。即不撞骗，亦得报酬花钱，更冤。

一、私查保卫。常乘夜私查团丁，睸其勤惰。

一、不时出巡。常函招多区、村、甲牌长、乡众、学校，届时会于市镇村庙，讲演时要。

一、注重民风。每次开会，必分训告"四要"若干张。

一、力倡利益。每次开会，必饬栽树、修道、息讼、兴学、务农、安分，谆谆告诫，无不乐从。

一、注重放足。屡出禁令，迫男子剪发，女子放足，雷厉风行，无术不施。

一、查获木底。常出示禁女子木底铁錾弓鞋，拿办几次，全县无货卖者。

一、查封剃头铺。若偷剃、（偷）梳带辫男子，罚金五元，封门七日。

一、善能劝赈。鲁直豫晋陕五省旱灾筹赈有三万元之多，民咸乐输。

一、纳言即行。凡关于地方进益之言，无不立即出示倡办。

一、赏罚得当。知有良善，必奖以匾额以褒之，故迁善日多。知有痞棍，必惩办之，故群小敛迹。

一、倡捐教育。学校日多，经费不足，饬买田、房业户，捐一分借字费，津补小学。

一、兴学有术。各校学董，多不负责，饬造学董名册，按名发给委（任）状、证书，使各负兴学之实。

一、如城濠种苇，修筑绛桥，秋后盖井，春初种树，议修公堂，提倡拆城，种种公益，指不胜屈，略述其要，足征贤知事为黄民造福于无穷，虽古循良，无以加焉。

忆金汤侯"训民四要"（1924 年 1 月 26 日）

一月二十六日，忆录金汤侯"训民四要"：

一、做人要勤俭忍耐、不犯法昧良，便算好人。做国民的，不可不注意，否则丧身。

二、教儿要孝悌忠信、不溺爱废学，便是好儿。做父兄的，不可不注意，否则败家。

三、户口要清白仁正，不窝贼烟赌，便是好户。做牌长的，不可不注意，否则受累。

四、风俗要朴厚温良，不窃盗奸淫，便成好俗。做村长的，不可不注意，否则酿祸。

此种训告，余每与汤侯到处开会，分撒若干，四民如获至宝，全县张贴殆遍，洵为改易风俗之利器。

山东教育三缺点（1924 年 1 月 29 日）

一月二十九日，忽忆谈山东掖县、潍县、临朐、蓬莱、招远、黄县等县之县知事，摧残教育，激起学潮，以致学生多来省上控，余遂作《山东教育三缺点》，登报儆焉。

我山东教育近几年来，由表面观之，似乎发达。查其实际，缺点有三。若不速矫其弊而止之，将来胚胎不良，坏形层出矣。余以邦土关怀，谨陈管见，为各县掌教育之同胞供其缺点，祈速筹划而补救之，是余所厚望焉。

一为经费不足，滞于进行也。余尝视察胶东一带，各县多有热心办学之人，每因经费支绌，恒多中途止步。赔垫无力，呼助乏人，况穷乡僻壤，素无学校之地，办学尤多棘手。而地方长官，既多漠不关心。地方绅董，又多视为互乡①摈弃。胶东各县如斯，想胶西三道亦然。此其教育不普及之缺点一也。

二为委人不当，因学兴讼也。各县掌教育者，不尽纯公而无私。恒因不获办学之人，权委其亲昵，不计其有无办学之才能，遽请委任。彼亲昵骤得有势有荣校长，非结党专营一己之私利，即武断欺压一方之愚民。倾轧日久，积愤益深，因之学校遽分，讼案迭起，学款尽充讼费，款尽而学校瓦解。此其教育不能进行之缺点二也。

三为师资不良，误人实多也。各县塾师，多有为糊口计，强入师范。讲习未几，出充教员，授课不明，教育无方，仍用私塾陋习，借愚乡间父兄。自问尚不知科学有何用，尤不明孔孟诱掖奖劝之教术。终日诵读，不闻讲究，生鲁朴（扑）打，乡老称严，满口以圣道欺人，自谓不随洋教。似此师资，误人青年，不知伊于胡底。此其教育不能振兴之缺点三也。

此三缺点，专为男女国民小学言之。至高等中学以上之学校，其弊尤有甚焉者。恒因常换校长，位置私人，屡致各处学海生波，学潮迭起，殴学生，罢班课，业已层见迭出矣。握教育之大权者，甘为一二人之私昵，牺牲千百人之光阴，自思用意何居，问心能不抱愧乎？此其一大弊窦也。大义责贤，固当听受。

窃谓小学者，教育之母也。苟母不良，安望其子女能贤乎？教育者，富强之母也。苟母惛弱，安望其子女有强壮精神乎？苟三缺点、一弊窦不速为设法救药之、矫正之，任其常此以往，山东教育之胚胎，将有不堪设想者，又何能收造富强之良材于腐败教育之中也。

故敢谨进刍言，忠告我山东全省一百（零）七县握教育权柄之同胞，速为振刷精神，筹学款，委妥人，选良师，杜其三缺点，矫正一弊窦，以期教育之发达，造成青年合群、爱国、御侮、雪耻之伟人。巩固我山东，推及全国，亿万岁于无恙，是余所至祷焉。

此山东济南《大民主报》登余之稿也。

二月三日，余慨教育进行之迟，思有以促我国民之精神，遂著《历史三字经》一册，以推广云。后为山西省太原洗心总社代为印赠若干，以推广之。足

---

① 互乡，指代恶俗。见《幼学琼林》地舆篇第三十句："美俗曰仁里，恶俗曰互乡"。——编者注。

123

鲁直吴豫晋五省游行略记

征该社诸君咸为社会，热心可嘉。

中国林业之利弊说（1924 年 2 月 11 日）

二月十一日，忆十数年间游历多省，到处多系童山不毛，森林缺乏，遂作《中国林业之利弊说》：

我中国近几年来，民贫国弱，财政支绌，掘罗俱穷。天然大利，弃于地者，未可胜计。由是，开垦荒田，振兴实业，经营多年，实业未见发达。即林业一项言之，每年抛弃无形之厚利，不知凡几千百万亿。余谨陈其利弊，以供我爱国同胞，盍速为注意焉。

一为人员溺职，提倡不力也。各县虽设林业机关，力倡者实属无几，农林会等若虚设，劝业人如同备员。每年专待清明节，聊种几株以塞责，有时分撒广告，借挡上下之耳目。一木未树者，亦造册捏报以邀功。试验场租于佃户以收税，虚靡有用之公款，甘做无益之消耗。官府永不过问，民间尤不知情。此其林业不能速为振兴者一也。

一为民智不开，恒多观望也。各县虽有一二热心之人，提倡振兴，乃愚氓多因循旧俗，观望不前，即有知此大利有益于己者，目睹全区合乡，无一购苗树木之人，亦多徘徊中止。倡办林业者，口干舌枯，计穷力绌，空怀无可奈何之叹。地方官吏，又多听其自然，漠不相关，此其林业不能速为振兴者二也。

一为植法不善，难以成活也。即有几县倡办得法，地方官吏亦强迫实行，每春种树不少，考其成活，实属无多。皆因栽植太晚，（错失）木之生机外，散加以春夏之间，地干土燥，灌溉尤不能频，是以活者十无二三。无知愚氓，咸谓未获将来之厚利，先受目前之损失，怨言破坏，尽皆隳心。此其林业不能速为振兴者三也。

一为风俗恶劣，窃伐难禁也。近来，贫民日多，盗风未减，明伐暗窃，防不胜防。社会又无团体，不能守望相助，官吏管辖辽阔，洵属鞭长莫及。会员首事，即知为某痞棍所窃，恐其为仇，忍置不敢搜查。失树户主，恐涉讼累，微闻亦不追问。因兹春植夏死，秋残冬尽，示禁罔效，保护无人。此其林业不能速为振兴者四也。

一为空言具文，无补实行也。十数年来，政府令设专员，民间亦举人筹办农林会，各县分设矣，劝业员各地分组矣。以表面观之，似乎有人负责，考其实际，实业厅俨似空署，劝业所如同具文，十年经营若是，公事尽属敷衍，民间犹不知树木，童山仍依旧不毛。此其林业不能速为振兴者五也。

余曾游览数省，到处荒野，在在皆是。倘各方职掌林业之同胞，不避艰辛，不惮劳瘁，协同地方官吏，力为提倡劝导，愚民认真种植，俾将各处童山不毛，河边沟畔，海滩路旁，墓田墙下以及种种闲原旷土，相其气候，择其土宜，宜种果者种果，宜树木者树木。十数年后，林木蒸蒸，果实累累，从此尽获厚利，宁有数乎？

况际时艰孔亟，民之生计日促，咸知树木之利，益于人无穷，何不群呼，速为一试？若森林遍野，二气调和，天无亢旱之灾，必致屡有丰年，人无冻馁之虞，盗贼日稀，群享太平之福，其利一。

通衢树茂，有如藩篱，行旅往来，夏可消暑，冬可御寒，并杜瘟疫、霍乱、感冒之灾，群享无恙之福，其利二。

崇山峻岭，草木畅茂，虽夏雨倾盆，能分水量，河边粮田，不受水冲沙压之患。滨河庄村，永无随波逐浪之惨，群享安业之福，其利三。

十年树木，世有专书。不但果实获利无算，即枝柴落叶，取用炊爨无穷，建屋造桥，不忧梁柱难购，群享储材之福，其利四。

到处成林，污浊臭秽，被木吸收，变成清阴花香，卫生尤宜，迭世不受奇疾杂灾。群享永寿之福，其利五。

此等林业不能速为振兴之弊，与不能速为普及之利，量（谅）我全国热心同胞早已虑及，何待赘言。然知之不难，力行为艰，愿我全国职掌林业之同胞，振作精神，速矫其弊，普行其利。十数年后，人足家给，国亦富强，俾我四万万同胞，共享亿万年之幸福。是余所至感焉。

寄黄县知事李竹筠书（1924 年 2 月 17 日）

二月十七日，忆谈桑梓之利害，心甚念之。遂寄黄县知事李竹筠书一函，以助其兴革之进行。（函）云：

李县长钧鉴：敬启者，我黄县前经胡、金二公致治，地方一切兴革，大有起色，四民感戴。及于璜莅任，不恤舆情，致使百务废弛，怨声载途。兹闻我公年前接篆，力谋我黄人幸福，民等何胜感激。故敢谨将黄县俗情之敝与进行之利，敬为我公概陈，借助仁政流传千古不朽，并福我桑梓于无穷也。

一、远绝劣绅，杜其串讼。二、预清衙蠹，防其舞弊。三、查办奸宄，免其殃民。四、厉禁烟赌，肃清盗源。五、整理警团，汰其溺滥。六、勿压讼案，利便百姓。七、强迫发足，续前进行。八、促进树木，以兴普利。九、整顿市规，取缔欺诈。十、饬修道路，以利交通。

倘不以愚拙见斥，敬祈鉴核施行。旅豫公民朱全铄由豫罗谨上

三月七日，在罗山县讲演所。

上午九钟，为画讲演报告表。格式：一系固定讲演报告表。一系巡行讲演

报告表。应该所长樊中兴之邀约，洵可谓热心求益、力图改良社会之人也。

十好训词（1924 年 3 月 8 日）

三月八日，应罗山县周知事作"十好训词"，劝改风俗，词云：

劝人民，勤俭好，积的钱财用不了。教子女，入学好，世界事情通能晓。男人辫，剪了好，永远不挨虱子咬。女子脚，不包好，上高下矮跌不倒。游手民，做活好，要过财主得受劳。烧黄酒，不哈①好，省了说话胡争吵。赌博人，不赌好，免去多少人烦恼。鸦片烟，戒了好，身家财产通能保。过日子，安分好，永无官差来惊扰。做错事，改了好，学个好人多样好。

此词一出，印刷若干，全县张贴殆遍，四民咸为赞成。

罗山日记

三月九日，在罗山公署。

讲太古。嗣此每日讲历史、地理、古文等书，每讲一课，必行书略说讲义于黑板，令学生抄录之，以备考查不忘云。是乃为周知事召南君用塾师教子侄读经，虚糜光阴，余甚惜之。故有是之教授。嗣闻此塾师之子女，久入学校，毕业有年，而犹教人读诗经，其误人青年不知伊于胡底。

三月十二日，造民事诉讼一览表。应周知事检阅之便也。此表式之适用，在检阅讼案，取其一目了然，永无遗忘。

三月十七日，在罗山县署及武装警察与卫队教练拳术。并有街市工商来就余学拳者，共有二百人之多。嗣此每日在县署教练二次，在警营教练一次，并在警营讲堂讲古今兵事、战术，间以历史、地理、画图、字学等等。班课每日一次，余虽身忙，而心乐喜，该方大有向化之心，是以乐焉。

四月二十三日，作讲稿三篇：一说国耻；二说戒鸦片；三说人当自食其力。嗣此乘间屡作讲稿，应讲演所长樊中兴之订约，以备缮呈报也。

是日午后，周知事邀见，谈商修筑信固汽（车）路之办法，遂为筹划各表一册：一筹备；二筹款；三测量；四地股；五丈量；六开工；七造桥；八开车等等表册，筹划有条。嗣委余为信固汽车路工处处长之职，续此开办，日益忙矣。

四月三十日，在罗山县立高等女学校讲堂。

说办学大意。借达周知事之美意。兹因该女校大起风潮，双方两不相下，

---

　　① 哈，黄县方言，即喝、饮。——编者注。

余同周知事前曾到校演说，大荷佩服。故此次又往，顿为该女校长蒋润如先生让步，以息学潮。若蒋女士者，洵不愧巾帼中文明之首称焉。若此被人诬控，亦不费时授课，大为女界造福，洵堪令人钦佩，其海量之包荒①也。

五月九日上午九时，在罗山高等校操场，开"五九"纪念会。

余说国耻。后各校长乘间邀约过其校，余虽应之，嗣不得暇，终未能遍游参观也，亦余之遗憾焉。

五月十五日，写清初多尔衮致明季史可法书及史可法答多尔衮书于黑板，令学生讲解以录之，使知史公之爱国，养其合群、爱国、御侮、雪耻之决心，是余之至意焉。

七月三十日，在罗山县署客厅内，说路工之进行法与种种手续，应周知事之邀约也。

此为该县人将断生等纠合多人来署，质问路工告竣期，周知事无以应付。故有是剥（驳）谬之舌战，群皆咸服。惟将断生自觉外行失措，嗣后纠合败类，以攻讦周知事。可见社会不良，人心刁诈，君子囊括不展，无耻者以为揽权得志，成事不足，败事有余。惜哉！此所谓涣泥不可以胶物，腐薪不可以打兵，小人安可以共事。将（断生），固小人之尤者，而周知事每受其无可奈何之要求，所谓养奸以贻地方害。彼罗邑之高明者，早见及之矣，何待余言？

余自在豫罗开会讲演共七十三次，讲历史、地理、古文等书，共二百二十课，讲古今战略共六十四教课，随手在黑板作略说讲义共二百八十四篇，教练学拳术者一百七十名，作训词与讲词共五篇，作社论报稿与作讲演稿共三十三篇，画各种表式十七种，修筑信固汽车路六十里，工程四阅月。费钱两万有奇，文武兼操，日益加劳，非余之精力，谁能任之？

太原日记

九月十五日黎明，去罗山，日夕抵信阳，乘京汉火车，十六日抵直隶石家庄，欲至山西太原，以备参观政教风化。

九月十八日，乘正太车赴太原。

路经获鹿、井陉等县。群山纠纷，疑无车路，乃铁轨顺山谷边涯凿石穿穴，危险万状，倏睹娘子关，峭壁千仞，山峰危耸，洵有一夫当关百夫莫渡之要塞。过寿阳，山峰危崖，尚不少减。及至榆次，始见平坦，遥望太原西一带，犹有

---

① 包荒，又作"包㡛"，谓度量宽大。《易·泰》："包荒，用冯河，不遐遗。"王弼注："能包含荒秽，受纳冯河者也。"《说文·川部》"㡛，水广也"。——编者注。

高山绵亘无际，所谓天险之区，民之交通，甚不易也。惟山多出煤，几乎无山不有，惜开采乏术，虽赖人工，但获利绝少，交通滞塞，畅销亦难。愿热心兴利者，盍速筹而虑之，把握煤权，无令他人窥伺焉。

九月十九日，游观太原街市景物，一新电杆遍贴训辞，嘉言百种。衙署门外，咸勒除四害之石碑，真可谓救国之妙诀，先从教人下手。晚登北城远眺，东西皆有大山，连绵不断，惟南北平坦，城居汾河左岸，雄大堪羡。

九月二十日，游观终日。

夜思晋之省垣，三十六里有奇，八门八关，左右皆崇山峻岭，西靠汾河，虽南北平坦，亦可称可攻可守之区。此间父老，言皆和平，足征阎督之治，教化之功，可谓全国无两矣。忆昔唐虞之兴盛，实晋基之。

九月二十一日，晨间信步至海子边公园外大观堂，兵队群集，入自省也。

嗣八钟半，四民咸集，一长官领省，余入参观，为众推让讲演。盖每星期如是，使人民日进乐境而不自知也，移风俗之利器，真奇想之妙方。

九月二十二日晨，观开化市场，秩序井然。

嗣观法政学校。该校长引至各堂授课室、图书馆、阅报楼、教室、礼堂，一一参观，其秩序陈设，井井有条，睹其文风之盛况，洵可模范全国矣。赠余该校十八周年纪念及一览等书，详为检阅，洵堪令人羡慕。其办理之妙，高出他省千万矣。

游行述略（1924 年 9 月 23 日）

九月二十三日，游观多处。嗣至国民师范学校，徐学监、刘殿棠君，引余逐室参观，有一钟之久。其校基之宽大，堂舍之罗列，尤征规模之宏远矣。余终日游览，乐而忘倦，感念晋省政教风化，数年于兹，今始达到参观之目的，夜归思不能寐，遂起著游行述略以志之。

余尝好游名胜之区，每每留心时务，惜才不逮，不得大尽国民一分之心。近自客秋去鲁，由直豫至晋之太原，见其政教风化，与他省较之，大相特殊。军警市廛，均有秩序，会场、电杆，遍贴训辞。凡关于国计民生之事，悉力举行不遗。及参观法政学校与国民师范，其内容外表，井井有条，师资学业，著著高尚。余以谓潢潦之水，始觉望洋堪羞。游览数日，乐不知倦，自谓景慕多年，方得达到，瞻仰圣人文物风化之治之目的矣，并著《晋西行》以志不忘：

生居东海滨，久不逢圣人。西游晋省域，景物色色新。四民皆安业，政教无与伦。为问市井老，咸颂阎督军。全国称模范，名实俱属真。爱民如赤子，教养法古今。他省为官者，何不学圣人。拯民出水火，速立富强根。务使我华族，永寿万岁存。上不愧祖德，后福遗子孙。敬祝同胞执柄者，盍尽劳瘁救国民。

此乃晋省《山西日报》社登余之稿也。

敬贺山西父老书（1924 年 9 月 27 日）

九月二十七日，忆他省政局之黑暗，人民之涂炭，山西人民之幸福可忻，遂作《敬贺山西父老书》以遗之。

我国近来，内氛不靖，盗匪日炽，民之水火，已不堪问矣。惟公等山西，政重教养，黎庶奠安，熙来攘往，永无匪患，公等洵有桃源之乐。此其可贺者一。

晋之官长，咸负治民之责。不避艰辛，不惮劳瘁，务使莠民去恶迁善，同趋乐境而不自知也。此其可贺者二。

今晋省千余万同胞，咸体长官忧民之苦衷，农工商士，各勤其职，男女老幼，各安其业，事蓄有余，凶荒不呼庚癸。家给人足，迭世不虞饥寒。此其可贺者三。

公等官长，久已大施富强之术，教尔才能，福尔身家，各村闾长副督率子弟，循规蹈矩，奉公守法，同造幸福于无穷，此其可贺之中尤可贺也。

公等淬厉精神，助此圣治，务使晋省，富逾文景，安迈成康，郅治之隆，驾三代而上之，方不负长官爱民之苦心，此尤令人重贺晋民共享永寿于万岁也。父老兄弟，盍同勉诸。

此为《山西日报》社登余之稿也。

留别山西父老书（1924 年 9 月 30 日）

九月三十日晨间，信步出南城，顺汽车路行六十里，直抵古唐村之晋祠。

一望古柏参天，老槐繄地，巨者围有五丈之粗，庙宇依山，重叠壮丽，石洞深阔，如夏屋然。下有巨泉涌流，响澈惊人。问诸土人，盖周成王剪桐戏封唐叔之地也。

余之太原游历多日。蒙诸贤人君子邀约，讲演凡七次。参观名胜，处处有益，如图书馆、博物院，如洗心社、自省堂，咸为国计民生而设者；如拒毒等会，如制造各厂，咸为富民强国而办焉。即如兴学、讲道、练兵、习战，亦迥与他省殊，足征圣术施行，无不蒙泽者，良以此也。余盘桓低徊，留之而不能去云久之。临行，作《留别山西父老书》，借以达意。

余游行晋域，屡蒙各界欢迎，未能久留，抱歉良深。敬赠芜言，谨为父老颂。

公等长官，勤政爱民，造尔幸福，罄笔若记。略举数端，祈为留意。其迫天足，为救女界之残疾，故不避嫌怨。力除恶习，使女界同胞，永洗酷刖之惨。

祛病壮体，转弱为健，共享天足之幸福于无穷，乐何如之。其迫教育，为救无才能之同胞，故不惮劳瘁。力图普及，使蒙昧永无茅塞之虞。益智增识，做事有方，同享聪明之幸福于无疆，庆莫加焉。其倡实业，为救无恒产之莠民，故不遗余力。催督振兴，使游手永存事蓄之积。余一余三，凶荒有备，群享饱暖之幸福于无涯，幸莫大哉。

总之，富民强国之良法美意，谅父老久已感戴，勿庸赘述。惟愿父老兄弟、姑嫂姊妹，上体长官拯民之至意，督率子弟竭力同心，共造幸福于无穷，功德推及全国，言行师表全球，方不负长官爱民之苦衷。倘余重来晋域，兴会尤倍增焉，岂但省称模范而已哉。愿父老兄弟、姑嫂姊妹其共勉之。

返乡日记

十月五日，乘正太车赴北京，夜抵石家庄火车站。

骤见民夫驱车马，登京汉火车，盖将赴前敌，以备运输也。心忆南北战争，惹外人之嗤笑。同室操戈，手足自残，问诸伟人，是何居心，当有以明告同胞焉。

十月六日，乘京汉车抵燕京。

遽闻友云，近来京都搜捉车马，日益加甚。凡粮店、磨房之骡，按门搜索，无一遗者。余答以兵凶战危，动扰百姓，自古皆然。惜此次乃为手足自相残耳。无论谁胜谁败，无非空耗我民之脂膏，凿丧我国之元气，诚可惜哉。敬告英雄自居者，盍化干戈为玉帛乎。

十月八日，乘京汉车抵天津。

遽闻水路不通，问诸逆旅，多言双方扣留中国商船。惟外国轮舟尚能开驶，遂登通州轮船，将开赴芝罘。幸与仲墨园①君偕行，尚不寂寞。乃仲君者，吾黄

---

① 仲跻翰（1885—1974），字墨园，山东黄县海岱乡河口成家村人。幼年丧父，早年曾赴东北做学徒和经商。后因目睹日俄侵我东北日甚，弃商习武，先后入黑龙江陆军小学、北京清河陆军预备学校和保定陆军军官学校步科五期。在军校时，曾编辑出版了《中国最新官话注音字母讲义》，推广扫盲识字。军校毕业后，入中东路护路军司令部服务，1923年投晋军，先后任连长、营长和晋军46团上校团长。1926年秋，入山西航空预备学校学习飞行，是中国航空教育史上年龄最大的学员。1928年8月6日，任第三集团军总司令部航空处处长。1929年9月任山西航空学校校长。1930年1月任山西陆军航空大队大队长。1931年10月，任山西民航局检查处处长。1932年3月，任晋绥军航空队队长。1934年夏参加庐山军官训练团，任副中队长。1935年2月，赴日本考察军事航空，5月归国后著成《日本考察记》。1936年8月任中央军校高等教育班第五期少将副主任，同时兼任晋绥军军官教导团第二期学员总队队长。1937年6月随杨虎城赴欧、美考察军事，归国后著成《东西洋考察记》。1939年6月，调任军事委员会驻伊犁军事研究所少将主任。1945年6月15日，任陆军步兵上校，1946年5月16日升陆军少将，1948年初，应河北省主席、河北保安司令楚溪春之邀，任河北保安司令部中将参议。同年年底赴台。——编者注。

人也。事母孝，敬兄悌，处事忠，交友信，待人以礼，见利思义，取物尚廉，行己有耻，洵可谓今之古人，早为吾黄人士所素钦敬而仰慕者，良以孝悌忠信礼义廉耻为敦品也。

十月十日，抵芝罘。沿海戒严，下舟登岸时，见列军警盘查来历，并将姓名、年岁、籍贯，重为登记于簿。检查行装，尤加甚焉。余心坦然而嗤之，意谓天下本无事，而庸人自扰之，此等海岸，何用如此之多心，尽人而搜查之，亦恐防不胜防矣。

十月十一日，乘烟潍汽车，下午一钟抵黄县城。遂至各机关见诸同仁，欢谈契阔，言意均无尽也。

十月十二日，旋里门，家人已欢迎之矣。村众亦咸来问讯。忆昔时出游旋里，众皆不如是之亲热。世态炎凉，从古如是。次日午后，在大街对众宣布山西省之德政，治民之要法，与山东、河南、直隶之风俗，众咸大悦。

志成中学讲演（1924 年 11 月 11 日）

十一月十一日，在志成中学校，说山西政教风化之美。嗣连数日参观学校多处。惟至诸由观南大庙，见真乙观内之学校，乃东洋留学生李殿昕君等创办二十年，甚形发达。近来募捐两万余千，增建校舍数楹，校室焕然一新，学生日益进步。若李君者，以博学宏才之资，而能为该方青年造福，若是之极。募捐巨万，规模久远，其人之伟量，不问可知。若此人者，洵可谓丰功伟烈，彪炳千秋而不朽云。

明伦堂讲演（1924 年 11 月 16 日）

十一月十六日，为众友邀约，至明伦堂助说教育。

观诸同仁欢迎加赞者，洵为高尚之识见。虽系学界人多，惜不一致进行。彼冒兴学之名者，旧习不除，何以能任师表耳。愿掌教育之同胞，盍振刷精神，力改新焉。

余自游行年余，足履数省，到处参观，风俗辟塞、社会良否与夫政教清明污浊，一一观之于目，记之于心，转叹世道之颓靡，人民之涂炭，更难为愚氓道焉。彼高明者，谅早洞悉潮流之污点矣，有志改造社会者，盍留意焉。

候士泊学校讲演（1924 年 12 月 3 日）

十二月三日，在城东诸由乡候士泊学校讲堂，说教育进行法及学生求学法。

听讲男一百五十人，学生居多，列坐静听，一堂为满。院中环立，寂然忻然。是日，为该校代理校长程致中之特邀，与前女学校校长程光烈之订约，故有是会。若二君者，洵可谓热心教育之人也。将来造福青年，未可限量。

十二月三日上午十钟，在候士泊大街。

助讲：程光烈。

招待：程光烈、程致中、程元兴、张义斋、李声远等。

演题：说女学、天足，欲使女学进办，天足实行。

听讲：男三百五，女三百人。农、学居多，井然不紊。该村程光烈君欲倡开乡风，故有是会，可谓热心。该校学生戎装列队，鼓号震天，童子军旗五彩夺目，临场唱歌，精神活泼。教员张义斋戎装率队，持刀指挥，大有尚武之概。观学生之应答，足征教练之完善。

蓬莱冶张家学校讲演（1924 年 12 月 3 日）

十二月三日下午二钟，在蓬莱冶张家村学校讲堂。

演题：说新旧教育之利弊，欲使学生知所适从。

听讲：男七十人，学生居多，列坐静听，寂然不紊。该方热心社会者程光烈君，欲大开学风，特为邀约，一日之间，连开三会，可谓热心之至。观该校长张仪堂办学之毅力，洵堪令人钦佩。嗣闻张君办该村公益，进行不懈，一方蒙福，盖有年矣。若张君者，洵可谓造福社会，精神矍铄，老当益壮者也。

大隋家学校讲演（1924 年 12 月 11、12、13 日）

十二月十一日，下午七钟，在云台乡大隋家村学校。

演题：说现世界之潮流。

听讲：男五十人，农界居多，杂坐不紊，听者咸乐。余曩年曾在该村创办此"拨云学校"，教授二年，学生出就来学者甚众。故该村人乐聆余言，谈至半夜，而犹不知困倦也。所谓信仰日久，言听意适，无不乐从者。

十二月十二日，在大隋家学校。入夜，说山西省政教之美，听者点头称颂，无不欣羡加赞。

十二月十三日，上午七钟，在大隋家学校讲堂。说山西省政教之良。大书其要于黑板云：赃官污吏、劣绅土棍，为人群间大害，依法律手续，非除净不可。又书云：有为一村好的，妨害一村人，莫把他让。有为一乡好的，妨害一乡人，莫把它让。此等要文，业已刻碑，竖于各衙署门外、各城门外及通都大邑矣。足征山西政教之良，非他省所能望其肩背。

听讲者七十人，学生列坐，窗外环立。观学生应答之敏捷，足征教练之得法。余欲代该校教员姜亨斋鼓励学生，故有是说。使知民国之官格，当以山西督军兼省长阎锡山之政治教化为模范可也。否则，失其官方，无不称为民贼，尤令学生知仰慕善政，儆惩官邪，以备改良社会之资料耳。

朱家村讲演（1924年12月15日）

十二月十五日上午八钟，在本村朱家大街。说各省之政治，及说近来亡国之惨状。嗣又宣布日本强迫我中国二十一条约。故我国同胞一体反对不承认此等卖国贼与订之条约。

一，辽东半岛之租借，自一千九百十五年起，展期九十九年。

二，南满洲铁路条约延长九十九年。

三，南满洲警察及行政权让与日本。

四，日本在南满洲得居住、经商及购买土地之自由。

五，安奉、吉长铁路租界条约延长九十九年。

六，承认内蒙古为日本独享之势力范围。

七，胶州之铁路及德国所有在山东之矿山、铁路、实业，让与日本。

八，烟潍铁道及龙口支路之建筑权，让与日本。

九，承认福建为日本独享之势力范围。

十，自福建至江西、湖南之铁路建筑权，让与日本。

十一，福建省内之矿山、铁道及其他实业，应由日本与中国合资兴办。

十二，中国海陆军须聘日本人为教练官。

十三，中国教育、财政、交通各部，须聘用日本人为顾问。

十四，中国学校之教授外国语言者，须教授日本语言。

十五，汉冶萍盛宣怀借款之事须办理清楚。

十六，凡授给矿山、铁道及其工业之特权时，须询问日本之意见。

十七，若中国有内乱时，须求日本武装之辅助，日本人担负中国之维持秩序。

十八，中国煤油特权，让与日本。

十九，开放中国全部，使日本人自由经商。

二十，中国政府允许凡沿岸港湾及岛屿概不能让或租与他国。

二十一，中国政府须允许日本人在中国境内布教自由权。

请看亡国之民，不如丧家之狗。再说河南罗山县国耻纪念日印出亡国后之惨状云：有财产者，不可不看。有父母伯叔、兄弟姊妹、妻妾子女者，不可不看。

呜呼哀哉！我中华民国将继朝鲜之后矣。朝鲜何以亡，亡于人民无爱国之心，无团结，无血性，不知国耻之何谓也。朝鲜既亡，日人恣意诛杀，侵掠财产，奸淫妇女，尸满沟渠，其惨无人道之情形，言之令人发指。其朝鲜亡国后之惨状，略述一二如下，请吾同胞细细一看：

当时日本人虐待朝鲜亡国人民永禁之苛法：一，不许设立学堂教授朝鲜文字，绝你知识。二，不许与他国之人交际，绝你外援。三，不许三人成群同行，防你结党。四，不许谈讲朝鲜国语，使你忘本。五，不许家藏铁器，防你恢复。六，不许开会结社，解你团结。七，不许铺设床榻，作你畜类。八，不许民间储财，绝你衣食。九，不许言论自由，禁你伸冤。十，不许青年娶亲，减你种族。

凡一举一动，无不时时监察。虽一至微字纸之篓，污秽之帚箕、垃圾堆，亦必派有侦探察视密查，或稍有违禁，小则立遭其永远监禁；大则立被其戮杀，无辜受其荼毒者，指不胜屈。日兵复纵火焚烧街市，劫夺财物，奸淫妇女，无所不至。呼号之声，震动天地。

今日人复大肆其猖獗，妄议"二十一条"之要求，以图我中华民国，阳称东亚和平，增进两国邦交，实则阴施残暴，割我土地。以我堂堂中国，转移为区区日本之藩属。同胞，同胞，要知今日之势，政府虽力自抗议，其实不免退让和平。嗟我同胞，宁为断头鬼，不作亡国奴。速速力结团体，快快奋起精神，勿遭日本之惨毒，勿步朝鲜之后尘。万众一心，惟有勿用日货，先绝其生计，勿受其重价，不营与粮食、牲口，切勿贪图一时小利，而受将来奴隶苦恼，坚持到底，始终一致，免得被人讥诮。

呜呼！朝鲜乃一最小之国，日人虐待防备，惨已如是。而我中华民国，人民多其数百倍，地大其数千倍。若步其后尘，则受其虐待，遭其惨毒，更不可言喻。同胞，同胞，速速兴起，快快救国，以免田产没于异族，妻子夷为奴由。当此时，非人人奋起，万众一心，不能保我完全独立之中华民国，祈吾同胞鉴之。

由此等印刷品观之，足征爱国之士，到处皆有。深惜该县守旧者多，有负热心青年。非高校倡办，小学和从，安有如是之活动。将来改造社会，非此等伟人，不足以速收效功，请告该方倡旧挠新者，甘入邪途，扰乱社会，岂不大背孔孟之道哉！

上山东省长龚积炳条陈（1924 年 12 月 21 日）

十二月二十一日，拟上山东省长龚积炳①条陈：

---

① 龚积炳（1871—1934），又名龚明贤，字伯衡，安徽合肥人。清末举人。1925 年 2 月，任山东省省长，同年 7 月去职。后一直寓居天津。——编者注。

呈为条陈事。窃我山东内乱不靖，外侮未去，盗贼充斥，民不安业。省长虽求治甚殷，爱民心切，苟一用人不当，必致措施乖方，既不能收指臂之效，亦难遽奠民安。公民尝视察社会，恒以邦土关怀，谨筹十策，愿助仁政施行。

一，慎选守令。二，速办自治。三，扩充乡警。四，清查户口。五，安插游民。六，厉禁烟赌。七，强迫教育。八，剪发放足。九，劝课农桑。十，积谷备荒。

此十策虽为人所常谈，然公民筹有办法，迥与昔异。若每条逐陈，罄笔莫倾。倘不以刍言见弃，相其风俗人情，亟宜通令全省，力行不怠，必收指臂之效，则山左必奠安矣。谨禀省长鉴核施行。

抄录《吊日本地震仿阿房宫赋》
（1924 年 12 月 23 日）

十二月二十三日，特录本年正月十四日《大中国报》载《吊日本地震仿阿房宫赋》，以供众览云：

嗟东京，叹横滨，火山崩，大地震，面积三万方里，惨无天日。房屋东倒而西折，继以火焰，全市焦土。波及宫墙，五步之楼，十步之阁，摧朽拉枯，一片瓦砾。震炫动荡，无分城郭。轰轰焉，烈烈焉，火光四起，不知焚几千万处。长桥摧折，有路不通，名贵建筑，付于祝融。尸骸枕藉，迷惘西东。无线电台，柱折台崩，海潮怒啸，助以飓风。一日之内，一国之间，而靡乱不堪。

妃嫔梦折，太子避难。辞朝下殿，昼夜不眠，躬亲赈济，天子可怜。火势熊熊，烧屋宇也。楼台荡荡，地剧震也。雷霆霹惊，火山崩也。遥遥远望，杳不知其有东京。一草一木，尽成灰烬。伫立远视，惨惨甚焉。极力经营，一千余年。东亚之收藏，欧美之珍宝，朝鲜之精英，几世几年，取得于我，堆积如山，一旦不能有。天意其间，金玉珠石，男妇老幼，毁弃伤亡，邻国视之，宁不甚惜。

嗟乎！一国之灾，千万邻应救也。日正强盛，侵略我支那，奈何取之过得意，毁之如泥沙。使长崎之屋，多如电影之倏忽；铁甲之船，多如飞凫之翻覆；宫城皇皇，多如在野之邱墟；瓦石参差，多如当年之荒岛；死亡载道，多如当年之战场；啼饥号寒，多如当年之乞丐。使一国之人，不敢笑而敢哭，人民之食，日益断绝，四口叫，富士火，地震一炬，可怜焦土。

呜呼！大地震者，日本也。山崩火出者，天也，因地震也。嗟夫！使日本能昭天和，或足以感天。天复以爱日本之人，则取消二十一条，交还旅大，谁得而不感焉。日人不暇自哀而支那哀之，支那哀之，使觉悟之，勿使怜人再哀怜人也。

由此等报纸观之，足征热心有人。

上孟家、大脉村、上孟家学校讲演
（1924 年 12 月 29 日）

十二月二十九日，至城西官埠乡五十里，在上孟家学校讲堂，自上午十时至十一时半。

助讲、招待者：该乡教育会长孟昭泮、教员孟庆修。

演题：说山西省政治与教育，欲励学生，知所以救国法。

听讲：男一百人，学生居多，列坐静听，精神贯注。该校办理多年，成效优著。观学生之活泼，足征平素教练有方，若二孟君者，洵可谓教育界拔萃之人也。

十二月二十九日下午四钟，在黄山乡大脉村学校讲堂。

助讲、招待者：该校教员崔子才。

演题：说改良社会法，欲使学生立志爱国。

听讲：男五十人，学生居多。参观该校办理有效，故有是说。虽非正式开会，亦为报告，不没其办学热心。

南吕家学校讲演 （1924 年 12 月 30、31 日）

十二月三十日，至龙马镇区，自上午十钟，在北马南吕家学校讲堂。

助讲、招待者：吕成梓。

演题：说山西政治之改良，欲使咸知晋民之幸福。

听讲：男六十人，学生居多，列坐静听，点头称是。该校长吕成梓，欲励学生，故有是说。观学生之精神，足征教练之得法。观校舍之建筑，尤征热心人多。该校将来之发展，未可限量。嗣观女校之办理，尤多权宜之方，继观女学生吕淑珍、吕淑蟾等作文，立意得法，下笔有方，其文理尤为通顺。二女士非天资明敏，奚克臻此豁达之佳作，洵堪嘉尚。

十二月三十日，自下午一时至四时半，在北马南吕家村大街。

助讲：吕成梓、吕珪甫、王禹任、臧善堂、孙汝砥、吕遵尘、于吉甫。

招待：吕成梓、邵声九、王贤亭。

演题：说教育之要点，使知培养人才之真窍。

说：今日开会，本为热心倡办男女学校吕佐才先生之邀约。大家要知，我中国受外国人欺，诚因我中国没有好教育。早前所读的书，名为圣人道，所教育的并无一点圣人道。孔子教徒弟三千人，身通六艺者，七十二贤人，可见孔子之道，专以六艺为贵的。早前私塾礼乐射御书数六个字，一个字也不教，强说是孔子道。见今学堂里，六艺一个字也不缺，偏说是随洋教。这些老先生满嘴说胡话，民国行剪辫，他偏带着满洲鞑子的丢人的记号。民国行天足，他偏用力缠他闺女的脚。民国行国文与国语，他偏读四书。你说他痴不痴？所以外国笑我中国四万万同胞，不入学的痴，不认字的瞎，不天足的瘸，讥诮我们一国病夫。是笑我同胞，痴的有三万万五千万，瞎的也有一多半，瘸的有一半。你说这么一些残疾人，令人可怜不可怜罢。愿大家劝邻里劝亲友，快入学校，求知识，使不痴；多认字，使不瞎；行天足，使不瘸。十年后，使全国病夫变为强壮人。去消耗，兴教育，积钱财，捐学校，先救人，后救国，这才是真读圣人书，真行孔子道，再休听顽固老先生满嘴胡说啦。

听讲：男三千人，女一千五百人，学、农居多，秩序井然。是乃该男女两校校长吕成梓、教员邵鹤立邀约讲演，故有是会。届时，学校戎装率队，到者有尚家，又有赵家南、北二校，及北马兴复（学校），均国旗高竖，鼓号震天。又，柳杭、朱占、吕家男女二校，亦列队来场，八校学生应答声震，敏捷可嘉。嗣八校合操，大形尚武，作乐唱歌，声调激扬。观众学生之精神活泼，足征教员之教练高尚。观助讲者之恳挚，足征爱国人多，可云盛矣。

十二月三十一日上午八时，在北马南吕家高等班讲堂。

演题：说立志求学与改造社会，欲使学生知有所为。

画农工商兵及强弱兴衰各图于黑板，逐条分析，借以形容之。观听者八百人，咸悦目警心。该教员邵鹤立热心社会，欲借励学生，使知有所为，故有是说。该校师徒练拳有术，大形运动，人之欲健壮身体兼祛病延年者，盍留意速效行焉。

录志成学校事实之说文

民国十四年一月一号，在城南关志成中学，偶见校室内有该校事实之说文，余因有感，回忆客秋劣绅嗾使昏暴县知事于璜，率警砸学（校）殴（学）生，致使群起公愤，联名上控，虽赃官去位，然大辱奇羞，未能完全昭雪，可见政局之黑暗，令人兴怀浩叹，故谨录此文，以飨阅者，使知青年学子虽遭酷吏之侮辱，而犹能发奋若是也。

噫！官绅之恶劣，甚于土匪盗贼焉。

志成中学缘起和成立一年的经过：我是志成中学一个学生，到这学校肄业已经一年。回顾今日所处的地位，不免引起我心中对于本校的感想。因此，我持着平正的态度，把志成中学缘起和成立一年的经过写出来，做个纪念。

凡人做事，必须勇往直前，方能得美满的结果。畏首畏尾，没有一定的方针，不能一致进行，是决不能成功的。赵校长（指赵踽先）在县立中学的时候，极力刷新校务，聘请新旧硕学为教师。对于学校的精神上、事实上，一切的设备、组织，虽不敢说是极好，然与该校往年的情形开比例，不能不算是一番的进步。从前的种种黑幕，竟从赵君接手，一变而为光明磊落了。不料，黄县旅京学会的学生于上年民国十二年四五月间，遍处飞扬印刷品，诬蔑赵校长的名誉，同学去书驳正，连驳二次，彼就自休。及到该校放了暑假，将近开学的时候，竟来了公文，调赵校长，另委吕瑞洲为新校长。吕氏到校就职，就闹出许多笑柄。我们学生遭了无处诉冤的痛打，同学张鸿儒、山恒鉴、戚庆深、杜永趾、王守宸、于继梅六人，竟受了拘留的侮辱。从此以后，我们同学团体，愈坚不顾军警的干涉，将书籍、行李等一概搬出县立中学，到明伦堂会议进行的方针，并请求各界协助集资，另办中学。各界人士，为意气所激，都踊跃争先，帮忙成立新校。学生监护人王禾千先生等倡于前，范省斋、林君启、姜敬庵、袁义亭、王谏堂先生等继于后，志成中学就办起来了。

各处青年学生不肯入免费的官学，甘愿纳费来本校肄业，这里边的缘故，明眼人当不待细说了。新中学的地址，在黄县南关租赁校舍一百余间，新筑校舍七八十间，运动场三处，面积官亩二十余亩，屋舍是很整齐的，地面是很宽敞的。旧日的各位老师茹紫文、刘巨川、董子明、王克忱、杨叶五、张玉佩、张梯青、张兰坡先生等，爱护我们无主的学生。客籍的都情愿半薪教授，任职三年。本籍的都愿意全尽义务，不支薪水。我们老师这番的恩德，真是令人感激不尽了。赵君竹容被学董推选，复任校长，原有的学生都同意一致，愿来新中学就学。

这新中学于民国十二年九月二十六日，即夏历癸亥年八月十六日开学，次日正式上课。校名取乎"志成"，顾名思义就知这"志成中学"根本的意义了。自从开学以后，过了三个星期，袁子麟先生的太夫人，不待劝说，捐助本校设备费银币一千元。本校就请张梯青老师到上海购买物理仪器、化学药品、博物标本等，后来陆续采办几次，今日全校的设备价值六七千元，在山东中学里边，差不多是数一数二的了。所以各县学生，闻风兴起，都负笈担簦而来，不到一年，新旧同学竟从百余人（增）加到三百余人。私立志成中学校的招牌，很有一点光彩夺目呵。当着我们的两次旅行到龙口、蓬莱，很受地方一般人的赞许。所赞许的是什么呢？就是我们学校的精神，我们学校的学生素日间在学校里，是非常的亲热。出外的时节，同学虽是三百余人，秩序却很整齐。就是本地的军警，也都一口同音地称赞。这是本校外表上一个最大的特点。

再论到本校的内容。我们学校开办一年，并无监学。同学们严守秩序，爱护校具，校友会的风纪科与学校合作干事员，是非常的热诚。所规定的会章，也是非常的实用。校友虽很多，人人都怀着法律外无自由的心理。本校是学生团体所成立的，一切的秩序自是要公众维持，因此同学人人都抱着爱学校一种观念，同心进取，力求团体的发展。本校学生和老师们的融洽关系，较在县立中学的时候，竟是胜强百倍的。无论做什么事，都是协力合作一致地进行，抱着一种乐观，这不是本校将来繁荣现象么？加以各界对于本校，知识阶级热心服务，资产实业量力输财，所以本校发展，大有一日千里之势。

这是因为我们有强健的学董，主持校务的能煞费苦心，学生又能热爱学校，才有今日这般的好现象。若用现在去推测将来十年，训育而后，莘莘的学子，在中国社会中，定能收伟大圆满之效果，为胶东学子增光，为地方群众造福。这并不是我们侈言来点缀我们的学校。它实在是有无量的前程呵。今后所最希望的，对于本校的教育事业，当越发加力地扩充，方能勇往直前。我们今日所处的高厦，不难变为数层的楼宇，今日的中学也不难增设大学了。有人说道，我们一个小地方，如何能办得两个中学呢？我便诚恳地答复说，我们黄县岂止两个中学，连教会上的崇实（中学），不是三个中学么？官办学校，动不动受党派的动摇和摧残，若是长此以往，求学既受痛苦，又将可贵的金钱、有用的光阴，都抛在无用的消耗。我恐怕黄县的教育要一蹶不振了。因为这个缘故，才发起志成中学。况且私立学校，各国都很重视。我国私立的学校，以个人的热心，得最好结果的也是所在多有。例如天津的南开学校，在十年前不过是一个平常私立中学，今日早已添设大学。其发达且为国立、省立学校所不及，志成中学的将来，一定也是灿烂光耀的。

我认定，它在中国教育上文化上，都有重要的关系。本年九月二十六日，为本校成立第一周（年）纪念，不消说是要庆祝了。我们先期筹备演新剧，习运动，征集成绩等，在这开会期间，展览三日，使来参观的明白我们学校内容的真相，好给个公道的批评，热诚的帮助，恳切的指导。第四学年学生李春海。

由此文观之，足征该校受侮的学生，经历之苦衷，誓志之坚固，求学之决心，及职教员倡办之热忱。洵堪令人钦佩。该校将来之发展，未可限量矣。

《鲁直吴豫晋五省游行略记》跋

余自奉委巡行讲演以来，五年于兹。到处开会，察查风俗人情，无不便笔以志。逐观热心爱国之人，每详志于报告册之（中）备考以褒扬。至于男女教员、男女学生，咸多率队来场，或助讲，或作军乐、雅乐，或唱歌奏琴，无不各尽其妙。甚有练拳者、体操者，或多校合操者，无不精神出众，英武堪夸，到处观士农工商、男女老幼来场者，尤多喜形于色，始终不倦。学生应答，声震天地，全场鼓掌，犹如雷鸣。可见风气之开化，远胜从前。余每临场而乐：一乐各校职教员之热心。二乐众学生精神之活泼。三乐同胞之开化。四乐风俗逐渐之改良。五乐我国家可期富强，不至有亡国灭种之惨剧。

余故每年周游各方，恒开数百会，永不以为劳者，乃乐之使然耳。然又感各方通函相招者，觌面订约者，托人寄信者，及热心社会忧国爱民诸君子之邀约者，余无不克期以践之，实因感激其急于改造社会以拯吾同胞之决心焉。吾每为忆，故谨自为叙述，以志各省各县各方热心改造社会诸伟人，为我国家人民力造幸福，以乐于不忘云尔。

余每到处，除开会、讲演外，在各处机关、学校，谈时务，论风俗，矫俗习以正之。凡关于国家社会、世道人心者，无不力辩疾呼，以期唤醒同胞为天职。爱我者，咸谓热心。憎我者，多谓强辩。余惟不计其爱憎而喜恶之。故维新者欢迎之不暇，守旧者亦乐于招待。是以连年在各处开会。农工商士，男女老幼，无不手舞足蹈，鼓掌欢呼，喜听而乐道之。实因余之生平能以言行相顾，以身作则也。否则，未有能取信于人者。故敢敬劝同胞，欲立言立行立德立功者，须怀欲正人必先正己可也。尤愿有权有势与热心社会之同胞，尚望力为提倡种种事业有益于我国计民生者，实余之所至感焉。

除酷吏禀

附录：山东（黄县）旅济学会、齐鲁大学六代表《除酷吏禀》一纸，借见青年学子为国家社会锄奸除恶之决心，洵堪令人钦佩。禀云：

呈为违法殃民，公恳迅予撤惩事。窃黄县知事于璜，本算术教员，不谙公事。赃金到手，视法律若弁髦。情面当前，以人民作鱼肉。非刑诬服，罪及无辜。纵警殴人，害及教育。莅任以来，此种倒行逆施之事，层见叠出。政声之恶，尽人皆碑。累经绅商、各界联名，禀呈在案。乡民负冤上控者，亦数有所闻。乃公一无表示，于某地位，照常巩固。恶劣手段，照常施行。而小民亦照常处于水深火热之中。岂以某地盘有重于四十万人民处耶！不然，国家设官行政，造福民生，岂容此等奸恶，一刻充席滥竽乎？生等本欲缄默，奈桑梓攸关，义难袖手。故敢冒昧陈言，以上达舆情。庆父不去，鲁难未已。恳我公迅予撤惩酷吏，以苏民命而安人心。谨呈山东省长熊。

黄县旅济学会代表王翼文、范迪瑞、王惠畯、牟振懋、赵鸿振、赵常林等谨呈。

前后控者百起，俱登宣言及各报纸，故不录。

为赃官铸铁像宣言

附录：山东黄县为赃官铸铁像，使知山东政局之恶劣，官府之黑暗，公民之愤激，人民之涂炭，热心国家社会与忧国忧民者，盍速为慎择良吏，以奠民生焉。

黄县知事于璜，出身鄙卑，依势妄为。昔充笔算教员，曾以夤缘得荐，潜结恶劣议员，阴图黄邑县宰。莅任半载，恶剧万状，甘为劣绅之鹰犬，自图似狼附狈，觍颜宦途之狗鼠。凭借狐假虎威，加以残忍居心，荒谬成性，引用群小，摧残善类，砸学殴生，诬贞为淫。滥押无辜，纵警杀人，谈者尽皆色变，闻者无不伤心。又复剥民脂膏，弁髦法律，受贿则丧心枉法，审判则是非倒置，坐视盗贼充斥全境，抢劫殆遍，闾阎怨声载道，冤抑哭诉无门。是以呼拯接踵，讵料百禀无效，任民请命骈肩，上峰置若罔闻。

嗟我黄民，何辜遽尔遭此荼毒。虽云政局黑暗，不识若是之甚。总言下民易虐，未见如斯之忍。于璜本无理民之才，熊君强使操刀试割，全县呼吁百日，永未出民水火，群恳大员慈悲，终不使睹祥光。本欲俯首帖耳，难堪苛政之虐。人尽切齿拊肤，谁忍剥削之痛。岂知压民，如石压草，压极萌出。纵恶似纵寇仇，寇急愤生，是致气愤，风云誓志，共驱丑虏。回想强权莫抗，转念全无公论。时届新年，凄然兴嗟，不期而会，万众群集，愿为熊、于慨然倾囊，铸二铁像，并立道周，使吾同胞，瞩目千载。借儆酷吏，遗臭万年。请看黄县之冤民，窘迫何等之地步！

由此等宣言观之，足征强权不伦，民不聊生，与山西政治较之，洵有霄壤之别。公道自在人心，是故循良吏未有不颂声载道者，酷虐官亦未有不怨言齐起者。历观颂扬千古者，与彼之遗臭万年者，告今握治民之柄者，盍不详睬而择取焉。

破除迷信

尝有友问余，去消耗，破迷信，何者为要？余应之曰，凡近来之消耗，莫甚于烟酒赌讼。吸烟者，足以伤脑。嗜酒者，足以乱性。好赌者倾家，兴讼者荡产，四者实为耗财伤身之大者也。凡我同胞，皆当力戒。

至于迷信，实莫如还愿者、许经戏、焚香纸、祷神祈福种种之恶习，咸为损金钱、耗光阴之尤者。又如丧葬家扎纸货、烧纸箔之迷信，更足令人诧异焉。其父母在生时，衣褴褛，食糟糠，诸儿众妇，互相推诿，不顾父母之养。及父母亡时，刍灵纸马、金山宝库，焚于当路。为子女者，呼其父母，乘轿马，收冥资，遂爇以火。然人既鬼矣，俗传鬼最怕火，试问其父母之鬼魂，岂真不怕火耶？抑亦其真敢冒火，而登乘其纸轿刍马也。有识者，早洞悉其伪弊矣。至于堪舆择地理，多谓出高官，星者卜休咎，多谓享寿禄。试问堪舆、星卜家，何皆无高官、无寿禄？高明者亦早洞识其诈术骗财矣。下及诬觋、鬼祟、符咒惑人之邪术，虽中智人，亦久知其伪，无庸多辨焉。

惟愿吾全国同胞先知先觉者，速为觉吾后知后觉之同胞，务使人人戒烟酒、息赌讼。力去消耗，大破迷信。尚节俭，务实业，壮身体，裕财源，强种族，富国家，使我神明华族，不受外侮之奇辱，大陆神州，永免沉沦之惨祸。十年积聚，十年教育。二十年后，驾全球而上之，方不负神明华族五千年之世胄，亦不负二十世纪竞争之国民，祈吾青年英雄，速为留意，并祈我四万万同胞其共勉行。

历史三字经^①

序

历史者，致知治乱兴衰之鉴也。人苟不明史鉴，腹中枵如，心常茫然。一旦出身涉世，何以竞胜于列强之中乎？若遍读之，尤非人人所能及。余著此简略易读之本者，取其费时无几，获益实多也。凡我各界男女老幼同胞，各备一册，随时讲阅，永无茫然怅惘、不知历代治乱兴衰之遗憾焉。是为序。中华民国十三年二月三日著于豫罗县署。

历代歌

盘古三皇五帝君，
夏商周秦汉两晋。
宋齐梁陈隋唐出，
五代宋元明清民。

历史三字经

人之初，盘古氏。生太荒，莫知始（混沌初开，盘古为首出御世之君，莫知其始）。天开子，地辟丑。人生寅，万物周（天地人三皇，相继御世，而万物逐渐周备）。有巢出，不穴居。燧人后，民熟食（洪荒时代，人尽野处穴居，茹毛饮血，有巢氏教民架木为巢，始不穴居。燧人氏，钻木取火，教民熟食，始不茹毛饮血）。有十纪，八十君。多荒渺，难考凭（世传三皇以后，五帝以前，有十纪，八十六君，多荒渺，无所考凭）。羲农黄，与尧舜。数千载，称圣

---

① 该书封面印有"民国十四年一月出版，山东黄县金玓朱全灤著，黄邑吉祥石印局代印"字样。后为山西太原洗心总社再印，分赠各地。——编者注。

君（伏羲、神农、黄帝、唐尧、虞舜为五帝，君明臣良，醇风汤穆，故数千载，咸称圣君）。禹治水，奠民安。十七传，四百年（洪水时代，民无安土，舜命禹治水。十三年，水患始平。舜禅禹以帝位，十七传，亡于商）。

汤放桀，为救民。廿八主，六百春（夏桀无道，商汤伐之，传二十八主，亡于周）。武伐纣，除暴虐。八百载，鼎乃革（殷纣无道，周武伐之。至幽王无道，遭犬戎之乱。平王东迁雒邑，是为东周，共传三十七主，亡于秦）。孔圣人，生东周。见世乱，作春秋（周自东迁，世道衰微，孔子作春秋以挽救之）。先五霸，后七雄。尚游说，好战争（周之诸侯，五强迭霸，七雄互争。士尚游说，兵尚强悍，并吞不已）。秦始皇，并一统。挡匈奴，筑长城（秦始皇，始并一统。北筑万里长城，以挡匈奴）。汉高祖，起义兵。破咸阳，降子婴（秦无道，刘邦起兵破咸阳，王子婴降，秦亡）。传文景，享太平。至武帝，又用兵（屡征四夷，连年不息。四夷畏服）。平西域，征匈奴。伐南越，天下服（传至文、景二帝，人享太平。至武帝，又用兵征伐四夷）。至孝平，王莽篡。光武兴，为东汉（至平帝，王莽篡汉。刘秀起兵灭莽，号为东汉）。蜀魏吴，分汉鼎。号三国，互相争（蜀魏吴，三分汉鼎，号为三国，互相征伐）。

晋武帝，去州兵。五胡乱，社稷倾（司马炎，吞并三国，裁去州兵，至怀愍二帝，五胡倡乱，帝都不守）。晋元帝，据江南。十一传，刘裕篡（司马睿，据江南，是为东晋。传十一世，刘裕篡之）。齐道成，梁萧衍。陈霸先，俱偏安（东晋、宋齐梁陈，俱偏安江左，是为南朝）。开北魏，拓跋珪。改姓元，分为二（北朝群雄，为魏所并，后改姓元，国分为二）。西禅周，东禅齐。隋文帝，始统一（东、西二魏，为北齐、北周所灭。隋杨坚，始统一中土）。炀帝昏，人心怨。四方起，天下乱（杨广昏暴，人心背叛，四方兵起，自杀国亡）。

唐太宗，起义兵。除隋乱，翦群雄（李世民，劫父起兵，除隋暴乱，扫灭群雄，民始奠安）。武媚娘，改为周。五王入，中宗复（武曌，改唐为周，及张柬之等五王兵入，中宗复位）。唐玄宗，平韦乱。安禄山，又起变（李隆基，平韦后之乱，嗣宠安禄山，后禄山反，陷唐两京）。郭子仪，克两京。黄巢反，唐祚倾（郭子仪，克复两京复唐，后黄巢反，唐祚遂倾）。梁朱温，始篡唐。李存勖，又灭梁（朱温篡唐为梁，李存勖灭梁，号为后唐）。晋敬瑭，汉知远。周郭威，迭相禅（石敬瑭，篡后唐为晋。刘知远，篡晋为汉。郭威篡汉为周，五朝迭相禅代）。

宋太祖，扫群雄。至徽钦，遭金兵（赵匡胤，尽扫群雄，统一中国。至徽钦二帝，金兵掳之五国城）。宋高宗，都临安。传九帝，祚归元（赵构南渡，建都临安，传九帝，亡于元）。蒙古族，主中国。八十年，鼎乃革（元乃蒙古，灭宋而有中国。六十八年，为明所灭）。明太祖，愤灭元。三百年，清入关

（朱元璋，翦群雄，逐元帝。至崇祯，流寇陷北京，清兵入关）。满洲族，欺汉人。孙黄黎，起革军（清乃满洲，法尚专制，欺压汉族，孙文等倡率革命排满）。拒满清，天下应。战百日，民国定（黎元洪等武汉起义，全国响应，四阅月，清亡，民国成立）。

袁世凯，复专制。残同胞，革命起（袁世凯欲专制称帝，残杀异己同胞，革命群起，惧而自毙）。黎总统，守约法。五族和，为一家（黎元洪就职总统，遵守共和约法，视五族为一家）。满洲族，又称帝。坐三日，如儿戏（张勋遽扶宣统复辟，仅坐三日被逐）。国不靖，民不强。南北乱，民遭殃（国以民为本，民不开化，同胞相残，人民涂炭）。民不强，国不立。失共和，灭种至（国民不知自强，国基不固。一旦失去共和，恐遭灭种之祸）。到那时，悔已晚。痛同胞，恐号天（倘国不存，业不自立，人遭残酷，虽呼天挽救，亦属无灵）。大声呼，一齐起。愿同胞，宜勉力（欲一呼全国响应，非同胞自己勉力进步，不足以固国本而御外侮）。

游行略记①

大名道区图

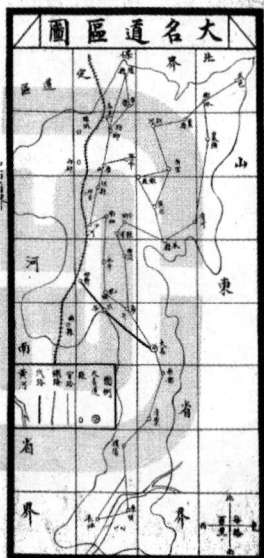

赵踵先序

　　自我主义者，恒借杨朱、尼采以自文，狥大群与小己，而竞逐于得失、胜负之间。世人之毁誉，亦随而转移。时势所趋，滔滔皆是。公益者，愚民之具，谁复信而倡之？朱君璞先生于警世觉民而外，独若不知有己，宜乎见者之疑之忌之非之笑之也。疑忌非笑，未能移其志，其抱负殆有异于当世者欤？开国十

---

　　① 该书封面印有"民国十六年三月出版；山东黄县义士周纬之、赵文堂君捐印；山东黄县金均朱全璞著；黄邑吉祥印务局印"字样。——编者注。

六年三月十六日。赵踵先谨题。

自 序

余历年游行，每著游记，屡为吾邑义士经纬老人及李茂堂君捐资印刷成册，遍赠全国政教商报各大机关及热心社会诸大君子台览，助挽浇风。客秋，在直隶大名道区，助周道尹召南公巡查三十七县，遂又笔记成册，遂被吾邑义士周纬之君、赵文堂君捐资印成一千二百本，奉上各省官绅商学各界台阅，借知该方官民政教及风俗之改良，是周、赵二君捐资印刷之至意焉，是为志。

自古牧民之官，贪婪者多，循良者少。虽有勤政爱民者流，处晚近之世，苟上不能迎合长官意旨，下不能附和劣绅私情，则未有不立遭地方之攻击，遽被长官斥革者。惟真有志勤政爱民之官，不畏势趋驱，不惧力迫者，吾于周召南君见之矣。乃周君者，吾鲁黄人也，前曾留学外洋，归国置身军界，运筹帷幄，屡建奇勋。继乃握篆豫罗，后擢大名道尹，勤政本诸良心，爱民如保赤子。推其仁心仁闻，教养之善，般般可考；睹其善政善教，到处人民，有口皆碑。余乐其为人忠信笃敬，居官宽厚和平，是以不畏一己之衰残，愿助善政，不惮栉沐之微劳，副其苦心。故著此巡查略记，为不没爱民善人，尤愿我国牧民之官勤政爱民，咸如周召南君，民生幸福，不难遽造，国家富强，即此可期。从此民安国富，功立名垂，全球称最，不亦休乎？岂但以循良之目标异于千古也已哉？是为颂云：

燕南本赵疆，土沃多肥壤。谷丰林又茂，父老乐安康。近来遭兵匪，市井多荒凉。匪掠室如扫，兵至索供养。堪嗟大名区，民遭困已极。幸来周道尹，爱民费心机。安民先责吏，命余察政治。提倡农商业，教育亦普及。路政与沟渠，便民兴水利。讲演传习所，选贤牖民智。陋习俾改良，官民咸乐欲。各县争欢迎，乐歌动天地。讵料南北乱，时势亦变迁。北军竟南下，到处逐旧员。道尹遽去位，余亦遂北旋。大功付流水，空负拯民官。略记巡查事，敬祝该方贤。倘有后来者，务助拯民艰。俾民皆安业，额手庆尧天。遥颂诸父老，幸福亿万年。

一巡查手续。每至一县，先着知事召集各界首事，会于署中，说明周道尹为民要政，借询风情利弊，并侦民隐。

一巡查要政。吏治、教育、实业、路政、风俗、民情以及田获丰歉、人民疾苦，随时因症施方，使其痛革宿弊，速为改良。

一巡查地址。衙署、机关、学校、市廛、农商物品、河渠水利，随处详察，逐条笔记，以便考核。预备设法救治，以舒民困。

一巡查方法。对官吏问询民情，对人民谈访官治，至学校语及风俗，至机关话及桑麻。民情苦况，一览周知。

一开会召集。着各机关遍散传单，官出布告，拟定地址时间，俾众周知，故每临场观听者恒聚数千百人。

一开会布置。每到一处开会，先将巡查大旗及四要政布画高悬会场，以资观瞻，并借开端而形趣味，使易感觉难忘。

一开会要具。先将黑板高置台上，凡说到利弊改革要点，图形标字，口讲手画，俾观听者触目警心，容易悟悔速改。

一开会效功。到处机关职员、男女学生，群集欢迎，招待助讲，作乐唱歌，拍掌欢呼，声动天地。观听者咸点头称赞。

一事竣报告。每县巡查事毕，立将所查利弊及开会情形逐条详报道尹公署，酌修备案，借资兴革，励勘廉贪。

一岁终著记。每次巡查，凡关国计民生应宜兴革者，著成游记，岁终出版，邮分各省，借饷爱国同胞，同挽浇风。

以上十则略记大概，余每次开会临场而乐：一乐到处学生蔚起；二乐热心社会有人；三乐各界人多开化；四乐义士多倡公益；五乐敝风次第改良；六乐各业渐有起色；七乐绅富亦知爱国；八乐同胞多知国耻；九乐我国富强可期；十乐中华国将万岁。曩余游行十余省，查阅二十年，开会不下数千，演说恒为连日，巡行奔走千万里，讲演舌敝唇又焦，终不以为劳者，乃乐之使然也。此次巡查之微劳，何足置诸齿颊？中华民国十六年三月日金玓朱全璨识于鲁黄莱峰学校。

余历年以来，游行多省，到处参观风土人情，遂时提倡教育实业。凡有关于国计民生及社会改良之事者，无不笔记于册。屡蒙吾邑热心义士经纬老人及李茂堂君捐印成本，每次分发全国各省政教机关，借助爱国同胞与热心社会诸君子，挽救世道人心。是余厚望义士之至意焉。

今年一月，为志成中学校长赵踵先君聘订为该校学监，兼教练体操与拳术、历史等班，余见举世纷争，徒恃口舌莫能挽救，故亦无意远游，又愧才疏学浅，强允聘焉。

迨至夏历正月间，忽有本乡在各中学肄业学生多人，屡次来舍，求余在本村设帐，愿来受业者十有五人。余见其恳求至诚至切，不忍推却，遂辞志成中学学监之职，遽在本村设一乡校，自春徂夏，按日授课，生徒咸乐听受，俱用心求进，无一息惰者。查其意趣，实系信仰力使然耳，可见青年学子之心理，易于感化之速乃尔也。余设教四次皆然耳。

教至八月间，忽有契友周召南君新任直隶大名道道尹之职，托余之旧友张彦忱君、赵文堂君连函相邀，着余克日就道，前往大名。又有戚维之君，遣使持函来约与偕行。余思不往无以对契友盛意，若往又难以对青年学子从余求学之热忱。情出无奈，遂托余弟全珍代理教授，余遂赴大名府道尹公署，借答周道长及张、赵诸君盛意，并探友人。

赴大名道日记（1926 年 8 月 8 日至 29 日）

八月八日，鸡鸣起，行三十里至黄县城，上（午）九钟乘汽车抵龙口，住友人处，以待轮舟，欲取路津京，转由京汉赴大名也。

八月九日午后，由龙口乘驼舆，行四十里，回邑城。因有要公（事）见县知事石炳炎君。适值知事公出，未得亲见辞行，遂留函一封，借辞行焉。夜宿玉丰泰书局，雷霆厉震，大雨倾盆，可见天道之变，令人心悸。静思世道之善变，亦犹是也。

八月十日夜，（急）剧大雨，五更起赴龙口，乘夜由汽（车）路，赤足踏泞泥，行四十里，抵龙口。同友人戚维之、马春舫，九钟搭北京轮舟。方开轮出口门，因风遂下碇焉。夜宿舟上，簸荡中宵，可见海中飓风，拥涛折浪，尤非舟师所敢冒之险。世道亦然。

八月十一日开轮舟，十二日方至大沽口入河。下（午）一钟抵天津，寓法租界通顺栈。夜游观天祥市场，交易甚形兴盛，可叹天津内地市场，不如租界之盛。利权外溢，无方挽救，可奈何哉？愿热心爱国同胞，盍速设法以杜漏卮而挽利权。

八月十三日，搭京津火车，未至廊房（廊坊），忽闻驻防兵变，火车遂停。又闻变兵南逃，车又开轮，可见乱世行路之难。午后抵北京，见街市路政，远胜从前。回忆曩年屡次来都，尘浊污秽，不堪入目。二十年来，改革一新。警政之关系市政，收功亦迅速矣。若各地警察办理，咸能如京津，则中国受益亦大矣。握警权者，盍留意焉，勿再漠不关念。

八月十四日上（午）九钟，搭京汉车，至十五日下（午）一钟，方抵邯郸，寓大邯汽车公司，候次日汽车。因思车不敷用，虽欲速至，亦不能遽达，可奈何哉？遂偕同伴出观邯郸城之古迹。至南门里有蔺相如回车巷。想廉颇仕赵，以血战之功，不甘居蔺相如之左者，情因目睹相如完璧归赵，及渑池会上叱秦王左右，怒迫秦王击缶，徒以口舌猎取之功，心中不服，故欲遇而辱之，及后闻客人语，方自悔悟，负荆请罪，折箭为誓，良以蔺相如回车之让，有以感之也。是以强秦二十年不敢加兵于赵者，情畏将相和衷之力也。由此观之，我民国之将相，亦能和衷共济，力御外侮否耶？亦当息争自度，如蔺相如回车让廉颇，纯乎以国家为前提，不以私憾在念，则可矣。否则，有愧蔺、廉让功，悔不远矣，量（谅）我争权同胞早已虑及。

八月十六日午后，搭汽车行一百四十里，抵大名府。寓旅馆，进道署，见诸故友，谈契阔，甚有趣味。遂取行装，寓道署高台楼上。时值周道长南巡，因东明县内刘庄黄河决口，筹备堵口合龙事宜，故数日未归。可见勤政爱民之长官，虽当炎暑如火，亦不能避热自安，拯民水火之苦衷，即此可见。

八月二十一日，偕张彦忱等出大名南门外五里余，为接周道尹来自南巡。归署时，日已暮矣。沿路欢迎者，拥街塞途，颂声载道，农商忭舞，咸感戴周道长勤政爱民之至意焉。由此等民情观之，可见良心长官，万民无不爱戴者。若周道尹历年德政之善，昭昭在人耳目，虽古循良，何以加焉？

八月二十一日午后，送周道尹赴邯郸，路迎吴巡帅南下。因忆我国军事倥偬，战争未已，若咸能和衷，靖内乱，御外侮，我国日进于富强矣，何能积弱至于此极也？

八月二十四日，周道尹归自邯郸。夜谈一切为国为民之政治多条：（一）兴水利，改良农业；（二）普教育，广开民智；（三）倡林业，储材富民；（四）行天足，挽救妇女；（五）禁烟赌，杜绝盗源；（六）敦风俗，笃厚人心。他如市政、路政种种利国福民之良法，更难枚举。谈有二钟之久，命余助为力行。余亦乐为效力，助其居官尽职、造福民生之苦心。假使民国居官者，咸能如周道尹之尽职，则民之幸福永无限量，国之富强转瞬可期。安有民贫国弱之虞哉？愿我执柄同胞，盍为国计民生少留意焉。

八月二十七日，周道长委余为道署顾问，着余同史治研究所秘书长张彦忱君，查视大名县教育。先至教育局，见屋宇窄狭，局长李钟和言为暂借地址办公，非久居之地也。

至县立第一高小学堂，校长史缙魁引导参观，屋宇宽敞，办理似乎在意。因开学未久，学生尚未到齐。

至省立女子师范并附女子高初在内，校长成培咨引观教室，学生二百余人，规矩礼节甚形周到。各班女生咸坐教室，尤形雅静。其办理之善，足见一斑。

至省立第十一中学，校长耿肇璘引观，教室屋宇，宽敞无比，操场能容万人，学生大形踊跃，办理亦有可观。

至县立第二高小学堂，校长郭颐清引观讲堂，均不宽敞，尚可迁就。

至北关外省立第七师范，校长谢丕阁引观，校址百亩，建筑有序，布置整齐，其指导学生明植树之良法，尤得提倡实业之真要，故其周校种植树木，成活者百不失一。若此教育，方可应世之用。

当日在女子师范，成校长仰渊送来表式五种：（一）为职教员一览表；

（二）为女子师范第一二三班课程表；（三）为女生暑假作业表。一日参观五校，办理均属完善，学生亦甚可嘉。若再每年加以开会比赛，各校成绩优良，大启学生竞进之心，方不负周道长提倡教育之至意，亦不负各校职教员办学之热忱。

八月二十八日，周道尹又委余以顾问兼大名道区三十七县视察员与讲演员之职，巡查各县吏治、实业、教育、路政、沟洫、风俗。到处除视察外，开一露天大会，讲演一切兴利除弊之要政。由此观之，周道尹对于民情，无微不尽其极矣。

八月二十八日午后，托赵文堂君抄来大名道区三十七县县纲表，以备出巡之用。托戚维之君画大名道全区三十七县位置图，以备检阅。若二君者，可谓热心公益矣。余阅图及表，则大名府以南共五县。四十五里为南乐，九十里为清丰，一百四濮阳，二百八长垣，三百里东明。正北路，六十里是广平，九十里肥乡，一百二永年，一百四曲周，一百九鸡泽，二百里南和，二百二任县、平乡、钜鹿，二百四唐山。西北路，九十里是成安，沿京汉铁路旁，一百四十里有磁县、邯郸，二百二为沙河，二百四邢台，三百里临城，三百二内邱，三百四高邑。正北边，二百四柏乡，三百里新河、冀县、宁晋、隆平，三百四赵县。东北路，一百八威县，二百里广宗，二百二清河，二百八南宫，三百五枣强，四百里衡水，四百二武邑，共三十七县。阅表检图，一目了然。此余出巡必需之要件，故先备焉，以免临行无措，心中茫然，不辨四方远近耳。

八月二十九日午后，与周道长谈商提倡学风，种种办法多条，甚有研究者，总不外鼓吹奖励耳。故周道尹预遣人至北京，购大墨盒若干。遣人赴汉口，购金银奖章若干，以资奖励职教员、男女学生。余思周道长当内争不息之时，犹能关心学务，不惜重资，不惮劳瘁，亲行查阅，随时颁赏，可谓提倡教育之巨擘矣。余游行多省，未见有能与侔者。

大名县立第一高小讲演 （1926 年 8 月 30 日）

八月三十日，周道长命余午后二时至大名县立第一高小提倡教育，预约第二高小全校学生咸集于第一高小讲堂，余说我中国有三大好：

（一）天时好，寒暑适宜。因为我国土地居于北温带之下，不冷不热的，东俄罗斯地近北冰洋，一年到头不开冻。南非洲地近热带，一年到头不会冷。比较起来，通不及我国的气候好。

（二）地理好，物产丰富。因为我中国土地肥沃，交通便利。非洲沙漠，不生水草，北洋冻田，不宜耕种。两相比较，又皆不及我国出产多。金银铜铁矿，取之无穷，禾稼森林，用之不尽的。

（三）人民好，灵明智巧。因为我中国文明立国，开化五千余年，五伦之重，六艺之备，礼乐教化之盛治，他国皆不及也。所以自称天朝大国，道德仁义传流至今，遗之无穷的。

自从秦始皇焚书坑儒以后，把中国人民造成三大病：

（一）是痴病，闭关坐朝，法尚专制。及明清时代，专制尤甚。加以八股文、五言诗考取功名，借以牢笼愚民，流弊日久，染成习惯，自以谓文能治国。大刀重石，力弓演射，考取武士，自以谓武能经帮。所以一听见学堂教授科学，即群起反对。请问旧学与新法比较，能否战胜于文明之场？

（二）是瞎病。我中国有句古语，不识字的人是睁眼瞎子。照着现在，我四万万同胞不识字的人也有三万万五千万。若是一家四十口之人，有三十五个没眼的。请问这家人怎样过日子？虽是家业大，能不贫弱么？

（三）是瘸病。我中国两万万女同胞，十数年前尽皆缠足不求学，好好的天足，包成尖足。自残其肢体，自囿其知识，使之终身庸愚，遭穷罪，令人可怜不可怜？若是三大病不治，就是三大好也不能兴，教育也不能普及，请速治病。

听讲学生及教员四百余人，皆拍掌欢呼，乐形哄堂矣。张彦忱、戚维之二君，亦均说教育之利弊。该校长史缙魁、郭颐清，教育局长李钟和，县视学桂孔硕，两校教员二十余人，咸加以招待礼，可云盛矣。观学生听讲之精神，应答之活泼，二校将来发展，未可限量。学校办理之善，借此可知。

省立女子师范学校讲演（1926 年 8 月 31 日）

八月三十一日午后，偕周道长至省立女子师范学校。周道长讲赵威后问齐使一篇，详解分明，大有趣旨。并发明世道人心之攸关，洵可谓循循善教之良法，故能引人入胜也。

张彦忱说女德。余说重男轻女之弊，欲使女权发展。

说：我中国开化五千余年，现今五种共和，造成民国，人有四万万之众，地大物博，应该在地球上，五洲万国之中，为第一强国才是的。近数十年来，屡受强邻欺侮，是什么缘故？是看我中国有一件大病，就是重男轻女。

昔前夏商周三代，男女小孩，八岁通入小学，十二岁入中学，十六岁入大学，人无有不求学的人。就是《孟子》所说的，设为庠序学校以教之，《礼记·学记》篇上所说的，家有塾，党有庠，州有序，国有学，以此证明男女皆能入学校求知识，男女皆能平等的。迨后战国纷争，天下大乱，日肆干戈，人多失学。及秦始皇焚书坑儒以后，人无求学之人。

后虽汉朝有明君兴学，多年也未能普遍。总是闭关时代，君王法尚专制，常施愚民的政策，不欲人民开了知识，所以人尽失学，女人尤甚。加上南唐出了一个无道的昏君，宠爱育娘妃子，缠足以为美观。自从这个恶风逐渐以兴，我汉族女同胞，五七百年的刖足冤海，更无有圣君贤臣，出令拯救我女同胞出此苦海冤狱。

近自明清以来，世风愈坏，无论什么人家的女子，永久不教他（她）读书求知识。专心使他（她）小女子用功夫缠足，越小越好。将其两脚毁坏，终身体弱多病，知识短少，吃穿通得仰仗男子，甘心自做下贱。尊男子如天如神，畏之敬之，情愿作男子附属品，失其天生自由平等权。为子女的父母，也偏重男子，使其求学，并不使其包脚，养育其身体能力。

有了女子，偏偏给他（她）包脚，永久不教他（她）入学，使他（她）无强壮的身体与完全能力。可见，重男轻女之弊不除，女权不能发达的。

余以男子读书不缠足，女子缠足不读书，种种画图，形其利弊比较之，众皆欢笑，点头称是。女生二百余人，咸坐立成行，整肃可嘉，将来学业之进步，未可预量。师范之造福女界，预卜可知。办理有术，教育有方，洵堪嘉尚。

大名日记（1926 年 9 月）

九月三日午前，至省立第十一中学。午后，至省立第七师范。为见二校长耿肇璘、谢丕阁等，谈教育及访借古书。观二校办理之善，洵属可嘉。二校长办学之声誉，亦甚高尚。

午后，拟周道长四大要政之大意云：（甲）吏治。整肃官方，以不贪财、不虐民为本分，居官任事，以清慎勤为标准。（乙）教育。注重孝悌忠信、礼义廉耻，培植道德国民，提倡普通智识，异端邪说，严行禁止。（丙）实业。就地方情形，或宜农，或宜工商，因势而利导之，逐渐实行。（丁）路政。凡陆路桥梁有利交通之处，均宜极力提倡，并宜借开沟洫，以兴水利。以上四种，并可调查现在之成绩如何，以资考核。周道长之政治，实行整顿，一切爱民富国之良法，期在必行。以备到处，借明大意。

九月四日，忽有宁晋文士刘庭春字兰圃①者，赠送诗联三幅，特嘉余之

① 刘庭春，字兰圃，河北宁晋人。宣统己酉科拔贡，历任抚宁典史、代理抚宁县知县。1907年，日本警监学校甲等毕业。1916 年 10 月至 1923 年，任宁晋县劝学所所长。——编者注。

讲演。

诗曰：化雨春风普九州，精神教育社会留。千群乳虎能添翼，万国封狼漫出头。木铎声声言报国，风琴曲曲赋同仇。旋转乾坤讲席上，勖哉夫子树鸿猷。

联云：暮鼓朝铎牖民智，黄钟汉鼎砥中流。

情因余在大名县立高小及女子师范，连次讲演，众皆拍掌称是。故刘君有此夸赞之诗联云。余思提倡教育，系余应负之责，何刘君热心乃尔。回忆曩昔，巡行山东，掖县财政处长李宗沅，赠以诗联夸赞已甚，蓬莱女校作歌欢迎，赞美尤高，到处赞扬者，比比也。余深恐名不副实，贻人笑柄。若刘君者，与曩昔诸君子，可谓热心教育之巨擘。由其热心社会观之，足征其人有造于民国矣。

九月五日午后，见周道长，商谈巡查各县事宜及起程期。道长因天气过热，着余小留。余性任事最急，拟在大名县开一露天大会，遂即出发，以称余志焉。道长甚加赞同。

九月六日，领齐公事多件。（一）巡查报告表二百张；（二）调查表二百张；（三）巡行旗一幅；（四）布画四幅；（五）日记簿二册；（六）护照一纸；（七）书记一名；（八）护兵一名。其余零件不记。余遂往见大名知事王炳熙，说明周道尹四大要政进行之办法。乃知事遽云，现为军事筹款紧急，实难脱闲，遂允托该县教育机关代为办理开会。可见知事应筹军需愁困为难。南北战争关系甚巨，可叹人也。苟握兵者，息战安民，则人民感戴无极。

九月七日午后，大名县教育会长安泰和来，议订开会时间，遂带去巡旗、布画，慨允布置一切，足征其为公益心热。

大名县关帝庙讲演（1926 年 9 月 8 日）

九月八日，在大名县道署街关帝庙戏台，开一露天大会，自下午二钟起，至五钟半止。开会秩序：

一、振铃。

二、作军乐，唱国歌。

三、教育会长安泰和、教育局长李钟和报告开会宗旨。

四、余说。说：今日开这露天大会，乃是周道长勤政爱民的大意。又有为大名道全区三十七县兴利除害的四大要政，特又画了四张布画，以证明有利当兴、有弊当除的意思。

请看第一幅画上画的是个廉吏，下边画的是个贪吏。

你看这个廉吏，坐在堂上办公事，所办的事尽是为人民兴利除害的事。再看这个贪吏，他坐在堂上是作威作福的，堂下跪的人双手递上若干的大洋钱，他受了大洋钱，他就把良心丧了，人民的是非曲直，他就给你弄颠倒了。若是坐上三年二载的官，他就把这一县地皮刮净了。周道长深知，廉洁的县官，他能为人民造福的；贪赃的县官，他专为人民造祸的。所以特为拍电，把兄弟招呼来，着兄弟巡查大名道全区三十七县，到处开大会。劝告县知事，查明他是个廉洁的官，周道长就嘉奖他，就保举他；查明他是贪赃的官，周道长就撤他的职，惩办他的罪。

所以，周道长对兄弟说，大凡县知事，乃为亲民的官，应当居官尽职，方能对起老百姓。多有不要脸的官，专以勾结地方劣绅，酷害黎民，他把"清慎勤"三字置之于不顾，似这等县知事，所食的是民脂民膏，不能为人民造福，反要借官害民，非惩办他不可。是以励廉惩贪，本是上官的责任。周道长着兄弟查吏治，就是这个意思。

再请看第二张布画，上边画的是个天足女人，教他（她）小女子读书开知识。下边画的这个缠足女人，给他（她）闺女缠足、毁肢体。

你看一个有知识，就有家庭教育。一个无知识，就无有家庭教育。若人无家庭教育，无论男女小孩，将来入学校，也是难教育成人的。处于社会，也是恶劣一分子。若是教育不普及或者教育不完善，则社会无有好社会，国家安能不贫弱？所以周道长着兄弟到各县视察教育，是为道德教育，若人无道德心在，家中不能行孝悌，在社会不能有合群爱国的心。即然教他做官，也是做赃官，酷害老百姓。就是教他预（驭）兵作将军，他也不能敌外国，只能打同胞。所以周道长对兄弟说：教育不良，国必不强。今当国家内争不息、外侮日来之际，靠有实行的人。再不急力提倡道德教育，将来把孝悌忠信、礼义廉耻置诸脑后，日趋于贪诈竞争之场，并不以国家贫弱为念的。所以，周道长巡行多县，到处必亲至男女学校，提倡道德教育，并且禁止邪说，力挽浇漓之敝风俗，可见现在居官尽职，哪一个能如周道长提倡教育之热心的？

再请看第三张布画，上边画的是木工，终日勤劳不息，这就是有用的人。下边画的是吸鸦片的，终日昏迷，晨昏颠倒，各种事业通不能经营，这就是无用的人。所以周道长深知道游手好闲的人多，实业必不发达。所以着兄弟到各县查看何种实业当兴，着县知事急力提倡振兴。

前天，兄弟在京汉车上，见大名道区田土沃美，地势平坦。及至邯郸，在汽车上，又见沿途禾稼受大水淹没者有一大半。嗣又访之居民，皆说古前河渠淤塞，无人开凿，每到夏天大雨，洪水横流，禾稼尽被淹没。大家想想，人民历年遭这样水患，长官无有过问的。兄弟前次对周道长提说农人之苦水患。周道长着兄弟到各县查明后，即派各县绅董协同县知事，大开沟渠，以兴水利，天涝则泄水，由渠入沟，由沟入河。天旱则用沟水灌田，使之一劳永逸，水旱皆收，人民永不遭歉年之苦，亦无流离饿殍之患。再于沟边、路旁、闲原、旷土之处多栽树木，以生大利。此乃周道长对于农人之实业尤格外注意。

再请看这第四张布画，上边画的平坦路，行人往来，甚是便宜。下边画的是泥泞路，行人往来，蹉跌难行。可见我国路政不讲，上官漠不关心，民间又不在意。交通不便，转运货物亦难，跋涉劳苦，不堪言状。周道长深知人民行路之困苦，着兄弟视察各县陆路之交通，水路之桥梁及舟楫之摆渡，有行旅之不便，随时着地方官督催人民整修之。此乃周道长对于行人、路政之意。

以上所说的周道长的四大要政乃是：一为吏治，二为教育，三为实业，四为路政。其余对于风俗人情，烟酒赌毒如何禁止，人民之治安应如何保卫，无业游民应如何安插之，土匪盗贼，应如何使之归业，悉化为良民。他如男子发辫，亟宜剪净，女子天足，急宜实行。凡有一切有益于人民者，积极振兴。凡有害于人民者，即速力除。周道长勤政爱民之至意，就是如此。所以，今日先在大名县开这露天大会，愿大家回家劝亲戚、劝朋友，通照着周道长这些政治办，人成了善人，家富国强，享福罢。

五、助讲员大文学家刘庭春，演说天足之利弊，并唱白话《放脚歌》一曲。

云：放脚好，放脚好，放脚的女子是无量宝。

听我说一件宝，读书的女子把脚放了，身体壮，精神好，手工科学都办了，从此学识就发达了。

听我说二件宝，农家的女子把脚放了，碾子能推，磨子能捣，田里地里都能跑，从此家业就富足了。

听我说三件宝，作工的女子把脚放了，脚力壮，手力巧，作的工艺如山岛，从此国货就添多了。

听我说四件宝，商家的女子把脚放了，货也能运，账也能讨，四海通商都办得了，从此商业就畅旺了。

听我说无量宝，全国的女子把脚放了，生利者多，分利者少，从此民国就富强了。太平时，理家教，家庭的幸福乐陶陶。变乱时，祸能逃，也为防害也能跑，女子的冤苦脱离了。切劝女界众同胞，细思量，漫推敲，普天幸福自己造，他人苦劝枉絮叨。放脚好，放脚好，放脚的好处大极了。

又有学生赵云山、庞城、霍伟彦、李德秀，女学生张秀云、周桂如、张静慧、董平斋，均说时弊，大动观瞻。

六、作军乐雅乐，唱国歌。

七、喊庆词，呼祝民国亿万岁。

八、振铃闭会。

招待员有女学校长成培咨，中学校长耿肇璘，师范校长谢丕阁，第一高小校长史缙魁，第二高小校长郭颐清，及各机关首领张金平、康乐书、董金镛等二十余人。听讲男二千八百人，女五百人。秩序井然，鼓掌雷动，洵盛会也。

是日之会，乃该教育会长安泰和、教育局长李钟和先期召集各界，学校列队到者有省立第七师范、第十一中学、女子师范、女子两等（初等、高等）、县立第一高小、第二高小、师范讲习所、第三高小，队伍整齐，精神活泼，军乐雅乐，笙鼓合奏，高唱国歌。音调中律，讲演问答，万众欢呼，鼓掌雷动。由学生精神观之，教育之良，不问可知。男女学生讲演，咸中时弊，其程度之高尚，即此可见。会场布置甚形周到，警察维持秩序不紊，可谓勤职之至。该方绅士对于公益热心已极，散到学生不录，因其不能列队也。

入夜，记录大名道全区三十七县等次及县知事姓名表。

县名	等次	姓名	字
大名	特	王炳熙	焕周
濮阳	特	韩邦哲	季明
邯郸	一	邵鸿基	承彦
冀县	一	金良骥	孟群
南乐	二	姚礼成	铭清
东明	二	孙秉钧	伯衡
沙河	二	刘树人	卓生
平乡	二	李润之	子雨
内邱	二	郝凤桐	栖梧
曲周	二	李桂楼	化亭
威县	二	孟桂清	丹峰
南宫	二	王瑞麟	玉圃
武邑	二	乔培茂	竹筠
广宗	三	张景华	晋卿
鸡泽	三	张福谦	讷生
成安	三	林　敦	燕生
柏乡	三	王树藩	竹屏
邢台	特	毕玉珊	通一

县名	等次	姓名	字
永年	一	吴士俊	升之
磁县	一	王维垣	景周
赵县	一	张殿邦	彦忱
清丰	二	宋祖锁	鼎岑
长垣	二	马德诚	再锡
南和	二	王文炜	彤章
钜鹿	二	曹启祚	景昇
任县	二	梁寿仁	静山
肥乡	二	陶 坚	叔仁
衡水	二	汪松荫	茂生
枣强	二	纪鸣先	鹤峰
宁晋	二	鲁作霖	沛苍
唐山	三	裴子之	子之
广平	三	颜景风	晓峰
新河	三	赵鼎新	禹珍
隆平	三	李渐宾	仪亭
临城	三	牛宝善	楚贤
清河	三	杨铁林	子惠
高邑	三	龙锡钺	雨三

共三十七县知事以备考查

　　九月九日晨，起大名，赴南乐县。行四十五里，抵县署。见知事姚礼成，说明周道长四大要政，实行办法多条，慨允即行。午后，观街市不甚整顿，至县立高小，教员李景福、张殿选引观四班学生，缺席甚多。询之，缘农忙故也。至明伦堂师范讲习所，据言上课生四十名，乃在坐者仅十二人，各守古文一本。问战国时名人，尽慌然莫对，其教育之敷衍可知。至观女子学校，天未夕，已散学矣。只遗一老妪守室，女生四人，课室仅容三十人，光线甚形黑暗，想或为地址所拘，苟为迁就。至模范小学，校长杨玢谈教育情形，语甚牢骚。探其意旨，似乎主要机关有不赞助者。即此可见教育之难普及。

南乐县魏家祠堂戏台讲演（1926 年 9 月 10 日）

九月十日，在南乐县魏家祠堂戏台，自午后三钟至六钟，开会演说。

（首）县知事姚礼成主席报告开会宗旨。

（次）余说周道长四要政之进行。

（三）助讲员：（甲）书记袁子才，每县略讲布画上吏治之廉贪，实业之勤惰，教育之智愚，路政沟洫之巧拙。（乙）宣讲员王庚申。（丙）李资敏、马梦仁。（丁）学生赵梦麟、张河清、徐明选。讲词俱不录。

（四）招待员：教育局长端木昭坤，视学员魏其祥、唐建寅，事务员王明文、端木宪箴，实业局长张涵广，劝业员赵闻诗，事务员魏镜光，第一高小校长赫金镜，司事魏建初。

（五）助理员：第一高小教员李景梅、宋之濂、王振易、岳宗鹏、张殿选、郭谞，商会长魏元书，书记魏春园，县议员杨贯三、翟步云，参事员魏滋、贾士钊、李惠风，师范教员魏溥、李兴唐，小学校长杨汾（玢），教育李绣章、王圣，初级女学校长张巨瑛，女教员柴娥芳，私立高小校长蒋霖，教员贾伯□、任经训，宣讲员王庚申，阅报所职员端木广训，农会长王之翰。

（六）学生列队到者，有县立第一高小、师范讲习所、初级女学、模范小学，作乐唱歌，听者咸乐。

（七）女教员柴娥芳率女学生，列队整齐堪嘉，学生演说尤堪钦佩。

（八）是日之会，县知事预出告谕，张贴城市，谕民周知，使非会址偏僻，人数不止加倍。观其助讲与招待，尤形热心。

听讲：男一千一，女一百六，咸乐。遂填报告表及调查报告书。查该县土地肥沃，恒遭水患，惟草辫甚多，获利亦巨，民风甚朴，争讼者少。倘知事能使之无讼，尤为善政至极。查南乐县知事姚礼成，才堪御民，信未孚著。若能推其开诚布公之心，使民信仰，久官斯土，则民之幸福，未可限量。由保卫息讼之示谕观之，可称牧民之才，其有用意存焉。盖有张贴保卫告谕二十余条，尚未实行。

九月十一日，晨起南乐，行四十五里，抵清丰县署，见知事宋祖锁，说明周道长四大要政进行之手续。

午后至县立第一高小，校长郑文仲引观，时值星期六，下午无班，学生均在自习室，见校长至，咸不知起立，其礼之缺，意自平素来耳。

至女子高初，数堂无一女生，据校长朱培仁言新迁于此。见其陈设景况，良然不谬。

至教育局，视学员金守让言奉县长令，已遍散知单矣。遂取单呈阅，乃油印若干云。

敬启者。顷奉县长面谕，转奉大名道尹公署委员函开。径启者，兹奉道长训令，巡行各县。谨拟于九月十二号午后三钟，在贵县开一讲演大会，乞为先期谕知各界及男女学校学生。届时早临，赐教为荷，此致等因。奉此敝局择定城隍庙戏台为讲演地点，相应函达各界，希即于夏历八月初六日午前十点，早临静候朱委员讲演。听讲人员如有关于改良社会之意见，亦可登台讲演，以便开通风气而正人心，是为至要。此致某先生台照，清丰教育局谨启。

由此观之，其办事之敏捷可嘉。至县议会见议长马鋐，谈地方应兴应革之利弊。入夜，教育局长和梦锡来署，特商开会之手续。为地方热心，即此可见。若能大结团体，和衷一力进行，敝风陋习不难改良。

清丰县城隍庙戏台讲演（1926 年 9 月 12 日）

九月十二日，晨观清丰街市，甚形窄狭，市政秩序尤形紊乱，此为习惯使然，非加强迫，不能遽改。上午十钟至十二钟，在清丰县城隍庙戏台，群贤毕至，士庶咸集，张彩贴联，焕然助兴。

山门一联云：通达世风，赖有广长舌，革薄从忠，造出民生新面目；俗尚日漓，本此菩提心，渐仁摩义，铸成社会真精神。

台柱上联云：讲论崇宏，可当暮鼓晨钟，令人猛醒；演说详尽，乃是金绳宝筏，为我指迷。

方入山门，各校作乐欢迎，乃登台。

（首）教育局长和梦锡报告开会宗旨及周道长要政。

（次）余说周道尹四要政之实行及缠足之害，演词上略不录。

余说：方才以上所说，周道长爱民的要政，大家通已听明白了。但是为女子缠足的大害，大家更当注意。大凡人之身体，五官四肢，缺一不为完全。女子不是自残其肢体么？若女子可以把脚包小了，以为美观，则男子怎么不把手也包小他，也作一个美观。向下男子专看女子的小脚，女子也专看男子的小手。男子通教他袖手，不用作活。女子也通裹足，不用行步。请问大家，男子通袖手坐观，女子通裹足不前，人皆成了无用的人，家家通坐着享福，这个福能享不能享罢？若是人待要享福，通得能干活，若不干活，则吃的穿的从哪里来？再说，天也不能下粮食，也不能下衣裳。即然天能下粮食、下衣裳，男子无有手，怎么能去拿？女子无有脚，怎么能去取？岂不是死停着遭罪么？愿大家各人劝亲戚、劝朋友，快快把女子脚解放了，使着成个强壮人，帮着男子谋生活享福罢。

听讲：男一千三，女五百。仰视咸乐，拍掌欢呼。是日之会，乃宋知事面谕教育局长，函招各界，并遍贴布告俾众周知。届时悬灯结彩，焕然一新，布置会场，甚形周到。学校到者，有县立第一高小、第二高小、女子高小、三施庵初小、师范附设初小、维新小学，咸率队来临，整齐可嘉，军乐雅乐，连番迭奏，唱歌助兴，大动观听。学生应答举手，精神活泼。其教育办理之善，不问可知。讲有二时，际周道长乘汽车南巡河工，来自南乐，众咸出城欢迎，进县署小憩遂行，可谓勤政爱民之至矣。

当开会时，招待员之众亦属特色。有教育局长和梦锡，社会教育股主任孙秉西，教育委员赵万祥、张永吉、李登颐，筹备员视学金守让、田同运，庶务岳镧，会计王俊杰，委员姚秀杰，速记员教育局文牍刘嵩毓，书记王九经，欢迎员第一高小校长郑仲文、第二高小校长朱树芳、女子高小校长朱培仁、三施庵小学校长赵光仁、师范附小高希贤、维新小学校长高维岳，参事员张彭年、张俊杰、张清江，议会议长马銃，商会长马寿山，实业局长李登峰，农会长赵约，邮局长刘希贵，监狱员杜鸿恩，车马局长范克燕，支应局长管到凯，民团时务所长张彦珍，又有各界机关职员五十七人，咸来欢迎。足征群贤为社会热心已极，遂填表报告。

查该县出草辫最多，缠足恶习，犹多守旧。农业亦未改良，沟渠水利，毫无进步，早婚之弊尤甚。赌风炽盛，难遽禁止。惟愿知事在意，方可逐渐改良，否则难收效功。

查清丰县知事宋祖锁对于政治，甚为明瞭。惟该县遭匪乱之后，百业凋敝，事多待举，而宋知事到任未几，查其一切布置，将来必有可观。任用承审陶甄，洵属干才，对于断案，曲直是非判别分明，洵有老吏之手段，亦一贤助。

赠南乐县参议会书

赠南乐县参议会书云：

参议会诸公台鉴：

前在贵县，缘公务期促，未遑聆教，抱歉良深。公等望重乡里，负全县兴利除害之责，对于公益久具热忱。惟匪乱之后，事事草创，百废待举，旧风恶习，尤宜积极扫除。今尔县知事姚礼成君，实属精明强干之才，绅商各界首领，俱怀高明练达之见，携手搊步，节节进行。教育应如何普及，实业应如何振兴，市政应如何整顿，沟渠道路应如何整修，缠足辫发之恶习，应如何使之尽除，闲原路旁之植树，应如何使之普遍，若亟与贵知事力行，群策相助，不数年而全县之幸福，当享之无穷。余以管见，本不足以补高深，惟余之巡查责任，不敢遽然放弃，以遗我公羞。古人云：明哲择雅言，有补于国计民生者夥矣。絮絮芜言，尚望采择力行，以副民意，亦不负周道长勤政爱民之苦心，余实感焉。因忆该县新政滞于进行，故遗此书。

九月十三日晨，自清丰起程，行四十五里，抵濮阳县署，与科长马若琪谈小刻。午后出观街市，买卖陈设，尽属旧式，惟街道略宽。入夜，教育局长巨逢安、县议会长郭方塘、参事员李景岱三人来署相会，订约开会一切手续，大表欢迎。又约翌晨至各学校参观，以资提倡，均属热心已极。

濮阳县立高小讲演（1926 年 9 月 14 日）

九月十四日，晨后登南城，周城甚为辽阔，遂至东门外，迎周道长来自黄河坝头。进署后，偕道长至女子高小，对女生百二十人，提倡教育。道长行后，余在女校讲堂，说重男轻女之弊。详说有二钟之久，女生咸乐。回忆周道长巡验河工合垄，路经此地，又能提倡教育，并赏女生大洋三十元，以资鼓励。其居官尽职，自古无两。嗣又至师范讲演后，方回大名。该女教员许秀云、陈秉艾，指挥女生，队伍整齐，礼节周到，教育之良，洵属堪嘉。该县当匪乱之余，女学创办犹能如是之善，尤属煞费苦心矣。

午后四钟，至师范讲习所，学员七人，枯坐寂然。问其历史，言讲至战国。问养客四君姓名，无一知者，其用功之疏慢可知。

至县立高小，校长李福堂集合全校学生于礼堂，作雅乐唱歌，以表欢迎。师范讲习所、模范小学亦均来场。余说新旧教育之利弊，及作事四立三不贪比较之说：

我中国在三皇五帝时代的教育，专一以德化民。迨至夏商周三代之兴，王治民，尤重礼乐教化，所以国治民安，人享雍熙之福。迭及季世，君昏臣横，乱靡已时，考其郅治致乱之源，皆从教育之良否，所以铸成国家的治乱。在前乃闭关时代，法尚专制，一遇昏君佞臣，出而摧残教育，人民敢怒而不敢言，无法挽救。及至明清，专以八股取士，天下受其愚弄五百余年，咸知纸上谈兵，无补于实用，而积习既久，求功名者舍此无有捷径可进的路。近来门户大开，科学日益发明，人人尽求有用的学问，乃一般老先生偏偏说他读的是圣书，学堂是随洋教，兄弟前几年也曾巡查山东多县，到处开会，演说孔孟真道。所以真读圣人书的明白人，专以五伦六艺为重。

早前私塾的学生，五伦之中，一伦也未能实行，六艺之中，一艺也未能通。老先生们强拿着作八股文为圣道，岂不是糊涂了？再说孔门弟子三千，身通六艺者七十二贤，可见身通四艺五艺的，通不能称贤人。孟子本诸孔子的道脉相传，其学说尤重民权，由"民为贵君为轻"，与"君之视民如草莽，民之视君如寇仇"，及"闻诛一夫纣矣，未闻弑君"章句观之，何尝不是以民权为重。欲发达民权，非得有应用的教育，不能造出强健的人才，所以古之善施教育的圣贤，造就一般人才，必使文武兼通、礼乐并行。

现今学校，正所以反求古道，并不是冬烘先生，足不出里门，偏偏认成八股文、五言律诗，诬为圣人道，自迷其途，贻误乡里，是真不知科学之应用于世，大利无穷。更不知纸上谈兵之学习，尤不足以抵御外侮，犹何知闭关的教育，不能决胜于文明之场也。不但老顽固贻误社会非轻，即新学界人物，贻误青年子弟，亦在所不免。盖因现时国势衰微，社会潮流日形万变，令人莫测其趋向，教育苟一不慎，贻误青年良多。

十数年来，兄弟游行多省，多有青年学子一入仕途，立即染成官僚旧习；或者一入军界，遂为军阀画策献筹，残杀同胞。由此观之，是不是教育之不良，有以误之也。至于在校的学生，（一）不能立志求进，（二）不能出校后，达到做事的目的，（三）不能应用于纷争之社会，（四）不能为国御侮雪耻。此皆不知四立三不贪教授之良也。

列坐听者三百六十人，咸笑乐鼓掌。观学生应答与唱歌，足征教育之良。

该礼堂乃宋程明道夫子讲学故地，遗像在焉。想程子阐发圣教，挽救世道，其功亦尚矣。惜其宋之君臣，议论多而成功少，故遭辽金元之侮辱吞噬，卒之两底于亡，可不有负圣道多多矣。

至西南街，见一碑楼石碣云"宋帝回銮处"，想寇莱公相真宗御辽至此。假使当年寇莱公之策尽行，使辽夷只轮不返，安有辽金元欺凌之祸哉？碑楼前有一井，旁有小碑，上题云：御井甘泉。访之居人，据云此为宋真宗驻跸之所。又云此城为古澶渊。

至大十字街，见四面楼上石碣有云"颛顼故都"，又一碣云"澶渊旧郡"。回忆颛顼初封高阳，及即位，始都帝邱，无为而治，人民咸雍熙自得，乐何如也。迨宋真宗时，被辽人之侵略，徽宗时，被金人之占据，卒归元人之掌管。昔为颛顼盛治之区，后为夷狄纷争之地。近数年来，迭陷于盗匪之手。民遭困苦，不堪言喻。由今思昔，能不令人感慨系之？衙署门楼上有"古开德府"四字，亦古迹也。

濮阳东南城大寺庙戏台讲演（1926 年 9 月 15 日）

九月十五日，在濮阳东南城大寺庙戏台，自下午三钟至七钟。

（一）振铃。（二）作军乐雅乐。（三）唱国歌、欢迎歌。（四）县知事韩邦哲主席报告，并说周道长要政。（五）余说四要政之进行。（六）助讲员有教育局长巨逢安，女学校长郭方塘，女教员许秀云、陈秉艾。（七）作乐唱歌。（八）振铃闭会。

听讲：男五千五，女八百。男女学生列坐，四民环场，仰视静听，鼓掌咸乐。讲周道长德政之进行，四民大有来苏之望，故而乐也。

招待员：高小校长李福堂，教员孙世仁、刘玉卿、刘国华、周广铉，师范主任刘登先，模范校长刘芳声，视学员曹云呈、任自重、高汝梅、马连捷，事务员王德蕴、范炳炘。

学校戎装列队到者，有师范讲习所、县立高小、女子两等、模范小学、慈云阁童子军，戎装整齐。又有玉皇阁、老君庙、二义庙、火神庙四处小学。各校唱歌欢迎。是会乃韩知事命教育局高小校召集筹备，甚形周到。学生精神贯注，步伐整齐，慈云阁童子军队装束，尤形威严可嘉。各机关首领咸来招待，足征该方人士对于公益心热，洵堪令人钦佩。至于听讲人数之多，他县未能与较，洵盛会也。使会址不偏于南城下，则人数亦必加增。

九月十六日，午后至教育局，应地方绅董所挽留，与各机关首领磋商地方应兴应革之政治多件。众皆赞同咸乐。

查该县地博土沃，古之河渠尽皆淤塞，农业水旱听之于天。且自上年遭匪患，至今劫掠不息。余住三日间，韩知事获票匪三起，匪皆自供不讳。民遭匪患，实不堪问。教育进步，端赖地方热心有人。

查濮阳知事韩邦哲，洵属治乱世之药石，其行政办事之敏捷，他人莫敢望其肩背。莅任未及两月，群匪敛迹远飏者，已过大半矣。若再加之以宽，则福民之德备矣。其用承审张伯权，问案尤属慎重可嘉。

九月十七日，夜三钟，起赴长垣，行九十里，路经河南省属滑县之老万集歇马。午后行五十里，入夜后方抵县公署。见知事马德诚，说明周道长四要政，及问民遭水患之疾苦。

长垣县立高小讲演（1926 年 9 月 18 日）

九月十八日晨，忆在濮阳见慈云阁童子军甚形整齐，遂函寄童子军歌一曲，借壮青年志气云：

吹笳齐队整军装，男儿志气昂。五色国旗风飘扬，铜鼓咚咚响。童子军队何雄壮，枪刀耀日光。如能人人尽登场，中国自然强。将来开辟地与疆，五洲归我掌。童子军功立霄壤，幸福万年享。

上午十钟，会各界首领于长垣县署，发表周道长要政及地方应兴应革之事，会议者十七人，咸加赞成。

午后二钟，长垣县视学顿辅廷偕观女子高小，女校长魏自修引观教室，甚形窄狭。作文犹多语体。

至县立高小学校，教员韩心平集学生一百六十人于讲堂，报告余之来意。

余说：孔子五伦六艺、真道德学问，引四书、科学对照兼用。说现在的教育似乎大有进步，但是新旧两党，还是不甚融洽。守旧的，他说前清私塾，读的是圣人书，至死不变，甘心误人子弟。维新的，多说孔孟旧说，不适用于开通之世。

依兄弟看来，新旧两说，通非确论，人若不学孝悌忠信，何以立身？人若不学礼义廉耻，何以处世？这是古圣贤为千古垂训不移之根本语。而守旧的，偏以八股文考取功名为圣教，自己认错路径，反说维新的人为废弃圣贤道的人。若是人无科学的知识，何以应世用？人无社会的知识，何能观潮流？所以维新者反说守旧的不通时变，并诬古圣贤之道为无用的法。

由此两说论之，无乃皆有过犹不及之弊。吾人处万国竞争时代，若把旧道德仁义一律抛弃之，尽趋于奸险诡诈之境地，将何以维系人心，使归正途以竞生存的？吾人处国家积弱之时代，欧美雄势东渐，若再守闭关的旧法，而不急（于）改弦更张，百种有用的科学，一物不懂，将何以竞物质，以争胜于文明之场的？

总之，守旧的，好好研究古圣贤治国教民的良法与修身齐家的要道，则庶可不背古圣贤真道德、真学问，再休要反对新人与新政啦！维新的，也得好好研究切实有用，能利于国、便于民的真科学，再休要拿作假文明新名词，借以欺诈愚民，置我民贫国弱于不顾啦！

兄弟到处游观新旧教育之竞争，大率如此。惟愿我青年学友们，向下出身涉世，痛除假文明之维新，力戒导引守旧之庸愚，务使社会敝风陋习逐渐改良，大倡结团体，务要尽爱国合群之热心，方不负青年学友立志求学之至意，亦不负周道长勤政爱民之苦心，亦为兄弟所至盼至感的。

中国的内争不息，若我这一班青年学子再不积极求学立志，将来为我国，内则造福民生，外则御侮雪耻，何以上对五千年的祖宗，下对几百代的子孙呢？观听者咸乐。由学生精神观之，其中犹有板滞者。

至师范讲习所，学员皆守书窖坐，校长引客入堂，尚不知起立，其礼之缺，想平素不以四维为重也。师资之难得，即此可见。惟附设小校学生精神活泼，操衣整齐，七八岁小童，均能识字讲解，教授得法，不问可知。操衣乃马知事捐者，可谓热心教育。

行观该县旧书院，乃卫大夫蘧瑗故里，有遗像存焉。一联云：

寡过真君子，知非古大夫。

想蘧伯玉当日守正不阿，故孔子与其为友，使者言其寡过未能，足征其人之德，余甚慕焉。

长垣大寺庙讲演（1926 年 9 月 19 日）

九月十九日下午二钟至五钟，在长垣西大寺庙前，县知事马德诚报告开会大意，并说四要政之当行。余说周道长爱民之要政及天足之利。听讲男有二千八百之多，女有一千二百之众。男左女右，学生列前，作乐唱歌，欢声雷动。女生胸带（戴）彩花，尤觉壮观。末有视学员王藻田助讲一切之进行。

学校戎装列队到者，有城内两级、女子两级、师范讲习所、城内初小、明伦堂模范、城关女学、师范附小，咸整齐可嘉。招待员有农会长孙联歧，实业局长王橹，师范所长张锐，高小校长傅绪武，模范校长尚鸿儒，女学校长魏自修，县视学蔡鸿钧、傅丕武，教育委员徐练、李正心、苏世楷，师范教员王太琳、王绣章，高小教员韩心平、王淞澜、张景太、杨永龄、李时发、张海滨，模范教员张仲铎、祝凤锆、刘葆贞、曹金镜，议会副长徐国风，参事李瑞年，商会副长徐凤阁，女校教员高维垣，女教员李若昭、李国华、项自强，女初教员田淑贞、张自华，咸具欢迎。观听者甚形踊跃，咸谓空前绝后第一大会也。

是会乃马知事会各机关首领，预为张贴广告，俾众周知，届时各街鸣锣集众，男女咸临，兴会淋漓，使天不淋雨，人数何止倍蓰。

查该县地滨黄河，土沃麦富，惟有三龙五虎、十大弟兄把持公权，兴革不便，文明渠业已凿成六十余里，尚有五六里为彼所阻，致使大水逆流，淹禾一千余顷，长官不敢过问，冤民忍气吞声，其残忍可知。

查长垣县知事马德诚，仁厚有余，刚断不足，县绅把持公权，一切政治，多为扯（掣）肘，苟能驾驭，使为己助，文明渠早告成功，不至伤禾殃民矣。自居一县之主，一不能使恶迁善，二不能除暴安良，威权不肃，德泽虽施，岂非仁厚柔懦有以致然耳。

九月二十日，方欲起行，天降淋雨，连绵终日，彻夜不止，坐想大雨路泞，秋禾未登，人民之困苦，尤甚于行路之人。

九月二十一日，晨起自长垣行三十五里，至黄河岸，路际朔风大起，淋雨频来，寒湿人慄（栗），路水泥泞，随从者咸嗟怨。人马登舟，顺流既久，又逆流而上，行有二钟，方登彼岸。情因中流淤潜难渡，故舟顺深流绕行。又泥行二十五里，人困马乏，至竹林集小歇。午后行四十里，抵东明县署，月已东升，回忆终日朔风刺骨、淋雨沐面，沿途泞陷，渡河尤险，令人真有行路之叹。

黄河行（1926年9月21日）

入夜与东明县知事孙秉钧说明周道长政治，又与乡友马春舫等谈至深夜，余遂作《黄河行》云：

巡查东明出长垣，冒雨泞泥黄河边。弃车登舟风帆急，顺流横渡浪掀天。回忆当年渡甲（夹）河，夜半雨雪遭风波。深夜无处呼舟楫，人马顺岸犹陷河。今遭朔风雨打面，恰似当年遭危险。逆流横帆寒风厉，盼计何时登平岸。忽忆昔年游汾河，稳步木桥无素波。熙来攘往尽安业，桑麻鸡犬乐如何。堪嗟滔天风波起，风雨紧急永不息。不但小民经营难，安流稳渡在何日？

余忧渡，作此以泄意。渡甲（夹）河者，盖因民国四年，黄县遽加苛税十数种，城东六乡二百六十八村、四百五十首事咸举余为总代表，十二月赴烟台道署，代万民伸冤，禀请道尹除消苛税。夜归渡甲（夹）河，冒风遭险，故忆及之。渡汾河者，民国十三年秋，游观山西政治，民皆安业。今渡黄河遭险，忆及游观汾河之乐，欲使阅者咸知山西郅治之隆，山东虐政之苛，令人浩叹。

东明县立高小讲演（1926年9月22日）

九月二十二日午后，至女子小学，有草缏手工，忆观南乐、清丰二县，女工尽做草缏，每年获利无算，该方诚能扩充此业，亦为积富之助。

至县立高小，校长穆荫枫集合全校学生于讲堂，说明余之来意。因见学生半形颓靡，余说求学之方针与教育之原理，并说精神教授法。

说：今天到贵校，蒙大家欢迎，洵有愧对。现在万国竞争时代，哪国教育法良，哪国就能富强。哪国教育法不良，哪国就能败弱。此一定不移之理。我中国学校教育，缺点有数条：

一，学生求学，无一定的方针，或求识几个字，或求讲几句书。并未能求学时所学的文艺将来作何用。教他为农，不能耕九余三，耕种尤不如老农。甚至高中、大学毕业的学生，多有五谷不分的，何能望其兴农业？教他为工，自不屑为，又不能出力。教他为商，又不能谙商情，更不能争市利。教他入官界，也能酷害黎民。入军界，也能残同胞。这是我中国教育之通病，是不能避讳的。

二，教员的教授，无一定的宗旨，情因师资缺乏，滥竽充数的多。有良心的教员按班教授功课是不误的，无良心的教员时常放假，以误青年学子的光阴。即然功课紧的，也不懂教授之原理，终久（究）使一班青年学子在初高中大各学校毕业后，出身涉世，使与强国的青年决胜于文明之战场，能否操必胜之权，使自己主权不丧失，土地不被人家侵略，人民不被人家欺压，国家不被人家侮辱的。得这些教育良法的，全国也不广见的。

三，办学的人员无有精神。古之学校，教育并施，文武兼习。今外国学校，亦是教育并重。古前闭关时代，学校的学生习射御，重歌舞，锻炼身体，以备应世之用。近来外国学校的学生，专以体育为重，练习跑冰山、盘杠子、打野操、夺标旗种种的技艺，总于壮体格、助卫生、祛病延年为要着。现在我国的男女学校寥如晨星，不但学校不普及，即教育法亦多有教而无育，虽说有体操，有运动，于精神上的教育之研究，能有几人视之为重的？

兄弟尝游行多省，到处参观教育之真象，真能造出一班青年学子，为农能相土宜，御天灾，改良农业。为工能省人力，悟机巧，精益求精。为商而操平准，握利权，财发万金。为官能清慎勤，保赤子，兴利除害。为兵能靖内乱，御外侮，保卫人民。为外交能折冲樽俎，不辱国体。请看我国现在能造出这等人才，能有几人，能有几校呢？听者咸乐。

入夜，实业局长吴际冒来寓。余谓此地滨河，荒田甚多，应植杨柳。若养蚕相宜，多栽桑亦可。速上一条陈，请官出示，迫栽桑柳，加以保护，力为提倡，然后可收效功。该员点头允办。

夜深，余方欲归寝，忽觉心头作恶，大泻一连七次，忽昏迷不醒（省）人事。幸孙县长及同人等力为调救，方大呕吐始苏。孙县长代为推拿腹背，又着差人扶泻三次，方能就床假寐，腹痛心慌，从者袁子才代为呼役，延名医王国桢诊脉施针，吸肚脐以大火罐，服以散药，疗救多时，鸡鸣病方少减，次晨又泻三次，服药渐愈。当初昏时，幸孙县长及同伴袁子才、乡友马春舫、王鹤亭、周荣江等，力为救护，方不至危，否则病恐难测。余自以为历年以来游行多省，到处专以济世救人，劝人遵行圣道，挽救人心，当不至遭此危症，弃身于外，转想此次之遭危症，洵有天幸在焉。从此善念益坚，专思以达素志。

九月二十三日，上午十钟，在东明县城隍庙戏台开会，余带病欲往。孙县长力阻，恐余病增剧，余踌躇无奈，着袁子才偕孙县长代为开会。届时学生列队到者，有县立高小、模范小学、第一女学、第二女学、西关小学，听讲男有三千二，女八百。

招待员：教育局长关兆瑞，警察所长李洪图，商会长朱显曾，议会长何系易，参事员李麟阁、聂凤彩、崔登榜、杨庆新，佐理员李振德、高子瞻，出纳员秦兆普，议员李同云、刘光化、宋世昌、李文范、孙兆平、关兆祥、常敏道、解正君、于廷献、陈维俗，视学员彭松如、宋丕绩、许光瑞、范永礽，事务员胡学闵，高小教员常同仁、于连科、解惟扬、李全义、李振雕，庶务缪文华，实业局长吴际昌，劝业员宋大经、张业宪，书记游咸一，宣讲员聂延龄，模范教员张励仁、李江、李书堂，第一女学教员穆玉振、女教员申淑兰，第二女学校长岳书泰、赵日昌、教员段继之，西关小学校长陈日新、教员李朝海，教育会书记贾俊元，商会副长高仰之，商董崔广禄、孙继武、段方圆、王嵋、姬殿英、许荣增、陈立之、薛广田、陈敬之、刘庆长、袁永年、李琇、何汝听、孟广恩、张庆安、许万邦、单冰心、王广田、陈士品、穆荫棠、李振忠，警察文牍范象枢，会计郭九霄，司书王槐堂，巡官王栋臣，全体长警及各机关，群贤咸集，咸来欢迎，洵盛举也。

是会乃县知事孙秉钧预为张贴布告，俾众周知。使天不淋雨，人数益增，惜余未能登台宣讲，大有愧对各机关热心诸君子多多矣。谅诸大君子亦知余病之遽，必当有以谅之。

九月二十四日晨，被议、参两会力为挽留，会商政治进行办法，欲助孙知事力为倡办，可见诸贤对公益心热，令人钦佩。

当散步衙署后，见有高大土塚一邱（丘），询之差役，言为单雄信之墓，邱（丘）下水深三尺余，无处泄流，古墓荒凉令人可悲。

查该县地滨黄河，今夏六月刘庄河决，漂没庐舍人畜无算，城街积水数尺，通衢古石牌坊，因曩年河决，淤没过半，坊下空隙，不盈二尺，市人往来，均由坊外绕行，从来河患，令人可叹，民之困苦，洵堪怜悯。握理河权者，盍大加留意。

查东明县知事孙秉钧，洵属精明强干之才。对于讼案，曲直是非，判断尤属分明，故下车未及一月，民之颂声载道，岂无因哉？至于种种政治，协同地方绅首，逐渐进行，若久于其职，则四民幸福，亦必享之无穷，其功收速效，可拭目而待。

留别东明父老书

夜作《留别东明父老书》，以达挽留意：

余奉委巡查，县多期短，未遑久留，抱歉良深，敬赠芜言，为全县父老颂。今尔贤县长孙伯衡，精明强干，勤政爱民。虽古循良，无以加焉。各界首领，尤多高明，智圆行方，算无遗策。业与县长筹划，大造尔等幸福，尔等亦其知之。将来开凿沟渠，改良农业，使家结人足，永无冻馁之虞，幸福一。大兴学校，普及教育，使男女儿童尽无失学之人，幸福二。蚕桑森林，逐渐普遍，使人人尽获厚利益之无穷，幸福三。市政道路，亟宜整理，人享交通之便，永无欺伪蹉跌之患，幸福四。他如一切应兴应革，次第改良，为同胞大造幸福，岂有量哉？惟愿全县父老，各率子弟，奉约守法，力助进行，同造亿万年幸福于无疆，是余所厚望焉。是为颂。

九月二十五日，黎明自东明起程，行三十里，至黄河渡口，见刘庄河决业已合龙。回忆自古河决之害，人民随波逐浪之惨，苦不堪言。合龙之速，未有如此次之快者。沿路居民咸谓周道长召南君每次来巡查河工，必默祝暗祷，对河虔拜，是以河水顿消。最收效者，每次虔拜后，河水立时消下三尺余，故合龙未愈半月，筑堤大工，仅有一月。据政府派员计算，用款得二百万元，周道长仅费二十万元。昔之筑堤，恒逾年不成，今之筑堤，未逾月而成。昔日河决，田禾连年失种，今次河决，秋后即能种麦。故民之手额称庆，颂声载道者，咸知周道长大德爱民，能邀神助云云。且十余县生灵，咸得水消种麦，预期来年收获无算者，悉出周道长之赐也。即此可见为民造福之官，万民无不感激忭舞，到处颂扬也。周道长之大德，能使万民口碑载道者，岂止河工一事而然哉！

方渡河时，闻过客言，五日前新来一收税局长，凡有渡河者，均得纳税。牛马每头大洋四元，无者拘押，余未甚在意。及北行十余里，忽有追奔来者，长跪车前，叩头喊救。余命停车讯之，哭言被黄河渡口税局将牛扣去。余思局有定章，不能额外扣留行人，似此迫税，任意虐民，岂不大违税章？余遂取一名片，令持片返至坝头河工局，转求潘局长代为调处。遂沿路询诸行人，金口一词，转欢（叹）民遭苛税之虐，一至此乎？

北行三十里，路过八公桥，街市繁盛。又行五十里，夜宿濮阳县公署，与知事韩邦哲谈商时事：（一）为河工结束事；（二）为道署政治进行事；（三）为通电辩诬事；（四）为代表赴郑事；（五）为安慰各界人民事；（六）为男女各校开会事。谈多时，大意略同。

九月二十六日，鸡初唱，起濮阳，出北门，行约十里，路侧有仲夫子墓，苍柏林列，碑碣高竖。行忆仲由好勇，身死卫难，孔子惜之。由不二过，无宿诺，入室升堂，片言折狱观之，足征其为人之耿直豪爽，更不能以率尔而对鸣鼓之攻，于万长之中指摘一短。视其负米百里，养亲不惮其劳，避世浮海，从师不畏其险，犹可说其大孝大义，令人千秋仰慕，不置云尔。

行五十里，抵清丰，又行四十五里，至南乐，二县知事宋祖锁、姚礼成二君均力挽留。余因急旋大名报告紧要公事，未遑小住。路遇大军南下，衣甲鲜明，荷枪如林，后路辎车塞途。问之扈从，乃云新军戍守濮阳，当军事倥偬时代，到处土匪猖獗，驻防之军虽多，民之治安难保，洵堪令人浩叹。

及至小运河，乘舟方渡，日已夕矣。寒风刺骨，淋雨扑面，路人咸有栉风沐雨之叹。深夜昏黑，出南乐共行四十五里，方至大名。城门紧闭，守门者验明护照，尚不放入，打电话道署，着差持对牌，至新司令部，取钥启关，方始得人，候门已二钟之久。抵公署，见周道长，报告公事已毕，诸友接谈，夜钟业已过半，公务之忙如斯耳。思当军事戒严之际，凡过关渡口，诸多为难，如能自息战争，则民受无形之幸福，更难计算矣。

九月二十七日，鸡初鸣，即起缮函七件，报答友人。晨后，至大名县教育会，约会长安泰和至省立十一中学，复邀各机关首领十余人，会议一切进行事宜。谈商有二钟之久，议妥进行事宜多件。遂拍三电，力保勤政爱民、有功无过之长官。

九月二十八日，见周道长，面陈民间疾苦，并说改良农业、大兴水利、开社会教育（等）利于民生者数条陈，周道长一一允诺。命余将三十七县查遍，回署即办。余遂辞行北巡，夜思周道长居官尽职，纳策如流，凡有利国便民之陈述，无不慨然应允，立即倡办，虽古之贤明循良，何以加诸？

广平县立高小讲演（1926年9月29日）

九月二十九日，晨起北行六十里，抵广平县署。沿路淋雨纷纷，朔风扑面，衣帽尽湿。见县知事颜景风，告以周道长要政利在实行。谈吐之间，多不满意。因嫌三等小县，有屈负其才之言，余安慰多端。后访诸士商，乃金言其日卧烟窟，并守小妾，诸事不理，民多怨言。

下午三钟，各机关首领来见，谈教育及开会事宜。余遂偕至女子高小，见女生无几，据言因放农假为辞。

至模范小学，室空无人。

至宣讲所，与所长王平章谈讲演事宜。其人言语伶俐，令人可钦。

至西关县立高小，校长张士骏集学生一百二十人于一堂，报告周道长派委大意。余说教育良否，将来社会能否改良。

说：现在我中国之社会，坏病层出，国家积弱日甚。若要改良社会，使之转弱为强，非从教育下手不能以速奏效功。且我国教育，虽说得积极地改良，亦在学生立志何如。设若学生立志既坚，专心求完全有用的学问，将来毕业以后，出身作事，必能大结团体，挽救人心，正风俗，励廉耻。即于合群爱国之心志，亦必始终如一的。

如果人人立志既坚，专以爱国家、保种族为职志，安有不能改良社会、富强国家的？是以有志的人，专能去恶迁善，不能为恶习所熏染，故文明人不作无益害有益，亦不能为恶劣社会所染化。所以，现今大凡有点知识的学生，再受完全的好教育，没有一个不知保种族、爱国家的。但是现在教育不普及，教法亦不尽完善，青年学子多有为恶劣社会所熏染的，譬如吸鸦片、打麻雀、打酒围、打茶围种种鸩毒，自甘丧身败家、灭种亡国的事，稍不知自爱的，几乎无有一病不染的啦。似此等恶劣社会，无有十分坚决自爱的心志，少有不陷于苦海的，至于列强之敢欺侮，情因我同胞无知识，甘受强邻之愚弄，而不能立志拒绝他。

外国人专乘我隙空，投我以毒害，盗去我的钱财，害死我同胞。即由鸦片、吗啡、纸烟、白丸、金丹等等毒药观之，数十年间，我同胞自己情愿饮其鸩、食其毒，而倾家丧身者，不知凡几千百万亿。流毒即到如今，尚不能尽除其毒，犹有甘心饮之食之，倾家丧身而不一悟的。所以说，改良社会，非青年不足为功。听者咸乐。该校办理完善，学生精神活泼，故说及社会改良借以勉励。该校将来发展，未可限量。校长张士骏又勉励学生爱国合群之言，洵令人钦佩。

入夜，高小校长张士骏、农会长韩彭寿、讲演所长王平章、警察副官张春芹等多人来寓谈教育实业，及一切风俗改良，有二钟之久。足征诸君为社会心热，均堪嘉尚。又均言颜知事杜门谢客，诸事不问。

广平县关帝庙讲演（1926 年 9 月 30 日）

九月三十日，在广平县西大街关帝庙戏台，自上午十钟至下午一钟。

助讲者：高小校长张士骏、农会副长韩彭寿、视学员兼女子高小校长杨荫滓、宣讲所长王平章、宣讲员张丕显。

招待员：模范校长王恩鸿，保安中队长邵静臣，警察所长马际云，副官张春芹，商会长杨瑞麟，县视学崔岚，教育委员吕恩光，事务员李玉山、车维楷，自治讲员王鸿宾、白庆森、吕恩桐，参事员杨瑞麟，高小教员张变三、王家驹、耿克慎，女子高小教员李慈航、焦棠、赵金镶。

余说周道长四大要政。听讲男四百五，女八十人。全场咸乐。学生戎装列队，有县立高小唱歌助兴，精神活泼。

是会乃讲演所长王平章等召集各界，届时招待、助讲，甚形周到可嘉。警察作军乐，以表欢迎。

查该县风气闭塞，虽热心有人，亦难遽收效功。土地肥沃，种植不甚得法。如使农业改良，收获何止倍蓰？

查广平县知事颜景风，精神颓靡，日卧烟窟，诸事不理，怨声载道。据绅商言其意旨，似以县小为嫌，多不满意，遂废政治而不理云。加以宠爱小妾，日贮金屋，虽县小民稀，亦难胜任。

下午二钟起赴肥乡，行三十里，抵县公署。知事陶坚公出未归，代表凌鉴遂召集各机关首领，来会者八人，均赞羡周道长爱民之盛意，办理开会，咸具热心。真堪嘉其为民造福有素。

肥乡县立高小讲演（1926 年 10 月 1 日）

十月一日，晨后至县立高小，校长张竹堂集学生于操场，余遂对学生说求学立志，预备将来作事之方针。

说：学生职务，在学校，总要尊师重道，致志求学，还要立有一定志向，将来做事，有一定的方针，不能漫无宗旨。处此恶劣社会，随俗浮沉，不能达到济世救民、爱国合群之目的。似此求学，往上说，对不起父兄与师长；往下说，对不起乡里及子孙。

古人有说的：有志者事竟成。古圣贤出身涉世，历千辛万苦，甘苦备尝，千折百炼，终不变其志的，终久能为社会立言、立行、立德、立功，小则一方蒙其福，大则万民感其恩。推而广之，四海之内被其德泽于无穷的，传而久之，千秋万世仰其教、遵其道者，不敢背辙不驰也。此等事业，皆从立志求学之中而来的。

古先圣贤能建功当时，垂德万世，如尧舜、大禹王、成汤王、文王、武王、周公、孔子、孟子，以及汉唐宋明诸贤人君子，所作所为，无有一人不是立志济世救民、爱家保种族的。所以于今求学，尤当以立志为要务也。此记大略，余不多录。

听讲教员、学生百余人，戎装整齐，精神可嘉，平素教练之善，不问可知。

上午十钟，在肥乡县西大街城隍庙戏台，群集会场，逐条轮说，至下午一钟方散会。教育局长冯宝珩报告开会大意，余说周道长四大要政。听讲男一千二，女五百人，咸乐。助讲员有张竹堂、张绍曾，言中时弊。第一科长凌鉴、高小校长张竹堂登台助理。学校戎装列队到者，有县立高小、初级女学，唱歌助兴。警察作军乐，以资欢迎。会场之布置，亦甚周到。听讲者又多趋市之人。各机关招待员在台下另设一席，名单未开，故难于记录，有亏诸贤热心。女教员率女生列队听讲，立有二钟之久，毫无倦色精神，教育洵堪首屈一指。使不际农忙，人数何止倍蓰？几称盛会。

查该县土地沃美，水利不兴，教育亦不发达。虽有热心之人，亦难遽尔革去旧习，速奏效功。

查肥乡县知事陶坚，晋京月余未返，所有一切公务，着第一科长凌鉴代拆代行。凌鉴实能尽职，故无废事，亦称干才。因时间短少，他务未遑详查。

午后三钟起程，行三十里，抵永年县署，见知事吴士俊，说明周道长四大要政之进行。遂召集议、参两会，酌议开会手续及召集法，足见热心。

十月二日，县视学申德惠、讲演员孙敬先来约观南门外毛遂墓，县署后窦建德墓。又云冉伯牛墓在城西瓜井，离临洛关甚近，余因事忙，未果往观。转忆毛遂自荐于平原君说楚，自拟处囊脱颖，白及迫楚王合纵数语，使赵重于九鼎，使平原君不敢复相天下士，目十九人无奇能，其志气之雄壮，言语之豪爽，古之折冲樽俎者，无敢望其肩背也。由今思昔，能不令人仰慕哉！

忆隋之季世，英雄并起，各据州郡，而窦建德据漳南称王，席卷千里，何其雄也！乃自不量力，出兵救洛阳，而与李世民战，一败于武牢关，再败于牛口峪，使当日纳凌敬之策，听曹氏之劝，安能被杨武威所缚哉？既不识时机，亦不明顺逆，甘心助郑，而救王世充，被擒不悟，犹不降于唐，长安被戮，不亦宜乎？

忆冉伯牛之为人，想至善无疵，故孔子悲其疾之不救，叹善人之云亡。由今思昔，能不令人于邑（郁悒）。余虽未亲观三墓之荒凉，顿（顾）思三人之境遇。故略述之耳。

永年县大仙楼讲演（1926 年 10 月 2 日）

十月二日，晨后九钟，至女子高小。校长王汝楫引观三班女生，秩序井然，惟天足未普。至省立十三中学，教员冷化南引观六班学生，咸在班授课，甚形沉静，讲解均甚分明，办理亦甚完美。至县立高小，庶务金汝培引观四教室，学生尤多缺席。至师范讲习所，学员百余人，咸在操场，徒手走步，亦甚整齐。余校未暇遍观。

午后二钟至五钟，在永年县署后大仙楼左侧台上，招待员有议会长韩恕堂、参事员张怀珍、白观准，防务公会主任冀文儒、正值年、武敬绪，市会长郭莲舫，贫民工场长王恩溥，第一高小校长傅鸿恩，第一女子高小校长王汝楫，县视学申德惠，师范讲习所长卢恩瀚，教育局长金光璧，第二高小校长郭从孔，中学校长赵金海，宣讲所长袁炳文。

助讲员：（甲）知事吴士俊、（乙）县视学申德惠、（丙）中学校长赵金海、（丁）师范所长卢恩瀚、（戊）宣讲员孙敬先、（己）女子高小女教员王思敬。

学校戎装列队到者，有省立十三中学、第一高初、师范讲习所、师范附小、第一女子高初、西街女学、东街女学、第一初小、第二初小、第三初小、第四初小、佛教会小学、武氏小学、郑家街代用小学。

是会乃县知事吴士俊预令各界召集民众，又命差役沿街鸣锣，谕告周知。届时四民咸集，学生列队到者十四处。听讲男五千二，女八百人，演至兴处，鼓掌雷鸣。警察维持秩序，井然不紊。会场一切布置，实属完备。女士王思敬讲演，言中时弊。惟学生应答之声，不甚舒畅，似乎平素教练板滞。观听者咸乐形于色。学生唱歌，警察作乐，大表欢迎之概。洵称盛会无两。

五钟散会，归教育局内宣讲所后，忽有人来寓叫骂。初骂时，县视学申德惠、讲演员孙敬先俱言为疯癫，再言为酒狂，往返叫骂凡四次。盖骂言均含为本地闹党见之意味，似乎借此泄忿者，余因其语侵道长，又思以教育局、讲演所二重要机关，任人出入叫骂，可见恶徒目无法纪，而机关人员无敢阻止者，遂着人报知警察，嗣又具函报县云。

吴县长钧鉴：委员散会归寓后，即有人来教局院内喊骂，语侵道长，遂有视学员申德惠、讲演员孙敬先俱言伊为疯醉，委员遂置之不理。讵伊巡逡叫骂，往返四次，伊若无人主使，何能胆敢欺侮官长，目无法纪，为此具函呈明。请速拘案，审明主使之人，并惩不法，而儆凶徒，借靖闾阎，实昭公允。

余思似此劣绅，假借亲贵名义，专在地面捣乱，官吏不能禁止，亲友不敢劝诫，养成虎狼之威，时常暴虐街邻，上益祖宗之羞，下肇子孙之祸，洵为社会败类之下品，流氓之罪人，可耻孰甚？

永年讲演（1926 年 10 月 3 日）

十月三日上午八钟，县知事吴士俊及各机关绅董来寓欢送者五十七人。军警差役陪送者三十八人。余遂对众演说周道长政治种种进行事。

说：兄弟到贵县宣布周道长的政治，贵于实行。昨日开会，大家甚劳苦的。今日起动大家同来欢送兄弟，实为抱愧。现今兵荒匪乱之时，各种政治滞于进行。周道长对兄弟说，民间受的痛苦，无人过问。地方虽有好官，诸多扯（掣）肘之事，好官亦通灰心。周道长大意欲令兄弟巡阅全道三十七县：（一）问民间疾苦，（二）查阅地方利害，（三）查视官吏良否，（四）查看民风薄厚，（五）到处查视学务，（六）调查实业能否振兴。其他种种应兴应革的政治，昨天业已说明白，也是大家极端赞成的。

在贵县见您的吴知事，实在是有才干、能勤政爱民的官。但是一人之治一县，事事通得经手，上下的公事，常行堆积如山。又加上军队过往，应酬之事尤多。纵有才干能力，亦有鞭长莫及之愁困。惟愿大家急力出首帮助，力行周道长爱民的政治，方不亏大家为地方造福之热心，想也为大家久怀之素志，又通为地方之绅董，常办地方之公事，今遇吴知事之贤良，更为大家所乐为尽心尽力助办的。

兄弟更愿大家多多晓谕人民，凡有周道长一切应兴应革的、为民兴利除害的政治，力劝遵行。我们既为一县的绅董，或为各机关首领，应当不惜唇齿，不避劳怨，合群策群力，积极进行，同造自己的公共幸福，享之无穷，不亦流芳名于后世么？且县知事原不是地方人，今际周道长治大名道，愿为全区三十七县人民造幸福。吴知事又能体恤民情，大家与其协助进行，事又较易。倘然遇一不良之官，勾结劣绅，专以用尽心力，吸民之膏血，刮一方之地皮，是有地方利害永不关心，地方一切利益也难进行。再说无论他是好官坏官，住上三年二载的，好官或是升了官，坏官或是丢了官，地方还是我们的地方，人民还是我们的亲朋，享福受苦，还是得我们自己受。好官坏官卸印后，不能再关心过问我们人民的痛痒啦。

兄弟为县多期短，不能久留，愿大家咸留意。说有一钟，众皆欣乐。各绅董来片者，有范念祖、胡源瀋、郑安祥，贫民工场长王恩溥、郑绍周、武敬绪、袁邦彦，中国红十字会员李仲槭、杨庭槐，高小正教员申立礼，师范所长卢恩瀚、傅鸿恩、姚垣、张绍曾、申德惠，教育局长金光壁，警察所长成汝祥，高小教员苏庆荣，宣讲员孙敬先，第二高小校长郭从孔，十三中学校长赵金海，讲演所长袁炳文、金汝培，女子高小校长王汝楫、韩恕堂，参事员张怀珍、白观准、冀文儒、郭莲舫，未来片者未记录。足见群贤为地方热心已极。

查该县乃广平府基址，城市买卖，较甚繁盛，农业亦稍有进步，学校亦多。惟天足之风，方始萌芽，若各文明者流，力为提倡，收功亦不为难。

查永平知事吴士俊，学有经阅，对于政治尤属熟手。若久宰斯土，为民造福，未可限量。

留别永年父老书

十月三日上午九钟半，起赴南和县，北行五十里，至正西村歇马，又行二十五里，抵县公署。遂与教育局长方铜印、劝业所长郑熙廷订约次日开会。入夜，南和知事王文炜自大名道署归衙，谈周道长政治运行事宜，心甚赞成。

余遂缮《留别永年父老书》，以遗之云：

余奉委巡查，县多期短，余言未尽，抱歉良深，再赠芜言，敬为父老慰。今尔贤县长吴升之，才德兼备，勤政爱民，虽古循良，无以加焉。各机关首领，尤多高明热忱之人，行将群策组合，助行善政。教育如何普及，实业如何振兴，缠足如何解放，沟渠道路如何整理，森林农业如何栽种培植。凡有种种弊风陋俗，应如何逐渐改良，次第收效，造尔幸福，岂有量哉？惟愿全县父老，各率子弟，守法遵行，力为助办，同造幸福于无穷。方不负贤县长、诸高明之苦心，亦不负周道长勤政之至意，余是以为慰焉。

南和县讲演（1926 年 10 月 4 日）

十月四日，在南和县城隍庙戏台，自上午十时至十二时。

助讲员：教育局长方铜印。

招待员：同上、实业局长郑熙廷、商会长王励清、师范所长刘鹏昂、第一高小校长范桂萼、两级小学校长吴朝祥、财政所长梁秉政、财政所员杨子槐。

学校列队到者，有师范讲习所、第一高小、两级小学、北关初小、两级女学、西街初小。多戎装整齐，惜应答不甚舒畅。警察维持秩序，亦行周到。听讲男八百，女四百五，咸乐。是会乃教育局长方铜印、实业局长郑熙廷、县知事王文炜，届时令地方沿街鸣锣，召集民众，故四民咸集，足征为公益热心。

查南和土地肥沃，田园甚茂，沟渠亦多，灌溉尤便，农业之兴盛，洵堪首屈一指。

查南和知事王文炜，亦属干才，对于民情，熟谙胸中，若能任满三年，一切政治必有可观。

下午二钟，自南和起程，行三十五里，抵任县，沿路淋雨纷纷，人马尽洗，及奔至城，见兵满街市，车马充斥。抵公署，见县知事梁寿仁，说明周道长要政大意。该知事遽言，大兵压境，筹备不暇，各机关被占，职员均各回家，道长之意虽美，实难办理进行。今晚召集各绅董，磋商一切，明晨再为报知。遂送余等寓青云阁宿焉。余思兵者，以靖内乱、御外侮为天职，县知事当不至于是之惊慌。今听其仓皇之言，令人叵测其意。

十月五日，晨后至县立高小，校长宋世英引观高初二班。高级未满十人，初级不足三十人，可见学风难开，令人浩叹。

任县知事梁寿仁，遣人来寓报道，昨夜会议无人，各机关首领尽行旋里，祈为停止开会，余遂辞行。起赴邢台，行三十五里，下（午）二钟，抵邢台县署，见知事毕玉珊。言各机关首领现在署厅会议大兵提款事，遂偕同会商。余即述周道长四大要政之至意，众绅董咸称赞。但云大军将至，各大机关及各大绅户、各大商店均被预占，倘一宣布周道长之要政，深恐诸多不便，祈暂停开露天大会为便。余见人心惊慌，知事无主持之权，当即允焉。

下（午）四钟，出观街市。交易繁盛，铺面整齐，马路绕城，电灯密布，实属壮观。城基阔大，乃旧顺德府。夜作二县报告云：

查任县、邢台，农业甚行发达，专赖渠水灌溉，是以收获恒丰。俗谚有云：南和任县不靠天，旱涝均收常丰年。盖因沟多，天涝有处泄水，天旱有水灌溉，故不靠天，恒丰年。假使大名道区三十七县尽能凿沟渠，如南和、任县、邢台等县，以防水涝，并救旱灾，人民安有流离饿莩之苦？愿为民造福之官留意倡办。

查任县知事梁寿仁，虽系军界出身，对于行政，本诸良心作事。惟军事倥偬，大有应接不暇之虞。是以他政不遑顾及，难责其滞行要政。

查邢台知事毕玉珊，才堪御民，时际催款孔急，一切政治不暇整顿。道长要政虽允倡办，无奈议、参、商、教、农、学各界首领，尤多懦弱畏缩不前之概，将来能否进行，尚未可知。由其会议枯窘观之，民之幸福不易遽造。周道长之要政，亦难实行。余深惜之。

十月六日上（午）九钟，至火车站候车，至下午三钟，乘军用车直抵邯郸，方停车。日夕抵县署，见知事邵鸿基，谈商要政进行手续及开会事宜。其筹划之法，洵属敏捷。

入夜，教育会长张正志来寓，会商开会一切事宜，足征热心可嘉。

邯郸讲演（1926 年 10 月 7 日）

十月七日晨起，游观赵武灵王丛台。在东北城上，高与云齐，基址雄壮。上有清乾隆亲书之匾额，又有胡景翼重修新立碑碣，文为怀古伤今。下有湖水池塘，荷满其中。湖中有岛，上筑大亭，有一通桥，上建宛在亭。湖北岸，新筑图书馆。院中花草甚多，诚为古迹盛景。

上（午）九钟，在邯郸城隍庙戏台，讲演周道长四要政。男女学生列队到者，有第一高小、女子高小、南关初小、西关初小、南门里小学、东门里初级、北门里初小、西南庄初小、师范讲习所。咸率队来临，惟高小奏琴唱歌，戎装整齐可嘉。

助讲员：县知事邵鸿基、师范讲习所教员张振声、教育局长钟一德、女子高小女教员陈淑云、女学生丁淑英、高小校长岳奉天。说者言多中时弊，洵谓识时务者。

招待员：教育局长钟一德、视学康景渭、教育委员张正志、庶务宋绳璟、实业局长丁椿年。布置会场，甚形周到，咸具热心。

是会乃县知事邵鸿基派教育局长张正志承办召集，届时四民咸集。听讲男一千二，女五百人。秩序井然，全场咸乐。演至兴处，鼓掌雷动。邵知事说周道长种种政治，有一钟之久，可谓热心之至。女教员陈淑云演说时弊，尤为巾帼中卓识之巨擘。讲至下午二钟，方散会。听者毫无倦色，可云盛矣。

午后三钟，同邵知事等，至赵武灵王丛台下，宛在亭前合像。又在望诸榭亭后三人合像，以作胜景纪念。忆昔赵武灵王，在战国时，盖一雄君也。变胡服习骑射，备敌防边，何其雄也。迨后丛台娱乐，日肆声歌，卒致内乱，终归饿死，岂不惜哉？观望诸榭亭，益思乐毅佐燕伐齐，丰功伟烈，后被谗间，而逃罪于赵。遭燕王忌疑，终身不怿。岂不冤哉？由今思昔，能不感慨系之者。是不知今之乱，尤胜战国互相争夺之乱耳。

下午三钟半，至女子高小，女主任教员陈淑云集聚女生于讲堂，遂主席报告周道长德政及余提倡教育之来意，并勉励学生求学之箴言。余说重男轻女之弊，以男女知识能力不平等比较之。听讲者七十六人，咸注意欣然大乐。邵知事说教育进行之办法及利弊，甚为明了。

招待员：女教员陈淑云、卫之芬、王文范，礼节甚形整肃可嘉。

是会乃该校主任教员陈淑云午前开会时，邀约讲演，提倡学风，故有是会。观女生之整肃，精神之活泼，始则唱歌欢迎，继则唱歌致谢，节奏合拍，音调中律，足征平素教练之善，该校将来发展，未可限量。邵知事、陈教员说教育，尤中时弊，洵堪首屈一指。

邯郸县立高小讲演（1926年10月7日）

（十月七日）下午五钟至六钟半，在县立高小，邵知事命该校长岳奉天集聚全校学生于讲堂，又招师范学生来场。

助讲者：教育局长钟一德、县知事邵鸿基、校长岳奉天。

余说立志求学及四立三不贪。

余说：今天见贵县男女学生，甚有精神，又闻周道长前次亲之查视贵校与女子高小学校，亦甚赞美，当即加奖。大凡立志求学的学生，靡有一个不是专心用功的，所以将来出身应接世事，也靡一个不能办事的。若是在学校，不知尊师重道，不能专心求学，将来出身涉世，仗着什么技艺，以竞胜于文明之场，所以学生在学校，先要尊师重道，致志求学，迨出身涉世，一入事场，还得力行四立。什么叫着四立？

（一）立言。说话必得有益有信的，若说无益无信的话，岂不是无益于己、有损于人了？向下谁能信仰你的？若是人人皆不信仰，将来一事也是办不成的。

（二）立行。凡人行事，不求人家说好，我才去做，若事能有益于人，能有益于国，或是有益于公众，我们应当去做，方可说是能行正事的人，亦能言行相顾。

（三）立德。说起德字，是人人应该办点有德的事。立德之说，先立自己的私德，修身正心，言行举动，专办利人利己的事，自己先做个正大光明的人，然后办些功德事，未有不成的。

（四）立功。什么叫着立功，在社会上多做些有功于人的事，小则造福一家或一乡，大则造福一国或能造福天下，推而广之，或能造福千秋万古的。

有志人不但能守四立而力行之，即然对于办事，亦能力行三个不贪：

（一）不贪功。如大禹王只顾治水救民，尽其心力，劳其筋骨，并未计及舜能禅以天下。此乃不贪功而能立功之一明证的。

（二）不贪名。如孔夫子周流列国，挽救人心，何尝贪名？作春秋，正名分，亦未计及千秋万古后，人皆尊为师表，此乃不贪名之一确证的。

（三）不贪利。如关夫子，曹操封之以侯爵，赐之金银，锦袍名马美女等等利于己者，无不周备，当时却之，而不受其利，终享千秋太牢之祭之大利。此不贪利之一铁证的。

总之，人立志求学，出身涉世，守四立，去三贪，专立功正名而生利，方可造福于万世矣。反复比较之。

听讲者三百六十人，咸鼓掌。学生唱歌致谢。如同女学唱歌以表感谢热忱，声调咸活泼激昂，二校教育之良，不问可知。办理之善，即此可见。洵堪令人钦佩。

是日连开三会，演说有七八钟之久，兴会淋漓，到处欢迎，较比为社会热心之讲演，尤超出一等之地步。遂作报告书云：

查该县地土沃肥，惟少沟渠，禾稼常受水淹。若能多开沟渠，泄水防涝，并蓄水灌田，则南亩之收获，必益倍增。沟渠之中，并可蓄龟鳖，养鱼虾，植蒲苇，种荷菱，均获厚利无算。愿该方绅董，倡率力兴，以福人民。

查邯郸县知事邵鸿基，精明强干，对于地方政治，应宜兴革者，时常召集绅董，督促进行，是以四民爱戴。民国亲民之官，洵堪首屈一指。吏治清廉，又无官僚习气，若使久于其职，邯郸幸福，不难遽造。

十月八日，晨登西城，一望无际，眼界皆空。忆昔赵国，在七国中，独当秦冲，使非平原君，贪冯亭献韩上党地，安有长平坑卒之惨祸？而邯郸不亡者，赖有信陵君，窃符夺军之救耳。否则，虽有毛遂使楚定纵，恐亦难解秦兵重围。忆古思今，战争不息，同胞自残，何代蔑有？爱国家保种族之同胞，当不如斯之残忍。

上午一钟，搭汽车，行一百四十里，抵大名道署，见周道长，报告公事毕，接谈一切政治办法，及进行手续。最注重者：一为开沟渠。为农人兴水利，使永无水旱之灾。二为办社会教育讲习所。每县考取四五人，毕业后，各办各县社会教育，以开民智。三为息讼会。各县分区，均设一会，举公正廉明者，专息民间争讼事。四为设村仓。各县每村自设一仓，按年积谷，以备凶荒。各种政治，均有详细办法，其他政治多条，未能悉录。

周道长当即令余速为招致贤才，次第举办，助理进行，力造民福。余思周道长从来居官，本诸良心作事，前宰罗山时，修汽（车）路，整街市，倡教育，安民业，保卫治安，夜以继日，不遗余力，为余所亲见者。此次身任道长，尤能纳言勤政。若斯之热，若以他省尸位官僚较之，岂不有霄壤之别乎？

十月九日，晨后至教育会，欲约会长安太和，倡办双十节游行大会。际会长被大名道全区公举八人，为总代表，同至郑州谒吴帅，为贤良正直辩诬罔，并恳留任以奠民生之周道长。余遂至省立第十一中学，与校长耿肇璘，说明庆祝双十节大意。该校长慨然允诺，又力为邀余乘间来校讲演，借倡学风。

至教育局，见局长李钟和。据云，今际时局不靖，须会商各机关，方可开双十节游行纪念大会，余遂托其酌办。后竟未能办成。余思民国自相战争，兵马充斥，人民惊扰，办教育之人，尤多畏难苟安，故此等国庆纪念，亦多置之脑后。除此学界外，更无人过问。可胜惜哉！

入夜，至十一中学，观文明新剧，学生轮演二十余出，均有趣味。观听者男女五百余人，咸鼓掌笑乐。学生热心社会，令人可嘉。苟能如山东易俗社所演之新剧，则尤益人大矣。

十月十日上午十钟，至省立十一中学礼堂，开双十节国庆纪念会。（一）奏风琴，唱国歌。（二）群向国旗行三鞠躬礼。（三）校长耿肇璘报告国庆真像。（四）余说国庆中之国耻。（五）袁子才演说。（六）一教员演说。（七）奏乐唱歌。（八）振铃闭会。

时已十二钟矣。听讲男三百九，女五人。学生居多，列坐井然。是会乃该校自行开办，因全县未能集合游行，余亦应约而往，故有是说。听者咸鼓掌，大加赞同，足征俱抱爱国热忱。实堪令人钦佩。该校长耿肇璘预邀来校讲演，足征为教育热心。

十月十一日，晨至汽车站，九钟开轮，行九十里，抵成安县署，见县知事林敦，遂召集各界绅董。迨下午一钟，各机关首领咸来会议。余说明周道长勤政爱民之大意，各界首领咸加赞成，一切政治，咸允进办。

出见勤政堂前有阖邑送林知事高脚牌四面，上写：善教善政，仁心仁闻，以宽济猛，寓惠于征。又有旗两对，三层万民大伞一柄。勤政堂有一匾曰：民歌来暮。由此观之，林知事之德政，能使全县人民之感戴如此，洵堪令人钦佩。

下午三钟，至女子高初，校长武重光引观初高师范三班，七十八人，精神活泼，天足大方，足征教育之良。

至县立高初，校长李沐引观高级三班、初级四班，共三百七十人，均属天然活泼，教育之良，大可嘉尚。观高级第二堂，学生作文，有夏雨伤稼一篇，文义有责备官长漠不相观之意旨。余遂对学生演说开沟渠之法，与泄水防涝、储水灌溉之利益，使知稼穑之改良。

听者二百人，咸注意。青年学子亦知官不爱民。即此可见尸位素餐之官吏，比比然也。

成安县讲演（1926 年 10 月 12 日）

十月十二日，晨观街市。见古石牌坊，上露有数尺之高。访之居人，据言数百年前，为漳水所淤没。回忆沧桑之变迁，山河之遽改，尤非细民所能预为料防者。故在汽车上，经过一土城，系前废失之魏县，亦有古石牌坊数架，咸淤没仅露其顶。想与此城同遭水患也。转想人民痛苦死亡，岂能免哉？

又访诸商民，问闾阎之疾苦，佥言土匪充斥，架掠迭见。昨夜离此二十里磁县境内，被匪焚烧十余村，烧死妇女儿童尚不知多少。驻防军队永不过问，地方官警力不敢敌。人民之遭劫掠焚杀者，更难屈一指。余遽听之下，心实悯焉。转念纷争不息之时，人民苦于剥削，窘于饥寒，起而为盗，自相残杀，谁尸其咎，有识者空怀无可奈何之叹。

午前十钟至十二钟，在成安县城隍庙戏台。

助讲员：县知事林敦，高小教员李庭寅，学生王恩荣，女学生武淑静、刘芳珠。

招待员：商会长刘玘，警察长刘增惠，教育会长宋遇春，实业局长程天贵，高小校长李沐，女高校长武重光，财政所长兼农会长宋福周，查车处委员长王怀璧，中区巡官阎永胜，视学武容光，教育委员朱国栋，宣讲员康银，商会董事武庆元、刘玺、倪书文、王金声、朱得心、姚塘，稽查员李珊，保卫大队长林长胜。

学生戎装到者，有高初两等、高初女校、东关小学，均操衣整齐，作军乐，唱歌欢迎，声调激扬。女生唱歌，音调中律。助讲学生及十二龄女学生演说，尤中时弊，洵属可嘉。县知事林敦令各机关预备会场，甚形周到，足征地方热心有人。

听讲男九百五，女四百五。学生列坐，四民环场，秩序整然。林知事主席报告周道长四要政，甚属了然。余每有问，学生应答，声动天地，精神活泼，全场咸乐，兴会淋漓，可云盛会。

查该县土地沃肥，农守旧规，地与豫属毗邻，匪患充斥，如能联庄自卫，方可保守治安，徒恃兵力，终难收功效。

查成安县知事林敦，洵属老吏手段，到任虽未几月，县民甚为感戴，观全县恭送牌匾旗伞，足征其勤政爱民，堪称令人循良之尤者。

午后二钟，起行五十里，抵邯郸火车站。登火车，行一百八十里，抵沙河县署。时过夜半一钟，乃科长与收发吏招待甚为周到，足征该员为公益心热，令人可钦。

沙河县讲演（1926 年 10 月 13 日）

十月十三日，沙河县知事刘树人，来谈有二钟之久。对于周道长之政治，大表同情。遂召集各界首领，来会者十七人，咸具热心，召集开会，尤为敏捷，欢迎之概，尤多发于至诚。

午后三钟至六钟，在沙河县城隍庙戏台。学校戎装列队到者，有县立高小、女子高小、城内初小、第二初小、北关初小、平民学校、草辫传习所小学、师范讲习所。奏琴唱歌，声调激扬。女学唱歌，音调中律。

助讲者：县知事刘树人，主席报告开会大意。宣讲主任王海清，视学员胡勤恒，高小学生郭蕙、张全福、张世英，师范学生周立凤，演说有序，令人可嘉。

招待员：县知事刘树人，县议长胡道奎、副议长高尽臣，参事员傅训，实业局长李遇丰，女高校长吕顺庚，师范所长李廷桢，自治讲习所主任张思骞，高小教员高玉华，自治周判事务员许震吉，其他农会、教局等名单未交，未能记录助讲者，言多中肯。招待者布置周到，秩序始终井然。

是日，该庙演戏，四民环集，男有四千，女有六百，仰视静听。演至兴处，学生欢呼，全场鼓掌，声动天地，诚盛会也。使非听戏人多，兴会决不至此。

查该县与晋省毗连，地半沙瘠，加以连年歉收，军事提款又急，西山居民有为输款自尽者，闻之令人泪下。洵有无可奈何之叹。泣告争权同胞，可速息战，苏我穷民。

查沙河县知事树人，洵属治民熟手，对于地方政治，尤能慎重和平。前曾在山西模范省为官多年，经阅既富，爱民益深，故民之爱戴，发诸至诚。使久宰斯土，民之受益，未可限量。

十月十四日，鸡鸣起行三十五里，至顺德府火车站，见城关兵队住满，街市皆兵，其新军南下之象，乃有如斯之多，令人诧异。起行未远，又遇军队若干，问之亦南下之新军。回想我中国军队若斯之多，而犹受外国之欺侮，不能群起敌忾，国耻亦不能雪，军队益多，地面尤益乱。握军者其意何居乎？

出邢台，北行五里，路过豫让桥。忆昔豫让事智伯，尽忠竭节，仇报赵襄子，而襄子重其义，屡释其死，天下贤之。观其为难不为易之言，对友人尤见豫让，能留千古，怀二心事君者之大法，洵堪愧万世朝秦暮楚之奸佞人也。

又行三十里，至梁原店歇马，又行三十里，抵内邱县署，日已夕矣。见知事郝凤桐，遂着召集各机关首领，于夜间会议者十二人，感激周道长政治之善，咸允力为进行。

当晨出沙河北门外时，该县各机关首领十四人，拦路递一公禀，群控教育局长侯兆星溺职等弊，乞为转禀周道长，撤职查办。余即多方安慰，令其和平解决，各机关均不领受，遂允代为转详。夜至内邱县署，缮函与禀，邮寄道署。函云：

委员于十月十四日，晨出沙河北门外，有该县各机关首领十四人，拦路递一公禀，言教育局长侯兆星种种恶迹，恳请撤职查办，为此理合禀请道长，鉴核施行。原禀附呈。

并检阅递禀、名片，乃参事员张永年，地方自治讲习所主任张思骞，县立第一高小校长胡道昌，实业局长李遇丰，讲演主任兼教育董事王海清，县议会长胡道奎，女子高小校长吕顺庚，参事会参事傅让，师范讲习所长李廷桢，各绅董无名片者未录。忆其各机关合控一局长，想其同心合意，欲逐一人，该局长是否营私舞弊，未及预查，遂托友人暗访一切。一面将禀与书一并转详周道长，着其派员查其所以。

内邱县讲演（1926 年 10 月 15 日）

十月十五日，晨起为乡友田凤池引观街市。自西门登城，至北城下观，出至南门外，观碧霞元君庙，妇女进香者，接踵不绝。盖因重阳大会，循旧例也。迷信之风，尚未少减。

午前十钟，至县立高小，学生无多。盖因军人占用校址，学生多还家。此该校长李荫枬所言如是。

至女子高小，校长翟裕和，女教员徐钟焕、陈文鸾，言学生共三十余人，遂允为开会到场，届时再邀不至。洵令人诧异。似此闭关教育，女权终无发达之期。

下午二钟，在内邱县城隍庙戏台，县知事郝凤桐主席报告周道长四要政。

招待员有财政所长宁秉哲，实业局长刘光沛，农务试验场长孟文魁，视学员滑春霖、许振邦，农会长谢鸿宾，教育员和馨元，宣讲员和希贤，高初校长李荫枬，女子高初校长翟裕和，会计科长王缙卿。

学校便衣列队到者，有官驿街初小、西关初级、南关小学、县立高小。奏琴唱歌，始终两曲。听讲男三千二，女五百，男多趋市赶会之农人，女多进香祈祷之乡妇，使非九九重阳大会，人数决不过千。盖因该方风气闭塞，一般人民不知开会为何说。

查该县与晋属毗连，土地半瘠，风气闭塞，教育不开，迷信之风永未少减。由开会时三请女校，永不到场，妇女进香烧纸，不招自来观之，岂不令人浩叹？热心社会者，盍留意焉。

查内邱县知事郝凤桐，本系军界出身，对于政治不甚熟谙，对于地方各机关首领，任其把持大权。一则威权不肃，二则不能解决地方党争。想一切行政，贻误必多，郝君勉诸。

临城县讲演（1926 年 10 月 16 日）

十月十六日，鸡鸣起行三十五里，抵临城县署，见知事牛宝善，述明周道长四条要政。遂召集各机关首领会议，尽皆赞同。

午后一钟，至县立高小，视察一切，成绩优良可嘉。遂集学生一百七十人于礼堂，教育局长赵其章报告周道长派委员之来意。

余说现在教育与将来社会潮流，能否应用于世。

说：我中国闭关时代，教育家孔孟是尊，然孔孟以前之教育，专以治国安民为要务。秦汉以下，惟东汉尚名节，晋室尚清谈，以致南北朝之乱。隋唐失廉耻，以致藩镇之横。赵宋尚文物，以致辽金元夏之侵侮。明室尚空文，终启外夷之祸。可见名则遵孔孟之道，实则背孔孟之教。

当日孔子教育兼施，礼乐并重，择诸弟子，因材施教，问仁问政，问孝问弟的。所教的意思完全不同，其政事言语、文学德行等材，又分科而教。可见人之智愚灵蠢，各自不同，若汇一炉而铸之，安能不施教乖方乎？所以孔子之教授，纯是诱掖奖劝，因症下药。孟子因材施教，教亦多术。

如今初（小）、高（小）、中（学）、大（学）的学校，分班分科，农商工法学校又分门别类，无非是因材施教，因症下药之法子，犹多有不明白。交通时代与闭关时代之不同，犹有多不知道。汉唐宋明与晋隋元清时势之各异，尤何能知道？十八世纪之交通与二十世纪之潮流，请问瞎说盲从之教师，能否真遵孔孟之教法教育青年，能应用于现在群雄竞争之场？

所以兄弟说，名遵孔孟之道者，实在假借孔孟之美名，以牢笼乡愚，误人青年子弟，岂不自知么？学校教育实系真行孔孟之教法，然则教育的青年，对于政治、外交、制作、实业、机巧、能力等等新法，能御外侮、富强我国么？所以善教者，必先查人心之趋向与社会之潮流，方称良师啦。此记大略。说有二钟之久，听者咸乐，精神不倦。

赵局长又勉励学生立志进行、为社会造福等语。洵属文明高见。

观高小校址，在北关北头山下，新式建筑，布置整齐，其讲堂光线、院中花卉、操场树木，尤皆合宜。以他县校址较之，除大名县北关外省立第七师范外，他校地址未敢与其比伦。

至女子高小，学生四十余人，均由操场列队入堂，礼节周到，整齐堪嘉。

日将夕，牛知事来寓谈一切政治进行手续，洵有见地。

十月十七日，晨至临城北关北头土岗上，有九层千佛宝塔，高百余尺，基方两丈六尺，中空如洞，亦属奇观。然迷信佛教者，亦知建此宝塔，费有用之金钱，以作无益之观瞻，大启愚人佞佛祈福之邪侈妄念，倡此者，罪孰大焉？

下观普利寺，有古牌，乃宋徽宗北狩驻跸之所。想古代昏君以乐乐身，所嗜好者，无一不是祸国败家的。而徽宗嗜好，又有甚者。宠任六贼，自号道君，土木神仙，所耗不赀，敲剥搜刮，民不堪命。辽祸方歇，金祸又来。故其父子北狩，囚于腥膻。向非高宗南渡，宋之山河，安有江南偏安之局，再延九帝之嗣哉？由今思昔，能不令人感慨，悲其昏愚也。

午前八钟半，至图书馆苗圃，观其陈设种植，俱属井然。

上（午）九钟至十二钟，在临城县城隍庙戏台。

助讲员：县知事牛宝善，女教员陈慧昌，教育局长赵其昌，高小学生王朝荣。

招待员：赵局长、高小校长戴清心，女高校长米荣堃，实业局长李荫棠，议会长薛鸿恩，参事员苏之栋、刘宝善。

学校列队到者，有师范讲习所、高级小学、女子高初、西禅寺初小、中东铺小学。高小学生奏雅乐，唱国歌，以助兴趣。学生应答，声震天地。听讲男八百，女三百六，咸乐融融。

查该县地僻山陬，土瘠民劳，风气闭塞，教育不兴，幸有煤矿，产额甚旺，获利亦多。倘能尽将荒原造成森林，福民大利无穷，安有贫乏之虞？

查临城知事牛宝善，对于教育一途，甚有经阅，对于司法行政，尤属和平，犹能与各机关首领联络一体。若使久于其职，政治必有可观。惜今大局靡定，任人不常，虽有善者，亦未如之何。况一县宰，安敢违命，不俯首听从钧命哉？时局于斯之变更，县知事如弈棋之不若。

午后二钟，起临城，赴高邑，土岗石路，车马颠（簸），连行三十里，人尽困乏。又行三十里，抵高邑县署，见知事龙锡钺，系余之旧友。前曾奔走呼号，为国为民之热心，洵堪首屈一指。他乡遇旧，乐何如之。遂说明周道长四大要政，龙君大加赞同。

十月十八日，晨起，见署堂右侧有古槐一株，粗有三合抱，中空如巨瓮，枝曲似蟠龙，阴罩堂上，方遮亩余，诚巨槐。又见公堂前左侧有古迹碑碣云：

高邑即古鄗，汉光武即位鄗南，即此地。又云古槐乃汉植。心忆二千年老槐，中空外茂，亦云奇矣。下有县知事东海龙锡钺题诗甚多，均有寓意。想汉光武起白水，平莽贼，率群雄，复祖业，披甲跃马，云蒸龙变，共吹死灰于覆焰，开创何其雄也。至今见其遗迹，能不令人景仰其为人？

晨后游观街市，至京汉火车站，见人市纷纭，兵旅往来，行车均无钟点。

至参事会，龙知事雨三君召集各机关会议，余对多绅董说明周道长勤政爱民之至意以及四要政之进行，众皆赞成。

至县立高小，校长耿珊引观五教室，学生三百余人，均在校，遂便游戏。

至女子高小，合四十女生于一堂，分三级教授，乃女教员及校长均未接见晤谈。

至东门内，见有明朝赵南星①故里，想赵君做太子太保时，尽忠竭节，正大不阿，其立朝正色，能不令人景慕。

归寓后，有教育局长刘金榜送来本年教育进行成绩一册，略一检阅，清晰洵属可嘉。其自序云：

敬启者。榜自去秋承乏局长，迄今一载。此一载中，军事扰攘，烽烟未息。不但征调之繁，几于悉索敝赋，而且风鹤之惊，使人寝食难安。教育事业，日陷风雨飘摇之境，幸免停顿，实出望外，其未能大有发展，鹄的得达，虽属限于才力，要亦时势使然也。谨将一年中经办事项及进行计划，胪陈呈鉴，务祈父老友朋，不吝教益，俾有遵循，是所至盼。刘金榜谨呈启。十五年十月。

由此表册观之，足征其办理教育有益无疵、有进无退之热心人也，洵堪嘉尚。

高邑县讲演（1926 年 10 月 19 日）

十月十九日下午二钟至四钟，在高邑城隍庙戏台。

助讲员：教育局长刘金榜，宣讲员李荣德，县知事龙锡钺。

招待员：教育局长刘金榜，视学员赵占科、秦得寿，教育委员吕逢周、张士彦，事务员赵泰振，高小校长耿珊，教员李涛、李从翰、任毓栋、岳景琳、秦玉泰、刘翰章、侯步文，司事赵鹏翔，师范讲习所长岳景善，教员郭家真。

学校列队到者，有县立高小作乐唱歌，西关初小戎装整齐，师范讲习所、南关初级、北关初小、东关小学。又散到者不录。

---

① 赵南星（1550—1627），字梦白，号侪鹤，别号清都散客，河北高邑人。散曲作家，明后期著名的政治家，官至吏部尚书，是东林党的首领之一。——编者注。

听讲：男一千五，女一百人。开会中间，听讲学生有随便自行、散队游玩者，犹有多不能应答者，教育不良，即此可见。是日若非交易会期，市民辐辏，听讲必无多人。情因县小人稀、旧习难改故也。

查该县土地肥沃，耕获亦易，惜农业多不改良，民受格外劳苦。一遇歉年，家多不给。循良长官，速为注意。

查高邑县知事龙锡钺，久为民国有功之人，对于社会利弊，胸有成竹，民之疾苦，极关心。惟际军事倥偬，不时过往，总应接日不暇给，犹能进行福民之政，虽古循良，盍以加诸？该县虽小，蒙福实巨。

赵县讲演（1926 年 10 月 21 日）

十月二十日，晨后起赴赵县，行五十里，午后抵县公署，科长王大鋆遂召集各界首领会议，到者八人，咸大赞成。

十月二十一日，晨观街市，大街宽敞，尤极洁净。迨八钟，教育局长吴佩锷来引观学校。遂偕至北城下女子高小及附设女子师范，见女生五堂，均在班授课。女教员四名，讲解分明，问答了然。其教育之善，不问可知。

遂令该校长张澄将全校学生会集一堂，余说女子教育当急进行。

余说：现在我国女子教育，方始萌芽，非急力提倡振兴不能普遍家庭教育。若是家庭教育不普（及），女子教育必不良。女子失了教育，在闭关时代，尚可甘居庸愚者流，当今竞争时代，女子不知教育，当然自轻，人亦轻之。若是全国人民尽把女人看轻，国家没有不贫弱的。

盖女为国民之母，轻其母，安有好国民？既是国民不良，安有好社会？若社会腐败，国家安能不弱？所以我中国近来积弱已甚，有识者力倡教育。而男子小学到处多有，惟女子教育，尚未振兴。在一般平民，多说女子不必读书，又说女子读书也无甚么用处。这通（是）无识见人说的。若是女人识字，有知识，往小处说，记账、写信、看信，通能办的了。闲着时，看报纸、阅古书、说故事，一家人没有不快乐的，古今的事也通知道了。至于孝翁姑、和妯娌、教子女、敬丈夫，能使一家人通学成正大礼貌之人，家成勤俭诗书人家。你说居家过日子用处大不大罢。

若是往大处说，女子有学问，有知识，设教育，办学堂，开报馆，当主笔，著书史，立论说，一则开畅胸怀，二则恒寻乐趣。闲着时，谈天文，讲地理，说古今治乱，论历代兴衰，言之凿确，心有实据，终身舒豁，尤非言语以能形容的。若是再推而大之，女子可以问政治，上条陈，行政司法、财政、军旅等事，所有关于国计民生者，通可关心。且古前女子，能训子者，如孟轲之母，割肉断机，三迁择邻；能上书者，如缇萦上书救父，能使汉文帝诏除肉刑；能行军赴敌者，如梁红玉披坚捶鼓，如花木兰代父从军；他如周太妊、太姒、周姜等，皆能助夫训子，助君兴治，国赖以宁，民赖以安。此等为国的女子，功立当时、名垂后世者，更难屈以指。假使以上所说的才女，苟无学问，安能办这些惊天动地的大功德事，照耀史策，增光邦家，历千秋万载而不朽的？女子教育可不急兴么？遂书在黑板，标明要语，女生尤多记录。足征勤学有素，咸有心得。其唱歌欢迎，整肃可嘉。

至县前铺初小，学生咸在班授课，亦甚整齐。

至县立高小，行观五堂学生三百余人，均在班，授算术、物理、地理等课，讲解甚为分明，学生亦为注意。观其陈设成绩及标本仪器，足征办理之善。

午后二钟，教育局长吴佩锷、实业局长靳安邦，来言大兵临境，咸得出接军队，不能脱身，着县视学张儒林引观各校。遂偕至省立十五中学，学生三百余人，均在班授课，功课甚为勤敏，整齐可嘉。

至第二高小，学生二百余人，亦在班授课，亦云完善。

入夜，县知事张殿邦同科长戚善桢自大名道署归衙，言大兵过境，人民惊慌，开会诸多不便，可暂停办，余遂允焉。

乃张殿邦字彦忱者，系余之旧友也。其为民国奔走呼号，参赞国计民生者夥矣。迨民国已定，掌黄县之教育，充鲁省之议员，为民造福之事，更难屈以指。今宰赵邑，洵大才小就耳。戚善桢者，为后起之干才，不但学业甚优，即办公事，亦称高手，今充赵邑之科长，虽际时艰孔亟，亦优为裕如。

十月二十二日，晨起，会同乡旧友多人，谈契阔，甚有趣味。

查该县土地肥沃，蓺谷甚少，产棉最盛。如尽改种美棉，收获必多，获利亦巨。若按全县计算，种植稍一改良，益利必进两倍。

查赵县知事张殿邦，熟谙民情，对于地方绅董，又能使归一致。虽际联军过境，其沉静安民，应付有方，故民无惊扰之苦。若久官斯土，民福不难再造。

午后一钟起赴宁晋，行五十里，抵县公署，见知事鲁作霖，说明周道长要政，次第进行，力表赞成，足征勤政之热。乃知事鲁沛苍君系余之契友，知其从善如流，居官多年，从无官僚习气，常思与民同甘苦，洵堪令人钦佩。虽握篆未久，而民感戴者多。

宁晋县县立女子高小讲演（1926 年 10 月 23 日）

十月二十三日上午八钟，县知事鲁作霖、教育局长王书荣偕至县立女子高小，校长张震科会学生于一堂。（甲）县知事鲁作霖报告余来之大意。（乙）余说重男轻女之弊，女生一百三十人咸乐。（丙）校长张震科说女子教育。（丁）女主任教员展振维说勉励学生进步之箴言，两次告诫，均中时弊。

招待员：校长张震科，教员武岫云，女教员展振维、娄崐荣。招待周到，礼貌有加。观其办理之善、教育之良，洵属可嘉。

至模范小学，际午饭放假，学生均不在校。

至师范讲习所，据言因大兵过境，业已停班。

午后，至高小学校会客室，县知事鲁作霖预为召集各机关咸来会议，届时到者十八人。余遂发表周道尹四大要政与进行之手续，众皆咸允为力办。

午后二钟至三钟，在县立高小学校讲堂，校长周凤翔遂集三班学生于一堂。（甲）余说学生求学立志之方针，将来为改良社会、富强国家之目的层层比较之，学生迭次鼓掌，兴会淋漓，精神活泼。（乙）县知事鲁作霖说教育为当时要务，学生咸注意乐听。（丙）校长周凤翔语多勉励学生。听者百余人咸点头。余遂为开童子军歌一曲于黑板，借壮学生激昂气，并发其爱国心。

下午四钟，至北关北头，职业学校长赵福量引观成绩，见其出品乃粉笔、毛布、肥皂等类，制造甚属精良，惜其资本太少，难能扩充，洵令人有无可奈何之叹。

县知事鲁作霖、教育局长王书荣等一日之间，陪观六处学校，连开三会，咸为助讲，其热心教育，洵堪首屈一指。鲁知事徒步随行，不从介仆，洵可谓亲民之官，亦为古今循良者。

宁晋县城隍庙讲演（1926年10月24日）

十月二十四日，自上午十钟至下午二钟，在宁晋县城隍庙戏台，届时四民咸集，学校戎装列队到者有女子高小、县立高小、模范小学、女子初级职业学校、女子师范、第一公立小学、第二公立小学、师范讲习所凡九校学生，多奏琴唱歌，以助兴趣。

招待员：警察所长刘景炜，教育局长王书荣，实业局长贺伟，议会长张子峰，高小校长周凤翔，女师校长张震科，宣讲所长李琨，中华书局经理展庆亭，宣讲员孙云章，参事员宋秉乾，高小教员王元亨、王书印，女学主任教员展振维，模范教员阎香元、张之跃、郑凌辰、冯福康，师范学监李子均，职业小学校长赵福昌。

助讲员：县知事鲁作霖、女教员展振维，演说言中时弊，其知识高尚可嘉。

听讲：男三千六，女七百人，仰视静听，欢呼拍掌，声动天地，此等盛会洵属无几。模范学生操衣整齐可嘉，鲁知事指挥布置一切，甚形周到，不以官长自居，亲民之官，可云无两。嗣又合影，四民多列两旁，不敢合摄，甚可怪也。中间秩序小有紊乱，因人多地狭拥挤难堪故也。说有四钟之久，听者精神不倦，屡次鼓掌，欢声雷动。巡查多县，开数十，兴会淋漓，无如此次之盛者。

午后四钟，县知事鲁作霖送来女子师范佳作一十四本，文势大有可观。据言女师学员特录此本，托为转呈道长大笔挥削，借聆教言，而启学识。余略一检阅，书作俱佳者多本，该女生学业高尚，实属令人可嘉。

查该县地土肥沃，惟禾稼恒遭水患。若能开凿沟渠，辟浚河道，行一劳永逸之法，则民之收获，立见倍增。惜居民无有团体，上官又不过问，民遭水患，宁有底止？

查宁晋县知事鲁作霖，洵属老吏经阅，全无官僚习气，其勤政爱民，筹划不遗余力。虽下车未几，而民之爱戴已深。其判断民辞，尤属精敏，若久于其职，昔之召父杜母①之称不难见于今日。民国知事，可称拔萃者流。

隆平见闻

十月二十五日，黎明起赴隆平。行三十五里，至北鱼村，寓公益所，小学校人员招待，余遂讯问民间疾苦。该约正季□、李斌，村正张振铎等，咸言该处为大陆泽，俗名宁晋泊，系□河、滏河、泜河、漳河、北沙河、午河、槐河、牛尾河、洨河等九河汇流于本村之北，名曰十字河，至孟家桥、冯家屯等处，河流变窄，每遇夏雨大行，水流不畅，禾稼尽受水伤，十年九涝，恒有颗粒不得之虞。甚至水深丈余，房屋倾圮，人民多溺死者。谈吐之际，言语甚为凄惨，余遂为设法，令各村正副，公举代表，联名上禀，请县知事转详道长，恳其下令，力迫浚河，用一劳永逸之法，使之永无水患，众皆大悦，慨允即办。

又行四十里，抵隆平公署，与县知事李渐宾、教育局长李同年，偕观女子高小及县立高小，在校学生均无几人。因该县逢会，按例放假故也。至教育局，令局长李同年联名禀县，转恳道长下令，与宁晋县一同开挖河道，免遭水患。伊遂允即行。初小学校长曹如彬引观该校，惟操场内有学生三十余人，击皮球，盘杠子，打秋千，游戏甚形活泼。

查该县土地沙瘠，农业不兴，情因恒遭水患。惟天旱时，沿河两岸可资河水灌溉，若能顺势多开沟渠，不但涝水可泄，旱时灌田，收获颇丰。爱民官吏，

---

① 指西汉召信臣和东汉杜诗。他们都曾为南阳太守，且皆有善政，使人民得以休养生息，安居乐业，故南阳人为之语曰："前有召父，后有杜母"。后因以"召父杜母"为颂扬地方官政绩的套语。——编者注。

安可为此漠不关心，失造民福。

查隆平知事李渐宾，甚谙民情，留心政事，故民多为称赞。若能设法除水患，则民之蒙福无极。

余见该县适逢大会，入夜欲订期开会，随从者急欲南旋，虑言百出，力劝速行。余遂辞该县会，泂有愧对，可见人之奉差作事，为私者多，为公者少，古今出一辙，随从佐理之辈，又何足怪？余亦有主权不肃之虞。

十月二十六日，鸡鸣起隆平，行二十五里，至崔家楼，□河桥，水势汹猛，流甚湍急，堤亦高深，通衢渡口，上架七尺高一单板木桥，卸车方能得渡，村人代为拥车，余心甚感焉。问诸村人，金言水势大涨时，迷漫桥上，两岸村屋，多为倾颓，每遭水患，惨不忍言，听其所言，水患尤甚于宁□等村。余遂谕令村众，即告村长，上禀恳求上峰，下令永弭水患，村人咸乐允办，余又叮咛再三，众咸连应即办。

又行五里，至邢家湾村，登河坝上，顺长堤行十余里，至天口村少憩。余遂问村长魏公顺等七十余人，讯其水患洪灾。金言滏阳河流太窄，两岸河堤又低，每遇夏雨时行，河水暴涨，数县近河居民，咸受其害。禾稼被水淹没，房屋尽多坍塌，人民受的痛苦，实属不堪言状。若说交通，亦为便利，邢家湾乃是上船码头，货物时常堆积如山，由滏阳河运至天津，路程七百余里，顺风四日即到。余遂对众又说，周道长将为大名道区大兴水利，开凿沟渠，永免水灾，民众大悦。咸手额称庆，连声颂德。余当即又谕令村长魏公顺等，即速联名上禀本县知事，请其转详道长，恳其下令，辟河筑堤，疏浚河道，求免水灾。皆欣乐允办。

平乡见闻

遂起行五十里，抵平乡县署，见县知事李润之，说明周道长四大要政之进行。对谈多时，语甚牢骚。谈吐之间，为应兵差困难，深欲辞职。凡一切政治，多难于进行。余又告以路过天口村，当谕令村长联名上禀，请开河道。如禀到时，可速为转详周道长，恳其下令开决河道，以泄水患。李知事当即应允。

入夜随从者急欲南旋，力劝速归大名，以图后计。余心甚为赧然。可见人之作事，一遇艰辛遽尔改辙，是故古之朝秦暮楚之辈，多因见难思迁，顿弃廉耻于不顾。若此等无耻之人，安得不为忠肝义胆者流斥恶摈弃而不齿云。

查该县地土沃美，农业未能改良，赌风未减，商业不甚兴盛。苟地方绅首，咸能注意进行，敝风陋习不难遽更。惜提倡乏人，（乡）风犹多依旧。

查平乡知事李润之，亦称干才，惟际军事倥偬，大有退隐自息之概。故政治亦多疏于进行。地方绅董亦多进行不力，时势使然，人事亦随之以隳，人民幸福亦难遽造。

曲周见闻

十月二十七日，天明起赴曲周。行二十五里，至马町桥饮马，见桥之左右买卖繁盛，逐水转输，贸易尤遍，大有日中为市之概。又行二十五里，抵县公署，见县知事李桂楼，说明周道长四大要政之进行。际李知事染病卧床，犹慨允力办，足征为公益心热。

查该县土地平雍，地多滨河。若多开支渠，分杀水势，借资灌田，不但河患可减，收获亦必恒丰。

曲周知事，为人精明强干，对于政治尤属热心。虽到任未几，一切应兴应革事宜，无不关怀。虽为时势所迫，应酬不暇，亦大有造福民生之概。若使久宰斯土，民之幸福不难再造。

从者见时局纷扰、人心慌张，促余速为起行。余见河水荡荡，绕城大濠，形如天堑，包围邑城，四面之三地势甚属奇壮。行五十里，至李白营，寻逆旅宿焉，讯村人之疾苦。

入夜，见寓所有两层红缨大枪一杆，问逆旅主人，据云本村一百余户，入红枪会者有八九十家，每家壮丁各置红枪一杆。每夜练习红枪之使用法及避枪炮的符咒。若待用时先念咒，画符一道，将符用火烧之，化符灰于凉水中，饮之即能避去枪炮之击射。现时河南、山东、直隶、安徽等省，到处多有红枪会。余又问练习红枪究竟有何用处，逆旅主人又云：初兴时，名为挡御土匪，故所学之人，多系有钱之家。嗣后平民逐渐被其传染，日益加多，现时几乎无处不有。

余思左道惑众，不知倡自何人，汉之黄巾、明之红巾、清初白莲教以及大刀会、天理、八卦等教，清季义和拳、红灯照等等左道，皆自以谓能御枪刀弓箭，兼能避枪炮，以蛊惑愚民，终至酿成大祸者，不可胜数。初则官府不知厉禁使之根断蔓绝，继则酿成乱象，屡动刀兵，终则不可救药，殃及良民，甚至蔓延几遍全国，大乱恒数十余年，人民涂炭殆遍，国家因之沦倾。由此观之，左道之贻害人民国家，更难屈之以指。有管理地方之权者，对于异端左道，安可不悬为厉禁而忽诸？

大名见闻

十月二十八日，鸡鸣起赴大名。夜行三十五里，天方大明，又行四十里抵道署，见诸同人，晤谈道署时况，佥言周道长因病请假，日昨已赴豫省，诊疾养疴。又言新道尹着人来署挽留旧职员，多有犹豫未决者。余谓周道长自来秉诸良心作事，居官尽职，勤政爱民，久为兄弟所亲见，亦为大众所素知。余此次之来者，一为周道长着人来函相招，本欲力助周道长为人民造福之热心，并欲助为大名道全区三十七县人民兴利除害之素志。若果周道长因疾请假，吴帅准其告辞卸职去位，余即交卸巡查之职务，即行归里，安心教授中学生徒。虽新道长着人挽留，余亦不能为其所留，情因士为知己者用，故欲借尽国民一分之心，况新道长未必能知余之素志。即知余之热心，亦未必能悉知余素来办事之底蕴。即知余办事之底蕴，亦未必能如周道长言听计从、力行爱民真正之诚意。且余尤非朝秦暮楚、觍颜无耻者流，既应知己之招而来，而又恬颜从事于不知己之人，即能为民造福，亦难免于无耻之讥诮。余故不曾留也。今夜遍辞知交，明晨一定就道旋里。同人多点头，称是者久之。

赴京途中

十月二十九日，上（午）八钟搭汽车赴邯郸，下车遂至京津火车站，因无客票车，费几多周折，方得登军用车。下四钟开轮赴北京，昼夜不停。

回忆世事之扰乱，政局之变迁，更非高明才智之人所能逆料者。以周道长召南君之勤政爱民，犹不得久治斯土，民之幸福，岂其易造？由合东明、刘庄黄河决口观之，其勤政爱民之手续，自古可云无两。

当黄河初决口时，周道长施用恩威并济之手续，召集黄河两岸河工局局长及职员等，讯诘责，尽训诲，教导各职员一一遵命，无敢支吾者，遂赏北岸局长大洋千元，令其力助南岸局长，急为合龙，以救二十余县人民之水灾。又谕南岸局长当不加罪，令其戴罪立功，如果杜好决口，速为合龙，大功告成之日，不但令其将功折罪，亦必与北岸局长共得保举，一同受赏。倘若再任意疏虞、漫不尽力催促河工速为合龙，则必二罪俱罚。

此等手续一行，两岸局长、职员无不畏威怀德，故合龙之速未逾半月，筑堤大功未及一月告成。总如万民称颂之言，咸说周道长屡次来查验河工，每每催促进行，加以赏劝外，必虔心祝拜河神，遽使河水顿消，十日数丈。虽云至诚格天，大德感神，成功若此之易，实赖手续使然，故所费之资不过二十四万元之微。

由此观之，办事之能力与爱民之真切，洵属千古罕见者流。使非时局变迁，大名道区卅七县人民之幸福，势必享之无穷。周道长之德岂有量哉？且余之甘心尽其劳悴者，亦欲借以大展平素抱负，以供于知我者用，助造万民之幸福，方不愧余之素志焉。夜深至顺德府换车，又费几多筹算，四更至石家庄，又费几多唇齿，可见行路之难。

北京见闻

十月三十日上（午）九钟至保定，下（午）五钟至长辛店。回忆曩前直奉战争，乘胜逐北，何其易也！今则合为一家，联军图南，胜负未分也。行军之地犹是也，而行军之旨则否焉。遥祝握兵者，盍速设法息兵，慰安黎庶，则全国四万万同胞，均感德无极矣。

夜九钟，抵北京，至德记洋行寓焉。与同乡契友刘子衡君谈时况。据言阎督军署内参谋仲墨园君，现已擢升团长，欲为其先母重印荣哀录，着余代为访求遗本，余遂允焉。转忆慕仲跻翰君之为人，事母至孝，亲友皆知，敬兄爱弟，遐迩咸闻，处事尽忠，不惮其劳，交友尽信，始终不欺，待人以礼，朴实可风，见利思义，勇敢有为，取与尚廉，自奉以俭，行己有耻，不误公令。此乃今之古人，故闻其名、慕其风者，无不以孝悌忠信礼义廉耻为景仰也。余所慕其高义者，盖以此也。

天津见闻

十月三十一日，上午七钟，至京津火车站，遂搭车。十二钟，抵天津，寓海大道通顺栈，见诸同乡友人，晤谈一切。入夜，游观大街市廛，至三不管市场，亦极繁盛。想各国租界，昔为我国荒凉盐卤之地，今为楼观台榭富丽之区，主权不握，利权外溢，真令人有慨。沧桑之变，世道纷更，人事亦随之顿改。有权有势之同胞，盍速为筹谋，收回领土，以重主权，则民国幸甚，吾四万万同胞亦幸甚。后起爱国青年，盍速为注意。

十一月一日，晨出寓，游观大街市场，及观修筑河堤码头、渡河大桥，工程极其浩大，洵盛举也。至河北工院，内屯若干军人，园景甚属荒凉，游观终日，心甚怡然。想我内地市场，不如租界之兴盛，利权外溢，令人可叹。想沿海及各地租界，亦如天津商埠，失地尚不能复，租借遽难接收，真令爱国诸同胞能不拊膺浩叹、凄然兴嗟，而转思当日失望若是之甚。

十一月二日，晨出游观天津城池旧基地址、城垣尽废，多有污秽尘积之处。可见我中国之积弱已极，若此名胜大城，被外人迫拆，不准复为修筑。大沽口之炮台，亦以同时被人迫拆，亦不许再筑。由此观之，大辱奇耻何时能以昭雪，忧国者量（谅）早虑及。

午后归寓，遇乡友张蔚东君与刘理堂[①]君，谈及黄县人民之困苦堪嗟。又谈及大雪迷途，人多误陷路井之可悯，托余禀请黄县知事石炳炎君，下令谕令人民，各自盖其路旁浇田之井，余遂允办。可见人之好善，谁不如我？若刘理堂君者，客行千里，不忘桑梓，为黄县路旁多井，际隆冬，风雪迷漫，误陷行人，又能刻刻在念，托余请县知事下令盖井，洵可谓婆心救世、无善不施之人，真是令人可风。

归　　程

十一月三日，鸡鸣起搭北京轮船，八钟开轮，夜行不息。忆昔帆舟过海，一遇风浪，多遭危险。自万国交通以来，轮舟往来如织，冲风破浪，航海迅速，一日千里，行稳如履平地。今昔时殊，文明进步，洵令人有不能预为思议之叹。

十一月四日，晨至石虎嘴，大风掀浪，船载未能尽卸，及抵龙口，已下（午）四钟。船至口门外下碇，因载有洋火若干，海关定例，以为危险物品，不经海关验明，不敢擅入口门。时际日暮风摆，客下舢板小船，极为危险，可见行人在路，梯山航海，无虞危艰。晕船者，呕吐难堪之状，妇女尤甚，真令人堪怜。

十一月五日，晨后，自龙口搭汽车，抵邑城，见诸友人，略说时况景遇，咸喜不自胜。午后行三十里，抵家门，邻佑多来问讯，话别契阔，及夜不息。可见人情世事，冷暖有殊。

十一月六日，学生多来订期开学，余思青年学子，仰慕之殷，闻余旋里，即来就学，虽云求学心切，亦为信仰使然。

批宁晋县女子师范讲习所学生作文
（1926 年 11 月 8 日）

十一月八日，批宁晋县女子师范讲习所学生作文一十四本。余妄加批阅后，即着敝校全堂学生各自录存，以见作者学业之高深。今取录于此，以饷阅者，使知宁晋女子教育之优良，并借鼓吹他县教育之进步，是余之本意。犹愿全国掌教育之同胞，对于女子教育，更当格外注意，勿使我国女同胞，受此黑暗家庭之束缚，不使大放一线之光明，尤为余所至盼至祷者。

---

① 刘理堂（1875—1934），派名刘燮谦，别名刘载谟，晚年号退安，黄县城西人。1897年中廪生，曾被派任湖北黄陂县任七品。1910 年，弃官回乡，开始在自家开设私塾教堂。1933年，任湖北省建始县教育局局长，创建"建始县立高等小学"。——编者注。

（一）为牛秀卿所作二篇。

（甲）题为《魏文侯与虞人期猎》云：

周之季也，七国纷争，我诈尔虞，几为尚俗。而尚有不惮风雨以伸信于小吏者，如魏之文侯。是夫文侯，魏之君也。虞人乃其臣也，一切行止，惟魏侯之命是从。虽与虞人约猎，临期不往，彼亦无如何，而乃冒雨往猎，必全信于虞人，非于欺诈风中，独树信帜乎？故时称贤君焉。

然事有权变，古君尚然。虽约猎矣，乃适客宴雨阻，势不得践，则遣一介之使，咸赐数行之书，虽弗猎焉，亦未必为不信，又何害乎？事乃以戏游之举，劳仆从，动车马，于泞泥之中，往则往矣。而雷雨交际，鸟兽潜迹，将何以为猎耶？徒以他人之辛苦，沽一己之信誉，仁者不为也。何贤之有哉？是则彼时多诈寡信，文侯得以期猎践约，以沽名钓誉焉耳。

（乙）《师范生宜有实学论》云：

学为人所当求之要，素万事之基，原胥于学，此人所共知者也。然世有不务实学，而更欲人目之曰，某生之为学，才之敏、学之渊，必冠群英，其人且欣然自得。而考其真学，则言不副实，此徒负学子之名者也。

至若师范之生，寡才鲜学，徒被其名，则来日负任教育，无教化儿童之材料，致问疑难解，而徒博薪金，以养身家，与寄生物之依人无异，不亦愧之甚耶？量儿童将来事业之基，全由于初级教育之良否，则师范生之任，固不重欤？倘能各科均得良实程度，以授生徒，尚卖余勇，则儿童受益，固不待言。即国家文明之基，人才增进之源，胥于是乎在？然则师范生之于实学，可不自勖欤！

（二）为韩玉蕊所作二篇。

（甲）《说树木之益》云：

我国人民之众，不止四万万，其赖种植生活者甚繁。然吾人惟知树五谷、植二麦，收效甚速，以供人食，固非不善，然而树木亦不得缺也。倘以其收效之迟，而即轻视荒废之，如宫室之支持，器具之原料，由何而得乎？将大失厚生利用之本旨也。

夫树木不一，效亦各殊，桃李桑茶，为饮食之佳品。至如树松柏柳杨，培之修之，数十年后巨材成矣。大者为栋梁，支大厦；次者造几案，备杂器；所余之枝柯，可为薪炭，供燃料，莫不各尽其用，然此犹其显然者也。至其吸炭气，吐氧气，防水患，御旱灾，障堤防涝，遮暑乘凉，使人之各得其益者，则尤非他物所可比也。然以吾国之林学不兴，树政不讲，以致山岳荒芜，瘠地空弃，殊为可惜。

惟望吾学界，倡林学，著新书，考树木原理而研究之，审木之性，相土之宜，乘其地以培养之，不遗余力。数十年后，吾中国将资此树木之益，一跃而为世界富强之国矣，岂不善哉！愿世之人务尽力提倡林学，以广收其益也。

（乙）《论战》云：

夫兵，凶器也。战，危事也。无论其谁为胜负，必将劳民伤财，得不偿失，然则战可轻动乎？

而自古迄今，战不胜数。若汤之伐桀，武之征纣。彼虽仁人，乌能不伤民耗财哉？乃以桀纣为暴虐之王，残民纵欲，臣等以文谏之不纳，以礼感之弗觉。万不得一，方兴兵一战，除暴安良，于是民得以安，国赖以平。苟不战，乌能定乱耶？

至若平国难，创帝基，敌外邦，征寇乱，非乱则不能雄存。他如文战学博，农战获丰，商战利盛，工战技精，愈战愈强，足使人长其自奋之心、好战之念。战之亦如是，不可不战也。然非若今数年之战，募兵聚饷，枪排如山，以战夺权，致使同胞相残，血肉横飞，骨尸遍野，以数万人之命，成一将之功，孤人子，寡人妇，是岂仁人君子之所宜为耶？

（三）为耿岭云所作二篇。

（甲）《论金丹丸之害》云：

世界植物甚蕃，有益者多，无益者鲜。鸦片亦植物也，而其性多含毒质，故人吸之，有害于身体。今又有一物焉，其形大似绿豆，色泽不一，或粉红，或灰白，美其名曰金丹丸，是真鸦片之变相矣。然此非天然生成，乃以多种毒质之物，相和而团成者，故内所含之毒，尤甚于鸦片。

吾人初时吸之，亦觉无甚损伤。然久而习之，则积为瘾焉。吸之日久，而瘾亦愈大，于精神有妨害，而身体则日衰，故习成怠惰之性情，终日一无所作，虚度光阴，荒废职业，除斯而外，耗费钱财。久而久之，卖田宅，市妻子，入于盗贼、流为乞丐者，正复不鲜。且不独伤身败家，更能亡国。

噫！区区如此之物，致起大害于国中，良可慨也。吾国近数年来，吸此金丹丸者日甚，皆渐流为游民矣。故国家灭亡之祸，可预占也。故吾恒仰政府，提倡禁止鸦片，尤宜尽力使民戒吸金丹丸也。

（乙）《信者人之本论》云：

万物生长莫不有本，故水有本而流自长，木有本而叶自茂。况在吾人，岂可无本乎？信也者，即吾人之本也。

大而国家交际，小而社会往来，皆宜以信为先务。否则，一言不实，令人致起千疑。故古人有云：人而无信，不知其可。况吾辈青年学子乎？将来处于社会间，与朋友交，以及酬酢往来等等，全视乎能信与否。

果信实，而人无不尊仰也。然则信之在人，亦犹水源木本，吾人何不保重哉？然亦不可必信也，如魏文侯与虞人期猎。公孙鞅以立木变法，是皆徒沽信之名，而近于硁硁小人之所为，又岂圣贤之进乎义而行之哉？讲信者其知之。

（四）为邢淑范所作二篇。

（甲）《说鸡斗》云：

余课罢回家，在院中闲步，忽见二鸡争食地上之米，因起斗焉。

少顷，各伸其颈，振其翼，举爪向前，奋死不顾身，将至斗死，犹不相让。吁！只为一粟之故，即同类相残，性命不顾，愚哉鸡也。

然同类相斗者，岂止鸡哉？吾见今人为权利斗者有之，每一斗，杀人无算，损财不计，可悲可惜，人为万物之灵，尚且如此，又何怪鸡之相斗也？

（乙）《论战》云：

人生世上，各有种族，各有国家。因互争生存，则难免不战。但古时之战，不过刀枪为器，其害犹小。近世之战，多用枪炮，其害甚烈。战有胜败，常闻人言，战胜者得些权利，战败者赔款割地。然两国开战，都不能不死人、不耗财，所以打仗是很凶危的事。更有本国和本国战，死的是同胞，耗的是国财，这叫自相残杀，毫无利益。愿自战者速醒。

（五）为张梅从所作二篇：（甲）《改过论》。（乙）《论金丹丸之害》。

（六）为陈士英所作二篇：（甲）《在校女子还家自述》。（乙）《信者人之本论》。

（七）为翟培真所作二篇：（甲）《论夏日闲居之乐》。（乙）《说树木之益》。

（八）为张贞贤所作二篇：（甲）《说树木之益》。（乙）《说春景》。

（九）为高丽卿所作二篇：（甲）《观钓鱼记》。（乙）《说树木之益》。

（十）为赵淑平所作二篇：（甲）《论夏日闲居之乐》。（乙）《论金丹丸之害》。

（十一）为张文华所作二篇：（甲）《说树木之益》。（乙）《说田家之乐》。

（十二）为王云彩所作一篇：《说鸡斗》。

（十三）为窦淑芬所作一篇：《春雨论》。

（十四）为王秀娟所作一篇：《说春景》。

以上作者共十四名，文共二十五篇。余仅录此八篇，以见佳作有益于世。余因印刷限于篇幅，未能悉录。其中耿岭云、韩玉蕊等写作俱佳，洵称妙手高才。

十一月九日，将宁晋县女子师范学生原作一十四本妄加批阅后，遂由邮寄缴回，并赠拙著《历史三字经》一十四本，聊作嘉奖，借表诸女士之高才。又赠主任教员展振维女士《游行略记》一本，聊表寸衷，借助高贤教育之良，并寄一函云：

前在贵县奉查一切，见贵校教育之善，洵属可嘉。惟贵县鲁知事沛苍君，托带贵县抄文一十四本，意欲回大名进呈周道长阅批嘉奖，借倡学风。讵料周道长南巡河工，贵作无处投交，嗣后弟又北旋。谨将贵作携家，妄加圈点，无以为奖。敬奉拙著《历史三字经》一十四本，祈即按名分给每生一册，聊表微衷，外赠游记一册，敬祈惠存为感。如蒙赐教，函寄山东黄县东关荣记号转。敬请文安。（余）不一（一）。金玓朱全璕谨上

莱峰学校讲义（1926年11月）

十一月十一日，学生入校，行开学礼。余遂逐日按班授课，习旧讲新。兹将课程表十六科门录此，以饷学界同胞，借资研究。一为国文科，二修身，三历史，四地理，五古文，六社会，七作文，八套文，九物理，十教育，十一算术，十二音乐，十三体操，十四拳术，十五尺牍，十六杂记。每科门作文之细目择录于此下，使专心教育学子之同胞，知每讲一课必在黑板上行书一篇，略讲之大意，使学生开发快，受益多，学且速也。

譬如讲国文之第五册《地图》略说云：地图之说，由来尚矣。吾中国之地图，更得注意焉。苟地理不熟，四境不悉，于山川道路、港口咽喉、扼塞险要、风土民情，更不堪问矣。倘一旦身任国责，或行政外交、牧民采矿、边防海防、测绘调查诸大端，尤何所措手乎？诚思及此，凡吾国民，安可不熟悉周知，以备后日之用焉？

譬如讲《蜜蜂》一课，遂书黑板云：蜜蜂，乃飞虫之小者，咸知保种之义，又明合群之益。居然邦家，勤积储蓄，以为久远计。每有外侮之来，群起敌忾，飞飏争先，虽死不退。其奋勇有如爱国之人，愤死不顾之志，岂但仅能酿蜜，以利己利人为心者乎？吁！吾辈当格其理，而思其义焉。

譬如讲《鹰》之略说云：鹰乃鸟中之至慧者，然其飞扬奋击，有如名将之扫除叛乱。口钩爪利，又如武夫之兵甲戈矛。其羽翮之健，目光之疾，尤似勇士股肱之力，耳目聪视也。噫！欲为国家扫除群丑者，安得鹰扬之士以驾驭之，代为驱除僭乱耳。

譬如讲《修身求学》之略说云：人之生，懵如也，饥则思食焉，寒则思衣焉。苟无学以殖之，知识何由日富乎？故为治生计，不可不学。为救国计，尤不可不学也。语曰：少壮不努力，老大徒悲伤。此言人之学，更宜及时也。青年有志者，求学安可忽乎哉？

譬如讲《公德》云：人无公德之心，必无爱国之念。村社一有若人，不但公益之事难集，即公共之物亦难保存。尚望其有爱国合群之念哉？盖其自（只）知利己利家，不知利社利国故也。当见人多公德之村，公益之事日集，公共之物日增，未有不乐赞助，力为保存者。今诚能教育吾国多公德之民，人

人存爱国合群之念，安见社会文明之公益不为我国富强一助云。

譬如讲历史《五胡分晋》之略说云：晋自去州兵，以致内虚，封子弟而致内乱。五胡乘之，国遂瓜分。溯其致乱之由，一为武备单虚，一为诸子争权之所致也。由此以旋，神州陆离，群胡崛起，称王称帝者遍中土，幅裂瓜分矣。而南北割据，战争不息，几二百年。甚至屠戮殆尽，赤地千里，婴孩舞槊，燕巢春林，而生民之涂炭，更不堪言状矣。由此观之，升平不可去武，同胞安可争权乎？

譬如讲《文天祥》之略说云：自古受外夷之侮者，莫如宋。自古能御外侮不屈于夷者，尤莫如文天祥。当南宋被元灭亡之际，而厥角稽首，容易迎降者，似不乏人。而独文山氏，始则号召勤王，继则独幽四载，终则从容就义。其取义成仁，尤见于慷慨正气之歌。呜呼！若文山氏者，洵可谓读圣贤书之第一流人也。

譬如讲地理之《山东》略说云：山东地当沿海之冲，运、汶、黄三河，交又贯其西。泰、沂、崂三山，列屏当其南。蓬莱、芝罘，为渤海入口之扼塞。青岛、威海，为黄海防守之要害。古为齐鲁名胜之邦，今为英日觊觎之地。领土不完，主权日失者，盖有年矣。昔之丧权误国之徒，有何颜对我山东父老乎？近微青年爱国之士，孰能挽回我山东领土主权乎？忧国忧民之豪杰，想早已虑及矣。

譬如讲全国各省形势，附以《四境歌》《直隶歌》。

直隶形如鹬鸟啄，嘴插豫鲁背黄渤，尾扫察，足登晋，□□□□在东北。

山东形如一飞鸡，昂首黄渤欲东啄，足登江苏尾扫豫，背羽反被鹬项磨。

山西形如樊哙盾，左取燕鹬右拒秦，上锋紧对察绥域，尾刃犹刺豫犬蹲。

河南形如一蹲犬，口含鹬项背晋陕，足距鲁皖吴西隅，稳坐鄂虎脊背肩。

湖北形同虎西窜，东拒皖轮西川陕，背负豫犬不费力，足攫熊首只当玩。

湖南形同一熊首，南咬粤狮与桂狗，北伏虎□东拒赣，西撞川黔驴踏邱。

江西一妇擎儿童，踏狮顶虎又背熊，闽豕浴海面前过，浙推儿背猫压顶。

安徽如猫向北行，猿东猫西对面迎，头顶豫犬背虎尾，足登浴兔尾扫童。

江苏跪猿来献桃，东背大海西压猫，头顶鲁鸡踏浙兔，西北又牵豫蹲葵。

浙江蹲兔浴海边，坐豕背猫头顶猿，西边身后玩童坐，面临东海任意玩。

福建野猪浴大海，背负赣省竟南来，粤狮搏牛头被压，后足登浙尾亦摆。

广东形同狮搏牛，身临南海登琼州，东拒国门北赣湘，犬压背尾熊在头。

广西形同一吠犬，臀压粤狮口咬滇，竖唱紧插湘熊口，背负黔邱踏安南。

云南形如卧一驼，蜀驴川边项背搁，口啮青草犬噬足，安南缅甸任意卧。

贵州形同一邱山，上载川驴下桂犬，西拒云南橐驼口，东挡湖南熊首瞻。

四川如驴驮一仙，西奔川边转云南，尾扫虎熊踏黔邱，人擎青海背陇陕。
陕西形同剑戟锐，东当晋眉豫犬尾，南钳虎口川驴背，西刃甘蚕北刺绥。
甘肃形同一卧蚕，足踏蒙口食川陕，踏负青海一神龟，尾刺新疆沙漠远。
新疆如同一巨蟆，足登西藏首向北，东迎蒙狮相搏噬，平踏龟蚕背负俄。
奉如跃犬西吠蒙，头顶黑虎背雉鸣，臀坐高丽用尾背，足踏渤海至长城。
吉林省如雉鸡形，尾插东俄首向奉，背负黑省蹲兔压，足踏朝鲜一隅擎。
黑龙江省如虎卧，昂首西向吞东俄，蹲压外蒙与奉吉，北阻大江为界河。
热察绥远三特区，三狸南趋如一狸，狮压三背犬伺东，前迎蚕戟盾鹬尾。
京兆特区形如瓶，直燕包围不透风，瓶口北向收热水，一线通察西北行。
蒙古形同雄狮猛，西噬疆蟆攫异城，尾扫虎犬负东俄，南压察绥踏蚕虫。
青海神龟向东趋，足登新疆尾拖泥，左同甘蚕食川北，左联川边一游鱼。
川边西藏一游鱼，西吞印度尾扫驴，滇驼缅甸居髻下，背负神龟蛤蟆骑。
中华棠叶五族和，南距越缅北俄罗，西插印度与葱岭，东临大海吞日倭。

譬如讲古文之《曹刿论战》之略说云：古圣人云：国家兴亡，匹夫有责。当曹刿请见鲁公之时，其乡人沮之。苟非刿有爱国之志，鲜有不为所沮者。故刿平素立志坚，其临敌，战机明，终以弱鲁胜强齐。迨其临阵不鼓，敌败不追，其筹又高出肉食者千万矣。至可鼓则鼓、可逐则逐之时，尤为鲁公所折服焉。今际民国，则国民应尽一分之心，若以腐儒之谬见，以为国家灭亡与我漠不相关者，洵为曹刿之罪人也。岂不大背圣人之道哉？

譬如讲《知罃不知所报》之略说云：战争纷纭，交涉丛脞，倘有一言不慎，遽减国威。苟能言词正大，抗争敌廷，亦可以壮国体。然能发扬国光者，未有如晋知罃之对楚子之言之善者也。当其交换俘囚，则楚子亦有畏晋之心，而知罃对以不怨不德，不知所报之言。楚子意亦略喻其才之高，及致死弗违，尽臣礼以报之言，遽脱诸口，而楚子安有不折服哉？噫！若知罃者，洵可谓一言而壮国体者也。楚子礼而归之，不亦大有用意乎？

譬如讲《社会之大概》略说云：中国社会之由来，盖亦久矣。三代以旋，民无雍熙之福，累遭虐政，沿流至于满清，皆因社会之理不明，社会团体不坚，以致内乱外侮日益加甚。宿弊未除，疗贫无术，政府官僚犹是旧习。国民教育，半是因循，四顾八荒，卒无宁岁，国之阽危，实如累卵。苟人民再不力为研究社会之利弊，而更张之，将来中国之社会，有不堪设想之虞矣。

譬如讲《人与社会之关系》略说云：人处恶劣社会之中，而能卓然自立，不随波逐浪而去者，惟圣贤志士为然，下此者不能矣。然有好社会，即有好人焉。此中之关系，犹农夫之种豆自然得豆，种瓜自然得瓜。朝野清明，奖善惩恶，则社会日趋于善矣。如东汉之党贤，北宋之君子，盖因多年培育，故朝野之善人君子，若此之多也。迨至季世，政紊教舛，风俗日媮，此非个人之不良，难有善者亦无如之何也已。皆为恶劣社会所熏陶，人多日趋于恶，而不自知矣。明乎此，则益知人与社会之关系，亦巨矣哉！

如讲作文法，多不悉载，仅录一二篇以见意。

譬如出题为《汉明帝云台遗马援，唐太宗凌烟首无忌论》云：

有功者赏，有罪者罚，为古今之通义。故古明君赏不弃远，罚不遗亲，尤为万古之良法。如汉明帝云台纪功，唐太宗凌烟录勋，可得而并论焉。

夫汉当中兴之际，群雄并起，其披甲跃马，助剪凶逆，共吹死灰于复焰者，似不乏人。而马援征交趾，老当益壮，征五溪，顾盼自雄。其撼忠戮力，为何如哉？而明帝独嫌以椒房之亲，而不予以云台之勋。取人疵议，可胜道哉？唐之太宗，手戡僭乱，风虎云龙，英雄陈力，而无忌虽以勋臣元老，守关运输不如房杜，料敌决胜不如靖勣。而太宗不避椒房之嫌，独封以凌烟之冠，令人不平，岂无因哉？总之，赏当其功，则功劝。罚当其罪，则罪惩。古训昭昭，无庸赘论。若二人者，一则遗亲而不纪勋，一则崇亲而不避嫌，皆非明君赏罚之至当也。后多疵议，岂不宜哉？

譬如出题《无忌袭晋鄙以救邯郸，项籍杀宋义以救巨鹿论》云：

信陵君窃符救赵，楚项羽夺军破秦，论者不衡功过高深，多谓袭夺矫杀之非，而窃以为不然。夫秦自变法以来，蚕食不已，白起长平坑卒，赵亡可翘足而待，彼赵为魏之障，赵亡魏不能独存。魏王狃听邪说，晋鄙不识时机。信陵心忧社稷，故受袭夺以安邦。吁！其挫秦之功，顾不伟哉！

待列国复峙，秦威未减，章邯乘锐攻赵，赵亡不待智者而知。然赵为楚之唇，唇亡则齿寒，楚王悉甲属宋义，义竟慢军而不进，项羽恚愤复仇，故甘冒矫杀以慑秦。噫！其报秦之勇，顾不大哉！夫英雄身际扰攘，不能捍敌拓疆，威振华夏，诚不知牛耳谁执？大丈夫生逢割据，不能扫除混一，乘时图进，更难料鹿死谁手。若信陵夺军，固为宗社、为国家，非独为赵、为平原也。羽之夺军，固为复仇、为混一，岂尽为楚、为赵哉？使信陵君忌袭夺名，吾恐魏亡不待周鼎之迁。羽避矫杀罪，秦灭尚不知何年。

呜呼！忌也！羽也！当瓜分幅裂，戎马仓皇，通权达变，不拘细行。一则椎晋鄙，大破秦军。一则刺宋义，九败章邯。伐暴除乱，俱建非常。若二人者，洵铁中之铮铮，岂独庸中佼佼乎？

如讲套文法，譬如作《张謇列传赞》，套《孔子世家赞》云：

语有之，既为国民，应尽一分，虽力不逮，然心实任之。余闻张氏名，想见其为人，适通观季直实业，工厂学校，生徒按时遵行其意，余参观慕之，不能去云。中国之人，讲实业者众矣，创办虽多，收效绝少。张氏实业，甫十余年，全国仰之，凡士农工商，中国会实业者模范于先生，可谓至盛矣。

譬如《议员题名记》，套《谏院题名记》云：

古者无议员，自公卿大夫至于庶人，无不得议政。民国以来，始置员。夫以中华之政，亿万之众，得失利弊，咸出议员。推言之，其负责以大矣。为议员者，当忧吾国，爱吾民，先兴利，后除害，专利国民，全不为身谋。彼汲汲图名者，犹汲汲渔利也，其不顾廉耻何哉？民国初，政府令选参众议员，责其立宪。贿选后，各省始将丑名以编册，恐久而湮没。迨后二年，又勒于石，使人将历指其名而詈之曰：某也奸，某也狡，某也贪，某也诈。噫嘻！可不辱哉？

譬如讲教育，以孔子为师表云：

经天纬地，历万古而不变者，其惟日月河岳乎？与天地并参，历万古而不泯者，其惟伦常道义乎？盖孔子者，经天纬地，重伦常，参赞化育，以道义为根者也。夫爝火之明，不蔽日月之光。丘垤高深，无争川岳之峻。杨墨佛老，不可参天地之久。我孔子祖述宪章，为万世师表，与天地日月川岳历万古而不泯者，良有以也。

譬如讲家庭教育，以孟母为标准云：

家庭教育不可少也。孩提之童，足迹不离里舍，见闻不能日新。苟无家庭之训，何以培壮年学行之基乎？故孟母深明此义，三迁其居，不惮其劳。断机买肉，不惜其费。卒使乃子终成圣贤，为万世师表，与孔子同称焉。由此观之，可见家庭教育，万万不可少也。噫！若孟母者，可谓千古母训之首称也哉！

譬如讲物理，先述物类之大意云：天地生物，不可测也。若一一籍而纪之，盖以难矣。虽然，设物类不知，物理不明，即珠玉芝兰，视同泥沙蒿草，得不为文明国所嗤笑乎？故欲兴家富国者，莫不研究物理，以求无用变为有用，不使弃天地自然之利，疾首自叹贫弱焉。

譬如讲《兽》之略说云：兽之为人利用者，以其无知识故也。苟知识胜人，何能为人所驱役，负重致远，劳苦若是之甚也。且家畜既无知识，又无野兽刚暴难驯之性，而受人之制也，宜矣。即野兽虽刚暴难驯，常为人害，但不知合群，终为人之所擒获，以其任勇不用智故也。噫！以兽思之，人之无知识者，可以警矣。

譬如讲《算术》略说大意云：自通商盛行，交通日繁。而货物纷纷，价目等等，苟无术算而计之，何以明确数，以杜多寡之纷争乎？说者谓：珠算便于流水，笔算便于测量，似乎近之。然明乎珠算，可备交易之用。不明笔算，何术测量天地山水焉？苟于天地山水，不得法而测量之，将来开疆拓地，施政行军，不亦窘无所措乎？故今学校，珠算、笔算兼习，以备后来小用大用，有所措手也。

譬如讲《音乐》之略说云：万物无不动人知觉，因知觉而动感情，感人情之深且甚者，莫如音乐。因其能触动喜怒哀乐之情，不能自遏者也。故君子闻鼓鼙之声，而思将帅之臣，诚有感耳。古之善教者，莫不以礼乐并重，良欲熏陶涵育，发扬幽郁，以启其愤悱焉。今学校鼓琴唱歌，亦犹是意也。安可守旧陋习，不启诸生之情，并发其天然之乐哉？

譬如上体操班，先在黑板上说明大意云：体操乃壮一己之精神，兼助体育之发达，并培智育之根基，备建德育之非常也。虽近游戏，实非游戏之可及，况运动血脉，强健筋骨？行之愈久，受益愈深，非片言所可道尽者。苟身体既健，精神充足，体育与智育兼优，德育自然臻美，吾少年健立非常，安见非自体操之中之来哉？

譬如教练拳术下蹚子，先说明大意云：学校之体育，多以体操游戏为运动。若以强筋骨、壮气力、提精神、助脑力论之，皆不如拳术收效之速且大也。夫拳术武技，原为我国之国粹，无论少林派、武当派、六合门、八卦门等等之派别，若习之既久，则气力日增，不但能以任劳苦、耐寒暑，而且能以却病灾、延年益寿也。即如对敌打冲锋，手脚灵敏，必收捷足先登之胜力。由此观之，拳术武技之妙着，安可不亟亟讲求练习，以备体育一助云。

他如八打八不打，八刚十二柔，招上即打下，打左须防右，里门翻外门，翻身打滚漏，长拳用短打，硬掤加实砸等等之法门，更非片言所可道尽者。又如枪刀棍棒、鞭锏椎剑之练习，与夫单练对打之紧骤，虽有拳势谱书，不经明师指导，也难得其妙着。此中奥蕴，尤非一言所可道及者。愿有志体育者，速为留意焉。

譬如讲尺牍命题，如《郦食其致韩信止兵伐齐书》云：

韩大将军麾下：径启者。仆奉主公明令，因将军攻伐燕赵，辛苦已极。是以委仆前往说齐，倘或彼君臣识时知命，甘愿归顺，岂不一可分将军之劳，二可养将士之气，两美并全，不亦休乎？今齐王举国已降，订为一家，祈将军速罢兵戈，是为至盼，肃此奉达明鉴。谨请勋安。行人郦食其顿首拜书以闻。

又如《项羽致刘邦求成书》云：

盟兄刘大将军麾下：吾辈同时起兵，志在共灭强秦。况吾二人又折箭结为兄弟乎？当起兵时，本为除暴安民。今秦已灭，尚又彼此争权，逞阴谋恃武力，各据一方，相持不下已数年矣。不但劳民伤财，生灵涂炭，亦大负结拜之义焉。言念及此，泪沾襟袖，清夜思之，是成何等之人哉？弟决计恳兄息兵，各守疆土，各保子民，使其安居乐业，各寻生理，不亦休乎？倘若吾兄赞同，则万民幸甚。肃此谨上。即祝勋安。愚盟弟项羽顿首。

《刘邦复项羽允成书》云：

项王如弟麾鉴：昨接大札，敬悉一切。息战安民一事，久在意中，所以不敢先发言者，乃因阁下气堪盖世，名扬四海，恐不屑与愚兄和耳。不料阁下竟能先发爱民之心，与兄和好息兵。捧读之下，愧惭万状，不觉失声长叹。自谓兴兵以来，专欲除秦苛法，爱民为怀，今何爱民之意，竟落于吾弟之后哉！敬即遵命。愿以鸿沟为界，两国合好，永息战争，以安黎庶，实吾辈与士民之万幸耳。肃此谨复。敬请钧安。刘邦顿首听盟。

如讲杂记。乘功课之余，讲历代择要，如三坟五典、诸子百家、五伦六艺解，九州井田法、帝王略记、东周之封建、秦之三十六郡说，六书五音、干支律吕以及古今刑律解、六韬三略说，种种关于治乱兴衰、世道人心、社会应用之学说，无不令生徒对照黑板，抄录笔记之，使全堂学生无余暇，而均有兴趣，故其学业多而精，进步迅且速也。

兹将各科黑板文、类、数记录之：国文略说一百八十篇。修身略说四十篇。历史论说及名人略传一百八十四篇。地理各省讲义篇及各省形势歌六十六篇。古文讲过者七十二篇。社会文关系国计民生者六十篇。作文甲班所作之论说四十八篇，乙班所作之论说亦四十八篇。套文以今人之事，仿古文篇句，二十四篇。学生仿作者一十六次。教育科门大纲甲乙两班共二十八科门，细目不记。物理，自行格出者一十六篇。算术珠算笔算兼授之。音乐，奏风琴、唱爱国歌居多。体操以徒手徒步为通常之练习。拳术以单打、对打、硬掤、实砸为主体，以少林派为旨归。尺牍拟古今名人，往来书札三十二篇。杂记以古今治乱兴衰，择其有关于社会者六十四种。此乃余一人之教授，中学生十五名，全年功课所学如是之多，非余之精力，孰能任之？非余各科皆通，孰能膺之？余设教四次，皆然耳。是故略记教育之大意，俾热心教育青年之同胞，益思国民教育之不可敷衍，以误青年学子，并误社会国家也。是为记。

上黄县知事石炳炎书 （1926 年 11 月 15 日）

十一月十五日，上黄县知事石炳炎书云：

县长大人钧鉴：敬启者。为冬雪迷路，恳求出令盖井，免陷行人事。窃黄县城西龙口、北马一带，粮田尽皆有井，又多凿大路之旁。每冬风雪，误陷路人，溺死者恒有所闻。公民昨日自大名旋里，路经天津，遇契友刘理堂君，谈及前曾在金汤侯任内，禀请盖井，已蒙出示，至今业已数年。官不督催，乡民又多疏虞，力托公民代为禀恳县长，速为出示，令各保卫团传谕该管区内穿井之家，速为一律掩盖，免陷路人，致误生命，则往来行人感德无既。谨请县长鉴核施行，实为德便，敬禀县知事石。

后闻石知事立即出示，谕令全县盖井，足征勤政之至。

与周召南的谈话（1926年12月19、20日）

十二月十九日晨，忽有十三区保卫团丁奉前大名道尹周召南君之命，持函相招，余遂起行二十八里至该团，与团总周天经谈实业。（一）树木，（二）畜牧，（三）改良农业，（四）种植果树，（五）开垦山荒，（六）种桑养蚕。午后又谈。至邑城订印今年在直隶大名道区巡查略记一事，乃十三区保卫团总周天经慨然允为捐印千本，分撒全国，推广社会，足征其为公益热心。洵属令人钦佩，若周君者，可谓急公好义之人也。

十二月二十日午后四钟，见前大名道尹周召南君，谈实业之畜牧。

余言：畜牧马牛，不如畜牧猪羊。畜牧猪羊，不如畜牧鸡鸭。畜牧鸡鸭，不如畜牧鱼兔。兹因马牛猪羊费本多而获利少，鸡鸭鱼兔费本少而获利多，但在他处畜牧不难，情因牧场足用故也。在黄县畜牧则难，情因牧场不足用故也。不但牧场不足用难以畜牧，假使牧场足用，倘然一马牛猪瘟疫，尤无善法医治。今秋农家鸡鸭染受瘟疫，遍死殆尽，均无力医治。以此而论，在本县地狭人稠之处，畜牧实属为难。总不如有闲原旷土，察其气候，相其土宜，种植树木之为宜也。倘森林遍野，十数年后，必定果材兼收，获利无算。即每年收落叶、伐枝柴，亦均享炊爨之大利无穷。

谈有四五钟之久，此略记大意，借见周道长前任大名道尹时欲为该区三十七县大兴利益。今解印归里，又欲为黄县提倡畜牧，振兴实业。无论办理迟速，能否收效，足征其人为国爱民之热心可钦，为民造福之毅力益盛，在民国居官者，可云无两矣。

十二月二十二日，直隶大名道区宁晋县高初女校女主任教员展振维来书一函，语多致谢云：

金玙先生台鉴：敬启者。捧读手谕，备悉一切。愚之小徒，何幸得蒙方家如椽之笔改批指疵，不胜感激之至。惟以福德无量，著述宏多，祷颂为祝，所赐佳作，历史与游记，照收谨谢，诸小徒亦感德无涯矣。日颂德驾光临敝县，以倡学风而兴教育，不特愚之幸及诸小徒之幸，亦敝县男女界之幸也。如先生不弃愚钝，祈常赐教言，是所至盼。此敬请德安。宁晋女学职员展振维鞠躬。大家兄展永洁附笔问好。敝校师范全级学生暨高初两级学生皆附笔请安问好。

此因余前次奉查宁晋教育，见该女校办理完善、教育优良，观学生精神整肃、学业高深，实属令人可嘉。及余旋里，细阅师范学生佳作尤美，遂妄加批点，邮寄缴回，并赠以拙著《历史（三字经）》《游（行略）记》等书一十五本，借以鼓励学风，观此赐书，语多致谢，实不敢当。

余思提倡教育，本为余巡查之责，当时查观展振维女士办理教授，深得诱掖奖劝、因材施教之奥旨，故赠拙著书本以奖之，何敢当其来书致谢焉！至于展永洁君庆亭者，访其为人，学博识高，谋深知远，特在邑城大街开设一中华书局，专购新书，力倡教育，其造福青年，何可限量，故并志之，使知该县热心有人。而女校中尚有七八十岁一老女学监，精神不形颓靡，身体尚称康健，尤能克勤职务。余游行二十年，经阅十余省，未见有人耄耋期颐如娄崐荣老女士，乃能如此热心教育者。余敢下一断言曰：似此老当益壮，热心教育之女士，可云全国无两矣。洵堪请诸长官速为加奖，万不亏老姆监学之苦心，亦不愧地方长官赏善旌懿之义举。有地方之责者，请速为举办。

十二月二十三日，黄县志成中学校长赵踵先君函赠余拙著巡查游记之弁言，语多夸美余之痴愚焉。盖赵竹容君者，乃热心教育之人也，在本邑凡有一切有益于人者，无不急力组合倡办焉。自充中学校长十余年，学生毕业转升大学者，更难屈以指。现充任各界首领者，尤难以极计。若此人者，可为热心教育者流，堪称一巨擘也。虽东周鬼谷子、隋代文中子设教之热，不是过矣。余亲睹其毅力，并非过奖。凡我国掌教育之同胞，能尽热心，力造我青年爱国合群同御外侮，勿使我中华大国再受侮辱之耻，是余所至嘉焉。

十二月三十一日，有莱山乡村正副总代表李元珊君来校，谈商改革乡中敝风陋习，欲力为设法扫除之，借以奠安乡里。从禁赌立会，业已数年，大小赌局，村野皆无。公立规则，咸已实行遵守，村无游民，令人可欣。见余著有游行记稿，遂捐大洋十元，以助捐印，推广社会之改良。

余思李君乃一山陬之人，犹能关心世务，挽救人心，凡有一切公益，无不力行倡办，故能齐家有术，教子多方，居弟以友，处世以和，而村里咸多赞者，岂其无因而然哉？且其家道日昌，良有以也。

代拟戒赌会规则（1927 年 1 月 1 日）

民国十六年一月一号，忽有古黄乡文基大张家男女两学校长张学专君来函相邀开会，代为提倡戒赌大会之进行，并寄自定规则十条，意甚完善。足征张君之兴教育、救正人心、改革敝风陋俗，洵出人头地者。

余又代拟戒赌会规十则，录此以征张君救世之苦心，并启戒赌同胞之誓志云：

从来博局启盗，赌风酿淫，伤风败化，莫此为甚。况有倾家之祸，冻馁之忧。若不预清其源，恐有流污之害。是以本会同人，特立戒赌大会，以期挽救敝风，矫正浇俗，欲使人尽善良，里成仁美，勤作安度，乐业经营，群享雍熙无穷幸福，永免荡产忧贫之患。是本会所厚望焉。谨拟会规十则，愿咸遵守，慎勿自误，尤为至盼。十规则如左：

（一）宗旨：本会以戒除赌博、培养人格为宗旨。

（二）目的：以期尽除赌风，人善里美为目的。

（三）会址：以文基大张家学校为会址。

（四）会期：每年以正月初一日、腊月二十二日为开会期。

（五）介绍：凡有实心戒赌者，必须二人以上之介绍，方准入会。

（六）具保：凡有入会者，无论何界人士，均得出二人妥保。

（七）认捐：凡入会人员，入会时必须自认犯规捐金，在一元以上。

（八）奖赏：会员能介绍五十人以上者，赏以奖章，百人以上者，公送匾额。

（九）示儆：会员有犯规三次者，公议除名。

（十）收录：犯规会员，能改过自新者，重出妥保，经公众认可，方得复入。此草创规则，有不适宜者，遂时改正之。

余特拟此会规者，愿借此发起我国热心社会、挽救浇风之同胞，咸能倡办戒赌大会，以儆樗蒲双陆之消遣，而戒喝虑呼雉之游手，并表张君救人之大德，洵属令人可钦。

谈富民强国之要政（1927 年 1 月 6 日）

一月六日晨后，有友数人来访，谈及现在富民强国之要政，当以何者为先。余应之曰：

（首）得速为改良教育。若教育不良，所造人才不能应用于世。当在民国十二年秋间，余在济南省城曾著有山东教育三缺点、一大弊窦之宣言，登载各报纸，印刷在五省游行记，想大家也通见过，现在似此等教育之弊：（一）在经费支绌。（二）在委人不当。（三）在师资乏人。十数年来，自初、高、中、大，及各专门学校，造出人才，虽说不少，能应世用者，实不多觏。当在校中肄业时，何尝不讲人格，出言非说爱国，即讲合群，及入军政两界，不是尽吸鸦片，就是夜打麻雀，竟有尽弃其学而学者。向之所谓爱国合群者，竟然抛弃于九霄外。向之所谓道德仁义者，竟然判若两个人。此等弊病：（一）在教育不良。（二）在恶习所染。如必教育改良，非专造应世有用之才，不足收富民强国之效功。否则，殃民祸国之政治，更难遽尔改革。但愿全国有志教育之同胞，力造救民救国之人才，能不为恶习所染者，方可奏效。

（次）速为大兴实业。虽说实业急待振兴者非一端，然现在至为紧要者，莫如森林。余尝游行多省，到处闲原旷土，童山不毛，在在皆是，无形大利弃于地者，洵为可惜。余前年在济南时，曾著有中国林业之利弊说，也曾登过报纸，印在五省游记。言利，林业大利取用无穷。（言）弊，为执掌林业者，多属敷衍，不能振兴。即有一二不敷衍之人，亦多不谙木性，与气候土地相宜否，又不明种植之法。余客春在济南，上过山东实业厅长王默轩君种植条陈。余在张北察哈尔，与实业厅长龚伯龄君，对谈森林种植法及牧畜各种牲畜法。虽当时二君咸为嘉纳，然诸君等不能久掌斯职，徒具热心。余曾著过树木简法，也登过报纸，并印在游记。若能照法种植，成活者百不失一。现在照法树木者，似不乏人。

（三）得急改陋风恶习。最要速改者，莫如妇女缠足。且女子缠足，为自残其类。余在民国十年，曾著有缠足十大害，并有呈金县长转详省公署条陈及强迫解放之办法，当即登过报纸，后又印于游记。县知事金汤侯君也曾出示强迫妇女解放，而又出示严禁弓鞋木底等类妆饰品。虽我黄县恶习遽革，然特以一县部分，未免收效太少。至于北京、天津、上海、香港以及广东、山西等省，虽说大行天足，然河南、直隶内地等省，未能解放者甚多。愚民知识不开，官府又不在意。此等恶习不除，对于谋生计真是困难，对于强种计洵为弱族。由小而论，家道多贫，冻馁难免。由大而论，国势衰微，外侮日甚。似此大弊，稍懂人道者，无不周知。然而不能遽尔改革者，实系政府强迫不力，因循之积弊，愚民犹多观望者也。

（四）得急去害我国民之毒药。害我国民毒药之甚者，莫如鸦片、金丹、吗啡、白丸等类。似此等毒药，食之不能充饥，吸之不足御寒，而外人千方百计遍种其毒，来害我国同胞。则我国一般愚民，欢迎之如蝇之附膻，奔趋之如狗之攫骨，金以谓得此灵药神丹，借此真足以消遣而解闷。岂知数十年间，受此巨害而家财荡尽，人死于毒者，不知凡几千百万亿之巨。虽经万国拒毒大会公认我中国悬为厉禁，订期十年断净，外人也帮我调查，也不准英人贩运入中国。叵耐我政府初则阳奉阴违，隐吸偷食于幕帐之中，继则彰明较著，竟然张灯于衙署之内。甚至明中出示晓谕，名为拒毒，暗中收税包庇，视为利薮。则贩卖者，又多系有势之人。而包种者，又均为有权之辈。上行下效，一般愚民，更勿庸论。似此等大毒，不能力禁，真堪令人浩叹。余在民国初年，曾创办戒烟酒大会。凡入会者，终身不吸烟、不喝酒，屡次登过报纸，印在游记。入会人员极形踊跃，至于他毒，更难枚举。余前年在山西省城同该方人士开过拒毒大会。晋人拒毒甚为用力，同心进行令人可钦。

总之，现在可革之弊，种种太多。烟酒赌讼，娼优星命，俱在可革之列。若不速为力革，穷耗安有底止乎？现在急待振兴之利尤多，如树木牧畜、蚕桑农业等等，足以安插游民者，均为当兴之急务。若不力为振兴，何以开财源，以资富民强国乎？余在民国十一年夏间，曾著过蚕桑浅说及种桑养蚕缫丝等简法，当即登过报纸，也曾印在游记。

忆一九二三年上山东省长龚积柄十大条陈

迨十二年冬间，余在济南，曾上过山东省长龚积柄十大条陈，略述十策大意，以供高明台览云：

呈为条陈事。窃我山东，内乱不靖，外侮未去，盗贼充斥，民不安业。省长虽求治甚殷，爱民心切，苟一用人不当，必致措施乖方，既不能收指臂之效，亦难遽奠民安。公民尝视察社会利弊，恒以邦土关怀，谨筹十策，借助仁政，造福庶民：（一）慎选守令。（二）速办自治。（三）扩充乡警。（四）清查户口。（五）安插游民。（六）厉禁烟赌。（七）强迫教育。（八）剪发放足。（九）劝课农桑。（十）创设村仓。然此十策，虽为常谈，所筹办法，迥与他异。现在有志图治者，倘能力行不息，必奏富强之功云云。特记策题，以见大意。

以上所说之利弊，大名道尹周召南君前宰罗山时，余尝屡为陈述，而周君大为喜悦，故其为该县兴利除害卓著之功，为人人所共知者，更难枚举。所以此次擢升直隶大名道尹，即迭次函电相招，及余至大名相见时，立即委余巡查全区三十七县，种种应兴、应革之利弊及问民间现在之疾苦。然如周道长勤政爱民之官，全国能有几人？余非苟言，诸公俱称高明。现在握权拥势者，倘能尽如周召南君之尽职为民，则中国立见富强矣，安有内乱外侮之患哉？诸友乃点头称是，啧啧者久之。金曰："诚如先生所言。"此等利弊之利害，若我国人不急为改革，将来民贫国弱，日益加甚，不但令人拊膺浩叹，亦恐大有沉溺不可救药之设想，虞何待言？虞何待言？

余此次助周道长召南君周行大名道区三十七县，乃巡查官吏之廉贪，并问人民之疾苦及教育实业之良否，与风俗人心之趋尚，无不便笔以志，以资考核，施行救治之方。除随时报告外，特又节录著为游记。凡有关于国计民生，应为兴革之利弊，并各地热心救世诸君子，咸为记录之，欲呈各方爱国同胞，借知该区爱国有人，不为外人所轻视，是余作记之至意，亦为诸同志所深加许者。至有未遑录及与遗漏者，尚祈该方博雅诸君子海涵一切不周，是余所至祷焉。是为叙。民国十六年春直隶大名道特巡全区三十七县视察员山东黄县金玓朱全瓅著十五年游记终。

讲演集录①

题词一

讲演所朱所长君璞讲演录发刊纪念

唤起民众

朱君璞同志　黄县党务整理委员会题

题词二

讲演所朱所长君璞讲演录发刊纪念

木铎路巡，远仿遒人。紫阳家学，愈演愈新。地方福利，党国精神。发挥尽致，说法现身。芝莱②之下，绛水之滨。文明进化，激促群伦。语言通俗，出自天真。牖民觉世，是为梁津。

黄县县长李荣梓题

题词三

讲演所所长朱君璞先生讲演录发刊纪念

振聋发聩

黄县法院院长陈观海谨题

题词四

朱君璞先生发刊讲演录纪念

世俗已靡，狂澜望挽。春风化雨，先哲未远。誓为木铎，启迪不倦。车辙所至，民风丕变。顽廉懦立，世之模范。循诵斯编，千古不刊。

---

　　①　该书封面有"讲演集录"、"中华民国十九年四月出版"、"山东黄县讲演所所长金玓朱全礫讲演记要"字样。扉页有"努力同心，救国救民"共勉句。黄邑吉祥印务局印。——编者注。

　　②　即莱山，古称之莱山、芝莱山，坐落于龙口市黄城东南。古与泰山、华山齐名。《史记》载"天下名山有八，一为东莱"，是战国时月主祠所在地。姜太公、汉武帝、汉宣帝、唐太宗都曾登山祭祀过月主。据《史记》《汉书》和地方史乘记载，秦始皇四次东巡三次过黄县，并曾两次登临莱山，并在月主祠接见了方士徐福，随即令徐福随驾东巡，南至琅琊筑台上书，正式领命出海。莱山主峰海拔619米，1997年被确立为省级森林生态、鸟类自然保护区。自古有"方桥压月、庭院竹园、高山鱼池、倾井倒水、虎洞朝阳、松道晚翠、三岛十洲、倒长青松"等胜迹，即"莱山八景"，驰名海内。——编者注。

黄县县政府财政科长田福田敬题

题词五

朱君璞同志

努力社会教育，促进地方文明。

黄县教育局长张敏生题

题词六

大胡子先生是著名的社会讲演专家，他对民众的魔力极其伟大！

民国十九年赵竹容题

题词七

讲演所所长朱君璞先生讲演录发刊纪念

社会导师

黄县建设局长丁履贤谨题

题词八

讲演所所长朱君璞同志讲演录发刊纪念

苦口婆心

黄县商会主席张鹤一谨题

题词九

讲演所所长朱君璞先生讲演录发刊纪念

转移风俗

黄县支应公所所长杜永悌谨题

题词十

朱君璞先生讲演录发刊纪念

道觉斯民

黄县公安局长周弼题

题词十一

朱君璞先生发刊讲演录纪念

古曰先觉，万夫所望。口讲指画，席暖未遑。纳民轨物①，示以津梁。主义阐发，民治聿昌。

余曾培、邹日昭、任国珍敬题

题词十二

讲演所朱所长君璞讲演录发刊纪念

---

① 出自《左传·隐公五年》："群将纳民于轨物者也"。另《隋书·卢思道传》亦载："纳民轨物，驱时仁寿，神化隆平，生灵熙阜。"纳：容纳；民：老百姓；轨：法度；物：器物。指将百姓纳入遵守法度、惜用器物的正道。——编者注。

激进文明

山镜湖拜题

张春芳序

雷不鸣于夏，无以舒太空之气。日不升于东，无以启万物之光。故万山响应，必待一呼；以道觉民，先知是赖。吾友朱君璨，抱救国热忱，作民众领导。语能医俗，樵牧为之动容；耳可轶伦，妇孺无不识面。频年以来，北游塞外，西走太原。燕赵许郑，足迹殆遍。无非以振聋发聩之心，作肩书手剑①之举。演说登坛，观听亿万。文字流传，雅俗共赏。洵社会进化之前驱，亦文明鼓吹之嚆矢。近旋梓里，讲筵宏开，仿遒人之巡（徇）路②，作党义之宣传。铎振一声，阐绛水黄山之秘；旗飘万户，扬青天白日之光。凡间巷所宣扬，皆牖民之金钥。地方人士，特促其汇订成册，以资群览，庶广为传播，亦易风移俗之一助焉。中华民国十九年二月十四日黄县财政局长张春芳谨识。

自 序

余尝游行二十年，足历十余省。到处考查人心趋向，遍观社会潮流。凡有福国便民之利益，与夫急宜革除之宿弊，每每便笔记录。常择其最关于国计民生之至要者，屡烦义士捐印成册，遍赠全国政、教、商、学等等各大机关与热心社会诸大君子台览，借为指臂之助③。俾各尽国民一分之心，群起挽救世道人心，奠安民国，是余所至祷焉。今又著游行略记，借为鼓吹社会之助，是余之至意。敬供全国热心诸大君子台览，尚祈随时赐教为盼。中华民国十九年二月二十日朱全璨志于黄县通俗讲演所。

民国十六年春，余无意远游，设帐于本村。学生入者，分初（小）、高

---

① 出自（宋）赵抃《送周颖之京师》诗："肩书手剑出门去，咿咿岂肯复儿女如"。意为出门远行，游历四方。——编者注。

② 典出自《书·胤征》："每岁孟春，遒人以木铎徇于路"。木铎，即木舌铃铛，是古代施行政教、传布命令时警众的响器，亦用来指代宣扬教化之人。"遒人"，是古代宣布政令的官员，"徇"在这里是对众宣示的意思。边走边振铃，边向百姓传达政策。郭沫若当年在写给《新华日报》报庆的贺诗中有"徇春木铎遒人健，颂岁辛盘汉帜高"一联。——编者注。

③ 出自唐杜牧《裴休除礼部尚书等制》："夫宰相佐天子，公卿助宰相，股肱指臂，任同一身"。（明）吾邱瑞《运甓记·杜弢定计》："召兵蛮洞，并力长驱，管教胁从，为吾指臂"。（清）陈天华《今日岂分省界之日耶》："然他省之才者，何妨收为指臂之用"。意为得力的助手或有益的帮助。——编者注。

（小）、中（学）三等教授。自二三月间，土匪逐渐蜂起，架票勒赎，抢劫层出。人民无不惊慌，终无抵御之策。余两上李知事《治匪之策》，而李知事终未实行。延至七八月间，余又上汪知事《治匪之策》，而汪知事亦未办好，匪势日益猖獗，人民日益恐慌，而四乡日益不安。春、夏、秋，余为要公，三赴烟台。村遭两次抢掠。

八月十六日，忽有烟台东海中学校①来函相招，聘余为该校训育主任兼教员。余欲不往，有碍多人情面。当此乱世，不如借此启发一般多数青年，亦是余之至意。

八月十九日，上午九钟，搭汽车赴烟台。驰二百四十里，至十一钟，抵东海中校（学），就训育主任兼教员之职。

烟台东海中学讲演（1927 年 8 月 20 日）

八月二十日，上午十钟，行开学礼。全埠长官及各团体首领，届时咸临。行礼后，各长官致训词。学童及教员与来宾等均致训词。演说者十三人，时间太长，听者精神甚形困倦。

余说：今天本校开学，起动大家前来赐光，兄弟甚是感激的。余在黑板上先写几个字，一面是盼望，一是教育，再是求学。一面是盼望教员尽心教育，一面是盼望学生立志求学。"教育"二字，本是教员应当尽心负责。"求学"二字，本是学生应当立志求学。

现在，我中国的教育，不但是尚未普及，就是所缺的教育也是很多（的）。今天对大家逐条说说。教育可分六部：

第一缺少的是先天教育。请问，我中国的妇女，哪一个是明白胎养胎教的？既是不明白胎养胎教，如何能晓得什么是先天教育呢？

第二缺少的是家庭教育。请问大家，妇女均不读书，怎么能明白家庭教育？既是家庭教育不懂，甚么教训儿童的法子，更是一概不知。安望他（她）有家庭教育呢？

第三是现在的学校教育。儿童既未受过先天教育，又未受过家庭教育，入了学校时，多数是一个（个）顽皮的学生，这个样（子）的顽皮学生，就是有良好的师资，亦不能遽然使他走正轨道的。

---

① 东海中学，始建于 1926 年，位于烟台毓璜顶。1925 年，烟台设东海道尹。东海学校即为东海道的官办学校。1929 年，更名为山东省立第八中学，学校师生多为左翼知识分子和中共地下党员。1930 年前后，作家丁玲曾在此任教。1933 年，改称烟台中学。1937 年停办。——编者注。

第四缺少的是精神教育。我中国从来受专制的余毒，把人民天然的精神，压迫殆尽。更有一般冬烘先生，他压迫学生，更胜于昏君酷虐人民。他懂甚么叫作精神教育呢？

第五缺少的是社会教育。我中国社会之庞杂，更不待言。烟馆赌局、酒棚花巷，坏病层出，在在皆是。请问大家，以志向未定之青年，终日在这恶劣社会之中，眼经目睹，安能不受其传染之症？能抱定坚决之志者，能有几人？

第六缺少的是富强教育。我中国生财的人太少，耗财的人太多。为人既不能有生财之道，终日坐吃成穿。按照全国计算，穷人十之八九，富者十无一二，人民多贫少富，国家安能富强？

请大家说说，六部教育之中，惟仅有一学校教育，其他五部教育全缺，安能望其造就出应世之才呢？所以这几年，虽说初（小）、高（小）、中（学）、大（学）毕业的学生不少，然出校任事，多数不能生财，而只能耗财。多数不能服苦，而只能享福。多数不能俭朴，而只能奢侈。多数不能自行绝欲，而只能学上嗜好。多数不能爱民，只能祸国。自从振兴教育以来，所造的人才如斯，安望其能以富国强兵以御外侮也。但愿今天在座的诸君，当教员的，尽心研究完全的好教育。当学生的，立定坚确不拔之志，专心求学。出校任事，不为恶劣社会所传染。这是兄弟所盼望于教员与学生为此预先祷祝的。

余以六部教育，串连比较之。全场二百余人，精神贯注，屡次拍掌，欢然哄堂大悦，点头称善呼好。旋即合影。

八月二十五日，在校中操场内，教育全校学生练习拳术。从此，按班教授，先练单拳，次练对拳，学生咸乐。嗣后渐有怠慢者，缘有娇惯子弟受不了辛苦故也。可叹青年不知自强，甘自颓靡。

八月二十七日，星期六。午后，集全校学生于礼堂，讲演社会之潮流与人心之趋向。学生咸鼓掌大乐。从此，每星期六午后，集学生于礼堂，余每演说社会之现况与古今之比较。全校学生咸悦，大有信仰之概、敬从之心。

时况俚词（1927 年 9 月 2 日）

九月二日，作时况俚词云：

民国创造十六年，兵民困苦不堪言。宪法扫地仕途滥，风俗败坏生计难。官吏太太多无边，太太多逾十倍官。剥削钱多太太悦，致使兵民脂膏竭。千万官吏百万兵，兵匪到处闾阎空。百万穷兵十万枪，赤手空拳死沙场。枪弹虽少赋税多，兵民俱困苦奈何。殚地之出竭庐入，更愁官吏搜刮急。兵士累年不发饷，父母冻馁妻糟糠。伤心一怒不当兵，空掷头颅为谁雄。人民俱有此等念，同胞幸福可立见。从此官吏势运低，太太无钱变为妓。五族同心享太平，有女不做太太有男不当兵。遽息纷争咸归业，兵民方得幸福享无穷。

余偶作此，借以寄意，使知时况于（如）是之坏。

烟台道德学校讲演（1927 年 9 月 22 日）

九月二十二日，上午八钟，在本校大礼堂，开孔子诞辰纪念会。余说敬祝孔子与信仰孔子之原因。学生咸拍掌称赞，从此引起全校一百七八十名学生之敬仰。

午后二钟，余为烟台道德学校所邀，在丹桂戏园，开孔子圣诞纪念大会。各长官及学生与市民咸临，演说者十二人。

余说：今日开孔子圣诞大会，各省无不举行。既是大家咸知纪念孔子，必须遵行孔圣人的真道德，方才算是不负圣诞之纪念。所以历代帝王，尊之敬之，无不加封而祀之。诚因孔圣之道，万世不能变更的。人若真行其道，则天下治、万民安。若不真行其道，则天下乱、万民苦矣。所以孔子能为万世师表者，岂其无因而然哉？

今举其言行大要（者）有三：（一）立功。（二）正名。（三）生利。

当其相鲁三月，鲁国大治，路不拾遗，夜不闭户。及其去鲁，周行列邦，挽救世道之浇风，欲人尽归于善，此其立功之显著者。

嗣见世道愈行衰微，臣弑君、子弑父，觋不为怪。故又作《春秋》，笔削咸宜，褒贬严明，使乱臣贼子，咸知有所畏惧，此其正名更为显然者。

迨后著《孝经》，繫易辞，删诗书，订礼乐，重人伦，倡教化。立言、立行，为人生之大法。欲使永久息战争，万国咸归于大同。老安少怀有饭吃，其为千百年后生大利于无穷者。

由此说来，我中国现在如何不能臻上治？盖因人心庞杂，多信异端邪说之蛊惑，四万万同胞未能尽趋（于）孔圣真道德。

由小而论，国家下令剪发辫，而乡老犹多带发辫。政府下令行天足，而乡间妇女偏要缠足。即由烟台商埠观之，做工的女子，尚犹缠足。自残肢体，大妨操作，岂不大背孔圣人爱国救人之苦心么？

由大而论，游手邪侈、鸠毒晏安、日趋下流之徒，其坏更难枚举。此等人岂不大背孔圣人真道德么？但愿大家极力提倡真道德，推而广之。烟台人民，尽行圣道，再扩而充之，渐使山东一省三千八百万人民，尽染成善人君子。再大众推广普及二十二行省，及五属地四万万同胞，尽能遵行圣道，施及外洋万国，则大同世界不难立见。诚若此，则长官不劳而国治，而万民安，则兵士戢枪销弹息战争，也不用杀同胞。由是，上无争权之人，下无趋邪之辈，老安少怀，均享幸福罢。大家万不负今日之纪念啦。

请问大家，若是真赞成孔圣真道德，请举手以表示其诚意。万众举手，欢呼拍掌如雷。大家既是赞成孔圣真道德，须大声三呼我"孔子万岁万万岁"。全场大呼，声动天地。今日这次纪念会，方不负我长官苦口与婆心，亦不负办会诸君之盛意。愿大家力行，勿自怠荒可也。众屡鼓掌大乐。听讲男七千人，女五百人。余三倡三呼，全场赞扬，兴增百倍。散会摄影。

是日之会，乃道德学校校长曹绍斋等倡办。礼节、秩序，甚形完备。该校男、女学生五百余人，咸戎装列队，整齐可嘉，可云盛会无两。

乃曹绍斋者，黄县人也。在烟台办学多年，甚有成绩。每星期下午，必集学生在讲堂演说，听者甚众，此其一端。

散记（1927年秋冬间）

九月二十四日，本校学生开自治会，并演新剧，名为联欢会。余说学生要素：（一）立功；（二）求学；（三）做事。逐段演讲，全场鼓掌哄堂，至夜十二钟方散。此次顺兴启发学生，大收效功。

十月十日，上午八钟，在本校大礼堂，开国庆纪念会。余说"三可庆"，重复辩论。在座男女六百五十人，咸喜乐拍掌，群众哄堂。后演电影十片，系《挂名夫妻》之影片，群又大乐。

十月二十日晨，写训词于校院粉壁上，云：

（一）学勤俭，莫馋懒。

（二）烟、赌、酒、色为社会四大害。非人人自儆，不足以挽浇风。

（三）欲知家国强弱，一查官吏廉贪；二观人民勤惰；三审教育智愚；四视实业巧拙。

（四）赃官、污吏、劣绅、土棍，为人群四大害，非以法律手续除净不可。

余偶录此语，欲使学生咸知自儆。

十月二十三日，自上午八钟起，本校大开运动会。来校参观者，男一千三百人，女三百五十人。下午一钟起，来校参观者，男一千一百五十人，女二百六十人。运动员四十人，运动术有竞走、跃高、跳远、足球、标枪、拳术多门，当即登报，此不详志。颁赏费洋百元。学校列队到者，有道德男女二校、信义男女二校、蚕丝女学，均队伍整齐，戎装一色，大有尚武精神。散到者不记。余为众邀，练拳舞刀，全场喝彩。后摄影散会。

十二月六日，学生于荣超求余写联语，余乃为之凑辞云：

好学力行知耻，洵为造成知仁（尚）勇之宏基，尤为救国拯民之良本。古圣贤能造福民生者，无不赖此。吾人欲出济时艰，安可不勉固基本，力励（砺）造福之具乎？

余为于学生大有高尚之资格，故赐此联，借励其立志之一助云。

送别学友行

十二月二十一日，代学生作《送别学友行》云：

聚首三年坐春风，肄业期满绕离情。鸡鸣偕起舞刘剑，着我先鞭似祖生。陈雷情深胶漆坚①，管鲍相知自古罕。桃园结义共生死，伯牙鼓琴有知音。存心不贪陶倚富，誓志欲使祖国固。兄志拯民弟救国，休惧狂澜畏忧渡。雪耻赖勇与知方，旋转乾坤如运掌。大施甘霖洗痍疮，不负男儿志气昂。今朝分袂万绪萦，高深义在不言中。劝君休怀自了汉②，莫学巢由误苍生。国民分子担国艰，只图救国不图官。力御外侮靖内乱，方能国泰与民安。去留不亏平生志，共造幸福亿万年。

此乃在校学生，求余代作欢送毕业同学分别之深意。余借此并励去留学生，为出身涉世助济时艰，力造民生幸福，是余作词之至意。

参观记（1927 年 12 月 21 日）

（十二月二十一日）午后，余领毕业学生三十六人，至各要处参观，以备考查，助增知识。数日之间，游观多处。到处无不欢迎，加以招待，余甚感焉。遂作《参观记》，当即登报，以供众览。特再录此，以饷阅者，使知烟台文化之进步：

余敝校商、普二科，今年期毕业者三十六人。敝校长周良翰君，着余带领毕业学生参观各大机关，以增长阅历精神，助添社会知识，为将来做事之地步，是敝校长对于学生之厚意焉。

余遂于十二月二十一日午后，偕学生至电灯公司发电处。该账房着人引导参观磨电机三架、汽炉三处、抽水机三处。其蓄水池水抽自于海，汽水、井水

---

① 陈、雷：指陈重、雷义，是东汉豫章郡（今江西南昌）两位品德高尚、舍己为人的君子。两人为至交密友。雷义举茂才，让于陈重，刺史不许，义佯狂披发，"走不应命"，世人赞曰："胶漆虽然坚，不如陈与雷"。事见《后汉书》。后以"陈雷胶漆"比喻彼此友情极为深厚，如元无名氏《鲠直张千替杀妻》楔子："咱便似陈雷胶漆，你兄弟至死呵不相离"。——编者注。

② 佛教用语，称只顾自己修行而丝毫不存济世利人为"自了汉"。这里指无利他之念，唯图自身利益的人。——编者注。

抽自于中海洋村。指导虽不甚详细，然具观大概，已知其运用之妙，洵能巧夺天工，真堪令人称赞。

遂又西至汽车路工厂。厂长张钟崧君，引观各种器机及各种工作，指讲甚为详明。听之咸有心得，若非个中人，不能言之如斯之凿凿。若张君者，可谓能尽职务之人也，洵堪令人钦佩。

遂又北至模范监狱。第三科科长耿先生，引观各室。内中分为仁、义、礼、智、信五路号舍。每号舍有小室若干，犯人在内。其饭堂、澡堂均为清洁，操场、运动场分路左右。教诲堂按班上课，少年者识字、作文，按时做工。惜其经费支绌，未能大收效功。女犯另在一院做工，咸能自食其力。连观三处，归校日已夕矣。

十二月二十二日晨后，偕学生至东南山中蚕丝学校，宫教习引观陈列室内。茧丝、蚕子及饲蚕、缫丝器具，各室皆满。据言，每年分发橡子与蚕子，价值万余金。想其款项丰富，扩充亦不为难。倘能速收推广之效，蚕丝利权，亦可逐渐挽回。该校人员想早已留意。

下山北至张裕公司。该主人引观作葡萄酒汽锅、汽炉，言明造制各法。遂又执烛转下窟室，中有巨大酒桶，分置为满，内有二十年前之陈酿，酒味尤醇，价亦甚昂。倘吾人咸能自悟，尽用国醪，亦可杜一漏卮，助挽利权。饮外酒者，何不速醒？

十二月二十三日，适际冬节，各机关咸放假，未能出校参观。

二十四日晨后，至山东海军学校①。该校佐理官林赓藩君引观各室，规模宏大。创造甚为整齐，惜其公款不足，未能大施扩充，值学生均在讲堂考试，未便瞻览，故未得尽睹全校。

遂迤至北山前，至海军陆战队营务处。营长张汉侯君引入客厅少憩。茶后，引观全营四连十二排，队伍整肃，气概英武，咸有同仇敌忾之概。营房清洁，军规周备，尤有名将教练之风。观其军械坚利，衣甲鲜明，洵可为军人之模范。营长及连、排各长，谈吐文明，学术高尚。观讲武堂之布置，各军佐办学之手续，洵堪首屈一指。若此军队，真足以为我国争光。

嗣又着三连（某）排长张荫轩君，北至海滨，引观炮台。大炮一尊，小炮十余尊。修造窟室，甚形坚固。游览多时，临别赠有该营教练课程表数种，归校详阅。乃预定月日及时间、种种战术之教练，功课之勤，洵堪嘉尚。

---

① 烟台海军学堂，1903 年由北洋大臣李鸿章奏请建立。坐落于烟台市芝罘区金沟寨。1908 年春落成。在津、沪两地招新生 90 余人，后增至 200 名余。该校学制参照英国海军学校章程建立。学生毕业后，多赴日本、英国留学深造。1911 年烟台独立时，该校学生在校长谢葆璋支持下，写血书支持革命，上街游行。1928 年，并入福建马尾海军学校。——编者注。

遂又转至启喑学校①。该校长崔立亭君引观各教室，标本甚多，聋哑学生四十余人，咸能识字作文，口吐半语。虽不甚么分明，细听亦可明了。此等教育之法，更属煞费苦心。

午后，至江利兵舰。航海副杨超仑君引观各种机器及炮械用法。指讲详细分明，谈吐尤极文明。兵士礼节，甚为周备，亦如午前参观海军陆战队一般的周到。别后日已夕矣。

十二月二十五日晨后，西至无线电台。该局郑传溙君引为参观，指讲收报、发报各器机及电力之用法，磨电机、蓄电池种种的试验。虽为详明，观听者均不明了。苟非个中人，谁能谙此？

转至水产试验场。该场主任丛藩滋、姜金鸣二君，引观做罐各种机器及种种做法，与渔船捕鱼各法，办理甚为详细，惜其经费不甚充足，未能大肆扩充。

余率领毕业学生三十余人，连日参观多处，归校略记大概，登诸报端，借知吾国各种事业均已改良，将来各地仿效，大施扩充，均各力图进步，内争可息，外侮不来，漏卮亦杜，富强可期，实为敝校所深盼望。如是为记，并借表各机关办事之热忱。

烟台东海中学毕业典礼讲演
（1927 年 12 月 29 日）

十二月二十九，行毕业式。礼堂布置，甚形完备。午后二钟开会，胶东道尹高凤和，及烟台全埠长官与各法团咸临。演说者十三人。

余说：今天，各长官、各学董及各界前来敝校赐光，又蒙致训毕业的学生，叮咛告诫，详细分明。但是，学生既已中学毕业，或有升学的，或有做事的。但愿升学的还是安心立志，专求有用之学，以备助济时艰，不能虚度光阴，空耗有用之金钱。迨出身涉世时一无所长，势必贻笑大方。不但大失教育体面，亦为学界之罪人。不但于自己名誉有损，亦于各长官训词大有愧对。

---

① 最初称启喑学馆，是中国第一所聋哑学校，始建于山东蓬莱，创办人为美国人米尔斯夫人。1888 年，取名登州启喑学馆。开学之初，只招来两名学生。到 1892 年，有 11 名学生。1895 年 6 月，米尔斯去世。1896 年 1 月 31 日，米尔斯夫人忍痛关闭学馆。1897 年，在友人帮助下，米尔斯夫人将学馆从蓬莱迁到烟台，租用烟台通伸旅馆作为临时校舍，改名为烟台启喑学馆。1899 年 9 月，米尔斯夫人在海边买地，建新校址。1899 年 11 月底，学馆迁至新校。从 1898 年到 1941 年间，学校多次组织师资培训班，先后培训教师达 44 人，学员来自杭州、南京、上海、成都、香港、平壤等地。在烟台接受培训的教师，后来大都成为当地聋哑学校的创始人或骨干。1923 年，学馆正式易名为烟台启喑学校。——编者注。

　　若是想着直接谋事的，总得抱定平素所学的爱国救民之宗旨，往前去做，方不愧学生本色，亦不负教员之训教。无论是升学的，（还）是做事的，终究通得做事，万不可自己骄傲，常以文明自居。教他学农，自己怕劳力；教他学工，自己嫌业低；教他学商，自己又不谙商情；教他为师资，自己又不耐烦教学生。此等学生，终趋于邪途。天资高尚的，或钻营入政界，也能助官刮地皮；或钻营入军界，也能助军阀杀同胞；或者南跑北奔，找不着事，日趋于流氓之途而不自知也。此等学生，洵为社会之蠹，国家蟊贼。内则对不起父母兄弟，外则对不起亲戚朋友。但愿今天在场的学生，无论出学的、留学的，总要牢记各长官致训之言，方不负今日之毕业式，亦不负各长官、师友这片心啦。

　　在座二百六十人，咸鼓掌大乐。闭会合影，毕业生又合影。

　　民国十七年一月七日，余欲拟作条陈，上之（于）握政长官。因校事未完，遂即中止。余思社会之恶劣，风俗之败坏，思欲挽救之方。因不自揣才力绵薄，徒效不识时机之徒，空上治安之书。虽有汉文帝之明，未必尽能行贾生之策，况无其人。余虽知其然，目睹世界之乱，人民之困苦，是不能已于言者。因此，遂辞东海中学训育主任兼教员之职，欲再出游四方，以遂平生之志愿，是余之平素到处不惜唇齿唤醒同胞之至意。

治匪十策（1928 年 1 月 16 日）

　　一月十六日，上胶东道尹高凤和《治匪十策》之条陈云：

　　呈为条陈事。窃以盗贼充斥，土匪横行，焚杀劫掠，肆行无忌。虽道长忧心如焚，军警分设林立，总收一时效功，旋即骚扰如故。近几年来，匪祸益深，道长忧民益甚，虽剿歼不遗余力，而闾阎人民，迁徙逃避，终未获一夕之安。并非政治之不良，乃未实行清源之术耳。公民尝游览多省，洞悉人民之情弊，谨陈治匪大要，以备采择施行，大造万民幸福，俾胶东永获奠安，是万民所至感焉。谨陈办法，上呈电核：

　　（一）筹款。饬令各县，按地丁一两，出洋二元。如县有地丁五万两，每年须出大洋十万元，随征筹妥，归存银行生息，以备行赏剿匪有功者用。

　　（二）备械。饬令各县绅富，或各公会，自行捐置枪炮，县知事代烙火印。枪炮虽为公用，永久归为己有，使置械者咸欲乐购，踊跃输将。

　　（三）民团。饬令各村每户必须出一人充庄丁，有男不在家者，亦须雇佣一人补充之。无论庄村大小，各自分为二队，遇有匪警，一队守村，一队击匪。群众环攻，匪党不难立尽。

（四）号令。饬令每村置一打鼓，遇有匪警，击鼓为号，邻村亦以鼓声相应，顷刻百里。各地庄丁，闻鼓持械，环赴匪地，民众匪寡，谅无不获。

（五）行赏。无论何人，能毙获一匪者，赏洋二百元。得匪枪者，从公领价，欲自留者听（便）。受伤者，按轻重发给恤金两倍。因伤毙命者，每名恤金千元。凡有恤赏，立发勿延。

（六）惩罚。如有与匪通声气者，或系匪之亲友，既闻匪警，畏缩不前，与击匪不力者，均按轻重处罚，重者以通匪论罪，赏罚既明，人必自励。

（七）清乡。澈（彻）查各乡村户无职业之游民及不安分者，驱入工厂，使之各能自食其力，人各日有食用，则邪念自然渐消。

（八）塞源。厉禁烟馆、赌局，严查妓户、酒店及不正当营业之处。按名排户，登记于册。着精明侦探，时常巡逻之。预塞盗源，使无藏隐。

（九）会哨。饬令各警及捕盗兵役，共择地址，均按期互相会哨，借压地面，并防盗踪，则匪行敛迹，而人民自安。

（十）告讦。各县署及各乡区团所门首，置一投秘柜，饬令人民随便投匿名书，以备随时检察。匪盗之行踪，及恶少之举动，随时捕获纠正之。或有挟仇之书，希图借端报复者，置诸勿论。

以上刍言，本不足以补道长之高明，情因目击匪患日益炽蔓，敢陈管见，上副道长拯民之苦衷，助为奠安黎庶之困苦。为此上禀钧座，电核施行。黄县公民朱全砾谨上。

余因见高道尹招手枪队剿匪，各县人民大遭匪祸，故作此条陈上之。后五日批出，嘉美称善，允为遵行。嗣后终未实行，令人可叹。官府之敷衍面子，以致人民之涂炭，永无底止，可胜惜哉！

烟台道德学校讲演（1928年2月7日）

二月七日、八日、九日，即是夏历正月十五、十六、十七三日。余为道德学校所邀，请于此三日到该校助为演说，开通风化，余遂允焉。并代为约真光中学女学生多人，同去演说。届时士女云集，标名演说者二十余人。女生童维兰说家庭教育，刘玉梅说天足之益，解美丽说女子求学之益，均言语清楚，声音洪亮，理论更为分明。坐立观听者，男女七百余人，咸鼓掌称赞。

余说：今天是旧历年的元宵佳节，贵校特开演说大会以开风化，又请各界名人讲演，足征为社会热心，真是令人钦佩。请问大家，现在的社会，是不是坏病层出的社会？即由烟台论之，偌大的商埠，车船往来的码头，各国前来通商，中外的商贾互市之地，自己的种种坏病层出不穷，触目皆是。兄弟今天破除情面，总是冒犯忌讳，也要进一忠言：

第一坏病是烟馆。大烟之害，人人皆知。鸦片的战争，我中国受了多大的损失，分明（是）英国以鸦片之毒，来灭我中国。我中国一般高尚假装文明的败类，又通通吸之饮之，如狗之咋骨；嗜之好之，如蝇之附膻。费了许多的金钱，舍上半生的性命，偏要吸食其毒，欲偷自迭之安。近来省令一到，有地十亩，得种一亩烟苗。饬令农人到各县署去领烟种，不种的犯法，还得挨罚。省令到未一月，烟台设立茶室三百多家，分明是开烟馆，偏要巧立名目，称为茶室。省令虽坏，社会又多服从，其坏不待再说。

第二坏病是赌局。官府明里禁赌，暗中又收赌规。明里抓赌勒罚，暗中受贿包庇。甚且在衙门里不是白日看牌，就是夜打麻雀。不但官府如是之坏，就是奸商与上等流氓，也是如此。下至苦力乞丐，终日也是赌钱为事，消耗有用的光阴，丢失无数的金钱。官府永不厉禁，人民日趋下流。若常此以往，将有不可收拾之虞。囊内钱空，流为乞丐，家产荡尽，流为盗贼。如此之坏，难屈以指。

第三坏病是妓户。即由烟台妓户而论，全埠约有千百家。一家又有数个女，此等无耻之人，终日搽油抹粉，游手好闲，常年不事营业，坐吃成穿。均以妙龄雏妓，引诱坏了多少青年子弟。彼此昼夜宣淫，传染了多少花柳杨梅。一生不能择配，少生多少男女儿童。似此鲜廉寡耻之营业，其伤风败俗之行为，官府不重人道，不能铲除病源。社会不立私约，亦不能维持风纪。致使一般浪荡公子、纨绔子弟，日夕冶游于烟花柳巷之中，耗的囊内钱空、家产荡尽者有之。染成扫痱下淋、因疮废命者亦有之。此种大害，有目共睹，有耳共闻。无知者多以为乐事，有识者早知其沉迷于苦海，不知回头，难登于岸的。

第四坏病是酒店。酒之为害，乱人精神，伤人脑筋。彼嗜酒的酗徒，精神时常错乱，性情时常颠倒。自古为酒误事者，比比皆然。是以禹王恶旨酒①，孔子不及乱②，岳飞领兵不饮酒，明朝革命专戒酒。古之圣贤君子，尚且如此力戒，况且我等不及圣贤君子，而犹不知仿效古人，力作自儆么？再且嗜酒的人，生的男女

---

① 出自《战国策》："昔者帝女令仪狄作酒而美，进之禹，禹饮而甘之，遂疏仪狄，绝旨酒。曰：后世必有以酒亡其国者"。相传禹时，有名仪狄者，善造酒。他将酒进献给大禹，禹饮了之后，感觉非常甘美，但大禹认为"后世之人，必有放纵于酒以致亡国者"。从此疏远仪狄，再不许他觐见和进献美酒。——编者注。

② 语出《论语》："惟酒无量，不及乱。沽酒市脯不食。不撤姜食，不多食。祭于公，不宿肉。祭肉不出三日，出三日，不食之矣。食不语，寝不言。虽疏食菜羹瓜祭，必齐如也"。相传孔子善饮，饮可百觚。孔融在《难曹操禁酒书》中写道："尧不千钟，无以建太平；孔非百觚，无以堪上圣"。明袁宏道在《觞政》中称孔子为"饮宗"："凡饮必祭之所始，礼孔子。今祀宜父曰酒圣。夫无量不及乱，觞之祖也，是为饮宗"。孔子虽然好酒，但他善于节制，饮而不乱。——编者注。

儿童，多带几分迷性，或者多带几分痴性，遗传性之遗（贻）害子孙，岂有底止么？

以上所说的四种坏病，就是好人入其圈套，也难跳出罗网。就是圣贤的资格，一入其邪途，也能变成鬼魔。所以现今的社会，鬼多人少，社会安得不坏，人民安得不穷，国家安得不乱？因为生财的人太少，耗财的鬼太多。若不把这些烟鬼、赌鬼、色鬼、酒鬼，通通使他变为人，将来任着这些鬼随便胡来，社会靡有好的那一天啦。其他种种的坏病，更难细数啦。请大家把兄弟所说的这些坏病，一齐下手治一治吧。不要推聋装哑、漠不关心啦。内外坐立听者咸鼓掌大悦。此三日之讲词，只录十五日的。三女生之讲词，当即披露报端，此亦不录。三日之听讲者拥满街堂，诚盛会也。

烟台琐记

二月十二日，忽有烟台道德学校校长曹绍斋君来，聘余作该校高中主任教员，并劝余乱世不必远游，余力辞不允。又迭着学董童冠中、曲明偲等屡次来订，着开学时并指导教授一切。又着余之友人等力为劝焉。余为情面所拘，不得不允就焉。进校开学，见其学规甚严，学生甚多。余担任高、初两等百余人，分三班授课。每批高等作文四十余本，日有进步。每为高等上课时，将临大街五大窗户敞开，行人站在窗外观听者，恒数百人。每每拥塞大街，岗警时来指挥行人，以便交通。因余讲课时，恒以古事比今事，问学生是否有当，学生咸高声应答，声震街衢，故行人尽多停步。

余授课时，每在黑板上随手行书本课之略说大义，借以启发学生精神，并借此开启学生的兴会。而有疑余相形见屈（绌）之意者，暗中造谣破坏，诬为课外之教授。彼不知余在黑板题文之大意。乃行书者，令学生照文抄录，照行书变成小楷，每课如此办法，将不逾月，学生俱能阅信、写信，不强似初高毕业的学生通不识行书字，连一封信通看不明白。乃随手书本课略说大意者，说明原理，再令学生抄录之，使其讲解易于明了，作文有所把握。此所谓费一般多的功夫，而能多收两三倍的效功。彼因循旧习、压迫灌输之教员，有谁能识精神教育之门径。余因此大有辞退之心。又碍（于）多人情面，一再迁就。后际余在东海中学教授的毕业学生李俊杰由栖霞来烟台，余遂托其代为上课，余遂辞学。

三月十四日，余交卸学务，从此脱身。随便聚众宣传三民主义，（与）现今的应兴应革的利弊，每晨在毓璜顶后聚众演说。听者多系益文（学校）学生与商民、居户之人，众皆咸乐。余亦自觉甚形吐气，豫乐非常。每黎明起，赴该处练刀跑步，以俟众人前来集合，常集合恒至数十百人之多，说至崇（整）

朝不散，众乐，余心亦乐。

余又每日午后四钟，在寓舍为东海（学校）职教员马汉卿、张承命、曲敬亭等，讲古文析义，《左传》《战国策》及秦汉要篇，引古今的利弊，均使显然易明，众皆欢然，余亦欢然。

余又于每星期六，与星期（日）午后，在寓舍为真光中学①女生童维兰、刘玉梅、解美丽、汪白玉、曲甥女等，亦讲古文析义之要篇，能启发学生精神之文，听者亦均咸乐。

烟台益文中学讲演 （1928 年 6 月 13 日）

六月十三日，晨起，忽有益文中校学生十余人，来舍相邀，言该校长等与全体学生，请于上午十二钟到该校北大楼讲堂开会，乃为济南惨案。邀余演说现在北伐的状况，余遂允焉。

迨晨后十钟，多友闻之，前来劝止开会，言：日人每日巡查，开会恐冒危险，余伪应之。余届时前往，见该校长李兰阶君，谈商开会大意。偕至大楼讲堂，见学生列坐在堂，有三百五十人之多。该校长李兰阶报告开会大意。

余说济南人民遭日人遽开炮轰及进城残杀抢掠奸淫之惨状。全校学生无不愤激不平，大有雪耻之概。由此观之，可谓中国有人。当此时局靡定之际，烟台时犹戒严，日本每日派人逡查，而该校竟敢开会，可谓真有革命之胆。后未三日，该校首先悬挂青天白日旗，其先见尤高出他人千万。其热心可称为该方之巨擘。令人真堪敬仰不置云。

烟台益文中学讲演 （1928 年 6 月 16 日）

六月十六日，下午三钟，在益文中学②南大操场，开市民大会。为初挂青

① 即烟台真光女子中学。1921 年由美国长老会捐助创办，位于毓璜顶东。孙显臣、曲子元负责校务。1925 年增设高中，后与毓璜顶幼稚师范合并，以英语及钢琴课著称。1935 年，发生警察枪杀该校女生徐明娥的事件，掀起了席卷全市的学生运动。天津《大公报》记者范长江专程来烟采访"徐明娥事件"，撰写了"烟台警察枪杀女生案"，向国内外报道。最后，迫于压力，烟台当局将凶手逮捕，并发给死者家属殡葬费和抚恤金。1943 年，因经济拮据而停办。——编者注。

② 即今烟台市第二中学的前身。1866 年，美国牧师，郭显德在毓璜顶创办"文先书院"（只收男生）、"会英书院"（只收女生）。1896 年，两校合并为"会文书院"。1920 年，郭显德逝世，会文书院和实益学馆合并成"私立烟台益文商业学校"。1926 年，罗希暇任校长。1929 年，更名为"烟台私立益文商业专科学校"，1936 年，又更名为"烟台私立益文高级商业专科学校"。——编者注。

天白日旗，民众群集，欢迎主席温建刚①。男女学校列队到者二十三校，戎装整齐，鼓号震天。各界男女市民约有一万三千余人。

（首）向国旗及孙总理遗像行三鞠躬礼。

（次）温主席恭读孙总理遗嘱。

（三）余报告开会为挂旗的大意。

（四）主席温建刚演说北伐成功之胜力。

（五）余说：今天这个大会，乃是北伐成功、民国统一之盛会。今天上午，烟台市民首先悬挂青天白日旗，士农工商、男女老幼，无不手额称庆，欢声如雷。现在齐集会场，咸来欢迎温主席，此是第一可贺的。现今北伐成功，全国统一，将来实行三民主义，官僚军阀俱改从前的恶习，同心协力，大造民生之幸福，此是第二可贺的。从此，战争时期已经过去，训政时期方才开始，但愿我做官的同胞，各人拿出爱国爱民的热心，往前进行，万民无不感激，人群能享太平之福，此是第三可贺的。更愿烟台民众，同要提起精神来，要知道我们通是国民，通要知道，国是我们的国，向下各尽国民一分的心。把我（们）这中华民国改造富强了，不受列邦强国的欺压了。这是可贺之中更可贺的。

但愿今天在场的父老兄弟、姑嫂姊妹们，各人通出来，大家结成一个大团体，自己当自己的家吧。向下，不要甚么事通依靠着人家办，给咱们闹了个稀烂八糟，教我们老百姓通通靡法过啦。若是大家一齐出来，把烟台一方办好了，先做胶东的模范。若是各地人民再把胶东二十六县，通通把民生的幸福再通办好了，岂不是今天这个市民大会，欢迎温主席、发起民众的大功么？

兄弟更希望，我们胶东能以办好了，山东省各县的民众再通通出来把各地办好了，推之全国二十二行省及五大特别区，再加上满蒙回藏各地的人民，通通一齐改成三民主义，往前去办，努力进行，则我们四万万同胞的幸福，向下当享之无穷尽的了。请问大家愿意不愿意吧。万众齐声咸应，同愿意出来办一办。

兄弟还有几个口号，愿大家大声呼一呼："烟台市民万岁"、"胶东万岁"、"山东三千八百万同胞万岁"、"中华民国万岁"、"四万万同胞万岁"。听讲者全场大呼，鼓掌雷动。就是温主席在台上，（也）踊跃鼓掌，欢声大悦。

余又说，从前的官吏祸国殃民，恶劣之可恨。说有多时，讲词不录。及散会时，日已夕矣。余与各校长李兰阶等七人，迎温建刚同升益文中校南大楼上。

---

① 温建刚（1900—1934），字天剑，广东大埔人。1918年，入云南讲武堂学习，毕业后任广州黄埔军校第一、二期军事教官兼学生区队长。北伐时任北伐军总司令部代副官长（陆军中将）、南浔铁路警备司令。1928年，任山东烟台警备司令。后任南京市公安厅厅长。1934年，因蒋介石政权内部派系斗争被枪毙。——编者注。

招待茶点，谈一切将来进行之政治多条。夜深方送别。

是日之会，乃是温建刚一人来烟台，上午令全埠悬挂青天白日旗，当即出示张贴布告。午后开这个市民大会，余见布告后，特又走约数校校长。届时率学生队早临，以资欢迎云。

烟台市党部成立会讲演（1928 年 6 月 19 日）

六月十九日，上午九时，在东海中学校大楼上礼堂内，开烟台市党部大会。男女到场列坐者，有一千二百人之多。党魁李班庭主席报告，公开市党部大会之大意。

余说：今天公开这个市党部的大会，兄弟心中是很高兴的。自从入了民国以来，国民党受了几番的摧残，受了几番的打击，为首领的又遭了多少的杀戮，加上一些反对党千方百计的陷害。哪知道闹了十几年，又有国民党复活这一天。由这些帝制派、专制派、官僚派、军阀派以及政客与劣绅派，这样的摧残，这样的压迫，如今全国人民几乎尽变成国民党了。是不是教这些热心的同胞非常高兴？

回想兄弟当日在前清加入同盟会的时候，大家也通守秘密的运动、守秘密的号召，哪一个敢彰明较著的（地）办一办呢？现在，国民党公开，虽然大张旗鼓，则时势常有变更。但愿同志们抱定一定的宗旨，往前努力进行。无论遭什么样的危险，无论遭什么样的困难，只管抱定三民主义救国救民的热心，一致的往前行，方能收良好的结果，也能达到完美的目的。但愿今天在座的诸同志一力进行可也。这所说真革命能为国，这所说真革命不怕死啦。全场鼓掌大悦，听者咸乐。又有诸同志演说，大意不外乎革命的宗旨，演说有三、四钟之久，听者精神不倦。

六月二十一日，上午九钟，在总商会观海楼上，乃烟台市党部召集开市民大会筹备会。团体到者十七处，在座者六十八人，共推举筹备委员十五名。驻烟台（某）团长的参谋长在会上问商会长及商会董事要兵饷，被东海中学校长所斥驳。全场屡次鼓掌，咸表赞成。

该校长所言的大意谓，青天白日旗下的军队，不能再问老百姓要钱。既是正式的军队，只有政府发饷。若不是正式军队，通在打倒之列云云。发言甚形激烈，听者无不动容，故旋即被该部所逮捕，严压一个月。在当时，余心甚为不平，为该军部因忌直言，监（滥）捕无辜。余遂代为烦多人具保结。余又屡见该军首领，代为声述校长之屈，终未获允释放。即有温建刚主席数封公函，而该团亦不听从。此所谓强权之下，暗无公理，良民之冤，无处伸诉。迨至他军部占烟台，而周君方始出押。回忆逮捕人者，亦被人逮捕之，可云报复昭昭，毫厘不爽。为问有权有势者，当权可以任意妄为么？当权可以不行方便么？有识者当然早日有虑于五中①矣。是非只（自）有公论，何待余之忠告。

烟台各界庆贺北伐二周年纪念会讲演
（1928 年 7 月 15 日）

七月十五日，在潮州会馆，各重要机关开庆贺北伐二周（年）纪念会。余为各机关推让登台。

余说：北伐成功有三特长处：（一）北伐的将官兵士，俱多高尚文明者流，人心敌忾，一勇直前，此乃特长之一。（二）南军北伐的将官兵士，多本三民主义，以救国爱民为号召，以除暴安良为宣传，此其特长之二。（三）革命军北伐将官兵士到处，多不扰民，四民尤多爱戴，人心咸欲顺从，此其特长之三。北伐大功，业已告成，向下如能分地而施政治，分民而施教育，力行数年，则必国富民安矣。大意如此，反复辩论，听者拍掌大悦。嗣有多人演说，后有重要机关人员倡呼口号，市党部部长李班庭君，在台下呼不赞成，台上主要者大呼以谓反革命，遂命警兵带去看管，由此事观之，公理安在，令人可叹当今青天白日。

日 记（1928 年 7 月）

七月二十四日，下午三钟，携眷佣大车旋赴黄县。行至夹河东岸，见行人尽拥止于途，情因夹河西岸驻有防兵，每昏夜禁止行人。无奈停车，坐以待旦。遽忆乱世时局时常变迁，四民经营行止，诸多不便。汽（车）路时常不通，通衢尤多阻塞，事先不能预料，事后亦难抵防，人民无所措手，洵堪令人浩叹。

七月二十五日，晨后过河。入逆旅打饯，忽然大雨倾盆。迨至午刻，雨尚淋漓不止。午后方始起程，大路全为水漫，大车冲水而行，颠连欹侧，人马频陷于泞泥之中，洵属令人心悸。

七月二十六日，天尚阴雨，午刻行至蓬莱南鄙大辛店集，见沿街军队为满，行经该镇西大街中，忽有多兵阻车，搜验检察（查）。同行大车九辆，咸停街中，扬声车中藏有枪弹。逐车搜查，加以恫吓。行人车夫，均善言回答，方始放行。途中车夫与客人计算丢失零物多件。似此军队，借端搜检行旅，将客商

---

① 指五脏、内心。《素问·阴阳类论》："五中所主，何藏最贵？"王冰注："五中谓五藏"。邹容《革命军》："此割台湾胶州之本心，所以感发五中矣"。——编者注。

车中所载的零件取下腰柜，致使客商忍气吞声，听其搜检取拿，无有一人敢回言索要的。由此观之，可见恶劣军阀殃民之举，执此可见一斑，他何待言？

是日，大车西行，路遇东行的军队沿路不断。夜宿邑城东境之城西头村之逆旅。该逆旅主人对余言，连日过兵，沿路村落民户，多有被其抢劫去什物的，亦有被拉去牲口的，年轻的妇女俱都逃在远乡。人心惊慌，鸡犬为之不宁。由逆旅主人之言观之，此等军队，一不能靖内乱，二不能御外侮，只好扰乱乡里，只好骚扰人民，军阀派之军纪扫地无余。既是欲拥兵自雄，亦当免去祸国殃民之举。苟能使人民爱戴，举事方可成功，否则未有不失败者。彼拥兵者，前之覆车，既不能鉴，后之覆辙，仍犹向寻。出首任事，专为自私自利，并不以救国救民为前题（提）。现在，人民知识日开，文明日启，向下再若任意胡来，民之载舟覆舟之言，若不知三复三颂以作自儆，迨至恶贯满盈，失败查抄，岂不悔之已晚了么？敬告彼之拥兵者，既属有钱有势之人杰，专以救国拯民为旨归，则必能流芳名于千古，功垂万代不朽矣。

七月二十七日，方始抵邑城。此次之旋里，路计一百八十里，行四日，宿三夜，两为兵阻，又为雨阻，三为水阻，可见乱世行路之难。出游二十年，足历十余省，未有如此次之困难者。

日 记（1928 年 8 月）

八月四日，忽闻邑之南鄙芦南乡联庄会，于昨日击散大帮土匪，擒获击毙巨匪十九名，遐迩闻之，咸以为快。

八月九日，天降大雨，淋漓不止，至十一日天方晴霁。忽闻盘踞莱山院大股土匪乘夜而去。

乃该匪盘踞莱山院五十余日，夜出昼归，架票勒赎。远近村落受其害者，更难缕述。为遽闻芦南乡联庄会毙匪多名。莱山乡联庄会暗中操办，故该匪乃率队潜逃。余遂上姜知事"治匪十策"，而姜知事终未举办。幸南山与招远、栖霞毗连之区，民众起而自卫，群立严规，密查匪线，明剿匪窝，动以千众，呼哨群集。前后与匪大小十数战，毙匪数十名，获枪数十杆，从此群匪远飏，南山一带始获奠安。由此观之，人民苟不起而自卫，奠安终不能保。若只仰仗军队，仰仗官府，犹如望梅止渴，画饼充饥，终有鞭长莫及之虞，亦有不胜勒索供给之忧。愿图谋保卫治安之同胞，对于民众之联防，盍速为留意焉。

八月二十九日，归里。见户宇萧条，数室皆空。情因连年屡遭匪劫，举家迁徙，重睹田园，甚觉凄凉。回忆人口播迁，尤觉凄惨，徒叹遭时不造，为问人可奈何。

日记（1928 年 9 月）

九月五日，中夜闻警，转牌一撒，民众群集，咸赴莱山院剿匪。群匪闻风远逃，天明各村到的民众，奔集莱山院者二千余人。在庙内和尚处，抄出匪物多件。嗣闻匪众之逃也，乃有该处附近通匪之人，否则此次包剿，恐群匪无遗类矣。咸谓此次动众，未获一匪，空之往返，深可惜哉。

九月十五日，余晨后忽遭霍乱病症，吐泻数次，遂即气绝，针刺无血，举村惶骇。针刺多处，逾时复苏，昏迷终日。次日，方渐能语食，闻者咸悦。

余恒因时事所激，故连年频遭霍乱，数次死而复苏。契友恒多相劝，余之懆性，终难遽改。此亦余之自知办事心重性急。对于自己不顾有一番自爱之计虑，故恒染此等危险之病症，或者将来终以此症而送命焉。虽未可知，亦为余之自懵之意。奉劝任事性急之诸大君子，万勿仿效余之迂愚憨拙，而恒遭此危险之症，是余所至祷焉。

九月三十日，在莱山乡前自治公所大楼前，开数乡联庄会之大会议。

（首）由莱山乡联庄会会长朱广谟主席报告开会的宗旨。

（次）由芦南乡联庄会会长庄梦周演说剿匪的大意。

（三）余说村防、联防会进行自卫之利与不进行自卫之害，反复辩论。听者一千二百余人，咸同声赞成，点头称是。

（四）会长朱广谟倡言组织村防种种办法多条，大家齐声称赞。由此会观之，人心之好恶，无不从同。苟居官者尽能为人民行兴利除害之要政，则人民无论蠢愚智巧，当然无不感戴矣。居民上者，盍不速速留心，行福国利民之举，以拯民生而挽救社会，并博芳名于千古哉。

日记（1928 年 11 月）

十一月三日，代十一区长朱广谟至保卫团开会。届时到者有三十五村村长、副（村长）及民众三百余人，为县知事催款十五万元，按区均摊。余说有二钟之久。历述近来人民之困苦与无可奈何之状况，听者无不泪下。由此观之，人民遭此兵荒马乱之秋，应付供给，虽殚其地之出，竭其庐之入，终不足以继无疆之勒索。假倡三民主义者，对于民生之问题，毫不关心。对于敛财的问题，掘罗俱尽，致使人民俱不聊生。爱民者当不如是。

十一月十二日，县知事召集开会，各机关到者三十二人，为议捐款十二万元，绅商与穷农均摊此款。（限）十日缴齐，以作军士给养之用。原议只要捐纳八万元。二三重要人（物）加增至十二万元，众人虽多不满意，而均缄口，不发一言。可见此等会议，三二人之提倡，少数人之附和，虽多数人均不甘心，亦不敢多发一言。但有愁眉频促，相顾以目，听之而已。

大张家讲演（1928 年 12 月 19 日）

十二月十九日，在文基大张家大街开会。余说戒赌之利益与新政之进行。听讲男三百人，女一百人。男、女二校学生咸列队到场，作乐唱歌，并资应答，全场咸乐。助讲者有该男女二校校长张学专，学生张化俗、张继生、张明德，戒赌会员张永乾、张德助，戒赌会董张润三、张运乾，良马庄校长郭维城。轮次演说，均有裨益于人生之计画（划）。

是会乃是该村校长张学专，办了一个戒赌会，甚有成绩。故特预约开此大会，借资鼓励风俗，洵可谓热心社会之人。

大张家女校讲演（1928 年 12 月 20 日）

十二月二十日，在文基大张家女校讲堂。说女子教育及放足之利益。听讲女八十人，列坐堂内。男十二人立于堂外，户外立者，不计多寡。内外听者咸悦。

下午二钟，至良马庄谢家大街开会。学校列队到者有文基大张家、谢家男女二校、吴家、石良集共五校。唱歌作乐，借以助兴。

（首）由教员朱良耜演留音机。

（次）助讲者有大张家校长张学专、会首张德辉、张德健，学生郭树文、葛长庆，教员朱良耜。校长郭维城主席报告开会大意。余说社会之改革，弊（敝）风陋习，应宜急急除之，是为自己生利而除害。听讲男八百人，女五百人。全场兴会淋漓，妇孺咸乐。是会乃郭维城君，欲提倡学风，故召集民众，借资开讲。演至兴处，鼓掌如雷。全场应答，声动天地。四校合操，尤壮声威。说至日夕，听者精神不倦。郭维城此次之召集，咸谓该方破天荒之创举，其热心社会，真令人可嘉。

十二月二十一日，上午九钟，在谢家女校。校长郭维城主席开会。余说重男轻女之弊。听讲女一百五十人，列坐堂内。男七十人，立于院中，听者咸鼓掌大乐。

军民联欢会讲演（1929 年 1 月 9 日）

民国十八年一月九日，上午九时，闻驻烟台新编第三师师长刘珍年①公，在黄县城外校军场开军民联欢大会。余偕友人往观，遇多旧同志，推为讲演。届时军民咸集，男女学校列队到者三十七处，旗幡蔽日，鼓号震天。各自列队而立，军队荷枪如林，戎装列队。

（一）振铃开会。（二）大作军乐。（三）刘师长主席报告开会大意。嗣讲三民主义，言出肺腑，语尤动人。说有二钟之久，听者大生兴会。（四）建设局长张子蘅。（五）教育局长张璞臣。（六）余说。

余说：今天开这个军民联欢大会，乃是我们刘师长爱民之至意。也是我黄县第一次破天荒之创举。我本是黄县南山里一个老农夫，今日进城，闻听说刘师长开这个军民联欢大会，特为前来欢迎。

（首）为的是我们山东数年以来，战争不息，民不聊生。今年春天，我们胶东大乱，杂色军队大肆劫掠，人民的困苦更不堪问。幸我刘师长奋勇先登，扫清叛逆，四民无不手额称庆，将享再生之福。此为我老农夫甘心情愿踊跃前来欢迎之一。

（次）为的是年来杂色军队，到处不是抢掠，就是焚杀。绅富小康之民，通通携眷远逃，贫寒褴褛之民，尤多转死沟壑。自从刘师长镇抚胶东，军民一体，上下一心，军纪森严，民无畏兵之民，人民爱戴。兵无欺民之兵，秩序逐渐恢复，闾阎逐渐奠安。此为我老农夫甘心情愿踊跃前来欢迎之二。

（再）为的是连年杂色军队过往太频，来则遍索大洋，动以亿万。去则需索车马，全县应差，富者迭次纳捐，财空室竭。贫者窘于饥寒，哀鸿遍野，人民受其压迫，妇女遭其侮辱，均各含冤，无处伸诉。幸我刘师长来驻烟台，抚循胶东，人民咸有来苏之望②。此为我老农夫甘心情愿踊跃前来欢迎之三。

方才刘师长所说治军安民的这些话，大家也通听明白了。更愿今天在场各界男女同胞，通照着刘师长这些话，往前努力去做，把胶东各县通通办好了，大家同享太平的幸福。将来再开军民联欢大会的时候，到场来欢迎的人数将来更多啦。或者刘师长在胶东治上个十年八年的，到了高升的时候，人民前来欢送的，比今天欢迎的还多的多啦。岂不是大家更乐么。余愿将来庆贺的口号，

---

① 刘珍年（1897—1935），字儒席，河北南宫人。民国时期的地方军阀，曾被蒋介石改编为国民革命军暂编第一军第 21 师师长，有"胶东王"之称。——编者注。

② 出自《尚书·仲虺之诰》："徯予后，后来其苏"。又如（晋）刘琨《劝进表》："四海想中兴之美，群生怀来苏之望"。意为从困苦中获得休养生息和更生恢复的希望。——编者注。

请大家一同高声呼一呼吧。"刘师长万岁"、"黄县的民众万岁"、"胶东万岁"、"山东省万岁"、"中华民国万万岁"。

听讲男有二万之多，女有三千之众。全场大呼，拍掌如雷，声动天地，洵称盛会无两。闭会摄影，余为众军官推让，与刘师长并立于前，转盘两照长片巨像。军队与学生队沿街唱歌，观者如堵。

西林家讲演（1929 年 1 月 12 日）

一月十二日，午后二钟，在莱山乡西林家学校大场园，说三民主义及不平等条约与中外现况。说有二钟之久，听讲之男女三百余人咸悦。是会，乃该校学生传知各校职教员、学生，届时到者有姜家沟、李家沟、史家庄、西林家、朱家、王家、邹家，七校咸临，应答助兴。听者咸乐，并分县党部多种的宣言，散会日已夕矣。此会为宣传党义、鼓吹党化的教育，故对一般教员、学生，用意处多，虽民众听之亦乐。

一月二十四日，晨后，黄县县政府派卫队长庄梦松，持孙县长绪曾君聘任书，来请余任该署中顾问。余力却未允。旋有民团军大队长周纬之，着人持函来，请订约一月二十六日开追悼会，追悼往招远县毕郭集剿无极会①阵亡的将士，余遂允次晨进城不误。若孙县长者，可谓关心民瘼矣。

一月二十五日，早上四钟，起赴黄县城。至见城门紧闭，守门者言，昨夜兵变，抢掠而去。又闻龙口亦被兵抢。余遽忆兵变抢掠，人民受的痛苦，洵不堪设想矣。余怀一片热心，欲助孙县长拯救斯民，适值兵变，孙县长被掳，余之热心，已空付与流水矣。阅数日，忽闻孙知事自变军营中逃回，又复来黄。余心喜黄民有主矣，将来为人民造福未可限量。

---

① 亦称"无极道"，起源于清末民初。风行时，大旗上绣有"终无极而太极，由甲寅而申丑"。道首以传道为名，广招信徒。1928 年 4 月，土匪韩复榘带其"油饼队"500 余人在招远毕郭一带敲诈勒索。8 月，乡民们商量对付土匪的办法，从滕县请来李文正等 8 位无极道老师，在毕郭布坛传道。当地百姓纷纷入道，到年底，发展道众 2000 多人，波及栖霞、黄县、掖县等邻县。12 月 4 日，栖霞县保安大队长安恩璞，抢了大地主牟氏的财产，带着护兵家眷一行 16 人回曹州老家过年，夜宿栖霞县官道乡孙家洼村。进村后，无恶不作。村民愤恨，连夜到毕郭镇将安恩璞的罪行报告无极道，道长派刘殿荣率领 100 多人，直扑孙家洼，将安恩璞等人生擒处死。刘珍年当即派兵围剿无极道。第一次交锋，刘部民团官兵被无极道打死打伤者近 40 人。1929 年 2 月，黄县无极道道首曲长庆（蓬莱人）以李家沟村为据点，以抗捐抗税相号召，对抗官兵，得到黄县东南 70 余村响应，9 月被军阀刘珍年之夏卓峰部镇压。——编者注。

日记（1929 年 2 月、3 月）

二月三日，孙县长特着卫队持函来请，进署助办一切。

二月四日，黎明赴城，进见孙县长，谈一切治安事。上午十钟，在客厅开全城三十三村村长、副（村长）会，议清乡事。

（首）孙县长说现在的治安情形，倡办村防，以清乡为要务。

（次）公安局长说筹备治安。

（三）余说清乡办法与联防的办法。

（四）验枪委员说奉委验枪办法。

散会后，又与孙县长谈现在与将来筹谋黄县治安的事务多条。由此会议观之，可见孙知事居官爱民，刻刻在念。当杂色军队扰攘之秋，亟亟图谋人民之治安，为黄县大造民生之幸福，言出肺腑，行径有方，推仁心，力行仁政，筹现况，图谋久远。虽古循良，何以加诸？假使与尸位素餐者较之，岂不有霄壤之别乎？彼尸位者可以醒矣。

二月七日，午后二时，在本乡十一区保卫团，开全区三十五村村长、副（村长）会议，严防招远无极左道之传染。

（一）清乡（二）联防。（三）各村长、副（村长）负责。（四）严防左道之侵入。全场二百余人咸赞成允办，抵防左道之蔓延。并暗查左道之勾引。

是会，乃区长朱广谟，因招远无极会日益恣横，到处强迫良民入会，煽惑愚民随从。虽被军队剿杀几番，焚烧一百余村，杀死千数百人，而军队亦大受死伤之损失。故招远县数月之间，被左道会徒逼迫蔓延殆遍。朱区长恐其侵入黄县境内，故有是会之叮咛，告诫严防。恐愚氓之趋入邪途，贻害于乡里。足征区长为保卫闾阎之关心，计划之周到，实属令人可嘉。

二月九日，在本村朱家开全村会议。紧办全村防匪事多条。此乃联庄会朱广谟见时局不靖，变兵票匪，遍地崛起，故借此会议激励民气，以资预防意外之变乱。

二月十一日，有兵攻打黄县城，枪炮之声，轰轰隆隆，终日不断。迨至次日，守兵退出，攻兵入城，人民惊慌之苦，令人不堪言状。

顷闻招远兵民战争，焚烧房屋、杀死人民，无从计算。日思解救之方，终无妥善之策。徒嗟时事之糜乱。虽有善者，亦无可如之奈何矣。从此日夕数惊，兵匪无定，联防益紧。民夫日夜分班荷枪逡巡，本乡南山一带，始略获奠安。实由余之主持办法，诸会长进行之力居多。

二月二十六日，张县长子蘅君，着差持函来邀进署，约定次日开全县筹谋治安大会。余遂允焉。由此观之，足征张知事爱民之热心，洵属令人钦佩不置云。

二月二十七日，鸡鸣起赴邑城。上午八钟，抵县署。见张县长，谈商筹办治安事宜多条。

午后一钟，在县署公堂前大院，开全县大会。各机关首领及绅董、首富到者一百三十人。

（首）由张知事报告大意。并选举评议部十二人。评议筹款办法与保卫治安办法。

（次）余说：筹荣户捐款，一不能再分加于劳农穷民之地了。二不能再分加于窘愁不堪之商界。辩论多时，全场一致举手赞成。又说筹款之办法及保卫地方之治安法多条，全场称赞不已。遂分散票纸，共举十二评议员，开票揭晓方始散会。由此会议观之，足见张知事为地方之公益，公诸大众，间阎之利害，顺从民心，又能言听计从，图谋人民之奠安。若张春芳君者，洵可称干才无两。

三月七日，在县公署大院，开区社大会议。张知事提议多条。余说一切应兴应革急于进行事宜多条，众皆赞成。当即表决，积极进行，莫误要公。在场各机关、各区社长等一百余人，咸点头应允，量力助办。可见均属热心可嘉。

余遂约众至西关讲演所，再聚一会。各区社、各机关及民众到者，有三百余人之多。当即公推余为黄县区社联合会会长。副会长林恭言、宋翰卿、唐云卿、王馨五。会董乃是赵镒斋、阎鹏九、田崑南等十人。会员百人，乃系各机关首领及三十二分区区长、四十四社社长等等人员组成此会，以备研究平均捐款与应差车马以及谷草麸料等项，务使全县应付军队困苦平均，当即均谓向下应差，通无偏枯之弊。不料，内中有人暗想利用此会之组合力量，推翻支应局与财政处，借余名义，破坏此二重要机关，图揽大权。余见其想破坏大局，欲扰治安，当即暗告张县长，抵防其阴谋诡计。余遂远躲，月余未尝到县。从此，余将此会无形除消，以免为彼借此捣乱。

三月十日，张县长着差持函来请进署，助办一切。

三月十一日，晨起赴城。因夜雪阻路，寒风刺骨，行有里许，见山路为雪迷漫难通，遂即旋里。心忆为救人民遭苦，致（际）此大雪阻路，无可奈何。

三月十二日，黎明起，行三十里，抵黄县公署，见张知事子蘅君。因现在人民困苦，无方拯救，会商办法多条，足征张君爱民煞费苦心。

三月十六日，见孙知事寿卿者，谈各地人民一切之苦况，令其设方救药为言。孙知事嗟咨不已，令余善筹挽救之方，余甚难焉。余思若孙知事者，洵为一县救命之活菩萨。

三月二十日，晨刻，由县署送来一函，相请商办要公。余遂赴城，进见孙县长，言欲再令余宣慰民众，余力辞焉。

适际某军三位师长在县署，议剿灭十（七）甲村因为招远左道路过该村，捉去军警衙役三人，绑送招远县，余遂代为挽救此村的人民，当（即）与孙县长议妥，令该村人王永增，系东关信记油坊执事，着其托人往招远，见左道会首，具状甘保三人出押回黄（县），三师长听有办法，方始出署东去。由此等事出意外观之，余真为十（七）甲村一带之人民股栗焉。

入夜，被孙知事所邀，谈商筹谋安民之良法。余为计划多条，足征孙知事之忧民，刻刻无不在念矣。

为民请命禀（1929 年 3 月 26 日）

三月二十六日，午后，在本村朱家学校内，特开乡老会议，欲为万民请命，力救胶东。各村长、首事，冒雨前来，到者有朱家朱长温、朱全通、朱希宽、朱希贵、李家沟李丕（培）绅、李元成、李丕（培）益，王家王春波，郭家郭殿达，（西）林家林国凤、林国诗、林秀田，陈家陈作贤，敖子埠王学孔，邹家邹绍伯，十（七）甲王永增，史家庄史明伦、史明敬，东林家林吉德，共到十一村的乡老二十人。会议至龙口见自称省长张鲁泉，欲为万民请命，议多时，有言恐无极会徒生疑心，诬为串通官府的，得先见左道之魁，能否允为调停，然后方可决定行止，先拟一禀云：

呈为略陈时要、仰祈鉴核施行以苏民命事。窃无极道蔓延之速，皆因捐税所迫，民情惶骇，群起反对。倘筹军款，遽能速改方针，秋毫无扰于民，则无极道之解散，必不俟终日。今则奸民借抗捐而煽惑愚氓，良民惧焚杀而逃遁一空。农不得耕，秋后饿殍难免。商不得市，将来货财皆空。若常此以往，民何以堪？公民等不揣固陋，谨上刍荛，助济时艰，恳苏民命。伏祈谅察施行，则胶东万民幸甚。谨陈时要于左（下）：

一、行军筹款，莫若借取巨富，当即发给收条，格外赐以奖品。富民既得褒宠之荣，贫民洗去捐税之忧，则军无乏饷之虞，而民无流离之苦。

一、军队所需既有现款，支应须经军手。夫役雇佣农民，凡用车夫、物品，一概出钱雇购。一则用品不匮，二则人民不扰，军民相安，两无猜疑。

一、军队驻扎，勿占民房，无取民物。大军所经，秋毫无犯。良民咸颂德不惊，奸民亦无所借口，军律既肃，而人民自安。

一、山野愚氓，不谙时务，祈多派干员，分头宣慰，使愚氓各自安业，并视查农商已往之困苦，随时设法挽救，代其筹划安度谋生之术。不出数旬，则四民必颂声载道。

陈此管见，本不足以补高深。惟深惧闾阎之冤情不能上达，恐妨爱民之鸿泽，难以下逮。故敢肃此，略陈现况，借拯黎庶之苦，而维军纪之风。前者招（远）、黄（县）、蓬（莱）、栖（霞）等县，已遭惨杀焚掠之乡村，尚祈鸿恩格外周恤，则万民蒙庥，洵属无量矣。为此呈请鉴核施行，实为德便。

此次为民请命书，预知左道首领议不能妥。若借众亲去恳求，又恐左道生疑。若无人恳求，倘一旦兵来剿灭，则良莠难分，必定玉石俱焚。到那时，则老幼妇女之生命难保，房屋财产，焚掠一空。前者招远南乡，莱阳北乡，栖霞四乡，黄县东乡，蓬莱南乡，数次遭杂军抢掠焚杀者，数百余村，男女老幼被惨杀者数千余人。此等恶剧，再使演成，则我蓬、黄、招、栖、莱阳等县的人民，岂不又遭大劫么？为此群众计出无奈，着人将请命书送交邮局转上。嗣后七日，该军首领联名出示，凡有前后所设的苛捐杂税，一概全免。令父劝其子，兄劝其弟，各自安业。从此人民搬徙避逃者，方始渐少，乡闾略安。

日记（1929年4月）

四月三日，十一区区长朱广谟，持黄县红十字会捐启，来村募捐，捐启上述为招远南乡一百零二村，遭杂军焚掠残杀事，特募捐救济之。余遂命子孙各人均要首先捐助。余思此等慈善事业，虽能热心募捐，救济难民，然于彼杂军之肆凶残杀之举动，毫不能减。余敢谓，救人不如设法救于未死之先，救火不如设法救于未燃之前。若人遭惨杀，屋宇毁尽，总大发慈悲之心，盖已后矣。余之鄙见如斯，敬祈慈善家之诸大君子，盍预先早为留意，免致事后徒自营营也。

四月八日，忽有招远旧友孙汉章来访。言该县遭杂军焚杀劫掠之惨状，声泪俱下。又言该县之左道恣横，任意勒捐残杀，民不聊生。该县首领议欲邀余至该县代为拊（抚）循之。余谓伊等愚氓均受奸民邪说之蛊惑，不是以理喻之可以能使走正轨道，并可解除人民之痛苦的。孙君又复力邀，余以婉词谢之。追孙君去后，余设法托左道相信之人，代为劝止其凶暴之行为。嗣后虽未大收效功，然各处良民，均多不受伊等奸民之愚弄。虽奸民恶心不死，而良民尽多留心归正矣。

四月十二日，鸡鸣起，赴城东丛林寺。应友人之约，行四十里路，过柳家集一带，见尸骨为群犬所爬（扒）出嚼噬者，狼藉多处。屋宇被焚毁者，多村皆然。问诸土人，均言被杂军前次与左道交战，借词所焚杀劫掠的。土人言之，均凄然泪下。余遽闻之，心亦怅然。途中思之，人民遭此，俱不聊生。今胶东，迭来无纪律之杂牌军队，任意蹂躏人民。余闻该方一带，并无有人左道之人，而彼等杂军，竟然借词焚杀劫掠，任意妄为，肆无忌惮，人民遭此无辜之冤，洵堪令人太息。

及至该寺，见有军人守门，发言此乃第二十一师第二团驻扎招兵处。又言群荐君为参谋，余闻言大惊。暗想若当面却之，恐彼生疑，假托到他处探友，遂脱身出寺而去。暗思是谁主谋，招余来助恶党，想见余家居无聊，可以官利相诱而致之为用。彼之出此诡拙之谋，洵不知余平生之为人。可知世之升官发财者流，何独不然耳。

四月十三日，晨后，至诸由观坤德女校。说女子教育进行之种种方法。听者咸悦。

是会，乃该校长王佩珍女士，约为提倡教育之进行。女生五十余人，列坐整齐，精神出自天然，说有一钟之久，无不欢然大悦。又，在黑板上默书清摄政王多尔衮致明大司马史可法书，与史可法答多尔衮书。该校长着女学生王瑞兰君记录之，以备全校讲诵。借使学生知满清入关待我汉族之伎俩，其教育之用心，洵属令人可嘉。

乃该校创办，历有年所。本系该村义士王殿魁君，与其内人王佩珍女士担任学款与教授者。故该方乡绅士林，多恭送牌匾祝联，借以颂扬大德。余谨录其一联以见意云：

好男儿奚必知书，游侠可列传，货殖可列传，陈曲逆割肉①，平均便称国士。

弱女子何须参政，艺术有专科，图史有专科，韦文宣抗颜②，教育本是闺人。

由此颂联观之，足征王君贤夫妇平生之为人，与创办女学之大功，洵堪令人钦佩。

四月十九日，余因避左道，来城而居，设法拯救良民愚氓，俾出水火，免遭涂炭。遂与各机关绅董主要之人，终日磋商，费了许多的唇齿，许多的周转，方始联合一致，共出挽救。然终乏妥善之策，可叹杂军愚民，双方两有所图，势难遏止其野心，并释去其攫财之念，是余等终日所忧虑的为此。

日记（1929年5月）

五月一日，遽闻石良集被招远左道抢掠甚巨，枪挑七人，绑去多人，勒捐

---

① 陈平（？—前178年），以谋略见长。初在项羽手下做谋士。因得罪范增，再投刘邦帐下。曾多次出计策助刘邦。西汉建立后，任右丞相，后迁左丞相，封户牖侯、曲逆侯。"反间计"、"离间计"，均出其手。陈平少时，家中十分贫困，有一年正逢社祭，人们推举陈平主持，为大家分肉。陈平把肉分得十分均匀。为此，乡人赞扬他说："陈平分祭肉，分得真好，太称职了！"陈平说："假使将来我能有机会治理天下，也能像分肉一样恰当、称职"。——编者注。

② "抗颜为师"，最早见于柳宗元的《答韦中立论师道书》："独韩愈奋不顾流俗，犯笑侮，收召后学，作《师说》，因抗颜而为师。"抗颜：不看别人脸色，态度严正不屈。为师：为人师表。抗颜为师，就是不为他人所制约，不为潮流所左右。——编者注。

大洋三千元，由是乡间大乱。良懦之家，咸逃来城，避左道之抢劫。

余遂见各机关首领，会商挽救乡民之法多条，一致进行，必使达到救人目的而后已，各首领之热心，令人可嘉。

五月二日，午后，与红十字会会长姜芳楠君，至该会开会。到者十五人，议救乡民办法多条，一致积极进行。余出言多激，欲促其速进，众人亦多谅解，余之性急言憨，故咸允办。

五月三日，红十字会办一呈文，与各机关盖章，推举代表为人民请命。拟至龙口，见师长任应歧（岐）①，设法宣慰左道，使其各自安分，不再用剿杀焚掠为宗旨。此等办法可云至善无疵，其热心令人钦佩。

五月四日，有红十字会、支应局、教育局、商会各代表，乘专车赴龙口，见任师长应歧君，上书请愿，为蓬、黄、招、栖四县万民请命，言多恳求。蒙即应允，设法挽救万民出此水火，各代表均形得意，为言有效。由此观之，热心慈善之人，谁不如我，彼代表者，可谓热心救世之人，令人永志不忘其煞费苦心。

五月五日，城中前后多日戒严。夜间屡闻枪声，城东一带居民，惧左道之侵掠，搬家来城者数日不绝。城关为满，可叹世乱，人不聊生。往来迁逃，何处是小民的安身之地呢？回想左道之起因，何而如是之速，有识者早有成见于胸中，何待烦言？

五月六日，午后，为红十字会会长姜芳楠君邀至该会，到者二十三人，议办难民收容所，以收容城东南两乡逃避左道的难民，妇女幼童，使有藏身食宿之处。此等举动，纯系该会诸大善士慈悲在念之使然耳。余虽言多赞助，因事忙，终未到场服役，心中甚觉抱愧。若姜君者，可称慈善之巨擘矣。难民蒙福，岂有量哉？

五月七日，有任应歧师长自嘉祥县电招，来一无极道长孙处正等，前来劝慰蓬、黄、招、栖无极会徒归正者，在城东街住有三日。遂往蓬莱县之时家村，黄县之丰义顶庙及三官庙，与招远城等处有无极道老坛之地点，逐次演说，劝慰归正。良善者咸乐意顺从，恶劣者咸怀恨不平。迨后际驻黄县城内兵变，大抢三日三夜，而招远无极会徒，竟将孙处正等三人绑在招远城东河，用枪挑死。从此各地左道，旋复恣横如初，人民被其蹂躏，益不堪命矣。可惜愚民无知，可叹奸民不悟。

---

① 任应歧（1892—1934），字瑞周，河南鲁山人。初从白朗部将李鸣盛，曾任为河南自治军总司令。后追随樊钟秀，任建国豫军第二旅旅长、陆军第十师师长兼郑州警备司令。1927年1月，接受蒋介石改编，任国民革命军第十二军军长。1927年8月，日本增兵青岛，率十二军全体将士通电全国，敦促蒋介石明朗抗日态度，被蒋解除兵权。1930年，参加冯阎反蒋联军，任樊钟秀部第二军军长。1931年"九一八"事变后，积极支持长城抗战，拥护共产党的抗日救亡主张。1934年，与吉鸿昌、南汉宸、宣侠父一起，组织中国人民反法西斯大同盟。11月9日晚，遭国民党逮捕。24日，在北平陆军监狱惨遭军统杀害。——编者注。

五月十四日，半夜，枪声响如鞭炮。天明后有兵七人，越垣入室，强索洋钱。余言，我与你们的长官俱都相好，因避无极道来城闲居，哪有洋钱？彼兵等一言不发，竟将衣服、铜元等物搜检而去。城里关外，枪炮大鸣，三日三夜方始停止。始知全城被兵抢掠一空，无有一家幸免者。妇女被其奸淫殆遍，真是前古未有之惨祸。黄民何辜，遭此荼毒？究其祸源，乃是任应岐部安荣昌的军队驻黄，与前次原驻城内张升九的军队巷战，两军乘机大肆抢掠，用大车三百余辆，将所抢的粗细等物，运至九里店村，堆集（积）如山，嗣后运至龙口，扣船载出海外。

余即愤火中烧，遂出寻各机关首领，又多逃匿不见，惟见商会长姜日丞。余言此次被抢，乃国府之兵，依兄弟愚见，一面登报，一面拍一通电，使全国皆知，一面派两起代表，东至蓬莱进见刘师长，西至掖县进见任师长，言胶东业已肃清，我黄县究竟归谁管辖。现今在城驻兵，约近万余人，大肆抢掠奸淫，经三昼夜之久。此等抢劫，恳求二师长设一办法，将原物缴回，否则，陈诉哭求，必能发生效果。再一面派人至南京国府，陈诉恳求赈恤灾黎，豁免杂捐苛税。如此举动，使知黄县尚有热血之人。而姜君愕然曰：如君所说，代表难得其人。余云，若派代表，兄弟情愿备一人之数，姜君当即允办。余偕建设局长张春芳君，到多处发表意见。惟财政处长贾幼庵慨允作一电稿。后屡约各机关催其速办，然一事也未能办好。电稿作成，各机关修正。至十四天后，方始拍出。余一愤而欲赴烟台，晋见刘师长，上书请愿，为黄县伸诉人民之冤抑悲愁之困苦，求其设法维持。

五月二十九日，上午十钟，被烟台第三师政治训练部王清世来邀，至大观阁，开五卅纪念会之筹备会。到者十六人，群推余为总指挥，议妥演说上海惨案后，分队大游行，沿街呼口号，观群议之手续，可云热心。

国耻纪念日俚词（1929 年 5 月 30 日）

五月三十日，上午十钟，在城隍庙戏台，公开五卅国耻纪念大会。

（一）振铃。（二）作军乐。（三）行礼。（四）主席读遗嘱。（五）静默三分钟。（六）主席报告开会。（七）演说。（八）各校演说。（九）民众演说。（十）呼口号。（十一）奏乐。（十二）照像。

听讲男三千六百人，女三十人，学校列队到者七处。军队、公安局，亦列队来场。轮次演讲者十余人，诸多兴会可嘉。由此会观之，足征中国之弱点，令人浩叹。

夜归偶思中国病源所由来，遂作俚词以表意云：

可叹民国十八年，同胞争权自相残。同胞自残莫当兵，十人当兵九人穷。不但终年不发饷，父子离散妻糟糠。君不见千粒子弹万枝枪，九千空枪放不响。万杆快枪十万兵，九万徒手空丧命。十万穷兵百万官，哈（喝）尽兵血民亦残。太太更比老爷多，金玉妆饰任意作。人民脂膏剥削尽，到处掳掠又奸淫。奉劝同胞莫自残，身死沙场谁人怜。若要当兵打敌国，报仇雪恨死亦乐。能打敌国快当兵，当兵可称大英雄。各尽国民一分子，能御外侮死亦荣。

余思愁中国之乱，恒终夜不寐，自知才力绵薄，空怀无可奈何之叹，故作此以寄意。

六月二日，政治宣传部来邀，晨后至第八区开宣传大会。午后三钟，在丛林寺戏台，首作军乐，次演说。余说多时，众屡拍掌。听讲男一千人，女一百二十人。学生列队到者七校，散到者四校，足征该方热心有人。中间秩序甚形紊乱，因学生有受热病者。

杂军祸黄（县）通电（1929 年 6 月 3 日）

六月三日，上午十钟，至汽车站。下午一钟，搭车赴烟台。至四钟，抵埠寓焉。夜缮一通电稿子，以备登报云：

南京国民政府、各省政府暨各法团、各报馆钧鉴：杂军祸鲁，民不聊生。横暴残酷，有耳共闻。今春蹂躏胶东，黄县尤甚。幸我三师刘师长奋勇痛击，杂军窜匿。有前第八师张升九驻黄县城内，经任师长应岐君改编为第二旅，并着安团长荣昌[①]同驻城内，突于夏历四月初六日夜间，枪声大鸣，兵士攀垣入室，抢掠钱财，奸淫妇女，经三昼夜之久。城内住户无一幸免者，所抢财物，预由支应局强索大车三百余辆，运至九里店、龙口两处，堆积如山。复扣民船，运至海外。计被焚民房十余处，被逼致命及遭枪击死者五十余人，抢去妇女三十余名，损失钱财不下千余万元，即邮局、红十字会亦遭抢劫。似此惨祸，民不聊生，公民无奈，用特陈情，泣恳国府设法拯援，免去捐税，以恤穷黎而苏

---

① 安荣昌（1899—1942），字华亭，河南鲁山人。1921 年，组织 30 多人的队伍，投"河南自治军"，任连长。后归樊钟秀节制。1923 年 11 月 6 日，樊钟秀在湖南通电拥护孙中山，进击陈炯明，任营长，参加了平定陈炯明叛乱的战役，立下军功，升任团长。1927 年，任任应岐国民革命军第十二军军长第三师师长。1930 年反蒋失败，遭到蒋介石通缉。1934 年，参与任应岐、吉鸿昌组建中国人民反法西斯大同盟事宜，11 月 9 日晚，任、吉被捕时，安荣昌因去厕所而得以脱身。事后潜至察哈尔栖身。1936 年 12 月 1 日，日伪军组织力量大举进犯内蒙古百灵庙，任傅作义部旅长，时称"安五旅"。因对日作战有功，1939 年，升任国民革命军绥远骑兵第六军第十师中将师长，后又改任暂编第四军第十师师长。在绥远抗日战场坚持对敌斗争 6 年，是有名的勇将。——编者注。

民命。黄县全县公民同叩。

稿为《钟声报》① 披露，他方报社亦多披露矣。

上刘珍年条陈（1929 年 6 月 4 日）

六月四日，缮一条陈稿子，以备上刘师长。（条陈）云：

呈为条陈时要，恳祈施行事。窃自杂军祸鲁，民不聊生。幸我师长奋力剿击，逆尘荡尽。今际民困将苏，百废待举，敢陈管见，助济时艰，伏祈谅察施行。

一、军需筹款。莫若借取巨富，当即发给收据。格外赐以奖品。巨富既得褒奖之荣，则军亦无乏饷之虞。

二、军需既有现款，凡军用物品，一概出钱自购，一则军需不匮，二则农商不扰。

三、村野愚氓不谙时务，多派干员分头宣慰，使愚民各自安业，并查视农商已往之困苦，随时代为设法令其安度谋生，不出数旬，则庶民必颂声载道。

四、蓬黄招栖，前被杂军所焚之乡村，宜派各县红十字会切实调查，并使各地募捐赈济，则穷黎必感戴无极。

五、胶东屡遭兵燹，连年歉收，粮食缺乏，穷民待哺，宜派富绅往海北速购粮米以资平粜。则富绅金钱无损，而穷民大颂来苏。

六、兵燹之后，各地土匪恣横，路劫架票，层出不穷。宜令各县速办民团自卫，力除匪患，以靖闾阎。

七、游民无业，往往为非。速着绅商多开工厂，招纳游民，教其做工，自食其力。世无游民，盗匪自无。

八、现在教育，诸多荒废。不但不能普及，即原有学校亦多解散。亦速派干员，逐县视察督办，则教育一普（及），而人民自安。

九、防歉之法，历有官仓。窃计官仓不如社仓，社仓不如村仓。饬令各村按年计亩积谷备荒。一遇凶荒，各村有备，农无辍耕之虞，人无饿殍之惨。

---

① 《钟声报》，1912 年 12 月在烟台创刊，1937 年停刊。日报，对开两大张。通常一、三、六、八版为广告，二版为要闻，四版为副刊，五版为各地新闻，七版刊登本埠新闻。发行约1200 份。创始人丁训初，是诸城人，同盟会员，后为国民党烟台地方党部成员。因此，1923 年出版的《烟台要览》称该报"前为当地国民党机关报"。该报还附设有《明星晚报》。20 年代的《钟声报》，言论比较多且激烈，棱角分明。如1926 年10 月1 日副刊《自由谈》的杂文《客气》，批评北洋政府当局"惟有对外国人的事情，差不多样样都客气，五卅案是客气过了……"；同年10 月21 日的时评《听其自然》，批评政府对任何事都"听其自然"。30 年代，态度趋向保守，有亲日倾向。——编者注。

十、树木之益，人人皆知。现在童山不毛，到处皆是。宜派干员调查闲原旷土，酌其气候，相其土宜，令各处自行植树。十年之后，获利无穷。实业富民，莫大于是。

十一、胶东妇女，多无营业。修头包脚，尤为恶习。宜令各县农民自行艺桑，妇女蚕缲，茧丝一普（及），获利无穷，富民之道，此一大助。

十二、烟赌嗜好，为害甚巨。虚度光阴，空耗钱财，以有用之人多事无益之事。由鸦片、吗啡、白丸、纸烟、赌博推之，损失更难计算。若不悬为厉禁，重加责罚，其穷耗安有底止。宜速设法断净，而拯愚氓。

十三、妓女为害，有目共睹。失节丧良，伤风败俗，坐食成穿，空耗有用金钱，断育不配，甘自灭其种类，宜速除此恶习。令其各自择配，安度谋生，以敦风纪。

十四、历年商业，倒闭非轻。情因捐税太重，加以经商能力薄弱，资本亦不敷用，利权为外人所攫，宜速设法维持，使之振兴，外杜漏卮，内裕国课，则商情日益发达，而商人亦必颂德。

十五、欲要货物充备，必须工艺精良。现在工业之拙，更不待言。每种物品，均不如外洋之精，即由一针一线之微，亦不能与之抵抗其巧，况与各种新奇比较，何能角胜于市廛，非力加改革，造出物品精良，则不能为社会欢迎，而抵抗洋货。

十六、民国成立以来，团体多不一致。即由剪发放足而论，乡愚发辫，仍旧长拖，女子缠足，多不解放。即官僚绅士，尚多守此旧习。况愚民蠢类，更难谕化。宜厘定罚章，限期扫除，以重国体，并免贻笑邻邦。

十七、交通便利，必须道路康庄。然我国沿闭关旧习，官府多不以路政为重，以致通衢，任其损坏。山川恒阻行人，一遇雨雪载途，行人恒遭蹉跌之虞。宜速令各县长官谕民修路，以利交通而便行人。

十八、纳言用贤，尤为成事之基。从谏如流，尤合我师长之大度，故言听计从，贤才竞进，将来模范全国，师表万邦。岂但胶东一隅，独蒙幸福而已哉。

所陈管见，本不足以补高深。惟慕师长爱民心切，敢效芹曝之献，敬祈采择施行，则万民蒙福，天下归心。而师长大业，势必推及全国，力造亿兆幸福，岂有量哉。诸条办法，尚祈拨冗面陈，恭禀电核。

余因见胶东肃清，刘师长军民、政权，在在实行，上此借助仁政，以福万民。

六月十四日，上刘师长条陈。刘师长着外交员张裕良君代见。谈多时，慨允代达条陈之意。

六月十四日，招远县知事陈福昌君，着人自龙口持函来见。邀余同赴招远县署，帮办一切，余遂代为具函托人帮办，并函通无极会首领等。托其与陈知事接洽，疏通意见，免致发生误会。

当陈知事昌福君初奉委招远县知事时，在烟台与余谈及招远无极会徒，猖獗恣横，蔓延不可收拾之情况。余为其计划以和平手续对待，免起冲突，以致糜烂。故去后，又着人持函来邀，余遂代缮数函，托人帮办，并资疏通左道之首领云。

六月十六日，上午十钟，在益文学校北大楼上，有政治训练部颁赏童子军开会。到场者八百人，女童子军十六人。余说中国造福之人，将来端赖童子军。说有多时，群众迭次鼓掌。又教《童子军歌》一曲云：

吹笳齐队整军装，男儿志气昂。青天白日旗飘荡，铜鼓咚咚响。童子军队何雄壮，枪刀耀日光，如能人人尽登场，中国自然强。将来辟地与开疆，五洲归我掌。童子军功立霄壤，幸福万年享。

一唱百和，童音声震九霄，全场大悦。该部颁赏男女童子军，以资鼓励云。嗣在操场合影。

六月二十四日，见烟台实行强迫剪发放足办得雷厉风行，余偕省立第八中学校长周箕友君，进见公安局长王静涵君，送游记一本，并送放足白话歌，以资儆劝鼓励云。若王静涵君之长公安，人民之幸福当享之无穷，但愿各地办公安者，盍以效法王君可也，勿再只顶公安之名，不办公安之事。

日记（1929 年 7 月）

七月二日，搭车至蓬莱省立第八中学①。见学生无多，遂无意担任教授，情因在烟台时，该校长周洪范数聘余到该校担任历史、地理、拳术、体操等等班课，余见学生太少，遂托故旋里。

此次在烟台一月，终日奔走，到处宣传时况及三民主义，或偕友人游谈社会民情，心觉甚乐。余自回黄县城后，日为左道设法，使其归正安业，勿自贻戚后悔。虽设多法，终未收圆满的结果，诚憾事也。可叹奸民煽乱，愚民盲从，洵属令人可悯。

七月二十日，偕东关义兴德执事李元西、日升堂执事王春波，至第一区保

---

① 山东省立第八中学，1902 年创办于蓬莱，即登州府官立中学堂。1913 年，改称山东省立第十三中学。1914 年，改为山东省立第八中学。1929 年迁烟台，与东海中学合并，校址在烟台毓璜顶。1934 年，改为山东省烟台中学。1937 年停办。——编者注。

卫团，见红十字会会长姜芳楠，谈商设法拯救愚民盲从之无极道。姜君允为联名上书于刘师长，恳其谕令部下，倘该左道照常恣横不改，有上峰电令剿灭之时，恳其不妄杀人，不妄放火，如蒙允准，则人民之恐慌痛苦也能减去十分之八九，由姜君此等盛举，将来救人无算。

七月二十三日，余作红十字会收买苍蝇、王惠堂君捐钱收买蝗虫二报稿，寄至烟台、大连各报馆登报，以颂善人善举，借资鼓励社会云云。报已披露，稿词不再录矣。

七月二十九日，忽有（人）送来民众自卫团宣言一纸。余特录此以见意云：

民为邦本，古圣之遗训昭然。主权在民，中华约法之要旨。往者君主专政，以得民心为先务，其设官分职，无非为民众谋福利。近者民治潮流，奔腾澎湃，孙总理之三民五权，将古今中外之民治精神，合一炉而冶之，实中华之救国主义，亦民众之自救主义也。

自北伐成功，训政开始，中华之统一可期，民众之望治益切。我胶东僻处海滨，地方向告安谧。虽暴横如彼军阀，胶东犹得偏安一隅，有世外桃源之称，岂真能逃秦虐政耶？盖民众赋性驯顺，但能偷安旦夕，即鬻儿典妇，亦必供其暴敛，焉有敢以反抗官府闻者。此中痛苦，至今疮痍未复，方幸军阀打倒，党政昌明，青天白日旗下，可以与民休息。孰知"济（南）案"发生，胶路横梗，正式党军不能东下，而杂军余孽，投机而起。假借革命名义，实行扰民政策，苛捐杂税，任意剥削，掳掠焚杀，无所不至。举军阀之所不忍为与不敢为者，竟悍然为之而不忌。

哀我同胞，遭此荼毒，不第此也。且今朝甲倒乙戈，明夜丙攫丁符，兵燹连年，民众无安居之日。况化兵为匪，萑苻①满野，西剿东窜，兵篦匪梳，实施其土匪化之军纪，而民众益苦矣。当此时也，民食夺为军粮，民居占为兵舍，民众所有，悉为军人劫掠一空。环顾我民众，则老弱转乎沟壑，壮者散而至四方者，不知几千万矣。爱民反以殃民，曾专制之不若，民有化为军有，较共产而尤奇。同人等迭受惨祸，忍无可忍，爰遵总理之遗嘱，唤起民众，本自卫之主义联合同志。其目的在求自由平等，实行地方自治，党国法令一律服从。独夫民贼来则必诛，由联村而联县，合群策与群力，贯彻民众自卫之精神，毫无反抗政府之义意。

本团成立之初，适值军阀卷土重来，为国家统一与地方安谧计，故不惜牺牲，扼要截击，军阀仅以身免，同志未受兵祸，可知民之所欲，天必从之。众

---

① 亦做"萑蒲"。萑，获类植物，与蒲同为水生植物。《左传·昭公二十年》："郑国多盗，取人于萑苻之泽"。后因以指代贼之巢穴或盗贼本身。——编者注。

志成城，仁者无敌，与其事后呼吁乞怜于人，何若未雨绸缪，反求诸己。往事昭昭，在人耳目，本团纪律严明，精神一致，倘有无知之徒，借端滋扰，败坏本团名誉者，准被害人来团告发，查明重惩不贷。惟扩而充之，自卫不限于村县，盍兴乎来，决心端在吾民众。凡我同志，其速猛醒。特此郑重宣言。

余因此宣言与民生、民权有关，故录此以饷阅者，使知胶东人民之困苦，杂色军队之扰乱，令人浩叹。

日 记 （1929 年 8 月）

八月十一日，午后三钟，在县署开会。到者二十八人。乃省政府派来委员杜华亭等，奉命前来调查灾民，并令各县办一赈灾分会，公推举五人，群众咸推余为委员。余力辞再四，余因凡事多不实行，故不任此空职。后各区调查灾民，列表呈报。余查十一区极贫灾民户一百三十家，大口二百八十八人，小口四百三十三人，缮清填表交县署。嗣后全县领来恤金二千元，省令保存。全县机关会议无从着手，至今停顿。可叹政府之恤民如此。

八月二十日，左道来信，有欲改良者。自从无极左道发生，余每托人力劝其改为自卫，接洽官方，不再反抗政府，方为正大之举动。可奈奸民握权，希图借势发财，正人管束不住，以致无恶不作，无奸不入，被强迫者有无可奈何之叹。官方军队亦束手无方措施，不剿则恣横蔓延，剿则玉石俱焚。若能自己改良归正，岂不是大家幸福么？余益托人劝，使其改良归正。故有左道之魁，特来函托余，代为疏通官府。余遂联合各机关，迭见李县长，代为达意，准其改良归正。

八月二十九日，余约建设局长张春芳，支应局长杜乐仙，区联会长张春江，教育局长张敏生，商会主席张鹤乙等，同见李县长，为救左道愚氓种种办法。李县长当即应允，余遂托人谕知左道之魁，着其来署领委改编，从此归正者日多，乡间惊慌顿减。

日 记 （1929 年 9 月）

九月一日，三官庙左道之魁，托曲长祯代表，来托余引见李县长，情愿改良归正。余遂同至支应局，着人邀请张子蘅、杜乐仙、张鹤乙、张敏生、张春江、张茗卿等，见李知事商办一切办法，俾彼等尽皆改良，从此可免人民痛苦。

九月七日，张子蘅来，商（讨）救人办法，际左道来函二件。午后，同见李县长，乃左道实行改过自新之函。李县长允为下委（任状），令其联庄自卫，勿再恣横。

九月十五日，三官庙、丰义顶、平里院三处左道派代表四人，求余同至县署。遂约各机关十人，见李县长，当即下委，令为各区保安警察队长。李县长训话甚多，令其按区造报花名册，以备训练自卫，不准再格外迫人入伙。

九月二十三日，第九区区长宗君良等来商，言左道欲与合作。业已举妥公正之人，情愿改为自卫，不使奸人握权。又有二十八区与十三区的左道，亦派人前来托余，疏通归正。余允次日偕至县署，代领委任状。听其自卫，不准再扰良民，咸大悦而归。

九月二十四日晨，闻大军出发，剿灭蓬莱时家村之无极道。余遂派多人，分头到黄县有左道之处，着其持委任状，或派乡老前去欢迎军队，而听者前去欢迎之村，秋毫无扰。不听者持红枪相迎，遇军队多弃枪而逃。后闻夏团长卓峰君，传令当时，不准格外妄杀。由此观之，剿灭之中，犹存不杀之心，其爱民之德，岂不巨哉？假使左道早改几日，或无蓬莱与招远左道之凶横，亦不至于动兵剿灭，从此恶首尽逃，良懦多被报复之冤，讼案迭起，曲直难分，可叹愚氓，咎将谁归？

九月二十五日，招远左道蜂拥来至黄县南山一带，约数千人，逐村抓人，声称"为何不战而缴红枪呢"，又复搜山，迫人攻城，大闹三日三夜。南山一带，一百余村无幸免者。迨至黑山社长姜文进，代为调停，来城见余，余遂着十一区区长朱广谟引见夏团长，请示办法。夏团长卓峰君，当即缮一公函，着姜文进持去。谕令招远左道回归本县，否则势必兴兵剿杀，到那时莫道悔之已晚。姜君归谕投函，左道方始散归招远。当时，城乡咸惊慌万状，人民逃遁一空，多不知夏团长已函令归矣。

九月二十八日，午后，余偕各机关十一人，见李县长。请设法速拯乡民，又同见夏团长。为招远左道蹂躏南山一带，各村男妇老幼逃遁一空，细软之物被其劫掠，夏团长允为保护。迨日夕始知，该左道会徒尽行散去。由此观之，乌合之众也能造犯，蹂躏三日，作恶百端，可见人心之坏，以至于此。招远良民情愿从匪，可胜叹哉。

日记（1929 年 10 月）

十月一日，午后一钟，在县署开会，举财政局长。各机关到者三十八人，当即举张春芳为局长，余与张春江、宋翰卿、杜乐仙、张鹤乙为董事。又议办村防种种多条（办）法。

十月九日，在西郭外，欢迎刘师长开军民联欢大会。余等助为招待一切，学校列队到者十八处，女校三处，各团体及个人代表一百余处，民众男女及兵士一万余人，于十二钟开会。

（首）振铃。（次）作军乐。（三）行礼。（四）读遗嘱。（五）刘师长演说。（六）商会主席胡明远演说。（七）财政局长张子蘅演说。（八）余说种种兴利除害之事，全赖刘师长维持之力云云。群众屡次拍掌，欢呼雷动。（九）余倡呼口号，全场应声高呼，声动天地。军民喜形于色。（十）合作军乐。

散会后，余与杜乐仙、张子蘅、张春江、张茗卿、胡明远等见刘师长，谈多时，咸为民兴利除害事宜。由此观之，足征正己方能正人，刘师长有焉。

十月十一日，上午十钟，在财政局开成立会，议定改组支应局。又议大筹款，地丁每两征收大洋八元，荣户捐七万六千元，商界一万元，每年共筹十六万元有奇。预算用途，公安局、警察队、建设局以及支应费。观此筹款之巨，用途之多，令人太息穷黎。

十月十三日，午后，在西关讲演所，与各机关开剪发放足会。到者二百五十人，当即群推余主席开会。

（一）振铃。（二）报告。（三）演说。（四）推举会员七人：余与杜乐仙、王石生、宋翰卿、胡明远、张春江、姜芳楠。（五）公推余为本会主席。（六）决议办法。（七）呈明县署备案。（八）各区办一分会，一致进行。（九）各学校、各村长、副（村长），均得负责。（十）闭会。

由此会议观之，胡明远、张子蘅、王石生、王文卿、宋翰卿等，均发表妥善办法，令人钦佩，其高见可行。散会后，忽有商会委员王福亭，对众声称公安局长刘虎臣到差以来，借端恶罚，民不堪命。群起公愤，非驱虎离黄，不能以满人意。众皆高呼，大表同情，当即推举余与宋翰卿为民众代表，进告以忠言，令其善退，否则众怒难犯，势必驱虎离山而后已。

余二人行后，民众各手执驱虎小旗，沿街大呼，拥至县署请愿。总务科长田玉瑄代李县长宣慰一切。民众又迤至团部请愿，夏团长亲自对民众宣慰多时，民众方始散去。及余二人至公安局时，则刘虎臣早闻风潜逃矣。可见众怒难犯，虽有虎威，亦徒罔然。彼居官者，尚可任意虐民么？

十月十四日，午后，至商会开会。各机关到者十四处，公推举党员邹洪五为公安局长，公推余为督察长，一同进见李县长，商办暂行维持公安局进行之现状。

十月十五日，晨后，同各机关首领十二人，到公安局接办一切事务。（首）点名。（次）查点公件。（三）查点公物。（四）分配职务种种多条。忙碌终日，尚未完竣。查见局内七乱八糟，无有一样可取的。皆因杂军迭进，局长屡更，前后年余，无人负责乃尔。

十月十七日，上午十钟，至财神庙。有第十区、十一区、十三区民众，为夏团长恭送万民旗伞、牌匾多件。来者百人，军乐大作，仪仗高竖。观者拥街塞途，甚形热闹。余代表民众致颂词云：

今天大家来为夏团长恭送颂品，心里是很高兴的。想来是因为夏团长这回剿灭无极道，不杀人，不放火，只烧了鸡窝就完了事。所以好人被左道逼迫入伙的，夏团长知道他们的冤，只要交了红缨枪，更不格外追问啦。因此，老百姓通通感恩戴德，再也不受这些左道的欺压啦。所以大家奔波数十里，通欢天喜地地前来为夏团长恭送颂品，借报不烧、不杀之大恩云云，民众咸大悦。余与各绅董助为招待，一切甚形周到。共开十三筵，农人居多，均有礼仪，诚盛举也。

午后二钟，在财神庙戏台，有天津中华国货贸易公司主任董秀夫，邀余等多人开会，助为提倡国货，余为讲演三次。听者一千二百人，咸拍掌欢呼大悦，有崇德学校率队来场，警兵维持秩序，遂分宣言若干。追后闻该公司乃密设骗局，黑幕已揭，骗者潜逃。此等举动，真是令人梦想不到。

十月十九日，余欲改组公安局，以资整顿，遽为利口者①所阻。余遂具十余公函，送与公举我者辞职。

十月二十三日，午后，在县署开会。到场者三十二人。总务科长田玉瑄代表县长主席。报告一切政治进行多条，言语清楚，计划周到，诚干才也。

十月二十七日，午后，在讲演所，开剪发放足进行会。研究办法多条，全体会员一同进县，陈法官代见，一一允为施行。

日记（1929 年 11 月）

十一月二日，余与张子蘅君，为要公搭车赴蓬莱。午后四钟，至旅部。进见梁旅长立柱君②，谈要务，述民情。而旅长待人，毫无官僚气息，出言尽为国计民生。谈至夜深，余等观聆有益之言，徘徊留之不能去云。后又迤至团部，与夏团长卓峰君谈多时。

次晨，至车站，有旧友韩季明君，着其少君同家人前来送行。王俊廷君亦来，礼仪甚周。回忆季明君握篆直隶之濮阳县时，仁政蜚声，遐迩共闻，其治

---

① 指能说会道的人。——编者注。

② 梁立柱（1898—1946），字巨擎，河北南宫人。1921 年入东北军第 1 师（师长李景林）当兵，后历任刘珍年部中下级军官。1928 年 10 月，任国民革命军暂编第 1 军（军长刘珍年）第 3 师师长。1929 年 2 月，第 3 师缩编为新编第 3 师（师长刘珍年）第 8 旅，降任少将旅长。1930 年 5 月，第 8 旅改称第 21 师（师长刘珍年）第 62 旅，任少将旅长。——编者注。

匪获盗之手续，尤高出他人千万。余当在大名区巡查三十七县时，亲经目睹其政治无两，居官可称能吏，治民可称干才，季明有焉。

十一月六日，上午十钟，在县党部开成立会。到者男女一百二十人，演说者七人。余此次演说，愤激不平之话甚多。为有空耗岁月，进行不力，不能唤醒同胞，因此愤不可遏。自知言出不雅，尚祈同人原谅。

十一月八日，上午九钟，在第一区开会。各机关到者四十六人。公议急宜进行政治十余条。多愁款不敷用。余说只知争款，不急办事。当此民贫财尽之时，理宜各自减薪，尚得多多服务。若只知争款而不知办事，有何面目对（得）住乡间父老兄弟云云。在场听者，多默不一语。余为个人，特发此言，也自知空言无补于实事。群议终日，入夜方散。后未实行者多条，此所谓议论多而成功少，言之易而行之难。

十一月十二日，上午九钟，在城隍庙开孙中山诞辰大会。到场机关三十二处，学校二十一处，男女七千人，讲演者十七人。余说三可贺三可悲，非民众真有实在能力，是不能富强己国而御侮的云云。听者鼓掌，欢然称是。下午三句钟方散会。由此会观之，热心有人，咸知爱国，惟恐倡率者不力。

十一月十三日，公安局长邹洪五邀余进局，担任教练。从此每日上午，集全局警士，上班授课教练，全体咸乐。忽有县政府委余到各区宣传应兴应革的政治，余遂起行焉①。

（以下为《讲演集录》下册）余自民国十七年秋，由烟台旋里家居，课农工，训幼孙，虽终日忙碌，而心甚安然。迨至年节前后，胶东军事纷起，黄县事乱如麻。孙知事绪曾君，两聘余为顾问。张知事春芳君，三聘余为交际员，孙烈知事又屡咨余以时事。余思孙、张、孙三县长，虽当军事倥偬之际，而勤政爱民之心，未尝一刻小懈。虽古循良，盍以加诸？为人民造福，岂有量哉？

近自十八年春，招远县无极道蔓延于黄县之南境。余与十一区区长朱广谟，力劝乡里，勿入邪途。左道首领，为余阻碍其扩张势力，屡请余人该道为助，余遂来邑城居焉，以避其污。嗣即设法拯救，以免人民涂炭之苦。

余自四月来城，该无极道日益恣横，而奸民借端发财，则愚氓畏势盲从，乡间大乱，人不聊生。余与邑绅财政局长张春芳、支应局长杜乐仙、区联会长张春江、公安局长邹洪五、商会主席张鹤乙、商会委员胡明远、教育局长张敏生、讲演所长姜芳楠、第一区长张茗卿、第三区长宋翰卿、商会董事吕荫亭、前商会长姜日丞、商会董事王永增等，屡与夏团长卓峰君、李知事荣梓君，磋

---

① 以上为《讲演集录》上册。——编者注。

商设法，使左道归正安分，勿再骚扰阎闾。

奈彼左道之魁，多系凶横之辈，千方百计之劝导，而彼终不受政府之训谕，恶势日益滋蔓，恶党日益伸张，终惹上峰连电剿除，从此民得少安，而四乡匪盗，则又蜂起。李县长荣梓君，即谕全县，速办联防，刻不容缓。并印刷十二要政之布告，着余下乡，宣布一切兴利除害之急务。借问闾阎之疾苦，视察民隐，而慰善良，是李知事爱民之苦衷，亦为余所乐助之仁政。从此四民口碑载道，手额称庆，事在必然。黄民蒙福，岂有量哉！

黄县县长告民众书

十一月廿日，领齐公事，用书记陈万约一名，以备随同下乡。并录李县长对民众宣言，以供众览云：

我到黄县，已经六个多月，总想合（和）大家谈谈，就是不得机会。今天借着这个宣言，同大家随便说几样事情，盼望大家知道才好。看看兵灾、匪灾、旱灾、虫灾，连年不断，是很悲伤的。就是合（和）你们，当赶紧设法救济的。我是平度人，离黄县很近。两县的人，也来往很多，在黄县做事，有点不好之处，立刻就传到平度去。且我这县长，也不是花钱买来的，所以事事想着要名誉。你们本地人，为自己做事，更当振作精神，往好处去办。现在举出几件要紧的事，先向你们说说：

一要快税契。买了田房，立个文契，必须投税，旁人才不敢侵夺。自十一月六日，即阴历十月六日起，至明年二月五日，即阴历正月五日，在这个期内，无论何年立的白契，均减税一半。其写钱数的，税契处也按时价合洋，不像从前，照二吊八百文扣算，这是百年不遇的好机会，你们不要错过。

一要轻负担。从前的荣户捐，多有拖欠未纳的。无论欠多欠少，从此一概豁免。但地方办事，不能不用钱。现经各机关、各区长十分斟酌，规定荣捐数目，不肯多收，亦不能浪费。各荣户须照票缴纳，勿再短少。

一要防盗匪。军队警察，不能处处分布。盗匪横行，就当时时严防。现在天气渐冷，无业的人，往往作匪。你们各村村长，不准容留外来杂人。其有妻小的，宜勒令取保，所有村中壮丁，须要联合起来，依法编练，逡巡防范。一家有事，家家往助；一村有事，村村往助。

一要归正道。鬼神邪说，吞符念咒，都是害人的事情。闹到究竟，闹个头不能保，家不能保，如黄巾贼、义和团。过去的事，不用再说。近来无极会、红枪会①，都是借端发财，哪有什么本领。死亡的死亡，抄家的抄家，你们该守正道，勿再受那些蛊惑啦。

一要栽树株。春天栽树，本是时候，但以初开冻时为好。若萌芽一动，移植多不能活。最好时节是将上冻时，生机收藏，移植无一不活。凡山坡、河崖、道边、宅畔，均应及时栽树。野无旷土，就是家有余财。

一要重学校。取缔私塾，早有通令。凡家有学生者，均当送入学校，勿令旷课。识一个字，会讲一个字，讲一个字，会用一个字，比私塾光念不讲，胜得十倍。你们对于学校，当极力兴办，极力维持。

一要戒烟赌。烟、赌害人，无人不知。而烟馆、赌场，更易窝藏盗贼。你们该切实戒绝。如不戒绝，一经（缉）拿（到）案，是要重罚，不能宽恕的。

一要息争讼。凡有争嘈（吵），有人和解，该得了就了，吃亏也占便宜。倘若负气打官司，便不合算。俗语说：一辈官司十辈仇，有何好处？看看那些好讼的，闹得甚么样子。你们便当醒悟，再有什么打官司，花钱运动啦，恳托人情啦，种种骗人的事，盼望大家，千万别听。他没有敢来说的。那全是叫人家撞了木钟啦。如果有这种人，就把他扭送了来，我必重办他。

一要戒早婚。黄县风俗，往往男子十岁有零，便要娶亲，这个害处甚大。身体既不能发育，生儿亦皆软弱，其妇又易不守妇道。你们大家仔细想想，也该知道，以后男子婚娶，总以二十多岁为好。

一要重孝悌。孝顺父母、尊重兄长，是万古不磨的道理。乃近来误讲"平等"二字，竟多不孝不悌，实在可恨。须知孝悌二字，是人的根本，人若不孝不悌，对于旁人，也是得害就害，谁敢合（和）他接近呢？我要知道这种坏人，定拿来重办的。

一要剪发辫。发辫是亡清的记号，世界万国没有带发辫的。窝虱子、污衣服，做事累赘。稍有知识的人，都早剪去啦。其未剪去的，都是愚蠢人。你们为什么去学愚蠢的人呢？各村村长，宜劝令剪除。倘不肯听，岗警遇见，便要强迫剪除，你们莫道无光。

---

① 红枪会，又称红学会，是民国时期各种教门武装的统称或代称，它们或沿用义和拳教的原名；或按其法术、战术特点为名，如毛篮会、哼哈会等；或以武器服饰特点命名，如红枪会、黄枪会等。此外，还有大刀会、真武会、无极会、忠孝团、六离会等。宣传"刀枪不入"思想，以此吸引信徒。最初以村、镇为单位，一村或一镇设一会堂，亦偶有联合数小村设一会堂者，由大师兄统领。1920年以后，随着红枪会的迅速发展，出现了"团长"、"旅长"、"总指挥"、"总司令"、"总会长"等称呼。红枪会之间彼此不相统属。山东是红枪会的发源地。1917年，由山东传入河南。1923年，又由山东传入直隶。到了1924年，江苏、陕西等地也出现红枪会活动。——编者注。

　　一要戒缠足。缠足之害，妇女皆知。今奉中央通令，以三个月为劝导期，三个月为解放期。凡未满十五岁之幼女，不许缠足。已缠者，期满不放，处一元以上十元以下之罚金。十五岁以上、三十岁以下之缠足妇女，期满不放，处一元以上五元以下罚金。过三个月仍不解放，加倍处罚，并强制解放。

　　上边所说的这些事情，都是于你们有益的，我不过说个大略。还要派讲演员，将一切兴利除弊的事，向你们详细说说。你们都要听从才好。

　　黄县县长李荣梓印。

剪发、放足布告

　　又录黄县县政府、剪发放足会白话布告云：

　　父老兄弟、诸姑姊妹：你们可知道，现在是个强剪发辫、强迫放足的时候吗？近数年来，中央政府对于蓄发、缠足，屡下严厉的命令。本县政府，亦出示布告，限期戒除。但从出示以后，剪辫和放足的，均见多了。奈到今日，还没普遍。你们可听见那雷厉风行的地方，对于带发辫的同胞们那种歧视，派警士、局役们看见就剪，抓着就罚。对于裹脚的姊妹们，派人到她家中，去硬行干涉，甚且处以最重罚金。又于街头巷口张贴标语，有小脚的不准通行云云。闹得人口不安，行路不便，那不是他们自取的吗？

　　本政府不愿出此激烈办法，爰召集各界公正人士，组织剪发放足会，去促进这件事情，用缓和的办法，先向各处宣传。小姑娘们，一律劝她们不许裹脚。已经裹脚的，劝她们最晚一个月解放。至于四五十岁妇女，亦须按期解放，虽不能一月半月成功，那弓鞋、带尖的鞋，一概不许再穿。解放日期一多，自然就成为天足了。至于带辫的人，可就不分等级，统限一月剪齐。

　　照现在事状，无论思想怎样复杂，心理怎样顽固，这剪辫放足，不是什么很难解决的事。到了一月之后，若仍这样固步自封，顽固不化，那可就免不了要受官府严格的对待啦。到那时，见了带辫的，捉着就剪；见着小脚的，把着就放。而且派些人员，家家搜检，更加上极重的惩罚，那可是你们自取侮辱。加你们一个不奉命令、不遵国体的罪名，到那时岂不悔之已晚。

　　依我看来，不如趁早剪放，以免出丑为是。除派员劝说并通知各区赶紧组织剪发放足会协助进行外，特此白话布告，俾众周知。

　　黄县共分三十区，每区设一保卫团，共举区长兼团总一名，特将姓名、地址，列表详志，以备通函各区，召集民众，届时开会，宣布李县长"兴利除害之要政"。借表各区长，历年办事之成绩，与现在为民众兴利除害之热心，是余列表之至意。

区	区长兼团总	驻地	区	区长兼团总	驻地
一区	张桂芬	城隍庙	十六区	韩巽言	诸高炉
二区	张积锦	义洛院	十七区	秦可彬	南王家
三区	宋振云	江格庄	十八区	徐茂田	海云寺
四区	田崑山	海晏寺	十九区	曲世勤	固县村
五区	李云兴	李格庄	二十区	逄日明	逄家村
六区	陈广润	天尊屯	二十一区	王日曜	马亭庙
七区	唐金章	冶基庙	二十二区	于希昶	仙人桥
八区	王施仁	丛林寺	二十三区	王学桂	黄山馆
九区	宗君良	大宗家	二十四区	吴明之	羊岚集
十区	朱元标	黄城集	二十五区	姚学恒	罐姚家
十一区	朱广谟	西林家	二十六区	丁金陵	丁家村
十二区	刁瑞凤	鲁家沟	特别区	李梦庚	北马集
十三区	张有璞	程家疃	特别区	吴景先	桑岛村
十四区	王树名	芦头集	十区分	王清阴	石良集
十五区	赵立生	后徐家	十九分	孙汝砥	莱山庙

北马镇讲演（1929 年 11 月 22 日）

十一月二十二日出发，晨行三十里，至龙马镇特别区保卫团，与团总李梦庚等酌定，午后一钟在北马镇南市大街开会。

招待者：区长李梦庚，校长吕玉符，村公所常务委员吕恩溥、吕寿先，常务长殷星垣，监议委员长曲欣斋，公安分局长刘宝善。

助讲者：李梦庚、吕玉符、吕恩溥、吕寿先、殷星垣，公立小学学生曲荣田，刘宝善。

余说：今日到贵村开会，乃是驻烟第三师师长刘珍年君，在十月间到黄县校阅军队，就开了一个军民联欢大会。（刘）对民众说，胶东人民迭遭痛苦，无人过问，就着各县知事下乡，问人民的疾苦。有利于民的，则就兴起来；有害于民的，则就除了去。为人民兴利除害，本是县知事的责任。咱这李县长荣梓公，当即应允，克日下乡，问人民的疾苦。各机关首领，群推兄弟帮助下乡宣布这些政治。现在，李县长因公事太忙，着兄弟代表到各区宣布兴利除害之要政，逐条对大家说说，一齐起来办一办吧。

一为税契。俗话说得好，买起地，就税起契。现今省政府来了一个通令，凡有买田（买）房的，通限期三个月，自阴历十月初六日起至正月初五日止，投税的减收一半。譬如往年税契是六分，于今只用缴纳三分了。往年契纸写钱的，按二吊八百钱扣洋钱，老百姓是很吃亏的。于今，按照洋钱时价扣算，譬如洋钱六吊钱，也就按着六吊钱扣算，洋钱七吊钱，则就按着七吊钱扣算。不但老百姓不吃亏，向下也不用纳冤钱。

这通是总务科长田玉瑄君费力交涉的。若是无人交涉这件事，恐怕老百姓吃亏摩边啦。可见总务科长田玉瑄君，他是黄县人，有桑梓的关系，为地方出力很多的。李县长他是平度人，县官是双方加委的。来到黄县半年多，秉诸良心做事的，所用的人也通是秉大公的。大家照着这十几条要政尽力进行，方不亏县长这一片苦口婆心啦。

书记陈万约，到处宣读布告，声朗气洪，足征热心。此会讲词，只录税契一段，其余多条，每会分录一段，借表无偏重一区之弊。听讲男一千二百人，女一百二十人，咸乐，学校列队到者有公立小学、兴复学校。

是日开会，乃该村公所职员及区长等，临时召集十四村各首事与学校，并沿街鸣锣集众。适际该村集期，故到场听讲人数，乃有如此之多。两校学生，列队来场。精神甚形活泼，应答声亦洪震，足征平素教练之善。助讲者言中时弊，足征世事练达。区丁、警士，维持秩序，井然不紊，尤见为公益心热。当即分撒布告，得者如获至宝。

下午四钟，在北马公立小学讲堂。

招待者：校长吕玉符，教员鲍仪亭、李次平、曲善亭、何承三。

助讲者：吕玉符。

余对学生说立志求学，合群爱国。靖内乱，御外侮。做事振作精神，力谋兵强国富。凡此非有重文尚武之真精神，不足以速收效功。再说青年出身涉世，只要立功正名而生利，不要图功好名而贪利，是为至当的。种种比较与辩论，全场大悦。听讲学生一百二十人，欢呼咸乐，应答活泼。此会乃该校长吕玉符，集全校学生于一堂，欲鼓励青年立志求学，应用于文明竞争之场。每逢有问，全场均能应答中肯，足征教育有方。非深明精神教育者，安能臻此完美？

十一月二十三日晨，赴十五区后徐家。闻团内无人，路过阎家店，与社长阎鹏九君订期开会。遂西赴二十三区，黄山馆之保卫团，与副区长刘书卿、刁铭三，村长徐子章等，订翌午开会。

黄山馆讲演（1929年11月24日）

十一月二十四日，在二十三区黄山馆西阁大街，自上午九时起至下午一时止。村众咸集，各学校列队到者，有邹家村、臧格庄、后徐家、店子村、馆东头、阁庙内、培英小（学）校、状元泊、私立第二（高小）、姚家村、隋家村，共十二校。

招待者：村防会长刘树楷，村长刘继善、刁铭三，社长徐文传，第四小学校长徐竹斋，第十小学校长刘梅庵，私立第一高小校长刁仁安。

助讲者：刘梅庵、徐竹斋、徐文传。

演说：（前略）。再说为荣户捐。从来未有这宗"荣户捐"，自张宗昌来山东，出来这种"荣户捐"。我黄县全县，共上"荣户捐"三百六七十家。一年捐三次，一捐就是几十万元。"荣户"担负不了，均于地丁三成三，商界二成二，"荣户"剩有四成五，哪年也得捐纳几百万。把些"荣户"通捐跑了，农商也捐穷了，"荣户"每年也就减少了。现在剩的"荣户"，只有百余家。上月间，各机关同县政府开一次大会。共议将各"荣户"前边所欠的捐，一概豁免不收啦。兄弟说话从来不敢失信的，前边所欠的"荣户捐"，一定豁免了。但是，向下再用纳捐不纳捐，兄弟也是不敢断定的。但愿国家无事，兵匪不兴，民皆安业，各人能自食其力，则"荣户捐"也就不用捐纳了，农界、商界担负也就减轻了。

后几条讲词，分录于下。听讲男二千五百人，女六百人。是会，乃该村防会长刘树楷等，召集全区十八村及学校。是日又逢集期，故人数有如此之多。全场学生应答鼓掌，欢声雷动。后徐家学生唱歌二次，村防壮丁维持秩序，因学生太多拥挤，时有摇动。徐竹斋朗读十二要政布告，声沉气壮，大动观听。

当未开会以前，谈及人民灾况，惟该乡为重。情因杂色军队过往太频，该区首当其冲。勒索供给，损失巨万，民贫财尽，泂不聊生，言之令人泪下。

午后二钟，至阎家店，在大街开会。

招待者：官庄丁家校长王修亭，该社长阎万选，村长阎培才。

助讲者：阎鹏九、教员周作仁。

余说：今天到贵区开会，是代李县长宣布为人民兴利除害之要政。一为税契，二为荣捐，讲词录前。

再说办村防，什么叫村防？就是大家联合起来看门子。若家家通联合起来，一村可以保治安。若是一乡联合起来，一乡可以保治安。若是全县联合起来，一县可以保治安。若是一省联合起来，结成一个大团体，不但说一省能以保治安，就没有土匪盗贼，什么内乱也不能崛起，什么外侮也不敢再来。所说的众志可以成城，众擎可以易举。若村防不急办，绑票抢掠的，遍地皆是啦。

照黄县说，这几年土匪架票的，路劫的，各村抢掠的，这样的多，皆因为无有村防与联防会，所以人民日夜也不得安居啦。李县长出的办村防告示，大家也通见过了，许多的（村）还不办。皆因为财主不买枪，有钱的不捐钱，贫穷的也不打更、不查夜，所以闹到这个样子。向下若是财主不买枪，有钱的不捐钱，贫穷的不打更、不查夜。村长说他他不听，劝他他不办，可以立即报区长。若是区长劝他他再不办，简（径）直送他到县，报他以通匪论罚，加他一个阻挠治安之罪名。

大家想想，这是为大家保治安，非大家一齐出来办，不能保住地方之治安，请大家快快一齐出来办吧。不然的话说，若通不办村防，越闹越乱，富的有钱财，也不能做了主。穷的有人手，也不能谋生活。大家靡看见杂色军队，在黄县抢了好几回；中央政府军队，在黄县城大抢三天三宿么？家家财产、妻子，通不能做主。若早有村防、联庄会，哪能常吃这宗亏？请大家为村防，快快注意吧。

其余讲词，分录于下。听讲男七百五十人，女三百人。是会，乃该社长阎鹏九召集二十七村村众，学校列队到者，有官庄丁家德裕、阎家店男女二校、沟头村与沟头于家，共五校学生。应答活泼，阎家店学生各执小旗，以资欢迎，足征热心。散会后，起赴二十一区。

马亭庙讲演（1929 年 11 月 25 日）

十一月二十五日，午后二钟，在二十一区马亭庙戏台。

招待者：该区助理员孙志英，育英小学校长王巽之，学董牟霜汀，书记张春堂，前团总张洛九。

助讲者：孙志英、牟霜汀、张洛九。学校列队到者，有土城村养正、东成家成德、马亭王家育英、河南孙家、河北马家、河口于家，共六校，列队整齐，洵堪嘉尚。

余说：今天到贵区开会，为的是代李县长下乡，问民间的疾苦。咱这李县长，他是平度人，来到黄县六七个月，做事本诸良心，为老百姓（办）兴利除害的事是很多的。于今，又印了若干的布告，分撒全县，上边尽是兴利除害的事。今天逐条详细对大家说说。前边说的，大家也通听明白了。

再说人得归正道。自我中国专制时代的帝王，多以神道设教，牢笼愚民，所以年深日久，老百姓的脑筋，多有一宗鬼神的迷信。奸民恒多借鬼神而倡乱，愚民恒多受蛊惑而服从。小则扰乱一方，大则贻害全国。汉家黄巾贼、明家红巾贼、清家义和拳，这通是人人所知道的，一乱好几年，蹂躏好几省。朝廷动大兵，百姓练乡勇，打了多少仗，杀了多少人。现今招远无极会，蔓延好几县。自从年前年后焚了几百村，杀死几千人，大家也通知道的。又有什么黄天教①，倡言三年后洪水连天，惟入教的人，坐着莲花盆，能上五台山，骗钱也是很多的。又有什么祈神会，昏夜男女裸体祷祝神，伤风败化（俗），也是很重的。又有红枪会、大刀会，通是蛊惑无知愚民、借端发财的。

请问大家，我们是否通信孔孟教？若是打开"四书"、"六经"的书，上边所说的，尽都是讲人事，未尝有讲鬼神的事。请大家赶紧破除迷信归正道，只要办人事，不要办鬼神事。若是把迷信通除了去，人成了文明人，家成了文明家，社会也成了好社会，国家自然就富强了。到了那时，国内也没有内乱，外国也不敢轻视我们。我中国可以自立于地球上，与他强国并肩啦。请同胞快快去了迷信归正道吧。

其余讲词，分录于下。听讲男一千一百人，女一百五十人，仰视静听，全场大悦。是会，乃该助理员孙志英，召集十九村乡众及学校，列队来场，惟有育英小学唱歌助兴。每有问答，众声如雷。惟人多拥挤，学生少有摇动。助讲者言中时弊，招待者尤形热心。

是日午前，与王巽之、牟霜汀、张洛九等谈时况，其该方屡被杂色军队抢掠过甚，民众大有不可支持之况。

龙口讲演（1929 年 11 月 26 日）

十一月二十六日，在二十区龙口北庙戏台。午后，二钟至四钟半。

招待者：该区长姜德风，逄家村长逄松山，曲家村长曲永兰，商会主席刘焕文。

助讲者：商会常务委员陈岐山、王庚西、崇德学校教员孟昭泮。学校列队到者，有龙口教会、厫上村、刘家村、桥上村、逄家村、北灶（皂）邹姜学校、龙口崇德、乾元乡立，共八校。惟崇德、乾元二校，大旗高竖，借资壮观。

余说：今天来到贵处开会，为代李县长下乡，问人民之疾苦。情因胶东屡遭兵燹，又遭歉年，人民受这些天灾人祸，无人过问。咱这李县长爱民心切，着兄弟下乡，问人民的疾苦。但是李县长治一县，公事太忙，尤恐有鞭长莫及

---

① 黄天教，中国民间宗教，又称皇天教、黄天道。除宣扬白莲教一般教义外，偏重于阴阳、日月、宫卦、丹药、铅汞、采补、调息、性命、长生、无为等道教内容，并据此加以渲染。明朝时，因世宗皇帝笃信此教，故蔓延不绝，传播极盛。——编者注。

之虞，所以将应兴应革的事情，命各区长通出来负责任。又恐怕各区长有办不了的事情，更令各村长通出来帮着区长办。若是各人同出来再帮着村长办，哪有办不好的事？请大家同出来，将县长这些要政，逐条办一办吧。上四条讲词已录。

再说第五条是栽树。十年树木，古人也有专书。俗语说得好：有懒人，无懒土。种上苗就长木，所以我中国利弃于地，甘受其贫，皆因不栽树。兄弟游行十余省，到处童山不毛，在在皆是。若将闲原旷土，沟涯河边，墙下路旁，通通栽上树，果树十年结果，叶树十年成材，就是收落叶，砍枝柴，也可供燃料，更可助炊爨。若是森林遍野，果实满枝，用材料，供食品，大利取之是无穷尽的。再说树木多了，夏天可以避炎热，冬天可以避风寒，又能吸炭气，吐养（氧）气，人民不能受杂灾，使阴阳二气能调和，时常能下雨，永无亢旱之歉年。请大家想想栽树之利益有多大吧。

照黄县，墓田茔盘上种桑树，可以得蚕丝之利。种上苦草，也可获利无穷尽。若是森林遍山，草木畅茂，山岭沙土，不能被雨水冲了去。河边粮田，也不受水冲沙压之涝灾。栽树种种的好处太多了，一时半刻也是说不完。请大家快劝亲戚朋友，及初冬之时，或来春初解冻时，多多栽树吧。

余词录下。听讲男三千六百人，鼓掌咸乐。是会，乃该区长姜德风，临时召集三十一村乡众与学校及该埠商会、公安局等，各机关咸集，又逢集期，故听讲人数，有如此之多。演至兴处，欢声雷动。讲演后，八校学生合操，大生兴趣，全场唱歌，声激气扬，足动观瞻，洵称盛会。

海云寺讲演（1929 年 11 月 28 日）

十一月二十八日，在十八区海云寺庙大殿前，下午二时至四时半。

招待员：会计徐培谟，庶务徐士良，育英校长徐荣儒。

助讲员：徐荣儒。

余说：今天到贵区开会，是代表李县长宣布为人民兴利除害之要政云云。

再说重整学校，取缔私塾，早有通令。自从张宗昌着潍县状元王寿彭①为

---

① 王寿彭（1875—1929），字次篯，清末状元，山东潍县（今潍城区）人。1901 年中举人。1903 年中状元，授翰林院修撰。1905 年，随五大臣出国考察等。1910 年，任湖北提学使，创办"两湖优级师范学堂"。民国初年，任山东都督府和巡按使署秘书。后任北京总统府秘书。1925 年，任山东省教育厅长。1926 年，改组山东省立农、工、矿、医、法、商六个专门学校为省立山东大学，增设文科，任校长。主张尊孔读经，所聘经史学教师，多是科甲出身的翰林、举人，因而遭到师生的激烈反对，1927 年 6 月被迫去职。著有《考察录》《靖盦诗文稿》等。——编者注。

山东教育厅厅长，下令各学校每星期加一班"四书"，因此一般老顽固教员，借着这个命令造谣，倡说又念圣人书。一般老乡愚，众声附和，遂开私塾，竟废学校，所以这几年山东教育一败涂地啦。

现今政府又下通令，废除私塾，重整学校，谅大家也是通知道的。再说，私塾并非圣人道，也不是孔孟教。孔夫子的教，所重的是五伦，教人各尽伦常大道。私塾先生多有一伦未尽的，怎么能教人尽伦常大道呢？孔子道是重六艺的，这六艺就是礼乐射御书数。老先生一艺不能教，他就敢说教的是圣人道，真是能哄乡间庄稼孙啦。

当日，孔子教训徒弟三千人，身通六艺的七十二贤人。就是身通四艺、五艺的，通通不能称贤人。可见，老先生一艺未教，竟敢说是圣人道。于今各学校，五伦也有了，六艺也全了，正是反古夏商周三代之学校。又加上种种科学，比三代学校，更是完全啦。再说，私塾教的学生，五伦六艺全不懂，强说他教的圣人书，学的圣人道。孔子说：学之不讲，是吾忧也。私塾先生三年不讲书，岂不是大背圣人道？各学校礼乐通不缺，射御变为体操，书数不但讲写与珠算，并且加上笔算。比孔子之教育，还强的太多啦。

若是再不知学校科学是完全的，所学的是当世有用的，私塾是不完全的，所学并非所用的，若是再念私塾书，岂不是糊涂了。请大家快快劝人，有男女通通送入学校内，再不要入私塾，误了自己的青年子女啦。

讲词分录于下。听讲男九百人，女十三人。是会，乃徐培谟召集三十二村村长、副（村长）、首事、人众，学校到者有洼里村榆南、龙化张家滨海、海云寺育英、后不拦邹家，共四校。每次有问，学生多含羞不答，秩序杂乱，时有摇动。未及闭会，学生轰然而散，由此教育，可想而知。

仲家集讲演（1929年11月29日）

十一月二十九日，在十九区仲家集大街，下午二时至五时。

招待员：该区长曲弼臣，建设分局助理员王辅臣，西二甲仲家校长仲跻梧、仲肇鸿、陈家县立模范校长陈仙洲。

助讲员：陈仙洲、曲弼臣，固县村有成（学校）教员原玉田。学校列队到者，有固县男女二校、西二甲仲家、大姚家、霍家、陈家、官道北曲家、唐家泊前村，共八校。惟陈家学生群唱放足歌，大生兴趣。歌云：

可怜女同胞，只因两足受苦恼。昼夜啼哭求瘦小，虽然柔弱，虽然也哀号。父母日日监督，削足适履罪难逃。父母待女子，何等的爱惜，高擎掌上珠。推干又就湿，断其筋骨听哭啼。胡为乎，儿痛母不知，列强国民笑我痴。请君及时速解放，获健康，总要大声疾呼，为我女界作慈航。盼望速提倡，盼望速提倡。速改良，速改良，即是救命方。倒悬①已解，拘束尽无，可自乐，可自娱，完全我发肤，此后得免常向隅。回想古昔发起缠双足，置人性命于不顾，千古唾骂贱丈夫。

此歌大有益于女界。

余说：今天到贵区开会，是代李县长问人民的痛苦，印有几种布告，对大家说说。还得大家通出来，照着布告办一办这些兴利除害的事云云。前六条讲词，已录于上，此不再录。

再说戒烟赌。我中国自从文明进化，五千多年没有吸烟的人。从满清入关以来，兴起旱烟、水烟，这种吸烟的人，其害处尚少。迨至清末，大烟入中国，其害甚大。凡我吸大烟的同胞，财产通吸了啦，父母妻子也就穷啦。弄到无钱吸烟，就去打吗啡，就去吃白丸。

大家想想，无论是大烟、是吗啡、是白丸，同是外国来的一种毒药，来毁我们中国的，来害我们同胞的。现在又有一宗安乐英，害人更厉害。近来二三十年，又行开烟卷这宗毒药。每年盗去我中国的钱，足够养我中国兵，四百万兵的兵饷。你说厉害不厉害？外国来的毒药来毒我同胞，我们的同胞真有情愿甘心饮其毒药以为自安的。你说奇怪不奇怪？劝同胞，向下千万莫吃外国烟草之大毒药啦！

再说赌钱这种事。许多的人通说（赌钱）是消遣。依兄弟看来，并不为消遣，全是耗精神。以先是赶热闹，动个小输赢。若是输多了，则就去捞一捞。若是捞不着，则就越输越多了。到了无钱还赌账，卖田园、卖房产，多有连老婆、孩子同卖了还他赌输账的。你说这个消遣是不是毁人的？若依兄弟说，消遣的法，识字的人讲古书、看小说、看报纸，不识字的人说故事、谈时况。再与大众聚谈时，讲农业如何多打粮，怎么能进行。讲买卖怎样多挣钱，怎样能得利。若是人人同能行这种消遣法，您说利益大不大吧？

总然说，无论吸什么烟，同是有毒的。无论赌什么钱，通是伤财的。不用说这宗大害，也是大家通通知道的。今天在场的父老兄弟们，通是高尚文明人，也靡有吸烟的，也靡有赌钱的。但愿一齐劝亲戚朋友们，从此莫吸烟，莫赌钱，方才对起咱这李县长这片爱民的婆心啦。

教员陈仙洲说：

今天朱先生来，代表李县长，开民众大会，兄弟也得参与这个大会，是很

---

① 同"倒悬之急"，人被倒挂，比喻处境极端困难。出自《元史·外夷传》："群生愁叹，四民废业，贫者弃子以偷生，富者鬻产而应役，倒悬之苦，日甚一日"。——编者注。

荣幸的。既得闻县长要政，更是茅塞顿开，但是一切的话，已竟（经）被朱先生说完，他人不得赞一辞。兄弟是滥竽学界的人，只得说几句（有关）学校的话。

我黄县学风，为山东各县之冠。自经张某一番摧残，王某一番压迫，精神扫地。乃此一般之乎者也之耳聋眼花、头脑古老满清之长胡秀才，竟大施其老死教育以愚乡人，念的《大学》《中庸》《论语》《孟子》及《尚书》等文，使不满十岁之学童，昼夜苦读，自夸其高深，他人莫及。一般乡人信其愚弄，信其手段。童子何罪，而忽入此模范监狱哉？

最甚者，莫如龙口一般富商大贾之子，皆入私塾，以听三代而上之教育，以骂当今之学校痼狂，大念其之乎者也。当局者忽而不察，吾不知其何以用心也。今者，县长取缔私塾，私塾难再苟延残喘。在此新陈代谢之时，办学校是（刻）不容缓的。劝大家将已成立之学校，大加整顿，未成立之学校，协助其成功。至于女学，更是要紧。当时越王勾践，十年生聚，十年训练，竟强其国。我中国受满清之秀才、状元之虚荣，而伏读四书，以造成中山先生所说的"次殖民地"地位而仍不悔悟，受外人宰割欺凌，而一不与较，自甘心退让，奈何奈何？大连、旅顺，威海、香港，澳门各地，均受人支配。上海之公园，竟有"禁止华人与狗入内"之牌示，可耻孰甚？

我大家如何执迷不悟，不知自动改悔，不听县长的苦劝，就可说是冥顽不灵的蠢物。大家如能本国家训练儿童的宗旨，一意的前进，不难洗去从前的国耻。以之处家则家兴，以之处国则国强，以之处世界则世界均受我化。那时，不但是大家的荣幸，也是黄县的荣幸，也是山东的荣幸，也是中国与世界的荣幸，这不是可乐得很么？

此乃县立模范小学校长陈仙洲先生讲词录此，借见热心社会可嘉。是会，乃该区长曲弥尘，预期召集十九村村众，是日又逢集期，听讲尤多趋市之人。全场学生，合唱放足歌，洵有兴味。每有问答，精神活泼。陈家校长陈仙洲，率戎装学生，体操练拳，大形尚武。与官道北曲家学校，军乐两作，鼓号震天。村防庄丁，戎装持械，维持秩序，足征公益心热。嗣七校合操，借壮青年志气。惟中间人多拥挤，学生小（稍）有摇动。助讲者言中时弊，大动观听，全场兴会淋漓，至日夕不倦，可云盛矣。

诸高炉讲演（1929 年 11 月 30 日）

十一月三十日，鸡鸣起，赴十六区，自下午二时至四时半，在诸高炉庙台前。

招待员：该区长韩绎之、书记石镇东。

助讲者：韩绎之、村长张中杰、学界文士郑安清。学校列队到者，有高家育才、诸高炉开明、北宿郑家、乡城庙、韩家、北宿曲家、庙台高家，共七校学生，精神活泼。

余说：今天到贵区开会，为的是李县长爱民的心切。所以，着兄弟代表下乡，宣布一切兴利除害的事情云云。

再说息争讼。什么叫争讼？就是打官司。许多的人，为小小的事情与人争吵，两不相下。又许多的听人架唆，这就打起官司来。争的东西不值几个钱，花费的银钱，花了几百千。古语说的好，一人兴讼，十家败产。又说：一辈官司十辈仇。你看看这些打官司的，哪一个不是为讼累得倾家败产？李县长真知道这个弊病，于老百姓是很吃亏的。所以教各分区办上一个息讼会，全区共举几个公正人。凡有两家争吵的，息讼会的公正人，按着曲直是非，代为两家了结，省的两家打官司，花冤钱、结仇冤，还是李县长爱民的一片婆心。

请大家想想，打官司有什么好处？还有宗（种）架讼的人，暗地挑拨是非，明明是招摇撞骗，他说他认得衙门的人，包办这块事。待要赢官司，总得花上几百元钱，挖门子，说人情，乡间愚民多受这套牢笼计，将钱交给架讼的人。他把洋钱下在自己腰柜里，溜着衙门口里走一趟，他就说你这官司，我给你办好啦。若是把官司打赢了，他说你不是亏了我么，还得格外打人情。若是把官司打输了，他说分明你自己说坏啦。

待要反官司，还得另托人情啦。你看看这等招摇撞骗的，愚蠢老百姓吃亏不吃亏吧。李县长真知道，黄县有这种架讼的人。他若是访实了，必定重办他的罪。但愿大家，向下莫要受这种招摇撞骗啦。倘若是遇着不论理的人，只可以求村长同到息讼会，恳求公正人，从公把这事给了结了才好。

听讲男一千六百人，女五百五十人。全场咸乐。是会，乃该区长韩绎之，预期召集十六村村众及学校全体。惟开明学生唱歌助兴，童音激扬。七校学生均列队井然，每问应答，声动天地，教练之善，不问可知。助讲者言中时弊，足征热心。散会后日夕回城，造报各处开会种种之情形。

十二月一号，晨后，忽病腰肾，卧床十日，数药渐愈。

十二月十一日，际县政府召集各区长开会，遂着书记陈万约，将县长兴利除害之布告，按区分交各团总，先行召集各村长，照章进行。恐误要公，嗣后逐渐到各区再为宣传。

城隍庙讲演（1929 年 12 月 12 日）

十二月十二日，上午十钟至下午一钟，在城隍庙第一区保卫团开会。

招待员：该区长张茗卿、团董崔汇川、职员张子真。

助讲员：张茗卿。

余说：今天到贵区开会，是代李县长宣布一切兴利除害的要政云云。讲词业录于上。

再说戒早婚。我黄县许多的（家庭），有儿子十几岁，就给他娶媳妇，多数是等人用，哪知道男（孩）、儿子岁数太小，媳妇岁数太大，（其实是）甚不相宜的。

兄弟前几年到河南省，又到直隶省，看见许多的家，有儿子才十几岁，媳妇就有二十多岁的，常行大个七八岁，或是大个八九岁。男子人道尚不懂，媳妇人道已经早懂啦。即（纵）然是好人家有家规，媳妇也守妇道，及儿子成了器，二十多岁的时候，媳妇也就三十多岁了，多不相宜的。

依兄弟看来，若为儿女结婚配（偶），通不如男女年岁相仿的。再不如男子大几岁，女子少几岁才好。所以戒早婚，因为早婚的男女，害处是很多的，大家也是通通明了的，顶要紧（的）一条病，是自残其身体，是自弱其种类。大家想想这个害处大不大吧。

常见乡间往往有一宗贫寒家，又没有甚么家规，多有为媳妇娶的太早，儿子岁数太少，闹出许多的笑话来。或者更有一宗不守妇道的媳妇，也有跟着人家跑了的。若是女婿大、媳妇少，哪能有这宗丢丑的事呢？所以外国人男婚女嫁，常在二十五六岁的时候。我中国男婚女嫁，就是等不到二十五六岁，亦该在二十岁以外，是为相宜的。若是十几岁娶媳妇，岂不是太早了么？但愿大家向下为儿娶媳妇，千万要他（找）年纪相仿的，或者是要媳妇少几岁也好，万不可为儿（子）娶个大媳妇。将的太早了，出些种种毛病啦。

听讲男三十二人。是会，乃该区长张茗卿，预期召集三十三村村长到场听讲，别无几人。

给通俗讲演所的建议（1929 年 12 月 14 日）

十二月十四日，为通俗讲演所上建议书云：

呈为遵章讲演，建议进行事。窃谓建设通俗教育之目的，在唤醒一般下级民众，尽有爱国合群之观念。欲速收民众进化之效功，非用深明讲演方法与丰富讲演材料之讲员，更不足唤起民众之兴味。余窃不自揣，敢陈管见，供献刍荛，以备转详，采择施行。

一、固定讲演之流弊。守一定之地点，按时讲演。而听讲者，多系附近之人，稍远者终年不克到场。然而此等建设，几乎全国一致，所以不能速收效功，尚得力矫其弊而正之。

二、巡回讲演之未普。巡回讲演，原系指择数（个）地点，各讲员按日周而复始，而听讲人亦觉稍多，较固定讲演，收功似乎为巨，然而其弊在费力多，而收功犹未曾也。

三、巡行讲演之捷便。各讲员分头下乡，或市镇逢集期，或寺院演剧场，或乘农工商士兵各界之暇日，相机讲演，费力少而收功多，莫如巡行讲演之为愈也。

四、讲演之目标。用摇铃一个，巡行讲演旗一枝，布画数幅，纸黑版一方，到处振铃，布置旗画，借资召集民众。

五、讲演之用具。教鞭一个，粉笔数枝（支），版擦一方，拉琴一个，或留音机亦可，乘间振作听讲者之精神。

六、召集之手续。（所）到（之）处，或借资学生，先唱歌曲，或代为体操，或演武术，少一作剧，则民众咸集。

七、讲演之材料。多参考古今中外事宜，合于现在社会之潮流，顺人心之趋向而力导之，并痛矫其弊，方能速收效功。

八、讲演之方法。发言先令听讲者信仰，次引其兴会，再提其精神，终使其实践、实行，乐于从命。

以上数端，略陈进行概况，俾民众进化，速收普（及之）功，尚须讲员随地因人，设施法外之法可也。为此谨呈教育局。

十二月十五日，晨后，至十三区程家疃保卫团开会。因天阴路泞，林树皆冰，一望如玉珊瑚然。至则淋雨如注，到者无几人。遂对正副区长张有璞、王公臣等，宣布一切兴利除害之要政，令其着各村速办，该区长等又约另期召集开会，足征热心公益。归则雨雪载途，寒冰敷面，衣履尽湿矣。

十二月十六日，晨后，至位庄庙四区保卫团。际天阴路泞，至则雨雪纷纷。该区长田昆南招待一切，并召集村众、学校。忽闻军队过往，未克开会。见其预备之办法，洵属经阅干才，模范区之久称，岂虚语哉？使不际大军过境，虽天寒亦能开会。

江格庄讲演（1929 年 12 月 17 日）

十二月十七日，晨后，至江格庄三区保卫团，在大殿前，下午一时至四时半。

招待员：该区长宋翰卿，会计范荩臣，助理员赵文周、宋荩臣。

助讲员：宋翰卿、阎家疃村长汤子英、教员袁子才、黄县前商会长范省斋、北智家校长王梓友、大隋家教员隋长儒。学校列队到者，有江格庄崇正、阎家疃崇德、财源泊第一开成、黄格庄第二开成、北智家栽培、横埠庙与王村公学，共七校。

余说：今天到贵处开会，为的是代李县长，问人民的疾苦，并宣布种种兴利除害布告，愿大家一齐起来办一办云云。

再说重孝悌。什么叫孝悌？孝就是孝顺父亲、母亲，不惹得他老人家生气。悌就是尊敬哥哥。和伯父、叔父一些长辈的人，更得一片和气的。大凡为父母的，人人通愿意要个孝顺的儿女，通通愿意要个孝顺媳妇。若是为儿女媳妇的，通能尽其孝顺心，事（侍）奉他父母吃，事（侍）奉他父母穿，叫他老人家吃穿通不缺，您说他父母乐不乐吧。就是供奉他父母吃穿通不缺，也不过是一个小孝。若是弟兄们再有礼让不争吵，为子女的和做媳妇的，通通学成一个正当有用的人，办事好，声明（名）高，齐家有道，教子有方，能使一家人上和下睦的，各人守正业，安本分，人人也通不走歪邪道。若是有这样儿女，有这样的媳妇，你说他父母一生乐不乐吧？这就是第一养志之大孝啦。

常见乡间有一种不孝不悌的人，弟兄们一娶了亲，就是专听老婆的话，为点点小事情就争吵，打仗要分家。到了养老时，你也不纳粮，他也不纳草，把父母干起来啦。弟兄们你推我来我推你，妯娌也是这样推磨转，逼得老头老婆子，忍饥受冻遭穷罪。你说养了这宗儿媳，父母受罪冤不冤吧。到了他父母死了的时候，他又怕他舅舅和他表兄弟们来毁他，这才（赶）快（连）忙找上几个人来说合，或是买上几墩子纸，或是买上几箱箔，或是扎上几套纸货，花了若干钱，方才殡了殡。您说这宗忤逆的儿子，叫人家骂不骂吧？

圣人说的好，孝为百行原。人若不孝不悌，何以算个人呢？但愿今天在场的父老兄弟们，回家劝亲戚、劝朋友，教子女通通成个孝顺儿女吧。再不要学着下道不养老，叫人家见不上啦。

余词录下。听讲男六百五十人，女七人，咸乐。是会乃该区长宋翰卿，预期召集全区三十六村村正、副（村长）及各首事人等，与各学校，全体届时咸临。有崇正与栽培二校学生，唱歌助兴，声调合拍，童音激扬，足征平素教练之善。助讲者均能出言有章，大生启发之力，使听者聚精会神，效收无疆之福。每问学生，均能应答，声震殿庭，大生兴会。是以全场咸乐，使不天阴风寒，人数何止倍蓰？

特将江格庄崇正校歌录此，借见教练之用心：

云台深秀诸峰环，绛水黄山文明继，昔贤大开广厦数十间，崇正兴焉，淑英附焉，睡狮唤醒着先鞭，勉旃发轫在青年。莘莘、莘莘，高初级分，纬武并经文，乘时利用学在勤，敬业乐群、乐群，共对着国徽校旗，肃肃振精神。彬彬、彬彬，日新月异，博古又通今，造为有用新国民，同学凛遵、凛遵。共对着国徽校旗，肃肃振精神。

此歌乃崇正学生所唱，童音嘹亮，全场咸乐。

十二月二十一日，午前，在城东大街县党部，开农民协会成立会，余司仪。

（一）开会。（二）唱党歌。（三）向国旗及总理遗像行三鞠躬礼。（四）恭读总理遗嘱。（五）静默三分钟。（六）主席张习易报告开会宗旨。（七）演说。（八）石和轩致答辞。（九）闭会。（十）茶点。

余三人筹办农民协会，数日就绪，故开此成立会，以志纪念。午后二钟，在西关大街讲演所，开剪发放足进行会，各机关到者二十二人，议多条办法，一致进行，务使达到剪放尽净目的而后已。观各机关议论之决心，大家无不赞同。

张家沟讲演（1929 年 12 月 22 日）

十二月二十二日，下午二时至四时半，在张家沟第二区保卫团庙前大街。

招待员：该区长张春江，文牍张琪圃，会计张珊圃，庶务李墨泉，教员张棣亭。区长张春江主席报告开会宗旨，并宣读布告，言语清爽，全场大悦。

余说：今天到贵区开会，是代李县长宣布兴利除害之要政云云。

再说剪发辫。我中国四千余年无有带发辫的人，自从满清入主中国，下强迫剃发令，逼我汉族剃发，遗留下丢人的记号。于今民国十八年，若再不剪发辫，分明是反对国体，更教外国人轻视。这样顽固人，是不是拿着满清当了祖宗了，这就叫作随娘改嫁，不知归宗啦。劝大家有带辫子的，快快剪了去，再不要留着丢人的记号、反对国体啦。

余词录下。听讲男六百五十人，女一百二十人，咸乐。是会，乃该区长张春江预期召集六十六村村长、副（村长）及民众，届时咸临。有该村及邻村学生，散到列前。每逢有问，多含羞不答。说有多时，每条详讲，环场点头称是。团丁戎装整齐，持枪站岗，礼节可嘉。始终秩序井然，足见维持得法。使不天寒，人数必增数倍。

是日，着汤子英、陈万约，到十三区程家疃保卫团大街开会，自下午一钟至三钟。

招待员：区长张有璞、副区长王公臣。

张区长主席报告开会宗旨。届时，村众咸集，学校到者，有大脉张家普善、潘家庵普化、张家疃普育。每逢有问，均能应答。汤子英逐条讲演，详细分明。听讲男五百人，女六十人，全场咸乐。

李格庄讲演（1929 年 12 月 23 日）

十二月二十三日，至第五区保卫团，在李格庄庙前大街，自下午一钟至四钟。

招待员：该区长李云兴、单家村长单仲昆、村副单毅斋、遇家村长李书平、冯家村长冯谨斋、邹家村长单如川、于家村长于春生、李家村副李寿山。李云兴报告开会。

余说：今天到贵处开会云云。上边所说的十一条，大家也通通听明白了。

再说戒缠足。人之一生仗着手做活，仗着足行路。女人包脚的恶习，乃是南唐后主，为无道亡国的昏君，他有个妃子窅娘，脚上长病，不能穿袜子，用白绫子缠足，年深日久，把脚缠得瘦小，无道昏君以谓美观。传令是有官太太，通得缠足进宫陪侍娘娘。从此兴开这个恶习（劣）的风俗。自江南传染到江北，数百年的工夫，传染十几省。年久了，以为习惯成了自然的。把我中国女同胞（害得）从此受这些缠足的痛苦，真是令人不堪再说啦。

六七岁的小闺女，把脚给她揉断了筋，扭断了骨头，皮也破了，肉也烂了。小闺女痛得哭，她妈妈也不管。把眼哭肿了，她妈妈也不痛。若是把裹脚揭了去，她妈妈就拿把（巴）掌打。大家想想，为她闺女的脚，下这种狠毒的心。上背了天理，下又不顺人情，这宗恶（劣）风俗，若不除了去，真是背人道、伤天理。高尚的人早知道，这宗害能以弱种族，足以穷国家。种种的大害，是不会了的。从多年（以前）国府下的命令强迫放足，大家也是通通知道的，高尚文明的人，早把女脚通放啦。尚有一般糊涂人，还是穿弓鞋，缠脚不肯放。到等着受了官府的罚，这才知道懊悔了。愿大家劝亲戚、劝朋友，快快放脚吧。不要包脚遭穷罪啦。

听讲男六百五十人，女一百二十人，全场咸乐。是日之会，乃该区长李云兴预期召集九村民众，学校列队到者，有遇家东川、单家乐育、李家第十五学校。每问学生，应答活泼。惟东川学生唱歌助兴，初唱党歌，继唱黄族，终唱童子军歌，声调合拍，童音激扬，足征教练之善。队伍步伐，尤形整齐堪嘉。学生体育精神，洵堪首屈一指。余讲演数钟之久，听者精神不倦。

十二月二十四日，余与各机关约赴烟台，为第三师刘师长送牌匾、衣伞，祝颂功德。特着书记陈万约到羊岚集，第二十四区保卫团代表开会，自下午二时至五时。

招待员：区长吴耀东、建设分局正副局长吴利山、林豫山、羊岚村长吴星轩。

助讲员养蒙学校校长吴福之主席。教员王情田宣读布告，清细分明。教员杨民德、学董马希让、学生吴才之、前苗格庄滨河学校教员李日卿、清湾头村清溪学校教员王兰洲、建设分局局长吴利山，均能言中时弊，卒能唤醒同胞。学校列队到者，有羊岚集养蒙、涧村涧东、河崖马家育新、清湾头清溪、后苗格庄经纶、前苗格庄滨河、达善宋家华盛、东小渠疃三益、小姜家作新，共九校。惟养蒙、育新、滨河三校，军乐大作，鼓号震天，大生兴会。九校学生，轮次唱歌，全场大悦。每逢有问，学生应答，声动天地。听讲男二千六百人，女七百人，秩序井然不紊，观听数钟之久，毫无倦色，可云盛会。

十二月二十六日晨后，着书记陈万约，赴十七区保卫团，下午二时至五时，在南王大街。

招待员：该区长秦子文、文牍王子杏、庶务王松山、教练王振东。招待甚形周到。王振东宣讲布告，声音清楚。

助讲者：秦子文、草泊村平民学校教员于金生。均言中时弊，令人乐听。学校列队到者，有草泊村平民、南王家酉山、北李家滨海、南乡城树人男女二校、西秦家卫正、大王家瀛洲，共七校。听讲男二千五百人，女五百五十人。是日之会，乃该区长秦子文预期召集全区二十四村村长首事及学校。草泊村平民（学校）学生唱歌助兴，童音激扬，声调合拍，七校学生列队井然。每问应答，声动天地，精神活泼，足征平素教练之善。时际天晴气暖，寒风不吹，故人数乃有如此之多。讲至日夕，听者不倦，兴会淋漓，可云盛矣。

十二月二十七日，晨后，着书记陈万约至第六区羊岚黄家大街，下午二时至四时。

招待员：该区长陈滋圃、社长黄蕃卿、文牍黄子瑜、庶务黄子仪、教练孟庆彦。

届时，陈滋圃主席，黄蕃卿司仪。学校列队到者，有羊岚冷家第十三、徐格庄第一、羊岚黄家男女二校及羊岚孟家，共五校，均列队井然。听讲男一千二百人，女五百人。是日之会，乃该区区长陈滋圃预期召集全区十八村民众及学校，惟羊岚冷家，校旗高竖，军乐大作，鼓号震天。唱歌二次，童音激扬，大动观听。每问应答，众声如雷，教练之善，不问可知。是日，朔风频吹，听者多形股栗。此三日之会，日期先订。因余赴烟台办公，均着书记代表开会，其报告如此，讲词不录。

十二月二十七日，余等在烟台为新编第三师师长刘珍年君恭送颂品，万民伞一柄，德政匾一方，功德旗三对，高脚牌两对，再造胶东银盾一架，是代表黄县民众，歌功颂德之至意。余与支应局长杜永悌、商会主席胡兆昱、区联会长张积锦、财政局代表王燕生、第一区长张桂芬（一起）。余为公安局与讲演所二处之代表，及黄县旅烟同乡会会长王兰亭、交通银行经理张文轩等共二十三人，同行到部，有副官长王明顺君招待一切，刘师长对众发开诚布公谦让之诚，大家无不感激其勤恳之旨，谈数刻始散。

又闻他县恭送颂品者不一而足，视此足征刘师长之大德广被胶东。人民感戴之，颂仰无穷。

连日行见烟台街市，甚形整齐，凡有大小街衢，修理尽皆平坦合法，以利交通便利。行人往来皆颂德不休。又闻居民声称，地沟河渠前脏秽之地，今春尽皆挖除，重新掩盖。虽夏日炎暑，热气蒸腾，行人不嗅臭恶之苦，对于卫生，大受裨益。

又见饭市、饭馆，尽行刷新，炉瓢锅灶，一律改革。凡盛食品器物，尽加笼罩，借避灰尘，兼挡蝇菌。从此食品清洁，杜绝病灾，并免传染之患。对于民生之计虑大德，岂有量哉？

又闻对于剪发放足，屡下严令，派人巡查，积极进行，不遗余力。两阅月间，男子发辫尽除，女子尖足尽变。对于国家大体，一表壮观。对于妇女苦海，拯登衽席。从此男子做活便利，尤不受发油之脏污。女子身体日加强壮，行路亦不遭蹉跌之患。此等拯民救人之办法，虽强迫严厉，实属仁恩无穷，至于（其他）等等善政，不胜枚举。略述大概，足见一斑，新胶东之再造，岂无因而然哉。

余借叙所见，欲俾全国文武长官，为国练军训民，为民兴利除害，积极进行，不遗余力，咸能效法刘师长与公安局长王静涵君办事之毅力，则全国四万万同胞，幸福当享之无穷尽矣。余非过彰，乃实有所见如此，故述此以供周知。

十二月三十一日，山东省财政厅新委（任）黄县财政局局长张春芳，在县公署大礼堂，于上午十时行宣誓就职典礼。届时到会者，有党务整理委员陈南海、县长代表田玉瑄、商会主席张鹤乙、教育局代表刘清波，支应局长杜乐仙、公安局长邹洪五、建设局长丁履贤、赈务分会代表林恭言、第一区长张茗卿、区联会代表鲍甸南、警察队大队长赵保坤、第三区长宋翰卿、中学校长赵竹容、余为讲演所代表、剪发放足会代表王国华、三民商店经理山镜湖。

（一）总务科长田玉瑄代表李县长主席宣布开会。

（二）警察队作军乐。

（三）全体肃立。

（四）向党、国旗及总理遗像行三鞠躬礼。

（五）主席恭读遗嘱，全场循声朗诵。

（六）静默三分钟。

（七）监誓员就监席（誓）位。

（八）宣誓员向总理遗像宣誓云："春芳奉省政府财政厅长委任为黄县财政

局长，誓以至诚实行三民主义，收支悉秉大公，生产务求发展。爱惜物力，慎重用途，与地方共谋乐利，绝对不自私自利，绝对不以个人感情或意气用事，有逾此言，愿受严厉之处分"。

（九）监督员陈南海致训词。

（十）主席田玉瑄君致词。

（十一）各机关、各团体代表致词。

余说：今天张子蘅君就（任）财政局长之典礼。乃子蘅君前几年在黄县所办的事很多，起革命奔走呼号，热诚功高；掌教育，私塾净尽，学校日多；掌农业，宣传多方，成绩攸著。嗣后又历握数县之篆，仁政蜚声，遐迩颂德。今被全县各机关公举，掌全县财政，又蒙省政府财政厅考验及格，训练为优。现今回黄就职掌财政，收拾残局，必定日有起色。但是，黄县自遭兵燹，民贫财尽，十室九空，筹款尤难。预算决算，入不敷出，掌此民贫财尽、搜罗俱穷之财政，岂不难哉?! 但愿今日在座诸公，既居重要地位，对于民生问题，同谋生利之策。俾士农工商，尽有余财，然后筹款方有着落，现今入款甚少，用途甚多，虽巧妇难做无米之炊。尤愿大家倡导民众，尚勤尚俭，一面极力生财，一面极力省财，使民无游手之人，野无旷土之地。生财者众，耗财者寡，然后家给人足，则财用亦恒足矣。愿大家赞助进行可也。

（十二）宣誓员张春芳致答词。

（十三）作军乐。

（十四）摄影。

（十五）礼成散会。

乃张春芳者，吾黄县人也。为人多才多艺，办事精明强干。曩昔任劝学所长时，将全县私塾除（取）缔净尽。男女学校，逐渐普及，提倡学风之盛，洵属无两。嗣后宦游军界，旋握民政，莅篆多县，政声远闻，此次之志盛，犹其余韵也。

市民大会讲演（1930年1月1日）

民国十九年，一月一日，上午十钟，在城隍庙戏台，开市民大会，庆祝新年。届时各机关团体及民众咸集，会场布置，焕然一新。中置孙总理遗像，前后松坊点翠。台柱上一联云："唤醒人群新知识与年俱进，组合民众大团体到处皆春"。又分撒宣言数千张。各学校列队到者，有志正、绛西、县立中学、经纬、东川、崇正、三乐、经正男女二校、凤鸣女校、乐育、李博士疃小学、崇德男女二校、圣泉男女二校、五溪男女二校、务实、首善第三男女二校、开成男女二校、农民训练班，共二十四校。戎装整齐，鼓号震天，观者拥街塞途，庙院为满，警察队兵士，戎装纠纠，大有干城之概。

（一）振铃开会。

（二）全场肃立。

（三）作军乐。

（四）唱党歌。

（五）向党、国旗及总理遗像（行）三鞠躬礼。

（六）主席恭读总理遗嘱，全体循声朗诵。

（七）全场俯首静默三分钟。

（八）主席周琼琳报告开会宗旨。

（九）各代表讲演者。

（甲）（党务）整（理）委会员周琼琳。（乙）（党务）整（理）委会员陈南海。（丙）农民协会张详三。（丁）教育局长张敏生。（戊）妇女协会范餐秋。（己）商会主席胡明远。（庚）警察队长赵保坤。（辛）商民协会张鹤乙。（壬）建设局代表刘训聪。（癸）中山中学代表张伯良。又有县督学王石生、四团三营代表范益欣。

余说：今天开会，乃是庆祝我中华民国十九年的新民国。因为我中国五千余年的老大帝国，忽然一变为少年的民国，这是第一条可庆贺的。自从这十九年以来，南北几次的战争，政局几次的改革，流了多少的热血，掷了多少的头颅，三民的主义，方才能以实行表现，这是第二条可庆贺的。照着今天这样的和暖，到场的父老兄弟，士农工商以及各界的男女同胞，站立数钟之久，精神不倦，足征咸能热心为国，这是第三条可庆贺的。今日男女青年的学生，到场尤有如此之多，庆祝尤有如此之热诚，这是三可庆贺之中，更是可庆贺的。只是今日庆贺的是十九岁的玩童，身体尚不甚么强壮，气质尚不甚么充足，志向尚不甚么坚定，办事的能力尚不甚么完美，这是可庆贺之中更是令人所忧虑的。但愿众位男女同胞，遵从三民主义，努力进行，必须达到为国为民之目的，方能对（得）住我四万万同胞，亦不愧我孙总理创造三民五权这一片苦心啦。

今年是十九岁的玩童，再住个五六年，是二十四五岁的壮士，身体已经强壮了，精神气质业已充足了，立志与行为已有坚定与把握之标准，学问与知识胸中已蓄有成见了。到那时，人人见了，咸生畏惧之心，外侮不除而自去，内乱不靖而自消。人人同享太平的幸福于无穷。请大家各人拿出这个责任的心来往前去做，努力个五六年的工夫，实行三民的主义，然后再享幸福吧。

又说：各机关代表，所说的这些话，大家也通听明白了。我被各机关推举，代表李县长，下各乡开会，宣布一切兴利除弊的要政。又有省政府的明令，限期剪发放足，我每次开会，在黑板上画几个缠足的妇女与不缠足的妇女，两相比较：不缠足的妇女打水，一个人担着两筲，缠足的妇女打水，两个人抬着一筲。每问千百学生，这抬水的比这担水的，几个人能跟上一个人？众学生咸答四个人。凡大脚的走得快，小脚的走得慢，大脚的担两趟，小脚的才抬一趟。到底是几个人能跟上一个人？众答：八个人。再说是这个大脚的，担两天不知累得慌，这两个小脚的，抬一天累得脚后跟痛，明天就下不来炕啦。到底是几个人能跟上一个人？众答：得十六个人。则这个大脚的，自春到冬，一年担到头，也不知累的慌。小脚的夏天下涝雨，街上有滋泥，怕污了她的大花鞋。冬天下大雪，井崖上有冰溜，怕磕了她的脖髅盖，一年只做半年活。到底几个人能跟上一个人？学生咸说：得三十二个人。是三十二个人，一年能吃四十多石粮。你看缠足的害处有多大吧。你们向下娶媳妇，是要大脚的，是要小脚的？二十余校学生咸（答）要大脚的媳妇。要大脚的请举手，万众举手，全场咸乐。

（十）自由讲演。

（十一）呼口号十二条。

（十二）作军乐。

（十三）振铃闭会。

听讲男一万人，女六百人。余每有问，学生应答，声动天地。为天足之问，学生咸要大脚媳妇，高声欢呼，举手表示热诚，全场大悦。是日之会，乃县党部整（理）委（员）会预约各机关，召集各界。又际天气和暖，故人众到（者）有如此之多，洵称盛会无两。

午后，县党部与各学校，在中山中学演新剧，余助为招待。见到场观听者，男有三千六百人，女有一千二百人。校院操场虽大，犹有莫容之势。秩序排列虽整（齐），时有拥挤乱杂之形。演剧者虽大生兴趣，而观听者又有多不得睹闻。观其校外门前大街，不得出入者，街衢为满。警队警察及农协、训练学生多人，维持秩序，尚不足分布其劳。此等新剧，可称庆祝盛举，然所耗有用之款甚巨，五百元之费，演成可叹之惨案。

第七区老母庙讲演（1930 年 1 月 3 日）

一月三日，晨起，朔风飒飒，寒雪纷纷。晨后，起赴第七区保卫团，北行二十里，沿路凉风针骨，冷雪扑面。路无行人，至则时近午矣。下午二时至四时，在老母庙前开会。

招待员：该区长唐云卿、副区长杨圣泉、大姜家村长田登九、刘家村长刘治隆、姜家村长姜贯一、王会庄村长辛丕昆、大杨家村长杨化豫等，大表欢迎之概。唐云卿报告演说二次。学校列队到者，有唐家集第五、第十二、大姜家第二、大杨家第三、唐格庄第五，共五校。均队伍整齐，军乐大作，鼓号震天，轰动民众。

余说：今天到贵区开会，天气这样的冷，你们大家这样的热心，真是令人钦佩的。但是这些布告，你们的唐区长，已经是早日（已）开会分撒了。大家犹通来欢迎，兄弟实在是不敢当的，先谢谢大家这片盛意。

李县长出的这些布告，纯是为地方兴利除害的。余逐条对大家说说云云。以上十二条的有利有害，大家也通听明白了。但是这些事，不是县长一人能办的，也不是区长、村长几个人所能办得了的，总得大家一齐出来办才好。我们国既是民国，我们士农工商、男女老幼，通通是国民，各尽国民一分（份）心，应该我们为主人翁，自己出来当家才是的。自从孙中山创造三民主义，以救我中国四万万同胞。若是四万万同胞，通能醒悟过来，知道谁是救国的人，谁是祸国的人。是救国的人，我们一齐起来帮助他。若是祸国的人，我们大家一齐反对他。若是果然通能具有这宗眼光，向下内乱也就不用争权夺利、自相残杀了。汉满蒙回藏五族之同胞，团结（成）一个大团体，就是外侮也不敢再来了。不平等的条约，自然也就除消了。国家的领土，也就立时缴还了。从此，人成了有用的人，国成了富强的国，大家快快通出来，办一办这些兴利除害的事，享幸福吧。

听讲男八百五十人，女九十人，全场咸乐。是日之会，乃该区长唐云卿预期召集全区二十一村村长、首事及学校，届时咸临。学生唱歌助兴，大动观听，每问应答，声动天地，精神甚形活泼。讲至兴处，听者大悦。区丁戎装，维持秩序，井然不紊，办理之善，不问可知。是日，使不朔风飘雪，天气严寒，人数何止蓰倍。

一月四日，上午十时，与各机关在财神庙，为李县长醒乔公，送万民伞一把，德政匾一方，颂功银盾一架，万民旗四支，恭送者七十六人，开筵十座。

余说：今天大家为县长恭送牌匾，乃是全县四民歌功颂德之至意。自从县长到黄县六七阅月的工夫，施行政治，为黄县造福是很多的，用的上下人等，也是很得当的，所以大家咸口碑载道，颂德不休。故各机关代表全县咸来庆贺大德，借作纪念不忘，余与各机关并代为招待一切，愿大家酒足饭饱才是的云云。

丛林寺讲演（1930 年 1 月 5 日）

一月五日，晨起，朔风飘雪，天气严寒。晨后，至丛林寺第八区保卫团，下午二时至四时，在庙前开会。

招待员：该区长王施仁、副区长程季循、书记马序堂。程季循主席报告开会，并宣读布告，讲解分明。冶基马家第二育才（学校）教员杨凤亭助讲，言语周到。学校列队到者，有冶基马家第二育才、苏家沟英才、东台村青云、庄头村庄头、东河阳丛林、蓬莱河北阳村树人、西台村蒙泉，共七校咸临。余说有二钟之久。听讲男七百五十人，全场咸乐。

是日之会，乃该区长王施仁预期召集全区十八村村长、副（村长）、首事及学校，届时咸临。惟冶基马家第二育才学生作乐，并唱歌助兴，大动观听。西台村蒙泉，校旗高竖，鼓号震天。每问学生，全场应答，声动天地，精神活泼，教练之善，令人可嘉。助讲者言中时弊，招待者尤形热心。惟冶基马家、蓬莱阳村二校学生，往返几二十里之遥，不惮风雪之苦，热心可云已极。是日，使不寒风飘雪，人数必增数倍。

坤德女校讲演（1930 年 1 月 6 日）

一月六日，晨起，在诸由观坤德女学，上午七时半至九时半。

招待员：该校长王殿魁、女教员王佩珍。召集前后学生于一堂，奏琴唱歌，大表欢迎。歌云：

叹我乡风气闭塞，开通在提倡。朱君行旌今日到，大家齐仰望。高谈雄辩令人仰，战国之苏张。同学知识益增长，感德永不忘。

又唱《戒缠足歌》：

缠足容貌败，体弱瘦如柴。步履艰难，动则仆尘埃。请姊妹快快脱离缠足之苦海。你看那天足女，行走何快哉。母把闺女爱，惟恐不自在。骨肉伤残，母心不忍耐。为甚么，缠足女视之若草芥。其实是，忍心背理就把闺女害。

此歌徽醒女界。王佩珍主席报告开会。语多劝勉学生切要之旨。

余说：昨日到贵区开会，是代表李县长宣布兴利除害之要政。因路过贵校，蒙校长与同学们欢迎，又奏琴唱歌，同表敬意，兄弟实在是不敢当的。但是你们大家，得这个求学的幸福与天足的自由，皆是王子珩女士开的知识早，办的教育好，才能造就一般女同胞这样的文明。我黄县五六年前，办的女学校有一百五六十处，余到处开会。女学生登台演说者，未有能出于贵校之右者。

我中国在夏商周三代时，两千多年，同是学堂，孟子书所说的，设为庠序学校以教之。所以男有男学堂，女入女学堂。《礼记·学记》篇上所说的，家有塾，州有序，党有庠，国有学。男女儿童，八岁入小学，十二入中学，十五入大学，十九入国学，挑选秀才，进诸司马为进士。人无不求学之人，士无不受教育之士，所学的是六艺，礼乐射御书数。所重的是五伦，君臣父子夫妇兄弟朋友，各尽其道，各行其宜，男女通为有用之人。

自从战国大乱，世风庞杂，日事战争，学风大坏。迨至秦始皇焚书坑儒以后，人无求学之人，虽汉唐宋三朝，多有明君贤臣兴学，而学校终未普遍。及明太祖朱元璋，定八股文章取士，以愚民政策困天下的英雄。满清因之，不改其方针，益流其毒。自从海禁大开，文明日有进步，私塾所学的道，不能应用于文明竞争之场。故识时务之人，大倡学堂以反古道，加以种种科学，欲使男女幼童尽入校求学，咸受完全的好教育。乃有一般老顽固，头脑昏庸，破坏教育，不遗余力，致使学校二十余年教育未能普及，岂不令人可恨。

再说女子教育。情因多年的积习难以遽改，尤多不以求学为事，加以缠足恶风陋习，诸多阻碍，求学之进行，更难普及。是以女子教育，更为要紧。兄弟走过多省，到处参观，女学甚多，办理之良，教育之美，诸多不及贵校之完善。再者，官立、公立，以及私人所立女学，许多的通有底款。而贵校学款，完全是王殿魁君一人担任。大约这十余年间，所赔垫之学款，当然不下巨万。试问，彼等绅富财主，谁人能舍得若干的钱财，去兴办女子教育呢？你们大家想想，所受的这宗好教育，岂不是王子珩先生为大众造成一生的幸福么？

听讲女生七十人咸乐。乃王殿魁者，吾黄县侠义人也。家资仅足糊口，生性慷慨好义，其细君王佩珍女士，对于学生指导有方，造就一般女生，各科无不完美。故乡中耆老，恭送牌匾，颂德不休云。

大宗家讲演（1930年1月6日）

一月六日，晨后，至大宗家第九区保卫团，下午二时至四时半，在大街开会。

招待员：该区长宗君良、书记魏茂贤、教练姜有吉。宗君良主席报告开会宗旨。三甲村金山学校教员王治廷宣读布告。学校列队到者，有三甲金山、大宗家瀛滨、诸王院荆家养正、诸王院郝家明新、诸王院赵家缉熙、上庄魏家黄滨、城西头大王家文萃，共七校咸临。

余说：兄弟代表李县长，宣布这些兴利除害的事情，大家也通听明白了。但愿大家一齐出来办一办才好。我中国现今是个民国，凡有士农工商、男女老幼，通通是一个国民，民既成了国民，人人应当各尽国民一分（份）之心才好。乃我中国的同胞，受多年专制的压迫，甘居奴隶的地位，养成一片依赖的性（子）。每事仰仗官府，不能自主。许多不知民国是谁的国，尤（有）许多的因循旧法，不愿改新。更有一般老顽固，头脑昏庸，事事跟着破坏。所以乡间利不能兴，害不能除。若再因循旧法，不改新政，长此观望不前，将来事事落后，贻害乡里，洵有不堪设想之虞。但愿大家父老兄弟、诸姑姊妹以及青年学友，散会后归家劝亲戚、劝族人，快快照着李县长这些要政办一办吧。不要再因循旧法，观望不前，专信任一般老顽固满嘴胡诌八切啦。也不要自私自利，专为自己打算，不知为国为民众啦。

听讲男一千六百人，女五百二十人，大街为之拥满。是日之会，乃该区长宗君良预期召集全区二十七村村长、副（村长）、首事及学校，届时咸临。十余团丁，戎装持械，维持秩序，井然不紊，足征为公益心热。每问学生，均能应答，精神活泼。惟金山学校唱歌二次，童音激扬，听者咸乐。是日，朔风频吹，天气严寒，听者犹不少动，可云气盛心热。

黄城集讲演（1930 年 1 月 7 日）

一月七日，晨后，到黄城集第十区保卫团，在阁西大街开会，自下午二时至四时。

招待员：古黄乡立第一校长温良翰，首事温玉明、张恭宽、周占元、温孚先、王兆丰，书记于世卿，文基大张家村长张维敬。于世卿主席报告开会，并宣读布告。温良翰、金济臣助讲要政，谆谆劝听。学校列队到者，惟该街第一校王凤翰同学生唱国歌云：

北伐大军，直捣燕京，南北从此一统。烈士英雄，为国牺牲，造福我苍生。青天白日满地红，贪官污吏一扫清。打倒帝国讲平等，同胞乐升平。总理遗嘱，努力实行。民族民权民生，革命事业，造厥成功。声威震西东，偃武修文，一道同风，国民从此安宁。

中华万岁，三民万岁，一片高呼声。

余说：今天到贵区开会，到场的人甚少。闻听说您的区长朱元标甚不赞成开会，所以各村长、副（村长）及学校无有知者。若您贵街董事不着人沿街鸣锣，就是您贵村民众，也不知今日开会演说这些政治。今天所说的事，乃是李县长为众兴利除害的事，我逐条对大家说说云云。大凡这些兴利除害的事，得大家通出来办，将利兴好了，大家有钱花，通能享幸福。将害除净了，可以保治安，通能享太平。若但等县长一人办，县长的公事太忙，也有鞭长莫及之困难。若但等着区长办，如逢着旧脑筋的区长，事事反对新政，施用愚民政策，无论什么兴利除害的事，一点也不能办。不但区长他不办，就是县长什么紧要的布告，他也永不分发张贴，更不令村众周知。请问大家，这样区长，是不是上误了国家的公事，下朦胧一乡的愚民。

这三四年间，将学堂多提倡，（他却）到私塾，剪发的又提倡，他（却）留辫，妇女缠足的禁令，永久不教民间知晓，种种于民有益的事情，一字也不教民间得知。这宗区长，是不是害国之蠹？是不是乱德之贼？他是不是自私自利，一无大公之心？数年之间，使乡间暗无天日，不教人民见一线之光明。

兄弟上边所说的，李县长这些兴利除害的事情，大家也通通听明白了，请大家劝亲戚、告朋友，通出来办一办吧。莫要再受昏庸的区长，只知要钱不办事啦。

听讲男四百二十人，女五十人，尽系本村之人。非温良翰令该（黄城）集地方鸣锣集众，否则无人到场。是日之会，乃该村校长温良翰君，着人沿街鸣锣集众，始有村人到场。当晨后抵该区时，团所无人，惟有破桌一张，破椅两把，秽尘满室，别无一物。自东厢内出褴褛团丁一人。余遂着其往招区长朱元标二次，而该区长永未到场。着招村长于国海来谈片刻，托故而去。访诸居民，金言团总反对新政。每闻县中开会，恶不到场。幸有前区长温长松之少君温孚先同数位董事，招待一切。天将近午，该书记于世卿蹒跚而来，略谈数语，亦托故而去。又有文基大张家村长来换官契，方知余来开会。问其见通知单否，声称未见片纸只字，学校亦不知情。故外村无一人到场。及散会后，访诸居民，咸谓该区长及该村长，为东下河头柳姓祖孙兴讼一事费心不少。从来凡有新政，概置不理云云。归途路经烟黄通衢大河，桥梁置诸两岸，车马误陷水中，行人病涉，苦不待言。该区长置之不理，误此要政，可见其反对新政一斑。又闻当年曾联合乡众，迭讼前区长云。

一月九日，午后二时，在农民协会，与张详三、石向轩二同志等，开会讨论工作进行的事宜多条。为宣传党义、登记会员，组织乡里农协分会等项事宜耳。

一月十日，上午十钟，在县政府大礼堂，开财政会议。乃财政局长张春芳君，召集各机关，到场者三十四人。（甲）预算进款之数目。（乙）支出款项之用途。（丙）总计入不敷出，咸以筹款维艰之枯窘况。（丁）尚待各机关人员助为计算之办法云。

上午十二钟，群至建设局开会，讨论建设进行事宜，余提议多条：（甲）初春植树容易成活法。（乙）每冬谕令盖井，免陷行人事。（丙）铲除路旁荆棘以利交通事。（丁）黄城集、城西头为烟黄通衢大河，照旧架桥以利行人事。（戊）茔盘、墓田栽桑，或种苫草事。各机关到者二十八人，咸赞同，均谓生大利于无穷矣。

午后二钟，在县政府开会，乃奉省政府明令划自治区。各机关到者三十五人，当即将黄县划分十大区。（一）为正东区，（二）为东南区，（三）为正南区，（四）为西南区，（五）为正西区，（六）为远西区，（七）为西北区，（八）为正北区，（九）为东北区，（十）为城中区。各区选举一人送省考试、训练合格后，委派为自治员，议有三四钟之久。诸多争执，各是其说，随即逐渐解决。由此等会议观之，足征人之心理，各有一般之见解云。

一月十二日，黄县县政府来三七号指令一件，云：令剪发放足会主席朱君璞：呈一件。呈剪辫放足展期办法，请出示并令各区由呈悉，准予出示，晓谕人民，解除缠足恶习，并通令各区区长，转饬各村村长、副（村长），一体协助进行。此令。黄县县长李荣梓。

由此指令观之，各区、村首事负责，恶习不难立尽。亦不亏李县长改除恶习之苦心。愿各方首事一致进行可也。

一月十三日，着书记陈万约，至十二区保卫团代表开会。午后二钟，在鲁家（沟）大街。

招待员：该区长刁瑞凤、书记刘国翼、鲁家沟村长张生禄，第四学校学生刘振鳌。刁瑞凤主席报告开会。刘国翼宣读布告，声音清楚，讲解分明，刘振鳌助讲，言语动听，足征咸为公益心热。

是日之会，乃该区长刁瑞凤预期召集全区三十村村长及学校。惟学校俱放阴历年假，多未到场。听讲男二百人，女五十人。若非年关在即，人数或者能多，亦未可知。情因该乡地与蓬莱、栖霞毗连，风气甚形闭塞，私塾尤多，缠足恶习，永不解放，发辫均依然常拖，金不知新政为何说。乡民专尚迷信，黄教、鸾坛几遍全乡。为黄县首入左道之区。今春扰乱东南半县。有地方之责者，可速设法使归正教，万不可以互乡摈弃而不惜也。故说有二钟之久，听者犹有茫然，陈书记所报如是，想亦不诬。

十三日下午一钟，在财政局开财政清理委员会。省令规定八人，照章公推县政府总务科长田玉瑄、财政局长张子蘅、教育局县督学王石生、建设局长丁履贤、党部整理委员会王梅溪、公安局长邹洪五、地方公正绅士余与林恭言。由此等会议观之，如果能人尽负责，财政实不难清理矣。惟愿在座诸公实行任事，方不亏大家公推之至意。

西林家讲演（1930 年 1 月 15 日）

一月十五日晨，赴十一区保卫团，行三十五里，在西林家村东大场园，自下午一钟至三钟。

招待员：该区长朱广谟、书记田积亮、该村长林国凤、高小教员陈作贤、朱家村长朱良忠、邹家教员邹其学、陈家村长陈万祥。朱广谟报告开会宗旨。

余说种种要政、应兴应革之利害以及三民主义、农民协会之组织法。反复辩论，听者大悦，咸多鼓掌赞扬。是日之会，乃该区长朱广谟预期召集三十五村村正、副（村长）及民众、学校，届时咸临。又际十一区、十二区、二十八区三区九十八村集此投票选举自治员，故到场人数有如此之多。听讲男一千六百人，女三百五十人。迨选举揭票后，余即接（着）宣布种种要政。学校咸放阴历年假。学生散到者约有数校，该方僻处山陬，土瘠民贫，村落甚稀，户口甚少。大庄不过百户，小庄仅有十余户，民智不开，风气闭塞，此次之会诚为盛举。

荷花朱家讲演（1930 年 1 月 17 日）

一月十七日晨，赴第十区荷花朱家村，着区长朱元标临时召集附近各村长、副（村长）及该村民众，前后到者一百余人，在后街粉庄（坊）五间大房内，对众宣慰一切之利害云。

余说：今天到贵村请大家来会商，为的是梁旅长自蓬莱拍来一真电到县政府，李县长照来电意思，下了一道委任令，着兄弟到贵区一带宣慰安民的政策。大（致）意思是，您这一带在今春被招远无极道所蹂躏，数月之间，损失甚重。嗣后黄县南边左道又来骚扰，乡里人民受这些涂炭，真令人不堪再说。现在无极道业已剿除，一般被冤的老百姓，多想聚众借端报复。若有这宗行为，真是与无极道蹂躏乡里之非法行为，有何两样？

兄弟带来县政府的公事一件、公函两封，取给大家看看。如果你们这一带有借端聚众，到招远及黄县南边一带，逐村恐吓，借端诈财，此等行为，不但法所难容，即于天理人情也是说不过去的。前几天在贵区开会，宣布县政府的要政的时候，就有人说黄城集丢失的棺材甚多，大众就想着结伙成群往南去追寻。有无极道在城西头一带打仗，死亡的人家，追索迫要丢失的棺材钱。如果真要棺材钱，也应当在县政府递上一公禀，请李县长批示一个办法，也不应分（该）自己就随便拿着区长的公函，就想着学石良集一带，到处敲诈人民的钱财。再说，真无极道首领自知罪大恶极，俱都闻风远飏了。现时在家的多是被逼入会的无极道，既是首恶逃走了，再去问这些好人要钱，显系是目无法纪，与会匪行为并不（无）两样。所以梁旅长拍来这个真电，就恐怕无知识的愚民再闹出乱子来，人民又有一番的涂炭了。愿诸君回村对民众说说，再不要做出非法的事情才好啦。听者咸点头啧啧称是，无不赞同，咸允遵办。

下午二钟，在石良集高小学校，着区长朱元标命人召集附近村长、副（村长）及村众，前后到者若有一百余人。对众宣慰一切。

余说：今天到贵村请大家来会议，为的是梁旅长拍来一电，李县长照电下了一道委任令，为您石良集一带有聚众诈财的，特与大家谈谈。

今春，招远县的无极道闹了个翻江搅海，到处强迫良民入会，有不入者勒捐十数倍。其行为之恶劣，更不待言。您贵村所遭其残杀者七人，被绑去者又是六七人，被抢去财物之家，几乎无幸免者，其残暴比土匪尤甚。彼等罪恶满盈，咸被剿灭诛戮，可见公道自在人心。是以良民无不称庆，因此各县为刘师长、梁旅长（部之）夏、聂二团长，以及团副与营长等诸公，恭送万民衣、伞、牌匾者，不一而足。足征人心之感戴、无恩可报之热诚。也可以说，入邪道行非法者，终不能得些良好的结果。现在你们这一带，又有结伙出去借端诈财的，哪知道恶劣之人，已经诛戮的诛戮，抄家的抄家。总是（之），国家的法令是不能不遵守的。如您贵村遭了无极道的凌侮抢掠，人所痛心，不能预先禀报官府。如今又想着借端报复，这不是又甘蹈非法的行为，显系情愿自履法网么？

据您村长方才所说的，只有店埠曲家村众情愿拿出大洋一千一百元，包赔您村的损失。据外边风传说，您村结伙多人，在大河两岸，逐村强索良民包赔损失。若是这等办法，实属与无极道恶劣的行为并不两样。梁旅长知道此种聚众诈财之举动，一旦有人告发，官府是不能不再查剿（的）。所以，着兄弟特到贵处宣慰一切的利害，愿大家各回村时，对民众宣告一切，凡有前边被冤的事，能以忍让了更好。如不能以忍让，可到官府去禀诉情节，请示办法。万不可自己随便胡来，只图报仇，只顾发财，不知自己已罹法网之中。愿诸君回村时，对民众将这些意思说说才好。方不负梁旅长这片苦心啦。听者大悦，咸允归家尊办，永不再蹈前辙，甘罹法网。

石良集讲演 （1930 年 1 月 18 日）

一月十八日清晨，在石良集村东大场园，众人来集，遂对其开导一切，趋邪途非法之害，归正道循轨之利。宣慰有一钟之久。听者百人，欢然大悦，点头称是。上午九钟，在石良集大街开会。

招待员：该区长朱元标、黄城集古黄乡立第一校长温良翰，益昌泰执事王宏昌、村长王培亮。

温良翰主席报告开会，并宣读布告。听讲男三百二十人，女五十人，全场咸乐。是日之会，乃该区长朱元标令地方沿街鸣锣集众，到场者多系本村之人。讲演二钟之久。听者不倦，欢然大悦。是日，天晴气暖，所到人数太少，足征风气闭塞，人不开化。皆因历年提倡乏人，居首领者，多系假装文明之辈，反对新政，事事借端破坏。巧施愚民之鬼蜮伎俩，洵属令人浩叹。若长此以往，尽养成一般愚蠢迷信之亡国奴矣。有地方之责者，快快设法拯此愚氓，勿使永沉苦海，终久不使见文明一线之光，洵可惜也。

余自金秋十月九日，在西郭外军士教练场内，驻烟台第三师刘师长珍年公，特开一军民联欢大会，刘师长对民众说，胶东人民遭这些痛苦，无人过问，应该县知事下乡问人民的疾苦才是。当即谕令李县长荣梓公，下乡问人民疾苦，而李县长当即面允，印有数千张兴利除害的十二要政之布告。着余代表，到四乡二十八区保卫团，召集四民，开民众大会，逐条演说刘师长与梁旅长及夏、聂二团长保卫人民之奠安及李县长兴利除害之要政。（所）到（之）处，民众无不手额称庆，感念大德。惟四乡连年屡遭旱蝗兵匪之患以来，间阎甚形萧条，人民甚形困苦，教育迭遭几次摧残，各校内外的精神，甚形颓靡。加以百物腾贵，捐税层出不穷，实业尤形凋敝。商民屡被抢掠，周观四境，疮痍满目，查开民情窘愁、呻吟困苦之状，洵有郑侠流民图①之悲叹。每次开会，力顺民意，宣慰启发民众乐生之心，解去悲愁痛苦之念。余每睹其惨恻情况，恒终夜愁不能眠。转念人民遭此困苦，虽有刘师长之大军能保人民治安，李县长能查人民之痛苦。然如人之病入膏肓，虽有卢医扁鹊，亦难遽尔起床。

回忆自从山东失政数年之间，民之膏血，业已剥削殆尽。嗣后山东虽然肃清，而胶东又旋遭兵祸，杂军竞进，互相战争，此来彼往，推转无穷。动则劫掠焚杀，住则勒捐搜财，老弱者转死沟壑，强壮者铤而走险，兵匪联片，人民益不聊生。

客冬，招远东南一带，左道忽起，吞符念咒，聚众抗官。数月之间，蔓延数县，奸民煽惑愚氓，懦民被迫入伙，从此日益蔓延。有识者携眷远飏，蠢愚者畏势盲从，闹得翻江搅海，惹得几番焚杀剿除。幸有刘师长及各旅长、各团长、各营长、各连长、排长及兵士，虽行军动将，而剿灭之中，又各怀仁慈不杀之念。各县奠定以后，而胶东十余县之人民，无不歌功颂德，口碑载道。而各县绅学农商各界代表，恭送万民衣伞及种种纪念品者，络绎不绝，多不胜数。可见仁者之师与残暴军阀，使人之爱戴与惹人之憎恶之分，洵有霄壤之别。可见居官者爱民害民，咸出之自己天良现昧而已矣。他何待言？

---

① 郑侠（1041—1119），字介夫，号一拂居士、大庆居士，福建人。1067年，中进士。历任将作郎、校书郎、司法参军。1073年，天气大旱，赤地千里，次年绘《流民图》，献给宋神宗，将灾民之苦归罪于新法，又上《论新法进流民图疏》。神宗"反复观图，长叹数四，袖以如内。是夕寝不能寐"。下诏停止变法。后以罪谪汀州，又贬英州。著有《西塘集》。——编者注。

迨至秋间，无极左道虽然剿灭殆尽，而遭无极左道摧残蹂躏之乡村，诸多聚党报复。有的借端诈财，有的挟仇兴讼。诈财者集聚多人，逐村骚扰，闹得鸡犬皆惊。兴讼者株连多户，逮捕盈庭，闹得是非颠倒，从此闾阎尤不得安。法庭诸多错乱，欲再解除人民之此种痛苦，非有精明强干之官吏，不能再造民生之幸福。但愿有握地方之责者，上体长官爱民之苦衷，推人心而施仁政。下顺舆情好恶之趋向，急兴利而力除积弊，洞察民隐，积极进行，则各县士农工贾、男女老幼，方能颂永久之奠安，歌再造之大德矣。又愿各方热心救民之诸大君子，可速设法力助良好的官吏一致进行，方能对（得）起刘师长这一片爱民之苦衷，亦不空生为民国之人。

余曩年屡出外游，每著游记，多抱乐观，情因各界事业，逐渐改新，一力进行。今年巡查黄县之境地，见各乡民众窘愁难堪，余亦代作悲观。回思我中国，大局不定，南北意见不和，战争不息，扰攘靡穷。虽有热心忧国爱民之人，总奔走呼号，亦徒劳焉而已。总使齿落唇焦，舌敝耳聋，亦难解劝官僚去其升官发财之志如此，似此等目的如彼，社会安得不坏，人民何能奠安？此所谓几人倡乱，全国遭殃矣。惟愿有官僚之目的者，与有军阀之心志者，盍速去此恶习，以恤国难民困可也。是为记。（《讲演集录》下册终）

《前锋日报》① 发刊纪念

（1936 年 8 月 12 日）

数十年来，我武不扬。文化迟钝，迷途孔张。敝风陋俗，挽救无方。内乱甫息，外侮益狂。满蒙倾陷，华北濒亡。振聋发聩，前锋擅长。医俗有术，直言气壮。俾邪归正，政教改良。诡诈浇漓，一律更张。鼓吹民气，日臻富强。民气日启，国耻莫忘。挽回领土，为国增光。睡狮一吼，群兽尽藏。威震五洲，怀柔万邦。社会大同，幸福共享。敬祝贵报，万寿无疆。

朱君璞敬祝

---

① 《前锋日报》，1935 年 12 月 30 日创刊。于右任、居正、邵力子、褚民谊、何思源、商震、陈绍宽、王用宾等人为该报题词。该报日出两大张 8 开八版，头版常为广告。设有本地新闻、国内国际新闻、科学、文学、艺林公园、公告、经济一览、交通一览等栏目，其"公园"栏目曾连载的《黄县革命史实》，是研究徐镜心极其领导的山东、东北地区辛亥革命的重要史料。1936 年 10 月 31 日停刊。——编者注。

朱氏族谱排世记 （1944 年 1 月 24 日）

　　余尝游行四方，每见世家大族支派不紊者，皆因辈行同一故也。溯其子姓蕃衍迁居各地，虽代远年湮也能寻根见叶，永无长次昭穆颠倒之错耳。余今年七十有八岁，老病家居，忆及曩昔创修族谱之时，并未计及预派辈行为要图。近忆追念宗功祖德，嘉言懿行可守可法者，更难枚举。转念宗族支派之蕃衍迁徙各地者，恐其代远年深，遗忘本族祖德之盛况，故特拟排本族向下后起之辈行为三十二世。自"良"字起，迄"宁"字止，意欲俾本族之辈行，永无重复舛错之虞。倘后复有迁徙南北留居东西者，亦使其忆念先祖之本源也。设若三十二世排遍时，尚望后起肖孙，另拟择排辈行于无穷也，尤非余以精神颓靡之余而能远计也。民国三十三年一月二十四日七代孙朱全璘谨识。

　　附三十二世辈行：良善之家，百世昌大。安守廷训，道延中华。福施恩佩，仁昭义明。普天同庆，万邦咸宁。

附录一　先父轶闻趣事五则

朱广助[①]

父亲能文能武，不仅学识渊博，而且武功高强。辛亥革命后，父亲到处演讲，宣传社会新风，走遍了全县大小村庄。因胡须过腰，外号"朱大胡子"，当时大人小孩没有不认识的，乡里人尊称"大先生"。民间流传许多关于父亲的轶闻趣事，摘编五则以飨读者。

（一）

父亲早年宣传剪发放足时，受到来自各方顽固势力的层层阻挠，更有家族势力的反对。据磨山迟家村戚克龙先生回忆，村里有一个广为流传的故事，有一次，父亲到磨山迟家村宣传剪发放足，讲演完毕，父亲本族一兄长牵着一头毛驴尾随其后，有趣的是毛驴的尾巴剪得光秃秃的，父亲走到哪里，他就跟到哪里，有人问他为什么要剪毛驴的尾巴，那人回答"我给驴剪'发'啊"。父亲并没有斥责兄长的消极干扰行为，相反带着兄长一路讲去，顽固的兄长没经过几个村庄便被父亲的讲演感化了，由一名反对者迅速变成了一名坚定的追随者。

（二）

当年芦头镇几个村因为办学校发生财产纠纷，父亲应邀前去调解，经过几天的说和，事情圆满解决了。乡里保卫团想好好酬谢，热情地留父亲在团里吃晚饭。父亲想，自己是来做调解的，既然事情解决了，不想因这吃吃喝喝的事叫人说三道四，便谢绝了大家的好意，趁着天还亮堂早早赶路了。

冬景天黑得早，父亲选了条近道回家，这条道翻山越岭，弯曲狭窄，还净是雪，深一脚浅一脚格外不好走。当月亮升起时，还要翻越两个山坡才能到家，

---

① 朱广助（1939—），"1957 年黄县二中初中毕业。1958 年任公社农业中学教师。1961年农中解散后回家务农。1983 年被（黄）县科协吸收为会员。1984 年在村里第一个引进红富士苹果。1990 年获烟台市'农民技师'称号。1997 年起，当选为黄县（龙口市）人大代表（四届十四年）。"著有《长把梨实用管理技术》，凡三万余言。"烟酒不沾，忠厚孝道，热心助人，曾获龙口市'最佳市民'和'小康人家标兵'荣誉称号。"

还好，借着皎洁的月光，路边的树木和模糊的小道依稀可见。

走到蒋家村东山口时，忽然听到前面传来一阵"咕咚""咕咚"的声音，一截滚木横落到面前，挡住了去路。父亲快速躲到路边，贴在山崖下观察情况。这时，一块接一块的石头从山腰飞来，砸在前面的山道上。父亲顿时明白，遇上拦路抢劫的了。停了片刻，父亲对着山腰大声喊道："兄弟我是朱家村的'朱大胡子'，天晚了路经此地，身上没带什么东西，诸位要是缺什么，明天来家里取，行吗？"话音刚落，飞石立马停下来，没了动静，一阵急急的脚步声渐渐远去了。

等父亲走下山口，远远看到有几个人影在晃动，稍后又快速往前面的山坡跑去。走到近前，有两截粗大的滚木从中间移到路边。原来是盗贼设了两处拦道点，即使躲过了第一道口，下一个口也走不了。父亲正看着，半山腰传来喊话："弟兄们有眼无珠，不知道大先生路过这里，得罪了，木头已经挪道边了，大先生请放心走吧，兄弟在这里赔罪了！"

父亲一句话喊走劫匪的故事，后来是一个被抓的盗贼在受审时交待的。

（三）

一个夏日的中午，刚吃完饭，几个乡亲来讨药方子。父亲写完药方后，倒了些蜂蜜给其中一个人，给了另外一个人一勺白糖做药引子。这时街门口传来一阵哭喊声，一个衣衫褴褛的壮汉被邻居们引到家里，一进门"噗嗵"一声跪倒在地，一边磕头，一边哭着喊救命。父亲把男子扶起来，来人抽泣着说，他也姓朱，家是蓬莱的，满村里只有他这一户朱姓人家，他是出来寻宗求亲的。因为没有同宗同族的弟兄，在村里经常受人欺侮，现在摊上事了。

来人诉说，俺村有家王姓财主，家大业大，没人敢惹。家里二亩水地与他二儿家相连，每年耕地时二儿家挪一下地界碑，有三年了，本来二亩水地，现在剩了不到一亩半，去年找他二儿评理，不仅不承认，还把俺老婆打得在炕上躺了三个月。下月俺儿子要定亲，他二儿把俺家门前的路堵了两大堆粪，儿子快三十了，好歹找了个媳妇，这可咋办啊？早上俺去央求把粪拉走，他二儿叫俺把地卖给他才拉。俺家老老小小八口人，就指着这块好地打粮呢，要是卖了地，全家人可咋活啊！俺不答应，这不又把俺给打了。俺打听了，咱这方圆百里的，姓朱的只有大先生能帮俺了，求大先生救救俺吧。

仔细打量，该男子四十多岁，左脸肿着，眼圈乌黑，右胳膊袄袖有巴掌大的一道裂口。父亲叫家人端来饭，他边吃边说自己在村里如何受欺负，在场的邻居无不义愤填膺，纷纷要求去评理。父亲交待来人，你回去告诉王家，我明天去你村，问王家讨说法去。

次日，父亲带了本族两人赶往蓬莱。王姓财主早早带着家人在村口迎接，见了来人，跑上前去，拱手抱拳，深深鞠了一躬，说："有劳大先生跑腿了，我已在此恭候多时，鄙人平时不问家事，儿子不孝，在外欺负人，都是我管教不严，惭愧啊。先生你看，道路早就通开了，快请家里坐吧！"

父亲坐下后，问是否有占地打人的事，王姓财主当即一脚把儿子踢倒在地，骂道："畜生，还不赶快跪下！"儿子耷拉着脑袋，一声不吱，任凭他爹怒骂。

王家父子自感愧疚，主动提出解决方法，重新量地，霸占的水地原封不动归还朱家，包赔三十斗小麦，作为所占田地的补偿，包赔二十大洋，作为打人的补偿，王家承诺，今后绝不再恃强凌弱。

一年后，蓬莱朱家带着儿子、媳妇来村里致谢，高兴地对邻居们说，从那以后，俺们在村里再也不受欺负了。

（四）

抗日战争后期，八路军经常在村里驻扎，那时父亲年事已高，仍然积极为抗日献计献策，记得部队在场院集合的时候，父亲经常拿着关公大刀，挥刀练武，然后讲上一通擒拿格斗的技巧，部队官兵不时报以热烈的掌声。当时部队官兵、地方政府领导经常来家看望父亲。

一天下午，八路军的两位同志来拜访父亲。跟父亲谈了很长时间，当时不清楚谈话的内容，只记得客人走后，父亲吩咐二哥，马上联系买主，把家里分给四哥的五亩好地全部卖掉。

事情是这样的，四哥常年在哈尔滨做生意，侄子在家跟父亲过活，平时也做些小买卖。这次部队要大量采购火柴、肥皂等生活用品，侄子说能搞到，部队首长相信侄子并预付了货款。战争年代没常理，鬼子封锁，土匪抢劫，道路不通，通信困难，侄子去了四个月没有消息，家里人一直以为他在外做生意。八路军马上要开拔了，货还没运来，着急地来家里打听侄子的下落，父亲才知道了这件事。

父亲跟八路军同志说，兵荒马乱的，我们也难找到孩子，不知他什么时候回来，部队马上要走，不能耽误了大事。我们立刻筹钱还款，三五天送到部队，请放心！

父亲常年在外革命、讲演，没有多少积蓄，家里的土地房屋早已按份分了，一时难以凑很多钱。父亲一生把品行看得比命都重要，这又是部队的经费，无论如何也不能拖延。父亲坚定地说，孙子家里有地，卖地还钱！

几天后，家里来了许多人，有村里的干部，有族里管事的，炕上放着一张方形小木桌，摆着笔墨纸砚，父亲坐在炕上，主持办理卖地签约手续。当下族人写好契约，买卖双方签字画押，父亲将卖地的款凑齐后，直接吩咐二哥送到驻军部队去了。

我那时还小，终究不知是多大一笔款项，只知道四哥的地没了，父亲也一下子衰老许多，遭受这次打击后，一病不起。父亲以此教育年幼的我，做人立世，一诺千金。

（五）

父亲去世时，我还年少，二哥、四哥远走东北多年，家中无人主事。父亲的灵柩暂厝于住房西墙外，每年农历十月初一和清明时，母亲领着我给灵柩添泥培土，想等哥哥们回来后再下葬。直到1953年初冬，二哥吩咐在辽宁省委工作的侄子朱良籽回家安葬父亲。

入冬后一天比一天冷，下葬的当天上午，原本寒冷的天气变得暖和起来，风和日丽，人们都说赶了个好日子。不巧，快到中午时，突然雷电交加，雨紧一阵、慢一阵，沥沥拉拉下个不停。这下愁坏了母亲，雨这么下还怎么起葬呢？看着时间一分一秒地过去，离起葬的时辰越来越近，大家愁得一筹莫展。

老屋在村子的西北角，地势较高，向东约二百米，有块天然巨石，面积有两个院子大，突兀在周边房子中间，村里人称"沙盖顶"，平时是邻居垛草放柴的地方。约摸还有半个时辰，透过东窗向外望去，沙盖顶上空忽然白了起来，再看院子，雨渐渐变小，一袋烟功夫不到，完全停了。

人们立刻忙活起来，按计划准时起葬。灵柩刚出院子，前面抬灵的人突然大喊起来，大家抬头向前望去，只见两只灰白色的大鸟从沙盖顶上飞起，扇着两只大翅膀，"咕、咕、咕"地叫着向东飞去。

事后，大家议论纷纷，都说不出飞走的两只大鸟是什么，有人说可能是鸽子，不过，村里所有人家并没有养鸽子的，如果是鸽子，是从哪里飞来的，又是什么时候来的呢？还有人说，本来天那么好，怎么说下就下呢？也有人说，都到这个季节了，就是坏天也该下雪了，怎么偏偏下起雨来，还电闪雷鸣的，该不是大先生显灵吧？

朱广助于 2013 年 4 月

先父遗物追思

朱广助

先父生前用过的许多物品，因历史的缘故，所剩无已。有些东西至今仍留在记忆中，印象比较深刻，略述如下。

总统赠匾。当年家中存着三块长方形大匾，匾长二米多，宽近一米，四边雕着花边，有五六公分宽，淡黄色，夹着淡红色的条纹。各内书四个大字，分别是"苦口婆心"、"急公好义"、"乐善为怀"，匾的左下角盖着方形篆书大印，大印边长约有十五公分。匾是不同时期总统颁赠的，一直存放在家中阁房里。"文革"前，我还在七甲镇史家庄村教学，其间住校，只有周末才回家一次。运动来临时，母亲惧怕受牵连，把匾拆掉烧毁，只留下几个长边，后来一直钉在火炕边用来挡行李。匾没有保存下来，甚为可惜。

万民伞。伞顶为八角形，直径约两米余，上下三层，呈圆柱状，像一个装满谷物的粮囤。中间一木质支柱，顶端是类似清朝官帽上"顶戴"一样的木雕，木雕顶端呈长圆锥状，下面是一小一大两个圆木球，木雕镶在伞把上，和伞把一起漆成朱红色。伞有四个角吊着黄色的线穗，伞身第一层为浅黄色，中层为淡蓝色，两层底部均配红色缨丝带，下层为大红色，底部镶着黄色缨丝带，泛着金光。伞面均为缎子料，鲜艳无比。伞的每一层上部，密密麻麻地缝着五颜六色的绶带，绕了一圈。绶带宽约三公分，长约两尺，也是缎子料，上面是工工整整的毛笔楷书，依稀记得内容有"黄县商会××"、"黄县××记"、"黄县××号"、"石良集××"、"××保卫团"、"丁记×××"、"李记×××"等字样，上下三层，有数百条之多。

伞制作考究，缝纫精细，用料上乘。村里老人经常提及当时送伞的情景，一帮人敲锣打鼓，举着伞，打着旗，浩浩荡荡送到村里，热闹了多半天。据说，当时军阀横征暴敛，苛捐杂税名目繁多，百姓不堪重负。先父到处奔波，控告当局荒淫无道，并走村串巷演说，每逢集日、庙会，当场痛斥征税者，最终迫使当局取消了杂税，黄县各地经商做买卖的，自发送万民伞以示感激。

万民伞后来不知何故拆了，只记得当时二哥家的女儿出嫁时，用伞的面料做了一套嫁妆还剩下许多。伞的绶带拆下来，缠成几个团子放在家里的大储物盒里，平时用作孩子们做衣服、缝裤带子、系手套带子，余下的几个团子，一直保存到九一年老房子翻新时，作为废物处理了。

老照片。"文革"前，家里保存了许多先父的照片，多数是参加活动、聚会时的合影。印象比较深的照片，其中有一张十二三个人，是年轻时的合照，个个穿着军服，手里拄着大刀，估计是先父当年参加辛亥革命时和其他同志的合影。还记得一张大约有一百多人，照片题字上有"北极星沉"字样，照片中有一半是穿军服的人，站列在一边，另一边是穿长袍马褂及其他衣服的人。每一排有二三十人，计有五六排。先父光头，留着大胡子，在照片中排中间位置，好像是纪念孙中山先生逝世时各界集会时的合影。还记得一张，有八九个人，有坐着的，有站着的，先父留着胡须，不知是做什么事和谁的合影。再就是全家福照片。还有众多照片大多为合照，没有具体印象了。

合影的照片大约有三十公分长，二十公分宽，有许多是粘在一张稍大点的硬纸褙上，小一点的照片装在纸盒里，一直保存在家中的壁橱里直至"文革"爆发，被母亲烧掉了。

书籍及杂记：当时家中存有许多线装书籍，除了四书、五经、《左传》等古籍外，还有先父自行出版的著作。印象较深的是《讲演集录》、《历史三字经》、《游行略记》、《鲁直吴豫晋五省游行略记》等。记得小时候，先父教自己背诵历史三字经"人之初，盘古氏。生太荒，莫知始。……"

家中尚存先父两个手抄本，一是64开本，外带包装，包装封面写着"兰闺秘诀"，本子里记录了一些生活常识、药方。封皮是先父手书，字迹模糊，依稀可见从右向左三列字，分别为"廿九年九月×"，"药方秘海"，"朱全爍"。首页先父写有一段文字："余十六年在烟台，见《芝罘报》载有秘海药方，今因病中记录之，有愿传者，令其照录，以济有病无医之乡村，是余之至愿也"。本子中间又记道："余游历三十有三年，多有经验奇方，愿以济世活人，到处口传笔记，今病忆特录记之，广传周知，使无医之乡村照录以备救急之用，是余所至盼者。中华民国廿九年冬十一月记"。

另一手抄本是一本折子，外包装长约九公分，宽约五公分，厚一公分多，上面写着四个字，为"新民××"。抽出折子，红色封皮上写着"宣统三年四月吉立，朱全爍先生，莱峰学堂"。这是先父当年办学堂时授课的讲义。里面先出谜面，后揭谜底，再讲述该人或物的有关知识。折子以此形式，讲述了历史人物、小说人物、生活用品等各方面知识，以历史知识居多。如讲史可法，作谜语如下"一人把口串，一丁把口掩，去住在河边，力保朱江山。（打明名臣一人，史可法）"，然后简要讲解与史可法有关史实。还有给自己的名字作的谜语，"未有一撇，人在王家，乐玉为怀，无点不差。（打己名，朱全爍）"。

茶几、方桌、拐杖、座钟：家中现在还保存着先父生前用过的几件日用品。

茶几，长约六十公分，宽约二十公分，高约三十公分，两头带耳边，左右两边各有一小抽屉，中间部分有两扇小门。正面两侧是木雕的鸟及其他动物、花草图案，茶几通身漆成暗红色，做工比较考究。

方桌，长约三尺，宽约二尺，高约一尺半，是一普通小桌，幼时，记得先父教自己写字读书都在这张桌子上。

拐杖，先父老年所用，是一竹杆制成，上部弯成一个半圆形，底端包着铁箍，后来老房子翻新，作为废物处理了。

座钟，座钟高约四十公分，宽约二十公分，厚约十多公分，上部呈半圆形，外部边框为木质结构，正面两边镶着铜雕，是两条龙的图案，钟摆是黄铜的，表盘是罗马数字，走时十分准确，很长时间不用校对。座钟一直用到八十年代，后来弦断了，没有再修，就一直存放着。（2013 年 10 月）

同盟会先驱朱全璨

朱良耕[①]

祖父朱全璨，字君璞，又字金玓，祖居七甲镇朱家村。幼读私塾两年即务农，好读书，凡四书五经、诸子百家，无不博览，精彩处，尤能背诵。祖父事亲至孝，名闻乡里，为人和蔼公正，常排难解纷，资助贫困，村里皆尊称"大先生"。

祖父无家计之忧，毅然于清末参加革命，入同盟会，率先剪发，以示忠贞。革命时为补给员，押运粮饷，夙夜匪懈，向不辱命。民国元年一月，革命军安仁率敢死队攻克北马，欲西进黄山馆，使祖父先往谕众，部署营房。将至，获知清兵已抵黄山馆，正预备反攻北马，急回驰报安仁而退，适仓谷箕藏自蓬莱，以炮兵击退清兵，复回黄县。民国元年二月，清兵围攻黄县，城危，祖父以索坠城，赴烟台求援，夜宿店，恐光头被捕，以三开帽蔽之，几经险难，抵烟，乞师不成。其间清兵两次抄家，家属四逃，亲属均不敢收留，为此更增敌忾。

民国成立，祖父任警察局巡官、县议员，与劝学所长张子蘅、教育会长周良翰皆隶同盟会，志同道合，咸以清鼎初革，风气未开，必须力加鼓吹。因祖父颇具辩才，大小会场，无不请他演说，讲台甫登，掌声四起，盖其须长及腹，目光炯炯，貌既惊人，言更压众。众皆呼其名曰"朱大胡子"。劝学推行，偶有私塾作梗，虽山边海角，请其派警疏解，从无一误；因而学风为之丕振。甫三载，学校数字由四十余处增至六百余处，绩效可证。祖父因响应劝学，将个

---

① 朱良耕（1914—2003），朱全璨次孙，爱国台胞。1931 年毕业于黄县中学。1936 年奉祖父朱全璨之命，为抗日救国离家奔赴山西太原晋绥陆军军官学校教导团学习军事，1938 年毕业后，随即编入国民革命军作战部队，参加了台儿庄会战和徐州会战。1940 年参加张自忠将军指挥的枣庄会战。抗日战争时期，转战河南、山东、安徽等地，曾任谍报队长、游击队长等职。抗战胜利后，奉命参加中原地区的战役，后退守青岛。1949 年秋，携夫人随军自青岛去台湾基隆，后以中校军官身份退伍，经营小本生意。1993 年第三次回乡探亲，创设"朱良耕奖学基金"，捐资 1 万元人民币，2007 年其次子善衡又续资 5 万元人民币，鼓励本村青年积极上进，支持家乡的教育事业。曾为台湾山东同乡会所办的《山东文献》捐资 50 余万台币，为《龙口市政协文史资料》提供了多篇史料，著有《故乡风情》、《少年趣事》、《战地日记》、《黄县话》等。

人北河私有地捐出一部分，筹建五间二层楼房，设立小学，容纳莱山前七村（王家、邹家、郭家、杨家、西林家、李家沟、朱家）之儿童。发展教育，扫除文盲，为地方造福。

男剪发，女放足，为民初之要政。祖父为推行新政，四处演说。本县八百余村，受诲者过半。曾编有放足歌曰："天足好，天足好，石头瓦块绊不倒，上山下田到得早，担柴挑水做得了"。剪发歌曰："剪发好，剪发好，从今不挨虱子咬，省得时间知多少，省得银钱花不了。"教儿童歌唱，并于黑板上画简图，天足一人挑水，小脚两人抬水，以增大众认识。

民国四年，祖父首任县第十一区保卫团团总。因见同志多争名利，辞去公职，两次游历华北五省，阐扬主义，对军政首长，多言强兵卫国为民谋福之道，对学生多劝勤读、尽忠尽孝，对农工多言勤劳、改良技术、增加生产，使全国上下团结，以御外侮，以达富强康乐之境。山西为全国模范省，曾前往观摩，适邂邑人仲跻翰，为晋绥军航空大队长。他乡遇故知，肝胆俱倾，复劝卫国之心。继见阎锡山、冯玉祥，晓以强兵卫国保民之道，冯留辞去。归任大名道尹公署顾问，烟台省立东海中学学监，兼史地教员，时值民国十三年至十七年间。

民国十八年至二十五年间，祖父任县讲演所长，兼剪发放足会长，县农会长，址设西阁里马神庙。英雄用武，适得其所，乡间庙会，驰往演说。因公娴知武术，每先舞刀击剑，继以演说，口若悬河，声如洪钟，听者为之云涌。祖父嫉恶如仇。张宗昌为山东督办时，祖父曾至济南某戏台演说，痛骂张为军阀，祸国殃民，及张派人缉捕，已登车赴天津，可谓不畏权势。

"九·一八"事变后，目睹河山变危，于民国二十五年夏命孙良耕与陈家村陈万林，同赴山西省太原投考晋绥陆军军官教导团。尚武精神，地方振奋，继有李家瞳周良翰率子洪露及下田村田玉书之孙田积芬等八人，亦往考取。一年半毕业，有人回乡组建游击队或地下工作，有人参加正规军，誓死报国。

祖父著有《游行略记》、《五省游行略记》、《历史三字经》。各书出版后，分赠亲友、同僚及全国省市图书馆，远至迪化、伊犁。祖父一生俭朴，粗茶淡饭，大公无私，淡泊名利，不畏艰难，不惧权势，为社会及国家服务。

玠璨千秋，浩气长存

朱良迅

祖父生于 1867 年，比我整整大 100 岁，坊间关于祖父的传说流传了一个世纪之久，直到如今。我虽未见过祖父，但从儿时起，祖父的事迹如启蒙教材，占据了幼小的心灵。

记得满街玩耍的孩子们时不时喊"剪发好、剪发好，从今不挨虱子咬，……""天足好，天足好，石头瓦块绊不倒，……""人之初，盘古氏。生太荒，莫知始……"。那时并不知道这些被孩子们吟来唱去的童谣来自何处，有什么含义。

七十年代初，村里驻工作组，有个领导姓吕，五十多岁，人称"老吕"，戴一副近视眼镜，很斯文，总是面带笑容，和蔼可亲。他跟父亲打听一个叫"朱大胡子"的人，并就此长时间交谈的情景还历历在目。

他说，父母经常谈及山前朱家村有个名人，外号"朱大胡子"，能文能武，方圆百里没有不认识的，那个人，便是我的祖父。据此人讲，祖父当年走村串巷，登台讲演，宣传男剪发、女放足，革除社会陋习，宣扬社会新风，把讲演内容编成儿歌，在儿童中广泛传唱，他父母到现在还能背诵。

说祖父讲演前，先演拳练刀，六十斤的关公大刀舞起来呼呼生风，言语中充满着钦敬仰慕之情。印象最深的是他也吟诵了几句"剪发好、剪发好，……""天足好，天足好，……""人之初，盘古氏……"并说这些童谣是有题目的，叫《剪发歌》《放足歌》《历史三字经》。他还提及了孙中山先生领导的旧民主主义革命，并对祖父作为革命的一分子给予很高评价。

那时，并不知道什么是旧民主主义革命，但祖父的许多故事却广为流传。

当年祖父闹革命，清兵四处抓捕，家人到处躲藏，亲戚朋友大都不敢收留。清兵多次抄家，都是走到村子附近，战马嘶鸣，不肯前进，清兵无奈叹说"朱家有神灵保佑"，只好退兵。

革命期间，祖父和其他同志留宿黄县城，有人住豪华旅馆，祖父只住廉价的骡马店，睡觉时以三开帽遮挡脸部，夜里清兵大搜查，抓捕革命党，其他同志多人被捕，祖父躲过了劫难。

光复黄县时，祖父临危受命去烟台搬救兵，杀开重围，情急之下，从高耸的城墙跳下而毫发无伤。人们传说祖父有神灵保佑，更多的说法是祖父武功高强，凭敏捷的身手，以绳索坠地救了自己。

这些充满传奇色彩的故事，深深地留在了年少的记忆中。

时光进入八十年代，海峡两岸有了沟通往来。解放战争中率部去了台湾的大堂哥（朱良耕），回到了阔别五十载的老家，从辽宁省委离休的二堂哥（朱良籽）也回家探亲。两人经常谈论祖父，共同缅怀祖父对自己的思想影响。

辛亥革命后，封建势力的残渣余孽还相当顽固，禁锢着人们的思想。我村虽然偏居东南山根，是个不足百户的小村庄，但是开化得比较早。那时，大多数村庄的男人还留着辫子，许多家长还愚昧地苛求闺女缠足自残，我村早就没了这种现象，其因就是祖父大力宣传并以身作则的结果。

清朝末年，祖父捐出自家的土地，创办新式学堂（莱峰学校），供莱山前周边十几个村的儿童上学读书，并亲自坐堂授课，讲授新学。识文断字的人多了起来，知书达礼的人多了起来，村庄也就积聚了丰厚的文化底蕴。

祖父主张废除私塾教育，发展新式教育。认为私塾教育做八股，考文章，是死板的教条，学非所用。祖父说，孔子提倡的"礼、乐、射、御、书、数"六种技能，在旧私塾里一样也学不了，现在的新式学堂六艺全备。号召全社会出资办教育，提出"义务教育"的观点，即富人出钱投资办学，穷人上学读书，全民普及教育。

祖父认为，家长不学文化知识，不可能有良好的家庭教育，没有良好家教的孩子，即使入了学堂，也不能立即走上正轨。私塾教育缺少理想信念教育，没有形势教育，更谈不上爱国教育了。疆土被列强瓜分，人民受洋人欺侮，国家贫困，生灵涂炭，这是当时的国情，祖父提倡学校要以此教育学生，让学生从小树立救国救民的雄心壮志。

当年烟台道德学校校长邀祖父做学校高中主任教员，祖父讲课富有激情，引经据典，谈古论今，师生互动，课堂气氛十分热烈。因教室外即是马路，每到上课时往往引来行人驻足旁听。祖父索性将临大街的窗户打开，室外听讲的人经常堵塞马路，以至警察不得不来指挥交通，疏导行人。

祖父授课不仅传授文化知识，还重视实践技能教育。讲授作文课，不仅教楷书，还教学生行书，以增加学生的生活实践能力。担任烟台东海中学训育处主任时，带领学生走出校门，参观发电厂、张裕葡萄酒公司、蚕丝学校、烟台海军学校，鼓励学生不仅要学知识，还要学技能。

祖父被乡人尊称为"大先生"，村里人至今还这样说。他的尊重知识，重视教育的思想影响了几辈人，影响了众多的人，影响了上百年，绵长而深远。

祖母是旧社会的农家妇女，本来目不识丁，在祖父的熏陶下，偌大的年纪也能认识些许汉字。虽说旧社会里女人也有吟诗作画的，但大多是大家闺秀，农家妇女还是"睁眼瞎"的多。后来让我感叹的是，祖母对文化知识的重视，对两代人受教育的重视。

父亲年幼时，祖父做了一块二尺长的小黑板，挂在炕头，教父亲认字，请木匠做了一个三尺长的小木桌，预备了石板石笔，边教父亲写字，边讲故事，启发父亲的想象力。据祖母讲，父亲三岁时能认数百字，会写一百多字。

父亲童年丧父，祖母裹着一双小脚，在吃不饱穿不暖的情况下，仍然坚持送子女上学。每年春夏秋三季，童年的父亲要帮祖母干农活，冬季祖母便送父亲去学校读书。父亲利用四个冬天学完了初小四年的课程，而且成绩优良。父亲在五十年代从黄县二中初中毕业，因为错划的家庭成份，失去了读高中上大学的资格，不过在当时，这样的文化程度也算是农村中的饱学之士了。

有一次，在偶然的翻箱倒柜时，我发现了父亲上学时的素描和彩画作品，还有作文本以及当农中教师时发表在报纸上的数篇文章，这才领教了当时的初中生的确不同凡响。父亲的作文虽是初中生所做，但绝不是我这个高中生所能比得上的，父亲发表的文章，连同当时的稿费清单，让我这个高中生（甚至以后成了大学生）自愧弗如。

上小学时，每到周末假期，学生们成了满街跑的"野孩子"，我也不例外。那时，每当玩累了回家，祖母总要询问我，作业是否写完了。其后的时间，我大多是在祖母的监督下待在家中读书学习了。家里有个书柜，藏了很多书，都是父亲在家境窘迫的情况下省钱买的。上小学时还认不了太多的字，许多繁体字都是连想带猜，就是在这种情况下，我过早地接触了《红楼梦》《西游记》《红旗谱》《李有才板话》《大河奔流》《钢铁是怎样炼成的》《牛虻》《绞刑下的报告》……常常是祖母戴着老花镜在一边做针线，我在一边读书写字，祖母的期盼，时时挂在布满皱纹的脸颊，至今记忆犹新。恢复高考后，姐弟几个先后升了学，带出了户口，这在当时农村人看来，算是有了出路了。

2011年高考结束后，女儿以659分的成绩获龙口市高考文科"状元"，有人推测省内排二十多名。村里人说"人家门风出啊"。当然了，成绩的取得是多方面努力的结果，主要得益于从小到大各级学校的良好教育，得益于老师们的悉心培养，不过女儿从小对书的热爱或许是与家中的读书氛围有关。想当年，祖父私塾三年，靠平时勤奋好学，手不释卷而自学成材，大凡四书五经、诸子百家无不博览。父亲虽为农民，却保持了耕读传家的家风，白天劳作，夜晚挑灯读书的情境是我亲眼所见。

小时候，父亲偶尔进城，回家必带两样东西印象颇深，一是黄县城里的"肉盒"（龙口的小吃）捎给祖母，一是不同年龄段的书给孩子们。童年的女儿，每到生日、"六一"时，父亲准备的礼物一定是书。那时父亲会专程从乡下跑到城里，去新华书店为女儿买书。女儿从小好学，对书情有独钟，似乎大有先祖遗风，或许真像有人所说，这是祖父当年办教育的功德以及教化民众的仁者风范在冥冥之中庇佑后人，但愿现实果能如此吧。

居住在台湾的大堂哥，在离家半个多世纪后，一回到家乡，就在本村设立了"朱良耕奖学基金会"，奖励本村考上大学的学生，继续传承祖父重视教育的思想。大哥在基金会章程中说，"由于本人力量微薄，目前尚无力拿出更多资金做奖励基金，为了使本村加速提高文化素质，变成有文化、有理想、有礼貌的文明村庄，衷心希望有识之士赞助本奖学基金，以使奖励基金扩大，进而扩大奖励面及奖励等级，为朱家村做出贡献，是所至盼"。2007 年，大哥次子朱善衡先生又向基金会续捐了五万元人民币。

村中许多农户，重视教育，倾全家之力供子女上学，这从老辈时就已蔚然成风。村民淳朴，村风文明，这是许多人来村里的人共同的感受。2009 年，父亲在家召集族人续修族谱，据统计，自恢复高考以来，仅我们家族这一支，考上大学的就达 43 人之多，约占同龄人口的三分之一。

2010 年 12 月 13 日，《烟台晚报》有连永升老师的文章《耄耋老人传奇往事》，记载了王静如老人革命时期的传奇经历，其中记载了她年幼时，因为祖父在县里大力推行社会新风，提倡新式教育，现今 93 岁的老人当年能上学读书，并从此走上革命道路。

王静如老人生于男尊女卑的旧社会，那时的女人，社会地位低下。祖父倡导男女平等，女人也要接受新式教育。认为女子只有上学读书，才能举止文雅，仪态大方，只有知书达理，才能教育好子女。

祖父当年讲演，凡是有学校的地方，没有不去的。对学生不仅讲社会新风、移风易俗、尚德明理，更多讲的还是爱国救国。当年，各村学校、黄县崇实中学、县立中学、省立第八中学等各级各类学校都布满祖父的足迹。祖父认为，人们知国耻才能激其慷慨之气，普及教育才能提高国民素质，人才辈出才是家富国强之基。所以国富民强，非从教育入手不可，学生从小树立救国救民的远大志向，专心学习科学文化知识，将来必能挽救人心，明礼义而知廉耻。他为学生所作的《童子军歌》："吹箫齐队整军装，男儿志气昂。五色国旗风飘扬，铜鼓咚咚响。童子军队何雄壮，枪刀耀日光。如能人人尽登场，中国自然强。将来辟地与开疆，五洲归我掌。童子军功立霄壤，幸福万年享。"激励了一代又一代的东莱子民。

祖父是三民主义的追随者，是一个旧民主主义革命者，却是一个拥有新民主主义革命观的人，他的思想难免有时代的局限性，但毕生追求的人民富裕，社会进步，建设强大国家的宏伟目标，至今看起来都有极强的现实意义。

祖父认为欲知国家强弱有四，一查官吏廉贪，二观人民勤惰，三审教育智愚，四看实业巧拙。

民国以来举世纷争，社会不稳，祖父认识到，仅靠宣传教化不能救国救民。1928年，年届花甲之年的祖父打算重新出游，继续探求救国救民之路。祖父说"余思社会之恶劣，风俗之败坏，思欲挽救之方。虽有汉文帝之明，未必尽能行贾生之策，况无其人。余虽知其然，目睹世界之乱，人民之困苦，是不能已于言者。遂辞东海中学训育处主任兼教员之职，欲再出游四方，以遂平生之志愿，是余之平素到处不惜唇齿唤醒同胞之至意。"

祖父认为，为官一任，造福一方，这是当官者的大功德。号召"国民分子担国艰，只图救国不图官"，当官要以国事为要，要为百姓办实事。祖父曾在济南《大民主报》上撰文指出，为官者要恪守"清、慎、廉"三个字。痛批当时官吏蝇营狗苟、贪赃枉法、骄奢淫逸、行贿受贿的卑劣行径。

民国时期苛捐杂税多如牛毛，祖父联络社会各界面见省长，为万民请命。建议筹粮筹款，只从大户富豪中征，官府出具收条，给以褒奖。军队驻扎不能扰民，勿占民房，无取民物，大军所到，秋毫无犯。只有这样，良民才会颂德不惊，奸民也不敢趁火打劫，社会秩序才能转好。官府采纳了祖父的意见，先前所立苛捐杂税一概免收，百姓奔走相告，社会各界自发送"万民伞"以示感谢。

祖父任黄县讲演所所长时，走遍了全县的大小村庄，巡行数年，讲演上千。从男剪发、女放足到戒烟戒酒，从破除迷信到发展教育，从戒赌息讼到种树绿化，从兴办实业到富民强国，从驱除赃官到吏治清明，凡此种种。

家中老屋，在没翻建前，东西两间卧房的火炕外边，各有一块雕着花边的长条木板，呈淡黄色，间或夹以淡淡的红色条纹，是农家人固定在炕边用来挡行李的，有五六公分宽。父亲告诉我，这是一块匾的两个边框，匾是黎元洪、冯国璋颁给祖父的，共有三块，分别是"苦口婆心"、"急公好义"、"乐善为怀"，左下角盖着总统的方形篆书大印。可惜文革时期遭到毁坏，没有保存下来。

祖父名全礫，字君璞，号金玓，出身农民，是一地地道道的草根布衣，可是他的毕生所为，都是为了推动社会进步，是寻找富民强国之路的一生。不图名、不图利、不图官、不图位，甘愿为国为民奋斗一生。

"雷不鸣于夏，无以舒太空之气；日不升于东，无以启万物之光"。愿祖父的思想追求、理想抱负如其名字一样，玓礫千秋；愿祖父大公无私、救国救民的崇高品质，与日月同光，浩气长存！（2014年2月6日）

忆父说家训

朱善权[①]

身幼，每逢春节，父亲（名讳良耕），即请人书写春联，大门对联必然是"家继考亭"、"廷留折槛"。稍长，父告之："此副对子，唯朱姓之家可用，是家传至今，今携至台湾是不忘本"。后释其意：

"家继考亭"："考亭"系宋朝大儒朱熹之故居，位于福建建阳。朱氏起源于周武王，受封为邾国（今山东曲阜东南陬村）。战国时为避战祸，去掉右边"邑"旁，改为"朱"，南北朝时，南迁至福建。至南宋朱熹时，朱氏发扬光大，及明朝，后裔遍及全中国及韩国，父亲曾数次提及，听家中长辈说莱山朱家系从南方迁回，故云"家继考亭"，以示不忘本源。

"廷留折槛"：其典故系源于汉朝名臣朱云，相传朱云住鲁地，身材高大，好勇善斗，年四十，对镜自照，自思一生至今，一事无成，顿然醒悟，而洗心易行，求访名师，学论语、习易经，经数年，其德行已为时人所颂，称为高士。汉成帝时，任槐里县县令。当时，朝廷有一个奸臣张禹，贪得无厌，陷害忠良，欺压百姓。朱云上书朝廷，望面奏皇上。汉成帝于金殿宣见，朱云启奏曰："今朝中有一位大臣，上不能辅君，下不能利民，身居高位却只思敛财，臣愿借陛下尚方宝剑，斩此佞臣"。成帝惊问何人，答"安昌侯张禹"。此语一出，满廷皆惊，汉成帝怒喝："卑微小臣，毁谤上官，辱骂帝师，推出斩首"。朱云紧抓金殿栏槛，大义凛然高呼"我能与关龙逄、比干（死谏忠臣）在地下相见，我心满足，但不知殿下及朝廷后报如何？"此时，金殿栏槛因士兵强拉朱云而应声折断，此景感动左将军辛庆忌，他卸下衣袍、冠冕，叩请皇上："怜此忠臣，以死相谏，愿以自家身命相保，以免陛下落怒杀忠臣之昏君骂名"。汉成帝立时惊醒，若今杀朱云，岂不同桀、纣？故下令当廷释放。为警惕自己日后盛怒之下言行过激，下令保留折断栏槛不再修复。同时昭告天下广纳忠言。朱云"廷留

① 朱善权，朱全礫曾孙，朱良耕长子。1950 年 11 月生于台湾，曾任台湾陆军总部作战署副署长，陆军第 249 机械化师师长，总政战部军纪监察处处长，陆军装甲兵训练指挥部指挥官，装甲兵学校校长，台湾陆军十军团司令，台湾联合后勤副总司令。1996 年 1 月晋升少将，2002 年 7 月晋升中将，2007 年退休。——编者注。

折槛"的忠贞事迹，从此流芳千古。

其次，有关"朱氏家训"。1989 年时，我欲请书法家写一幅"朱子治家格言"之中堂，事先将内容秉告父亲，父亲说："此非我朱氏家训。"父亲由此忆及年少时，在老家听他爷爷即我曾祖父（名讳全礫）谈及家训，我曾祖父说过，朱氏家训为宋儒朱熹所教，非朱伯庐之"治家格言"所能取代。因时隔已久，家训内容不复记忆。后于 1997 年，吾妻于桃园美术学会认识一位同宗老人（名朱学曾，河南长葛人，时年七十余），应允可写一幅"朱氏家训"送我，并强调决非"朱子治家格言"。经月余，朱学老以正楷书就中堂一幅（全开棉纸）见赠，我如获至宝，即将此中堂请父亲验证，父亲一见即说："此正是我朱氏家训。"自是这幅家训即悬挂于客厅以迄于今。

细究家训内容，系将我五千年中华文化之根基"五伦"（父子、君臣、兄弟、夫妻、朋友）及"五常"（仁、义、礼、智、信），作一生活化之规范，若能确实做到，必能家和昌盛，社会安定，国强民富。

2007 年我自军中退伍，2010 年福建朱氏宗亲会来台访问，席间谈及朱氏后裔及家训，证知父亲所言及朱学老所书确为事实。

现恭录"朱氏家训"于后，以供我辈及子孙皆能依教奉行，如是自能如我曾祖（名讳全礫）所排定之后世辈分所期望的那样，成为"良善之家"而"百世昌大"。

朱氏家训

君之所贵者，仁也。臣之所贵者，忠也。父之所贵者，慈也。子之所贵者，孝也。兄之所贵者，友也。弟之所贵者，恭也。夫之所贵者，和也。妇之所贵者，柔也。事师长贵乎礼也，交朋友贵乎信也。见老者，敬之；见幼者，爱之。有德者，年虽下于我，我必尊之；不肖者，年虽高于我，我必远之。慎勿谈人之短，切莫矜己之长。仇者以义解之，怨者以直报之，随所遇而安之。人有小过，含容而忍之；人有大过，以理而谕之。勿以善小而不为，勿以恶小而为之。人有恶，则掩之；人有善，则扬之，处世无私仇，治家无私法。勿损人而利己，勿妒贤而嫉能。勿逞忿而报横逆，勿非礼而害物命。见不义之财勿取，遇合理之事则从。诗书不可不读，礼义不可不知。子孙不可不教，童仆不可不恤。斯文不可不敬，患难不可不扶。守我之分者，礼也；听我之命者，天也。人能如是，天必相之。此乃日用常行之道，若衣服之于身体，饮食之于口腹，不可一日无也，可不慎哉！

附录二 "金玓讲演"中的黄县方言笺注

郭春香

朱全礫（1867—1946），字君璞，号金玓，山东省黄县（今龙口市）人。他毕生以通俗讲演以移风易俗为职志，曾任山东省通俗讲演员兼社会调查员、黄县通俗讲演所所长。清末民初时，面对亡国灭种的危险，他坚持认为只有致力于社会教育和下层社会启蒙，使大多数下层民众彻底抛弃旧风俗、旧观念，接受新知识、新文明，移风易俗，才能最终救国救民。因此，他执着于通俗讲演20余年，足迹遍及华北十余省，举行讲演2000余次，他的通俗讲演活动因此又被称为"金玓讲演"。采用通俗易懂的白话，以提高宣传效果，是"金玓讲演"的一大特色。朱全礫的白话讲演，用的是他的母语黄县（今龙口市）方言，其中包含了丰富的黄县方言词汇和语法、语音现象以及彼时彼地的生活和风俗。为方便读者理解，我们特将这些内容挑选出来，分门别类予以解释和说明。

一、概述

龙口市（原黄县）位于山东省东北部，胶东半岛西北部，西北临渤海，与天津、大连隔海相望。东与蓬莱毗邻，南与栖霞、招远接壤，其方言属于胶辽官话的东莱小区，与蓬莱、长岛两县市的方言在语音及词汇方面都极为接近，语音系统高度一致。我们将其视作一个方言区，总称其为"蓬黄长方言"。

"蓬黄长方言"属于北方方言，具有胶东方言的一般特点，三县市的方言单字音系的主要有以下三个特点：

（1）声母方面：分尖团，尖音读 ʧ、ʧ′、ʃ，团音读 C、C′、Ç；没有卷舌音，北京音读 tʂ、tʂ′、ʂ 声母的字，蓬黄长方言分为 ts、ts′、s 和 ʧ、ʧ′、ʃ 两类，前者与北京音读为 ts、ts′、s 声母的字合为一类，后者则跟尖音字合为一类。北京读 ʐ 声母的字，少数读 l 声母。

（2）韵母方面：北京 t、t′、n、l、ts、ts′、s 七个声母拼 uei、uan、uən 三个韵母的字，三县市没有 u 介音，分别读为 ei、an、ən；三县市还有一个 iɛ 韵母，跟 ɛ、uɛ 两韵配套；另外，北京 uŋ、uəŋ 分韵，三县市合为一韵。

（3）声调方面：从调类看，中古的绝大多数清声母入声字归上声，次浊入声字归上声或去声；从调值看，阴平一类有 313 和 31 两个调值，其中的 313 和上声 214 是两个有明显差别的降升调。

语音方面还有一些明显而不成系统的特点，例如："鞋"读 çi55、"埋"读 mei55、"夹袄"合音读 ciɔ313，"棉袄"合音读 miao313，等等。

二、黄县方言词汇

（一）名词

1. 可种叶树的地场种叶树。/这向下办自治，若是户口登记不清，吃亏地场才多啦。/兄弟在大地场开会，未见有带辫人。

地场：地方，位置，方面。大地场，指大的城市，文明开化较早的地方。黄县方言中凡关于地方、位置、方面等词义的表达均可用以"场"字。例如：俺这场儿嫁闺女就这么个规矩。/他那场儿离这老远。/你倒是哪场儿痒痒？

2. 我黄县地土虽小。

地土：土地面积。

3. 不强似买松柴四吊八，买火头五吊六，大家叫苦买不烧么？

火头：用于烧火做饭或取暖用的松树干、松树根等。现今的胶东农村多烧煤取暖，烧柴草的不多了，更难见砍柴的人。但至今黄县山区农人冬季生煤炉取暖，仍喜欢用松球引火。

4. 果木也值钱，柴草也值钱，/仙桃、瑞李、甜柿、香梨、银杏、花红、酸奈、苹果、山楂、花椒、石榴、软枣，种种的果木，这几年教火轮船装的出口，样样见钱不少，将来火车通行，包管见钱更多呢！/倘一家能栽个一千八百棵的树，每年卖果木、卖烧柴、卖木料，也可见个七千吊八千吊。/今春金县长出的告示上保护法很完善的，若是大家通照着办，十年后果木出口，见钱无算，木料烧草，也不短少。

果木：各类水果的通称。"果"，读作去声；"木"读作轻声。上例中即列出了仙桃、瑞李、甜柿、香梨、银杏、花红、酸奈、苹果、山楂、花椒、石榴、软枣等十二种。现今黄县水果品种不断引进、改良、丰富，但其中的长把梨仍为驰名中外的一方特产。

5. 做事多方便，拾起筲来拿担杖。

筲：水桶。现今的水桶多用白铁制成，其上有钢筋弯制成的梁，黄县方言中称为"筲梁"或"筲系"。

担杖：挑水桶等用的扁担，两端有钢筋弯制的钩子，可以直接挂在水桶梁上。

6. 愿使大家致富，过个大财主。/若是人人有职业，无游民，十年通成了大财主啦。

大财主：过着富足生活的人家。上句意思是：十年以后都生活富足，过上像大财主一样的生活。在黄县方言中，"财主"也可作形容词，形容家资丰厚，或拥有的某种东西很多。例如某人逛完县城归来，手上提的物品很多，周围的人看着很羡慕，即可说：×××真财主。

　　7. 我们本意前来为两下调停。不料贵村愿意起诉。

　　两下：双方、两方面。

　　8. 四月二十三日，在姜家沟书房。

　　书房：学校。

　　9. 其不得听闻者，又有数倍，乃山会为卖买麇集之地故也。

　　山会：庙会。

　　10. 照着人情说。

　　人情：人之常情。在黄县方言中，"人情"还特指亲友互相之间往来的礼金或礼物，如某家举行婚礼或盖房修屋择吉日上梁，庆典中会安排专人接收礼金和礼物，亲友参加都要拿出一份礼金或礼物，叫做"赶人情"，将礼金或礼物交给接收人并登记叫做"上人情"。例如：今年还有好几份人情得赶。/你把人情上上啦？

　　11. 井上做盖，春天不刮土，秋天不刮草，就是夏天雨水雾露，冬天风飘霜雪，也不能下进去，人吃多少干净水。

　　雾露：毛毛雨、湿气大、能见度低。

　　12. 有或弊生呢，保卫团换官契纸时，将用钱代为扣存，按期支配均领，也不能有旁的说词。

　　说词：辩解和推脱的理由。

　　13. 兄弟甘愿请教，以聆听高明的指诲。

　　指诲：指导和教诲。

　　14. 我劝你向下用精神，办点于大众有益的事，不要专办损人不利己的事。

　　精神：精力和心思。

　　15. 你从来办事有些担负，前事不必提，向下通不究，拉倒吧。

　　担负：度量、胸怀。有些担负，有度量，能够宽宏待人。

　　16. 团总才说，是因争芦南乡的学款，为我作干证，到县里、省里，官司打了多半年，我一回也没出过庭。

　　干证：证人。

　　17. 戏箱靡等待到，四方的光棍子通来了，白日在瞳外赌，这是会首的面子。黑夜在本村首事家里赌，请问一村的人，那个敢得罪他，地方这些地痞土棍二大爷？

光棍子：原意为没有娶上媳妇的成年男子。其中多有因为无家眷管束和拖累，成为地痞、流氓的。此处光棍子即指这类地痞、流氓。

二大爷：不是对二伯父的称谓。而是指不确切的干坏事的人、或者说话者憎恶的不确定的人，则均含贬义。如：一件坏事，查不出具体哪个人干的，人们往往赌咒："这事不知道是哪个瞎二大爷干的。"

再如：这树上的苹果怎么没有了？谁知道叫那个下二大爷弄去了。

18. 劝这些小闺女不包脚。

小闺女：小姑娘、小女孩儿。

19. 请大家快快把自己闺女脚放了罢。

闺女：女儿。在黄县方言中，闺女多称作"闺娘"，可指女孩儿，也可指女儿。

20. 我中国有句古语，不识字的人是睁眼瞎子。

睁眼瞎子：形容不识字的人，虽然眼睛明亮，但不识字就像是瞎子一样。

21. 戏箱靡等待到，四方的光棍子通来了，白日在疃外赌，这是会首的面子。黑夜在本村首事家里赌，请问一村的人，那个敢得罪他，地方这些地痞土棍二大爷？

白日：白天。黑夜：晚上。

22. 头晌将传单已经八撒了。

头晌：上午。

23. 教我看，恁净顺屁势把毛放屁，先头说不让剪辫子，就是我说的，我问道恁哪个不是带辫子的养的。

先头：先前，表时间。

24. 早前所读的书，名为圣人道，教育的无一点圣人道。

早前：以前，表时间。

25. 咱团自上年兄弟接办，到今一年多，诸位也通很出力的。

到今：到今天。

26. 这件事（一）直搁到于今，嗣后兄弟催了几回，越发不准辞职。

到于今：到现在。

27. 是日集期，听讲又多趋市之人。

集期：赶集的日子。集期多取阴历一旬中的一两天或三天，固定日期，中间时间间隔均匀，如此，每十天有一两天或三天为集期。

28. 时值新正人闲。

新正：正月。

29. 古前管仲治齐。

古前：古时候。

30. 哪知道我国在早关门坐朝廷，并不知外国日进文明，远胜中国。

在早：早些时候；以前。

31. 值是日星期，四民咸集。

星期：星期天，周末。

32. 赶听到这里，大家靡有敢回言的。

赶：等到……的时候。

33. 咸存此等心理，中国赶几时能好呢？／女同胞黑暗苦海，赶几时能以脱了去。

赶几时：等到什么时候。

34. 我中国向下待要好。／这向下办自治，若是户口登记不清，吃亏地场才多啦。

向下：以后，往后，将来。

35. 一时哪能说得完。

一时：短时间。

36. 乡民交口称赞，省钱了事，更是一半时说不了的。／清算一算也好，给咱全乡人出出这口气，省得尽日里坏心眼使不了。

一半时：一时半刻，短时间。多用于否定句中。尽日里：整天价，一整天。

（二）动词

37. 去了辫子，先不挨虫子咬，袄领不招灰，睡觉不挡害，作活又便宜。／有了辫子的人，三天两日得梳头，算计起来一年能耽误多少工夫呢？无论作什么事情通当害。

招灰：积聚灰尘。挡害、当害：妨害；碍事。

38. 就力会集各机关，下强迫剪发的令。

就力：顺便，顺势，借着……机会。

39. 现时，我中国若是不着学生，早就瓜分了。

不着：如果不是、如果不靠着、不凭借。

40. 说的这样的多，怨怕把理说靡有了。

怨怕：或许。

41. 照着浇地的井用两块短木头，横搁井上，再铺秫秸。

照着：按照……计算

42. 请大家通通照着金县长这个有功有德的事办一办吧。

照着：依照；按照；遵照。如：照你说，太阳是从西头出来的？

43. 照我黄县说，男子外出的，家中多尽用外路人。

外路人：外乡打工的人。黄县方言中称外乡人为"外来子"，如：听那个人说话外来子滴答嘞。

44. 当这个慌慌乱乱的时势，终日提心吊胆的，格外害些怕。

害些怕：惊慌、担心、焦虑、不敢轻举妄动。

45. 众位即说无教育，场中必有不愿欲的人。

愿欲：愿意、高兴。

46. 吓得小巫不敢认承为巫者。

认承：承认。

47. 大家想想，女人包脚有什么好处？

想想：想一想。

48. 不强似买松柴四吊八，买火头五吊六，大家叫苦买不烧么？

不强似：不比……强，用于反问句中，表达的意思是"比……强"。

买不烧：买来的柴草等不够烧。

49. 不强似买白松六七吊、买红松八九吊钱一料买不用么？

买不用：买来的木料不够用。

按：48、49 两例中，"买不烧"、"买不用"的 V1 + 不 + V2 短语或句子形式在黄县方言中十分普遍，其中 V1 支配的宾语被省略掉了。例如：管什么都死贵，简直挣不花。/孩子一点儿不乖，一个人做不逮（吃）。

50. 四民咸放假赶山。

赶山：去山会游玩或买卖物品。

51. 男子吃烟哈酒。

哈酒：喝酒、饮酒。

52. 男子吃哈是不是无知识？凡入会者，终身不吸烟、不哈酒，屡次登过报纸，印在游记。

哈：此处特指喝酒。

53. 大脚的汲水担两筲，送饭担两罐，走得快，绊不倒。小脚的去汲水，两人抬一筲，送饭担的少，走得慢，多磕交，常有磕倒的，把水和饭桶通撒了。

磕交：摔跤，摔倒。磕倒：摔倒。

按："磕"在黄县方言中读作"卡"，如"磕（卡）石头上、磕（卡）头"；与此类似，"渴"也读作"卡"，非常渴叫做"干渴（卡）火烧"；"喝"读作"哈"，51、52 例中即直接写作"哈酒"、"吃哈"。都是变韵母 e 为 a。

54. 顶重的第一是吃，第二是穿。

顶重：最关注。

55. 这方靡有吸大烟、打吗啡的。/大凡立志求学的学生，靡有一个不是专心用功的，所以将来出身应接世事，也靡一个不能办事的。/靡人报官，靡脸登报的，又有好几倍。/戏箱靡等待到，四方的光棍子通来了。/忆古思今，战争不息，同胞自残，何代蔑有？

靡、靡有、蔑有：没有。

56. 咱东南乡这一带，粮农人家通是很下力的，过日子也是很勤俭的。

下力：勤快、勤劳、肯出力气。如：他家人都下力，干起活来没白带黑的。

57. 教我看，恁净顺屇势把毛放屁，先头说不让剪辫子，就是我说的，我问道恁哪个不是带辫子的养的。

问道：问。

58. 不想有一次兄弟在这戏台上演说，学生听见买甜瓜的大喊"甜瓜贱啦"，不是十几校的学生，一轰通散了么？

不想……么：难道不记得吗、难道忘了吗。

59. 若说割辫子，我先不答应，着人往台上扔石头。

着：让，使。

60. 将妇女惊逃旷野田禾间，尽遭淋雨，啜泣不敢着声。/众皆不敢着声。

着声：即作声，发出声音。读若"嘱声"。例如：孩子被吓得一点儿也不敢嘱声。

61. 吾国若此之弱，现在不亡，亏了学生请求总统不签字。

亏了：多亏，幸亏。

62. 不强似自己吸烟，把自己男女小学生眼都炝瞎了。

炝：读若"场"，烟熏。

63. 请大家快快的将烟酒忌好了，方才不教文明国见笑啦，方能对起丁女士、海先生这番苦心啦。

对起：对得起。

64. 咱乡公事没有办，谁愿办谁办。

没有办：或没个办，指没有办法办好。形容阻力很大。

65. 这宗捐是为第一等仁人义士乐助的，于地面漏脸，于国体增光，就是为重修九里店烈士义塚。

漏脸：有脸面，争光，出彩。

66. 你们贵乡这些男女学生造的这些成绩品欢喜不欢喜人罢。

欢喜：读若"欢起"，让人高兴；令人欢喜。欢喜，在黄县方言中还指产妇生产，如：老张家媳妇欢喜了。一家有婴儿降生，邻居或亲戚都会去庆贺，叫作看欢喜。

67. 提激上阵的马，使他有精神、加力气、多抗时候、不知困乏。

多抗时候：多坚持时间，多耐些时候。

68. 在靡兴枪炮以前，我中国真有些超群出众的好武艺。

兴：流行、兴起。

69. 他拉下账无法混，常有勾串三五成群闹乱的。

拉下账：欠下债务。

70. 这不是往下为子孙打谱，享久远的福么？

打谱：打算，做计划。谱：计划、把握。如：这么大的事儿，你心里可得有个谱。

71. 限一个月放足，限三个月务要净尽。这又是发财过财主的好法子。

过财主：过财主样的生活。

72. 恁这一方出来搅打官事，一气二三年搅不行。

打官事：打官司。

73. 现今，旅顺、大连到了期，日本抗赖，不交还我们中国。

抗赖：抵赖。黄县方言中称抵赖作"打狡赖"或"打咬赖"。

74. 把闺女造制到这个样子，做父母的有什么法子救她罢。

造制：糟蹋，糟践、作践。

75. 这才为着独立一小段，顶名有团不办事。

顶名：只是名义上，有名无实。

76. 咱乡十四五年前，我在家办学堂，大家一齐骂我随鬼子，找人搅，出名告。

随：跟……一样。如：他这点随舅舅。

77. 为学生时候，更得立志尚武，励精神，求知识，预备出了学时，好决胜于中外文明之场。无论为士为农为工为商，设完全法子，积极进行，挽回利权，富强中国，这才不负学生这立志求学的心啦。

为学生：做学生。为学生时候：做学生的时候。为士为农为工为商：做士农工商。黄县方言中多有这种说法，例如：为闺女时候，即姑娘没出嫁的时候。

78. 若是在学校，不知尊师重道，不能专心求学，将来出身涉世，仗着什么技艺，以竞胜于文明之场，所以学生在学校，先要尊师重道，致志求学，

仗着：凭借。

79. 自己丢脸丧德还不要紧，为什么使着无廉耻的人，通跟着丢脸丧德？使出殷六老太爷子，未开会议前，借端恫吓，将开会之际，寻隙海骂。

使：支派、指使。海骂：漫无目标地骂。

80. 倘然真出上那份子脸，更不妨同兄弟到公堂上，把恁前番办团吞拢的赃款二十一本账，清算一算也好，给咱全乡人出出这口气，省得尽日里坏心眼

使不了。

出上：豁出、不要、不顾及。

81. 既未能与英人力拒抗争，反与逢承周旋之，唯恐不及。

逢承：逢迎奉承。

82. 我中国向下待要好。／要知道中国现在不亡，亏了学生。中国待要好，还得学生。／若是人待要享福，通得能干活，若不干活，则吃的穿的从哪里来？

待：要，打算。待要：想要；打算。

83. 若是待要速奏效功，大家先从自己家中起手，用方才研究的办法，一面开导，痛陈利害，一面强迫，首先实行十天半月后，再下手办邻里乡区，就不难啦。

起手、下手：开始做起、开头。

84. 兄弟俩有见不到的事，还求大家帮助一些，不要如从前那样的捣乱。

见不到：事情思考或办得不够周全。

85. 为甚么还有找着吃亏的。请大家不要再糊涂啦。

找着吃亏：主动找亏吃。

86. 代招有账户眼同过共欠八百三十余千（吊）。

账户眼：账目。同过共：总共；总计。读若"统笼、统共"。

87. 即然天能下粮食、下衣裳，男子无有手，怎么能去拿？女子无有脚，怎么能去取？岂不是死停着遭罪么？

死停着：死等着。

88. 头晌将传单已经八撒了。

八撒：广泛散播。

89. 家家过日子能以富，人人养身体能以强。夫拳术武技，原为我国之国粹，无论少林派、武当派、六合门、八卦门等等之派别，若习之既久，则气力日增，不但能以任劳苦、耐寒暑，而且能以却病灾、延年益寿也。

能以：能，语气较舒缓，是古汉语的遗留，"以"本为介词，与其后的内容形成一个介词结构，作为后边动词的状语，但在语言的演进过程中，"以"字的介词性质不断弱化，而依附于"能"，形成一个蓬莱、龙口、长岛三县市独有的能愿动词。

（三）形容词

90. 我的商人、工人犯有什么罪，不论是非一遭陷害之？

一遭：一齐、一起。

91. 向下办自治，若再不知一准的数，分设学校不知学生有多寡；创办医院不知残废病疾有几名。

一准：确定、准确。

92. 请大家说说，真果的跟不上各（个）禽兽有知识啦。

真果的：读若"真过"，果真。

93. 兄弟说话，有些抢白，祈大家原谅。

抢白：言语激烈，不太好听。

94. 去了辫子，先不挨虫子咬，袄领不招灰，睡觉不挡害，作活又便宜。想来是因为我屡出布告查禁烟赌，于恁这几位不大便意。

便宜、便意：方便，适宜。

95. 包脚的两个女子，侧侧稜稜去抬水。

侧侧稜稜：侧稜，向一边歪斜的样子。倒倒歪歪，形容走路不稳的样子。

96. 间游览省垣天造人设之胜景，如城南之千佛山，每至九月初一日期至十五日止，循旧俗，登高峰，参庙禅，拜偶像，士女云集，车马雾拥，空耗有用之金钱，消靡无益之光阴。

雾拥：形容车马拥挤、密集，没有缝隙。

97. 校友会的风纪科与学校合作干事员，是非常的热诚。

热诚：热心而诚恳。

98. 就是本地的军警，也都一口同音地称赞。

一口同音：异口同声。

99. 一年进个一千万两千万吊的，不大费事罢？

费事：困难。

100. 恁这一方出来搅打官事，一气二三年搅不行。

一气：不间断的。

101. 婆婆骂，女婿打，媳妇哭，孩子闹，成辈子计闹，穷草鸡，不毁了（吗）。

成辈子计：整辈子。草鸡：形容不堪忍受。毁：完蛋。

102. 把身体打的希糊烂。

希糊烂：稀巴烂；稀烂。

103. 人人赚钱、家家财主。

财主：像财主一样家资丰厚，什么都有。

（四）代词

104. 恁这一方出来搅打官事，一气二三年搅不行。恁南段向下将地面事好好的办办吧。方才见恁体操，亦有尚武气概。

恁：你，你们。

105. 我国不知自强，甘受这样欺辱其怨谁呢？

其：代词，此处指我国，在句中也有舒缓语气的作用。

106．你怎么就能随从伊等小人，觍颜出首告我勒捐，你的良心安在？

伊：他们。

按：黄县方言中的代词还有：伲家（第一或第三人称，相当于普通话中的"人家"），俺，恁（第二人称单数或复数），俺嘎子（第一人称复数），恁嘎子（第二人称复数），他嘎子（第三人称复数），咱（第一人称单数或复数），咱嘎子（第一人称复数），我，你，他。

（五）量词

107．样样通能见一大些钱。

一大些：很多。表示多黄县方言中还有："老些"、"老气"、"老次"等。

（六）连词

108．若到来年，二三校到期不放，被罚的时候，请问拿钱时可怨谁吧？

可：表示轻微的转折意，多读作轻声，读若"快"。

109．倘然出来一个带辫的，戏台底下人无论男女老少，通说北国老鞑。倘然遇一不良之官，勾结劣绅，专以用尽心力，吸民之膏血，刮一方之地皮，是有地方利害永不关心，地方一切利益也难进行。倘然把家业卖完了。

倘然：如果。现黄县方言中仍有"倘……"的说法，"倘"字音节拖长，例如：倘今下雨，咱还上城去吗？

110．有志人不但能守四立而力行之，即然对于办事，亦能力行三个不贪。即然天能下粮食、下衣裳，男子无有手，怎么能去拿？女子无有脚，怎么能去取？岂不是死停着遭罪么？

即然：即使。

111．外人管用什么法，我们也不懂，怎样欺压，同得受。/有人教恁办学堂，通说靡有钱，念经唱戏，管花多少，也不害痛。

管用：不管用……；管花：不管花……。与否定句连用，表示不管……也不……的意思。

（七）副词

112．就是墓田，栽桑养蚕，种草搭苫，也可见利无算。

就是：即便是，就算是。

113．我黄县父老兄弟们，同照县长这告示办

同：一同、共同、都。

114．大家也通知道/今天到场的，通通是高明人，

通：全，都。

115．方才在大街上有几位说到书房，正遇众位会议，我们净来打扰了。

净：同"尽"，全部。

116. 一人之治一县，事事通得经手，上下的公事，常行堆积如山。

常行：经常，基本上老是。

117. 说话必得有益有信的，若说无益无信的话，岂不是无益于己、有损于人了？向下谁能信仰你的？／哪位先生若是不愿意，不妨请他来，兄弟对他细谈一谈，也不至于必得闹背谬。

必得：必须得；非得……不可。

118. 不然的话说，高丽、台湾牛马之惨奴隶，就在眼前啦。

不然的话说：否则，如果不这样的话。

119. 就这路说，岂不教旁观者掀髯大笑，有识者替我寒心么？

就这路说：对这种思想来说。

120. 所以特为拍电，把兄弟招呼来，着兄弟巡查大名道全区三十七县，到处开大会。／该会乃中学学生张德馨特为邀约，其热心社会可钦。／观女生程度之高尚，足征教授之得法，特为报告，不没其热心。

特为：专门、格外。

121. 闹这案子，连去三蹚（趟），终久不来。

终久：终究。

（八）介词

122. 杨先生你打、卖吗啡，我靡查办你，因和你发（父）亲多年相好，父亡子交，拿恁弟兄不能错待的。

拿：对。

（九）助词

123. 怎么说据德小学十几年前，提仙台庵的款，是兄弟经手来，他去年提这太山宫的款，也是兄弟经手来。／我晌午在帷帐里卧的，听见不知哪位先生上来。

来、的：助词。黄县方言中均读作"嘞"。可表示所属、确信等含义或语气。如：这本书是我嘞，那本才是你嘞。／昨天你奚是上城嘞？对，上城嘞。

124. 十年后一株见个十千（吊）八吊的／一家能栽个一千八百棵的树／一年进个一千万两千万吊的／有人民被欺不能作主，土地被人占个不少，／俺乡的辫子，没有个剪，谁也不敢办。

个：用在动词后，用于引出后面的内容，有表示数量估计或加强语气的作用。

三、特殊句式

"奚"字句是胶东地区蓬莱、龙口、长岛三县市方言的一种特殊的疑问句式。与"奚"字句意思、用法完全一致的还有另外的一种说法"什么"。金玓演讲中有"奚"、"什么"、"甚么"三种写法。"奚"字句是正反问句，表达的是"是不是"的意思（可参考拙作《蓬黄长方言中的"奚字句"》，刊载于《语文学刊》，2011 年第 6 期）。"金玓讲演"多次出现这种句式，如：

非平素教练之善，奚克臻此完美？

教他的子女入学堂，他说无有钱，请问迷信的道，甚么耗费钱？若是这些穷病不改，迷信再不破除，金县长这八条发家的好道也不照着办，甘心遭穷罪，你说教明白人甚么见笑吧？

如今民国十二年，再要带着鞑子的记号，请问读孔子书的这些不剪辫的老先生，什么是随娘改嫁不知归宗了？

请问一家四十口子人，痴的有三十九，瘸的有一半，瞎的也有三十八九个，恁说这家人家，虽有老家留的钱财多，撇的产业大，什么能守住财产过日子？大家必说不能守住的。

我早递的辞职禀帖，也不知县长甚么批准了。

今天兄弟不说，大家到底不明白，甚么是？随无耻的费心空告了好几回，不但无效验，什么是当堂取辱、自寻苦恼呢？

朱先生，今天甚么好不开会？你在这里耍一天，明日再回城。不强教大家通不愿意，埋怨我赶集通散了，学堂也靡来。

奚是今天开会，朱全礫来劝割辫子么？

附录三　朱全璨年谱

李日　编著

编写说明：本年谱所载事实全部以谱主的著作、讲演、公牍、函电、回忆录以及报刊杂志的报道为依据，力图简明扼要、客观全面地反映金圴老人的生平、主要活动和思想言行。本谱遵循的编写凡例是：（1）朱全璨是谱主，年谱中叙述谱主的活动，一般均省略主语，确实不能省略时，以"先生"代之。（2）以公元纪年，纪年之后注明谱主年龄，一律计作周岁。原资料中以阴历标记的，均由编者换算成阳历。（3）按照年、月、日顺序逐条记事，具体的月、日考订不清的，记于本年末，为"是年"。具体日期考证不清的，置于月末，为"是月"。若数条记事时间相同，只在第一条注明，其余则注"同年"、"同月"或"同日"。

1867 年，1 岁

10 月 6 日（农历九月初九日亥时），生于山东省龙口市七甲镇莱山前朱家村。派名全璨，字君璞，号金圴。

父希贤公（1828—1901），务农为业。母李氏（1838—1915），为邻村李家沟村李万荣三女，生子二：长全璨，次全珍。生女三，适王、适林、适王。

据 1917 年朱氏支谱记载：莱山前朱氏，"原籍江南，自明初（永乐年间）迁黄（即黄县，今龙口市），安居城南黄格庄"。"明天顺年间（1457—1464）始迁莱山前定居，故称'莱山前朱家'"。

莱山前朱家村，坐落于莱山之阳，南邻川虎龙顶山脉的大鹰口，西依青山，三面环山，风景优美，属典型的山东半岛丘陵地貌。1949 年前，由于生产生活的环境和条件艰苦，加上战乱、天灾、饥荒等原因，人口增长缓慢。清末民初时全村仅十数户，人口不足一百（参见朱广助等纂修：《山东省龙口市七甲镇莱山前朱家村朱氏族谱分支》，2009 年 12 月印）。

1868—1885 年，2—18 岁

青少年时期。"自幼勤奋好学，私塾三年即务农。种田行路，手不释卷，凡四书五经、诸子百家、历史传记，无不博览。精彩段落，皆能背诵。"

黄县位于渤海南岸，物产丰饶，民风淳厚，历史上频遭倭寇侵扰。为防倭

寇和流匪，乡人普遍习武，有抗倭传统和不畏强暴的乡风。先生"少年时即习武强体，以图将来之大业"。

1886 年，19 岁

娶三官庙曲家曲法宪次女曲桂馨为妻。曲氏（1863—1938），"身广体胖，操持家务，克勤克俭。虽未读书，但明礼仪，和善慈恕。常以粮食济助乡人，深受乡人尊重"。

1887 年，20 岁

长子广田生。广田（1887—1910），字心斋，"黄县县里育英学堂毕业，由于学习、事业用功过度，患病而早卒"。

1890 年，23 岁

次子广产生。广产（1890—1965），字志恒，"私塾三年，务农兼营毛笔生意，与地方名人交往甚广，事亲至孝。善理财，曾买瓦房两栋、地三亩，济助贫人"。

1892 年，25 岁

三子广居生。广居（1892—1911），字仁亭，"黄县育英学堂肄业，用功过度，早卒"。

1898 年，31 岁

四子广业生。广业（1898—1966），字震东，"小学文化，善写毛笔字。喜读历史古书、文言文。曾参加北伐战争，任团副官，因腿部受伤退役改经商。1938 年因战乱，举家迁往哈尔滨经商。老年家境贫寒，于街头摆卖香烟，养活一家老小十四口"。

1901 年，34 岁

4 月 28 日（农历三月初十），父希贤公去世。

1905 年，38 岁

5 月 7 日，革命巨子徐镜心与山东留日同学在《之罘报》上发表《劝山东人士游学日本公启》，号召山东同乡出国留学。公启中说：黄县留日学生赵踵先将于六七月间放暑假回乡，八九月复东，"有欲结伴偕来者"，可以联系。

6 月 11 日，徐镜心等在《之罘报》上发表《敬告同乡父老书》，提出山东自治"法之要有三"，其中第二条便是"广设学校，以开风气"。

1906 年，39 岁

与黄县留日学生接触，接受新思想。结识徐镜心、赵踵先、李瀛海、张殿邦（彦忱）等志士，从此互通声气。约 1906 年底 1907 年初，加入同盟会，开始在家乡筹办学堂和自治公所。

1907 年，40 岁

2 月，追修七世族谱，"辨昭穆于不紊，使支派于无舛"，逾月"创始稿"

成，请其表兄曲文坛缮写并作序两篇。后因"辛亥改革之变"，由其族侄朱广大"窖藏霉焉，四五年间，字迹莫辨。"

1908—1910 年，41—43 岁

捐出自家北河私有地之一部分，筹建五间二层楼房，设立莱峰学堂，容纳莱山前七村（王家、邹家、郭家、杨家、西林家、李家沟、朱家）之儿童入学接受新式教育，系当时黄县南部乡村最早的新式小学，开当地现代教育之先河。办学过程中，遭到守旧势力的反对和破坏，他们"找人搅，出名告"。1911 年，"起革命时，毁学堂，砸自治公所，折楼梁，揭楼板"。可谓艰辛备尝。

1908 年 4 月 8 日（农历三月初八日），长孙良耜生。良耜（1908—1976），字经畬、耕夫，"黄县崇实中学毕业，济南民众学院毕业，历任黄县、招远县教育局视学，黄县第四自治区代理区长，任高小教师二十六年，擅长文艺、绘画。""为人诚信，做事谦虚，一生坎坷"。

1908 年 10 月 6 日，与张春芳、张殿邦、李梦庚、徐文炳等人发起《农桑纪念》碑。

在大隋家村创办拨云学校，教授二年，"学生来学者甚众"。

1911 年，44 岁

4 月，主持莱峰学堂，写成"莱峰学堂讲义"，改良、创新教学方法。

10 月 10 日，武昌首义爆发。

11 月 5 日，徐镜心拟定《山东独立大纲》七条。

11 月 13 日，山东巡抚孙宝琦被迫宣布山东独立。同日，烟台宣告光复。

11 月 24 日，山东独立被取消。反动势力"谋危镜心"，徐镜心携杨岘庄离开济南赴上海。一方面向孙中山汇报山东形势，请示革命机宜；另一方面争取南方支持。孙中山指示徐镜心"山东事君自相机处理可尔"，并令陈其美等与徐镜心"商略"，最后达成一致意见："先据烟台，再取登州，以图济南"，"且约期会为实力援助"。

12 月 2 日，徐镜心离沪返鲁。

12 月 4 日，徐镜心到达青岛。与刘冠三会面，传达作战命令，部署以青岛为中心沿胶济铁路地区的武装起义。

12 月 6 日，徐镜心率十余人返回烟台，"欲据烟台戡定全省"。

12 月 12 日，徐镜心在烟台成立革命急进会，任会长。

12 月 15 日，黄县成立冬防队，旨在组织地方革命武装，"且尤在销纳游闲，笼络豪强，使不危害于我"。冬防队成为黄县民军主力。

12 月 17 日，共和急进会被王传炯包围。徐镜心致电沪军都督陈其美，要求速派北伐军接济增援。徐镜心等四十余人赴大连"谋取蓬（莱）、黄（县）益急，以为蓬、黄下，则烟台与济南之路绝，而王传炯不足畏矣"。

1912 年，45 岁

1月2日，夜，徐镜心自大连乘日本轮船永田丸与连成基、邱丕振、安仁等十余人，率所募二百余人往登州进发。

1月3日，上午十点。登州光复，成立军政府。同时电告黄县同志，准备光复事宜。

1月7日，夜，邱典五从蓬莱到黄县，传达军政府命令。

1月8日，夜，军政府临时总司令姜炳炎到达黄县城。

1月17日，黄县民军占领清兵防营，先生参加了光复黄县的战斗。同日，召开光复大会，组建黄县民政署。

1月20日，安仁将进驻黄山馆，派先生前去张贴布告并侦查敌情。途中闻有来自新城、磁口开到防营兵六百余人，正驻黄山馆进食，扬称前攻北马。先生"飞奔返报"。安仁得信，立即出队迎击。

1月21日，拂晓，清兵炮击黄县城。黄县军政府成立，连成基任都督，徐镜心任参谋长，先生任谍报员。

1月25日，沪军北伐先锋队司令刘基炎率兵士千余人抵达黄县。

1月27日，沪军精锐士兵与鲁军敢死队进攻北马，杀敌二十余。此战中，沪军、鲁军发生嫌隙，沪军司令刘基炎萌生退意。

1月28日，夜，清兵主力反扑北马。

1月29日，晨五时，沪军反击。战至七时，"敌稍却"。十一时，敌大队又至，敌众我寡，北马失陷。不久我援军至，"敌兵得财物者作鸟兽散"。我军乘胜追击至黄山馆。

1月31日，沪军、鲁军回城休整，准备西攻莱州。午后二时犒赏三军后，刘基炎突然下令全军退回登州。起初，刘基炎奉命来烟台增援，自居客军地位，见都督连成基"兵力单弱，虚拥都督位置，心已轻之"，部分地方人士又不满连成基"聚敛"，"密启于刘，刘遂有取而代之之意"。连成基极力挽留，"恳切磋商，语以愿避位让贤"。

2月1日，午时，刘基炎见"连督无若何表示，地方人亦未出首拥戴"，便下令开拔，东返烟台。晚间，连成基密嘱会计员预备款项，又令传集马夫，"似有欲行之色"，徐镜心闻而阻之。

2月2日，连成基率部回登州。黄县军政府内"各科职员，多逃匿无踪"。受徐镜心派遣，与"张殿邦、徐文炳缒城东行乞师"。

2月3日，连成基率炮队百二十人、过山炮两尊回到黄县。

2月4日，连成基、徐镜心令第一营进驻北马。

2 月 5 日，驻北马第一营报告，敌将大至，请退入城。

2 月 6 日，徐镜心亲带护兵赴北马、黄山馆等地侦查敌情。

2 月 7 日，清兵大部于午后到达黄县城下，用重炮向城内射击。

2 月 11 日，黄县城失陷，清军烧杀抢掠，无恶不作。

2 月 12 日，徐镜心等撤到烟台。刘基炎迫于压力，"乘舟开驶登州"。

2 月 13 日，沪军由蓬莱到达黄县。清军闻风夜遁。临逃前，将所拘捕的 28 名革命党人全部杀害。

2 月 15 日，南京临时政府通令到达黄县，"宣统退位，共和成立"。

是月，黄县民众在文庙召开大会，公祭光复黄县死难将士。倡议捐资为沪军、鲁军阵亡将士购地立墓。公推先生与曲子久经纪其事。先生遵胡瑛与徐镜心命令，"自烟台回黄县调查死伤与损失，遂时覆书登报，故北马镇东烈士墓，系山东军清兵破黄县死，共九十二位烈士，合葬一大义坟。"沪军死难烈士三十二人，由先生"当时抢回黄县。代为买益源木铺好棺材与好衣服，埋于城东南圩外义地"。

是年夏，总统府参议曲同丰奉命到黄县视察战迹，到墓地凭吊先烈，并"立记功碑与墓道，禁樵苏也"。

民国成立，任警察局巡官、县议员，与劝学所长张子蘅、教育会长周良翰皆隶同盟会，志同道合，咸以清鼎初革，风气未开，必须力加鼓吹。因先生颇具辩才，大小会场，无不请先生演说，讲台甫登，掌声四起，盖其胡长及腹，目光炯炯，貌既惊人，言更压众。众皆呼其名曰"朱大胡子"。劝学推行，偶有私塾作梗。虽山边海角，请其派警疏解，从无一误，因而学风为之丕振。甫三载，学校数字由四十余处增至六百余处，绩效可证。（朱良耕：《同盟先驱朱全礫》）

1914 年，47 岁

7 月 10 日（农历闰五月十八日），次孙良耕生。

1915 年，48 岁

9 月 30 日（农历八月二十二日），母李氏去世。

是年，任县第十一区保卫团团总。

是年底，黄县"遽加"苛捐杂税十数种，被六乡二百六十八村四百五十位"首事"推举为总代表，于 12 月赴烟台胶东道署，为万民伸冤。

1916—1918 年，49—51 岁

负责通俗讲演所，"奉委巡行讲演"。到处讲演开会，足迹几乎遍及黄县大小村庄。在"本县城乡及省垣、胶东各地登台讲演七百余会。无论文明开化之境与野蛮闭塞之乡，无不鼓掌大乐，连声称是者"。

1919 年，52 岁

2 月，由黄县劝学所所长徐文炳、黄县知事胡永年推荐，进入山东省立通俗讲演传习所第四期学习。任班长。学期三月毕业。

5 月，与同学到处讲演，呼吁还我青岛，"声泪俱下，听者无不愤激"。与淄博人赵传新等代表山东学界上书北洋政府，要求释放被捕学生。并上书山东省长，呼吁据理力争收回利权。

是年夏末秋初，黄县霍乱盛行。"全黄染病死者三万余人"。先生"亦病死而复苏者"。

1920 年，53 岁

春，山东省巡行讲演员来黄县，催令黄县胡县长任命先生为黄县巡行讲演员，逐日到城乡开会。

秋，直鲁豫晋陕五省发生严重旱灾，先生奉令劝赈，到处演讲，共募捐三万余元，"蒙金县长转详大总统，同颁赏二匾额，以褒奖之"。

是年年底，整理本年的讲演报告，由邑人丁毓翔出资捐印六百本，代为分给各机关、学校，以资推广社会教育。

1921 年，54 岁

8 月 29 日，接省城来电，令赴济南，在千佛山开会，会上被任命为山东通俗巡行讲演员兼各县社会调查员，负责胶东各县。

是年冬，到烟台、荣成等胶东各地进行社会调查和通俗讲演。

是年年底，由邑人丁毓翔资助，将本年的讲演报告捐印千本，邮寄各省。

1922 年，55 岁

2 月 12 日，启程赴济南。在县城为县长金城挽留，委任为黄县十一区团总，不就。复委任为县通俗讲演所所长。

2 月，到海宴寺、官道北东刘家、东转渠村、小阜观、楼子庄张家、芦头集、洽泊村、栾家疃、北马镇等地进行通俗讲演。

3 月，到官庄丁家、黄山馆、臧格庄、黄县城西关、后柞杨、大杨家村、栖霞苏家庄、前迟家、丰仪店、石良集、鹰口王家、县城明伦堂、马亭庙、磨山迟家、李家沟、陈家村等地进行通俗讲演。

4 月，到圈杨家、五龙坛等地讲演。

5 月，到北谢家、财源泊等地讲演。

6 月，到蓝渠高家、坤德女校、诸由观、西关财神庙等地讲演。

7 月，到城北北涧村、洼姜家集等地讲演。

8 月，到明伦堂、西林家、东林家、南关海神庙等地讲演。

10 月，到北马镇、固县村、二圣庙、等地讲演。

10 月 29 日，到北马镇募捐重修光复登黄死节烈士墓。

11 月，到遇家村、东川学校等地讲演。

12 月，到本村、第六国民学校、蓝渠高家、义乐院庙、江格庄、毡王家、程家疃、邵家、李格庄庙、达善宋家、羊岚集、南王家、郑家庄子、海宴寺大殿、阎家疃等地讲演。

是年年底，整理本年讲演报告。

1923 年，56 岁

1 月，到李格庄庙、冶基马家、老母庙、坤德女校、丛林寺、上庄魏家、财源泊大街、诸高炉、吕格庄庙、海云寺、草道刘家、马亭庙、后徐家、三官庙曲家等地讲演。宣传黄县县长金城的"八条要政"。

3 月，到养蒙学校、会基乡等地讲演。

4 月，到龙口商会、海晏乡杨家疃、莱山乡、小河口程家女校、县城城隍庙戏台、县讲演所、云台乡、江格庄淑英女校、蓬莱县北沟集、北沟至仁女校、关帝庙戏台、北沟尽义学校、姜家沟、龙马镇、龙口、姜家店、北谢家等地讲演。

5 月，到姜家店、县城城隍庙、西关阅报社、李格庄庙、县城校军场、财源泊开成学校、三官庙戏台、文基大张家、东黄水郭家、平里院、黄城集、韩庄、石良集、姜家店、江格庄学校、明伦堂、大脉张家、城东沙河戏台、吕格庄庙戏台、新安乡儒林庄等地讲演。

6 月，到中村集、徐家女校、乾元乡小孙家、楼子庄张家、太山宫南阁、西关讲演所、明伦堂、龙口商会等地讲演。其中在芦头集太山宫讲演时，宣传剪辫子，遇到当地顽固守旧势力的攻击破坏，先生严词驳斥，终使守旧势力无言以对。

7 月 20 日，召开十一区保卫团会议，卸任、改选团总。先是，先生上年初被黄县胡县长委任为十一区保卫团团总，先生坚辞不就。最后议定由先生代理，并物色人选，待"找妥人、办团就绪后"才准予交卸。后于县长上任，先生又辞，终不获允。先生接手后，割除原来保卫团"打押勒罚"、"抢夺掳掠"之弊，遭原团总极其羽翼嫉恨，他们向省里诬告先生。实际上先生主团一年多，"未尝打压一人，未尝遇事苛罚一户，也靡受过人家贿赂、包庇烟赌，也未准过人家的面子贪赃减税"，深得民心，"到处通颂仰"。

是月，组织学生发起"天足促进团"，共二十人，分两组，乘暑假赴全县讲演，并成立天足分会。先生与第二组偕往，遭遇大雨，冒雨行二十余里，路泞衣湿。

是月，到北马镇南庙学校、后徐家、大吕家、黄山馆、三甲仲家、中村庙等地讲演。

8月12日，染霍乱病，吐泻不止，幸得名医诊治，静养十余日方愈。

8月30日，黄县中学学生挽留老校长（赵竹容），拒绝新校长（于璜所派），黄县知事于璜率兵砸毁黄县中学，殴伤学生，抓捕学生代表，引起公愤。

8月31日，作《请看县知事率警殴学生》宣言书，呼吁"全县同胞急起抗争，誓必驱此丑类"。

是月，到西关讲演所、北关火神庙、芦头集、罐子姚家、南王家、上庄魏家等地讲演。

9月2日，乘汽车到烟台，谒见胶东道尹陶思澄，诉说于璜丑行。

9月3日，由烟台乘顺风轮赴天津。然后转道济南。

9月5日，抵达济南。

9月6日，到省教育厅、政务厅揭露于璜丑行。闻省长熊炳琦在北京，便决定进京。

9月13日，乘津浦路火车赴京。

9月14日，抵京。谒熊炳琦，不遇。

9月15日，复晋谒熊炳琦，熊派李姓代表接见，连日数谒，揭露于璜酷虐。

10月4日，孙良耘生。朱良耘（1923—1981），字云萍，初中文化，1949年前参军。解放后先后在新疆、哈尔滨等地工作。

10月10日，在京亲见曹锟贿选就职大总统。到天安门听演说，"语多讥诮"。

10月12日，闻熊省长回济南，乘火车经天津赴济南，但熊最终"未能撤办酷吏"。先生感慨"时局黑暗，专讲人情面子，不讲公法公理，益知小民覆盆不易昭雪矣。转念山东省公署、山东省议会及教育厅、高等监察厅、高等审判庭、政务厅、胶东道尹公署，漠视恶县令如出一辙。不然，黄县各机关联名控禀几百张，历时四阅月，终未撤惩酷吏罪恶也，真乃令人可叹"。

是月，居京一月，浏览各处名胜，感叹"无不穷奢极丽，多有空耗民人膏血，与社会毫无一益者"。

11月14日，到达省城济南。在济南商埠公园召开市民大会，为日本残害中国侨胞与英国不交威海卫事。与会者团体六十余处，两万八千人之众。共九人登台演讲，先生位列第三，专说"旅大、威海之交涉"。演说者"慷慨激昂，英气愤发。观听者大形愤激，多现拊膺切齿之概"。会后，先生与维持国货会长朱子枢、晨钟报社记者吴慧铭等七人，被推举为代表，筹办追悼会和抵制日英事宜。

11月16日，在济南维持国货研究会开会，磋商威海卫、省议会延期、日人残杀华侨、死难华侨追悼会、通电全国、宣布国会卖国议员罪状等问题及其进行办法。

11月20日，为日人残杀华侨与威海卫之交涉，通电全国。

12月1日，在济南商埠公园，与王尽美等一起主持召开为日人残杀的死难华侨追悼会。

12月4日，在济南商埠国货研究会，聚议外侮种种进行办法。

是年春，由黄县义士李茂堂捐助，出版《山东黄县胶东各县巡行讲演报告》。收录先生所作《敬告同胞痛除四弊》、《发起同胞爱国文》等。

1924年，57岁

1月2日，作《责官不怨民》，发表在济南《大民主报》上。

1月9日，作《山东时局谈》，发表在济南《大民主报》上。

1月10日，作《驱于璜宣言》，发表于济南《山东新报》上。

1月14日，由津浦路赴洛阳，过泰山，抵徐州。

1月15日，由陇海路赴洛阳，夜宿郑州。

1月16日，经汜水、巩县、偃师等地抵洛阳。办完公事后，返回郑州。

1月18日，至信阳，过许州。

1月19日，抵罗山。见知事周召南，谈乡梓之旧。

1月24日，应周召南的要求，回忆整理金城治理黄县的"政略"，以为参考。

1月26日，回忆整理金城治理黄县的"训民四要"。

1月29日，作《山东教育三缺点》：经费不足、用人不当、师资不良，发表在《大民主报》上。

2月3日，在河南罗山县署著成《历史三字经》。

2月11日，作《中国林业之利弊说》。

2月17日，致函黄县知事李竹筠，助其兴利除弊。

本月，受革命同志周召南（时任河南罗山县知事）邀请，赴河南罗山县，进行通俗讲演。先后到罗山县文庙、高等学校讲演。

3月7日，在罗山县讲演所讲演。

3月8日，应周召南之请，作《十好训词》。

3月9日，在罗山县公署讲"太古"。

3月12日，造民事诉讼一览表。

3月17日，在罗山县署及武装警察卫队教授拳术，并有市民来学者，凡200余人。

4月23日，做讲稿三篇：一说国耻，二说戒鸦片，三说人当自食其力。

4月27日，到罗山县立高等学校讲演"国耻"。

4月30日，在罗山县高等女学校讲教育。

5月9日，到罗山县立高等学校作讲演，纪念"五九"国耻。1915年5月9日，袁世凯承认日本提出的"二十一条"，激起全国人民的反日运动。以后人们把5月9日定为国耻纪念日。另有以日本提出的最后通牒日期5月7日为国耻纪念日。

5月15日，给学生讲多尔衮和史可法的通信，以鼓励气节。

7月25日，在罗山县高等学堂讲演。指出新社会、新人格、新国家"皆归功青年学生"。

7月30日，应周召南之邀，在罗山县署，讲演修筑公路等问题。

9月5日，在河南罗山县讲演尊孔之原因。

9月15日，离开罗山，赴太原。总计在罗山县讲演73次，讲授历史地理古文等220课时，讲授古今战略64课时，作讲义284篇，文稿33篇，制表17种，历时四月修筑信（阳）固（始）公路60里。

9月16日，到达石家庄。

9月18日，由正太路乘火车赴太原。

9月19日，到达太原，观太原街景。

9月20日，继续游览太原。

9月21日，到山西太原洗心社自省堂讲演救国救人法。

9月23日，作《游行述略》，发表在《山西日报》上。

9月25日，到太原文庙讲演"尊孔孝悌忠信礼义廉耻"，同台讲演者还有洗心社社长张俨若、第三旅旅长赵次陇（赵戴文）等人。

9月27日，作《敬贺山西父老书》，发表于《山西日报》上。

9月28日，上午九点到太原洗心社自省堂，讲演烟丹之害。同台讲演者还有山西政务厅长孟炳如等。上午十点，应山西青年会拒毒游行会的邀请，到太原海子边公园陈列所讲演"烟酒当戒"。下午五点，到太原文庙图书馆，讲演"去贪立功，正名生利"。

9月30日，参观晋祠。

10月4日，到太原基督教会，讲演造福救人。在太原期间"适邂邑人仲跻翰，为晋绥军航空大队长"。

10月5日，由正太路乘火车赴北京。夜抵石家庄。

10月6日，由京汉路乘火车抵达北京。

10月8日，由京汉路到天津。由天津乘外轮往芝罘（烟台）。路遇同乡仲跻翰（字墨园）。

10 月 10 日，抵达芝罘。

10 月 11 日，由烟潍路乘汽车回到黄县。

10 月 12 日，回到老家莱山前朱家村。

11 月 11 日，到黄县志成中学讲演鲁直吴豫晋等各地见闻。

11 月 15 日，到蓝渠高家讲演山西政治与教育。

11 月 16 日，到明伦堂讲演山西政治与教育。

12 月 3 日，上午到诸由观候士泊学校讲演。下午到蓬莱冶张家村讲演。

12 月 11 日、12 日、13 日，在云台乡大隋家村讲演。

12 月 15 日，在本村朱家大街讲演各省政治及近来亡国之惨状，当众宣读"二十一条"。

12 月 21 日，作上山东省省长龚积炳条陈。

12 月 29 日，上午到上孟家学校讲演。下午到大脉村学校讲演社会改良。

12 月 30 日，到北马南吕家学校，讲演山西政治之改良、立志求学及社会改良。

1925 年，58 岁

1 月 1 日，在志成中学，录《志成学校事实之说文》。

1 月 16 日，《鲁直吴豫晋五省游行略记》出版发行。

本月，《历史三字经》由黄邑吉祥石印局印行。后由山西太原洗心总社重印，分赠各地。

1926 年，59 岁

1 月，被老友、志成中学校长赵踵先（竹容）聘为该校学监。

2 月至 8 月，应邀在家乡设帐讲学，取名"莱峰学校"，"按日授课，生徒咸乐听受"。

7 月 1 日，孙良籽生。良籽（1926—），字博农。"高小文化，中共党员。1942 年，在北海中学上学，1945 年前在李家沟、冯家等村任小学教员。1946 年任龙口特区午塔区青年干事，同年调东北工作，化名吴克俭，历任辽宁省柳河县公安局文书、通化公署民政股长、省统计局科长。1982 年任辽宁省城镇集体经济办公室调研员"。

8 月初，同志、老友周召南出任直隶大名道道尹。周托先生老友张彦忱、赵文堂等致函相邀，到大名协助公干。将本村学堂交给胞弟朱全珍代理。

8 月 8 日，从老家启程，赴大名。

8 月 11 日，从龙口乘船赴天津。

8 月 12 日，抵达天津。

8 月 13 日，抵达北京。

8 月 14 日，乘火车抵达邯郸。

326

8月16日，抵达大名。

8月21日，送周召南赴邯郸，迎接吴佩孚。

8月27日，被周召南委任为道署顾问，与吏治研究所秘书长张彦忱视察大名教育。

8月28日，又被周召南委任为大名道区三十七县视察员与讲演员之职。午后研究三十七县地图和概况，为视察做准备。

8月29日，与周召南商谈奖励办法，周派人到北京、汉口购置金银奖章等物。

8月30日，在大名第一高小讲中国"三大好"与"三大病"。

8月31日，到省立女子师范学校讲演重男轻女之弊。同行者中，周召南讲赵威后问齐使，张彦忱讲女德。

9月3日，上午到省立十一中学，下午至省立第七师范与校长谈教育。并由周召南拟定"四大要政"即视察的主要内容：吏治、教育、实业和路政。

9月6日，领到视察所需各项物品，赴大名县，见知事王炳熙，说四大要政。

9月8日，在大名县道署街关帝庙开会讲演教育、廉政。

9月9日，到南乐县。知事姚礼成接待。

9月10日，在南乐县魏家祠堂讲演四大要政。

9月11日，抵清丰县。知事宋祖锁接待。午后视察第一高小。

9月12日，在清丰县城隍庙戏台，讲演四大要政和男女平等。

9月13日，抵濮阳县，教育局长、县议会议长等接待。

9月24日，到女子高小讲演教育。下午至师范讲习所、县立高小演讲新旧教育之利弊。

9月15日，在濮阳城东南大寺庙戏台讲演四大要政。

9月17日，夜抵长垣县。知事马德诚接待。

9月18日，上午在长垣县署讲演。下午视察女子高小，讲演"孔孟旧说不适用于开通之世"。

9月19日，在长垣西大寺庙讲演要政。

9月21日，冒雨抵东明县。知事孙秉钧接待。遇同乡老友马春舫。

9月22日，到女子小学、高小讲演求学之方针与教育之原理。

9月23日，在东明县城隍庙戏台开会，先生病重，派助手袁子才代为讲演。

9月25日，夜宿濮阳县署。

9月27日，视察省立十一中学。

9月29日，抵广平县。知事颜景和接待。下午到县立高小、模范小学等地视察，讲演社会改良。

9月30日，在广平县西大街关帝庙戏台，讲演四大要政。

10月1日，抵肥乡县。上午到县立高小，讲演立志求学。上午十点，在肥乡县城隍庙戏台讲演四大要政。夜抵永年县。

10月2日，观毛遂墓、窦建德墓。上午九点，至女子高小、省立十三中视察。午后，在永年县署讲演要政。

10月3日，给永年县知事吴士俊讲四大要政。下午抵南和县。知事王文炜接待。

10月4日，在南和县城隍庙戏台讲演要政。晚抵任县。知事梁寿人接待。

10月5日，视察县立高小，"高级未满十人，初级不足三十人"。下午两点，抵邢台。知事毕玉珊接待。

10月6日，下午抵邯郸，知事邵鸿基接待。

10月7日，上午在邯郸城隍庙讲演四大要政。下午视察女子高小、县立高小，讲演"四立（立言、立行、立德、立功）三不贪（不贪功、不贪名、不贪利）"。

10月8日，抵大名，见周召南。

10月10日，在省立十一中，开双十节国庆纪念会。

10月11日，抵成安县，知事林敦接待。下午到女子高初、县立高初视察。

10月12日，在成安县城隍庙戏台讲演要政。

10月13日，凌晨一点抵沙河县。知事刘树人接待。午后在城隍庙戏台讲演要政。

10月14日，夜抵内丘县。知事郝凤桐接待。

10月15日，上午到县立高小、女子高小视察。下午在城隍庙戏台讲演。

10月16日，抵临城县署。知事牛宝善接待。下午到县立高小视察，讲演教育与将来社会潮流。

10月17日，在临城县城隍庙戏台讲演要政。晚抵高邑县，知事龙锡钺为先生老友。

10月18日，视察县立高小和女子高小。

10月19日，下午在高邑县城隍庙戏台讲演。

10月20日，午后抵赵县。

10月21日，视察女子高小及附设女子师范，讲演"女子教育当急进行"。入夜，知事张彦忱（张殿邦）来访。张为先生同乡、同志、老友。

10月22日，会见老友故交多人。夜抵宁晋县。知事鲁作霖接待。

10月23日，八点在宁晋县署讲演重男轻女之弊。下午连续视察六所学校。

10 月 25 日，抵隆平县。知事李渐宾接待。此时隆平水患严重。

10 月 26 日，视察灾情。安抚民众，提出兴修水利。夜抵平乡县署。知事李润之接待。

10 月 27 日，抵曲周县。

10 月 28 日，返回大名。周召南因病请假，已经离开大名。新任道尹已经到大名上任。先生辞去本兼各职，即行归里安心授徒。

10 月 29 日，赴邯郸。四更至石家庄。

10 月 30 日，至保定，下午五点至长辛店。

10 月 31 日，上午七点乘车，中午抵天津。

11 月 1—3 日，在天津会晤友人，作短暂停留。

11 月 4 日，下午四点抵达龙口。

11 月 5 日，抵黄县城，会晤同志、友人。

11 月 6 日，回到朱家村。

11 月 8 日，批改视察宁晋县时所收学生作文十四本。

11 月 9 日，将作文寄回宁晋县女子师范，并赠《历史三字经》、《游行略记》。

11 月 11 日，莱峰学校开学。先生复按日授课，开设国文、修身、历史、地理、古文、社会、作文、套文、物理、教育、算术、音乐、体操、拳术、尺牍、杂记等共十六门课程。

11 月 15 日，致函黄县知事石炳炎。

12 月 19 日，周召南回到黄县，遣人持函招先生，谈实业之畜牧。黄县十三区保卫团总周天经允诺捐印先生游行纪略千本。

12 月 23 日，志成中学校长、老友赵踵先为先生《游行略记》写弁言成。

是年春，在济南为提倡植树造林，给山东实业厅长王默轩上过种植条陈。在张北察哈尔，与实业厅长龚伯龄对谈森林种植法及牧畜各种牲畜法。

1927 年，60 岁

1 月 1 日，文基乡大张家男女两校校长张学专来函邀请先生前去讲演。

1 月 6 日，友人来访，聚谈改良教育、大兴实业、急改陋习等。

3 月，《游行略记》由邑人周纬之、赵文堂、李元珊捐印发行。

是年，土匪蜂起，朱家村两次遭抢劫。先生两次致函黄县知事，献治匪之策。为公务三次赴烟台。

是年，上半年先生"设帐于本村内，分初小、高小和中学"三级教学。

8 月 16 日，烟台东海中学来函，聘先生为训育主任兼教员。

8 月 19 日，十一点抵达东海学校。

8月20日，开学典礼。先生讲演教育的六大缺点。

8月25日，在东海学校操场教授学生拳术。

8月27日，在学校礼堂讲演社会之潮流。

9月2日，作《时况俚词》。

9月22日，在学校礼堂开孔子诞辰纪念会，讲演孔子及信仰孔子之原因。下午到道德学校作同题讲演。

10月10日，开国庆纪念会。

10月23日，学校召开运动会，先生"为众邀，练拳舞刀，全场喝彩"。

12月6日，为学生写春联。

12月21日，为学生写《送别学友行》。午后，带领学生游览烟台电灯公司发电处、模范监狱等地。

12月22日，带领学生参观蚕丝学校、海军学校、海军陆战队、启喑学校等。

12月25日，带领学生参观无线电台、水产试验场等地。

12月29日，学校举行毕业典礼。先生讲演，告诫学生"抱定平素所学爱国救民之宗旨"。

1928年，61岁

1月16日，上书胶东道尹高凤和，献治匪十策。

2月7—9日，为烟台道德学校所邀，到该校讲演，以"开通风化"，历数"烟馆、赌局、妓户、酒店"四种坏病。

2月12日，被道德学校校长聘为高中主任教员。旋辞去。

3月14日，辞去教职。居毓璜顶，每日随便聚众宣传三民主义，批评时弊，常集合恒数十百人。如是者有三月之久。

6月13日，应烟台益文中学之邀，到该校开会，纪念"济南惨案"。先生讲北伐战况。

6月16日，在益文中学操场开市民大会。先生登台讲演，掌声雷动。

6月19日，在东海中学礼堂开烟台市党部大会，先生为元老，应邀出席。

6月21日，参与筹备市民大会。

7月15日，在潮州会馆召开北伐胜利二周年纪念会。

7月24日，偕眷属回黄县。

7月25日、26日，回乡途中见恶劣军阀搜刮勒索、军纪扫地无余。

7月27日，回到朱家村。

8月上旬，芦南乡土匪被剿。

9月5日，赴莱山院剿匪。

9月15日，为时事所激，忽遭霍乱。

9月30日，主持召开联庄会会议。

12月19日，在文基大张家大街开会，讲演戒赌之利益。

12月20日，在大张家女校讲演放足之利益。

12月21日，在谢家女校，讲演重男轻女之弊。

1929年，62岁

1月9日，烟台新编第三师师长刘珍年在黄县开军民联欢会，先生往观，遇到多位老同志，为众人推戴，登台讲演，对地方军阀提出尖锐批评。

1月12日，在西林家学校讲演三民主义及不平等条约。

1月24日，黄县政府聘先生为顾问，力辞不就。

2月3日，黄县县长来函请先生进城协办一切。

2月4日，赴黄县城，见县长孙绪曾，谈治安事。

2月7日，午后本乡开会，严防无极道。

2月9日，朱家村开会，布置防匪事宜多条。

2月11日，有兵攻打黄县城。

2月26日，应黄县县长张子蘅之邀，答应协助筹谋治安大会。

2月27日，到黄县城，会晤县长张子蘅。

3月7日，在县公署开会，讲演应该兴革的事宜多条。

3月16日，黄县知事孙烈（寿卿）令先生筹办治安。

3月26日，在朱家村学校开会，欲为万民请命，力救胶东。撰《为民请命禀》。

4月8日，招远旧友来访，提出招远县署欲请先生代为"拊循"难民，婉词谢之。

4月12日，到丛林寺，路见杂牌军队祸害乡里，到处狼藉。

4月13日，到坤德女校，演讲教育进行之方法。

4月19日，因避"左道"，去县城居住。

5月2日，午后与红十字会会长姜芳楠组织开会，商讨救护乡民办法多条。

5月3日，被推举为代表，赴龙口见师长任应岐。

5月4日，上书任应岐请愿，请任为蓬莱、黄县、招远、栖霞四县民众清剿左道。

5月5日，左道侵扰县城。

5月7日，与红十字会会长姜芳楠议办难民收容所，以收容乡下来城躲避左道的难民。

5月14—17日，县城遭杂牌军队洗劫，"全城被兵抢劫一空，妇女被其奸淫殆遍"。究其原因，黄县此时归属不明，既有任应岐的安荣昌部驻扎黄县城，又有刘珍年的张升九部驻扎，二者发生激战。抢劫物资用三百余辆大车运往龙口，船运出海。先生怒火中烧，寻找黄县各机关首脑，多逃匿不见。一面准备通电全国，揭露军阀祸黄的罪恶；一面派代表东至蓬莱见刘珍年，西到莱州见任应岐；一面派人至南京国民政府陈诉惨状，恳求赈恤。

5月29日，应刘珍年之邀，前去召开五卅纪念会之筹备会，被推为总指挥。

5月30日，召开五卅国耻纪念大会。

6月2日，到第八区开宣传大会。

6月3日，抵烟台。当夜起草《杂军祸黄的通电》，发表于《钟声报》，他报纷纷转载。

6月4日，撰写给刘珍年的条陈，共18条。

6月14日，招远县署邀先生赴招远帮办一切。

6月16日，在益文中学开童子军大会。

6月24日，见烟台公安局局长王静涵。

7月2日，到蓬莱山东省立第八中学参观。该校校长周洪范欲聘先生为教员，先生托故旋里。

7月20日，与李元西、王春波等商讨对付无极道的办法。

7月23日，作《红十字会收买苍蝇》，王惠堂作《捐钱收买蝗虫》，寄往烟台、大连报馆，不久见报。

8月11日，在县署开会，调查灾民，以便抚恤。

8月20日，无极道魁首派人送信来，意欲接洽官方，不再对抗政府，请先生代为疏通。

8月29日，与各机关首脑张春芳、杜乐仙、张春江、张敏生、张鹤乙等同见李县长，商讨救治左道愚氓办法。

9月1日、7日、15日、23日，左道遣人来，由先生引见县长。几经努力，黄县左道尽被安抚，不再扰民。

9月25日，招远左道对黄县左道"缴枪"实施报复，大闹三天三夜。

10月1日，在县署开会，商讨村防事宜。

10月9日，召开欢迎刘珍年大会。

10月11日，开会改组支应局。

10月13日，在西关讲演所，开剪发放足会，被推为主席。

10月14日，被推举为黄县公安局督察长。

10月15日，到公安局，接办一切事务。

10月17日，到财神庙，为镇压招远左道的夏卓峰团长送万民伞。

是月下旬，整顿公安局遇阻辞职。

11月2日，去蓬莱见刘珍年部旅长梁立柱，"谈要务，述民情"。

11月6日，参加黄县县党部成立会，先生演说，"愤激不平之话甚多"。

11月8日，在第一区开会，公议急需进行的"政治十余条"。

11月12日，在城隍庙召开孙中山诞辰纪念会。先生演说"三可贺三可悲"。

11月13日，任公安局教练。

11月20日，县长李荣梓为避左道和盗匪，举办联防，派先生下乡代为宣布，并宣布十二条要政。先生偕书记员陈万约即日开始走遍黄县三十区。

11月22日，到龙马镇宣讲税契、立志求学和合群爱国等内容。

11月23日，到十五区后徐家，后到二十三区黄山馆。

11月24日，上午在黄山馆西阁大街宣讲荣户捐。黄山馆位于黄县和掖县交界之地，杂牌军队过往太频，因此"首当其冲，勒索供给，损失巨万，民贫财尽，洵不聊生"。午后到阎家店大街讲演办村防事宜。

11月25日，午后在马亭庙戏台讲演邪教左道害人愚民。

11月26日，在龙口北庙戏台，代李县长慰问民间疾苦。讲演栽树的好处。

11月28日，在十八区海云寺大殿前，讲演废除私塾。

11月29日，在十九区仲家集大街，讲演戒烟戒赌。

11月30日，赴十六区诸高炉庙台前，讲演息争讼。

12月1日，晨起忽病腰肾，卧床十日始愈。

12月11日，在全县区长会议上宣讲县长兴利除害的布告。

12月12日，在第一区城隍庙开会，讲演戒早婚。

12月14日，为通俗讲演所提建议八条。

12月15日，到十三区程家疃开会，天雨路泞，林树皆冰，雨雪载途，寒冰敷面，归则衣履尽湿。

12月16日，到第四区江格庄开会，讲演重孝悌。

12月21日，在县党部主持召开农民协会成立会。该会由先生和张习易（详三）、石和轩发起筹办。

12月22日，到第二区张家沟开会，讲演剪发辫。

12月23日，到李格庄开会，讲演戒缠足。

12月24日，赴烟台为第三师师长刘珍年送牌匾衣伞，祝颂功德。

12月27日，与另外22人到刘珍年师部送万民伞、德政匾、功德旗等物。

12月31日，出席张春芳的黄县财政局局长就职典礼。

是年，孙良藉生。朱良藉（1929—2000），中共党员，先后于辽宁省柳河县公安局、辽宁省公安厅工作，后调任中共哈尔滨道里区社区党委书记。

1930 年，63 岁

1 月 1 日，在城隍庙戏台开市民大会，庆祝新年。先生登台讲演，提倡天足。

1 月 3 日，到第七区老母庙开会，宣讲李醒乔县长的要政。

1 月 4 日，为县长送万民伞和功德匾。

1 月 5 日，到第八区丛林寺开会。

1 月 6 日，到坤德女校讲演女子教育。下午到第九区大宗家开会。

1 月 7 日，到第十区黄城集开会。

1 月 9 日，在农民协会开会讨论进行办法。

1 月 10 日，在县政府礼堂开财政会议、建设局会议、县政府划分自治区会议。

1 月 13 日，到十二区鲁家沟开会。下午开财政清理委员会，先生为八委员之一。

1 月 15 日，到十一区西林家开会。

1 月 17 日，到第十区荷花朱家开会。下午到石良集开会。

1 月 18 日，在石良集开会，讲演邪教之害。

4 月，《讲演集录》（上、下册）出版。

1931—1935 年，64—68 岁

任县讲演所长，兼剪发放足会长、县农会长，址设西阁里马神庙。"英雄用武，适得其所，乡间庙会，驰往演说。因先生娴知武术，每先舞刀击剑，继以演说，口若悬河，声如洪钟，听者为之云涌"。

1936 年，69 岁

5 月 4 日，上午，与黄县县长张寿卿、黄县同盟会会员张殿邦、刁聘三及招、黄两县慕名而来的贤达名流、生前好友到黄山馆镇后徐家村参加公祭徐镜心烈士仪式。

8 月 12 日，为《前锋日报》题词。

是年夏，目睹外患日亟，命孙良耕与陈家村陈万林，同赴山西省太原投考晋绥陆军军官教导团。

1937 年，70 岁

7 月 7 日，卢沟桥事变，抗日战争全面爆发。先生组织民众抗日游行，在集会上打拳舞刀，宣传抗日救国，号召户户打大刀，人人争抗日，积极参加救亡运动。抗战期间，中国共产党黄县人民政府县长曹漫之等多次邀请先生参加开明绅士会议，为建立抗日民主统一战线做出了重要贡献。

1938 年，71 岁

娶继配宋香莲。宋氏（1906—1991），招远县（今招远市）西北乡侯家村宋殿墀次女。"幼年丧母，（由）姑母养大。出嫁后夫十年不归，无奈来黄做工。""中年丧夫，一双小脚，忙了山上忙家里，生活之艰辛可想而知。一生坎坷，不卑不亢，抚养子女成人"。

1939 年，72 岁

3 月 6 日（农历正月十六日），五子广助生。

1940 年，73 岁

是年 9 月至 11 月，病中整理"秘海药方"，将毕生收集的药方汇集成册，便于有心人照录，"以济有病无医之乡村"。

1942 年，75 岁

10 月 4 日，孙良耡生。朱良耡（1942—），字鹏翼，1965 年毕业于哈尔滨工业大学土木系，历任甘肃省建工局技术员、总工程师等，1999 年被评为甘肃省劳动模范。

1944 年，77 岁

1 月 24 日，撰《朱氏族谱排世记》，为朱氏再排三十二世，"自'良'字起，迄'宁'字止，意欲俾本族之辈行，永无重复舛错之虞。倘后复有迁徙南北留居东西者，亦使其忆念先祖之本源也。"

1946 年，79 岁

8 月 12 日（农历七月十六日），因中风在家中逝世。

后 记

　　我的故乡山东省龙口市七甲镇位于胶东丘陵之中。这里群山连绵起伏，河流蜿蜒曲折，风光秀丽，气候宜人，是一座安静的、堪比世外桃源的山中小镇。小镇上有一位近代历史文化名人：他急公好义，文武双全，不畏权势，为人正派，中年以后蓄起胡须，美髯过胸，被邑人称作"大胡子先生"。他在清末追随革命巨子徐镜心，参加辛亥革命，表现得勇敢机智，功勋卓著。入民国以后，他四处奔波，游历十余省，进行通俗讲演两千余次，号召人们移风易俗。他风度翩翩，声若洪钟，讲演生动，振聋发聩，"对民众的魔力极其伟大"。他的讲演对近代华北地区的社会进步和社会变迁产生了积极影响，因此又被誉为"苦口婆心"的"社会导师"。他就是金玓老人朱全礫。

　　金玓老人有许许多多的传奇在乡间流传。我自然也就在听着这样的传奇中慢慢长大。章士钊先生少年时面对《铜官感旧图》，曾发誓"愚何时自立，言重于世，行亦加墨于此，俾吾家盛迹，终赖吾笔传之"，我自然没有章先生的豪情，但"大胡子先生"在我少年的心目中着实是一个谜一般的榜样。

　　2011年辛亥革命一百周年的时候，我和学航兄合作出版了《革命巨子徐镜心》，书中徐镜心的一些革命活动与朱全礫紧密相关，因此需要给他做一个注释。可是由于资料匮乏，线索难觅，这个注释却成为一个不小的困难。然而这个困难又必须尽快解决，因为不仅眼前急需一个准确的注释，而且研究以徐镜心为核心的革命志士群体及其领导的中国北方尤其是山东、东北地区的辛亥革命，也需要解决这个难题，所以我别无选择，只有开始到处走访、搜集相关资料。

　　随着调查的深入，金玓老人伟岸的形象便逐步清晰起来，他的事功与传奇也逐步明朗起来。先是从学航兄处得到了数张老人传世的照片。后来，又发现其著作《山东黄县巡行演讲报告》《历史三字经》《鲁直吴豫晋五省游行略记》《游行略记》，这些著作内容的获得，完全归功于我的学生、《团结报》记者马寅秋女士，她牺牲自己的休息时间，冒着酷暑到图书馆抄写、整理与核对，为本书的出版付出了令人感动的辛劳。再是从北京的一位藏书家那里得到了《讲演集录》的复印件，这样我们就拥有了本书中金玓老人1922年至1930年连续近十年的讲演记录原文。最令人遗憾的是，老人1920年和1921年的讲演报告，有资料可以证明已经出版，但囿于视野和能力，我们至今也没能找寻到。

众所周知，近代以来，坚船利炮、欧风美雨不断袭来，中国这个"老大帝国"被裹挟着纳入资本主义体系之中，中华民族面临着空前严重的危机。为拯救人民于水火，挽狂澜于既倒，一大批仁人志士奔走呼告，唇敝舌焦，念兹在兹要启迪民智、唤醒民魂。他们或著书立说，或办报出刊，宣传新思想、新风尚。梁启超认为"学校、报章、演说三者同为传播文明之利器"，而"补学校之所未备，报章之所未及，其莫要于白话演说"，所以开办通俗讲演所，培养通俗讲演员、举行通俗讲演会，无疑是"开通下层社会"的不二法门。事实上，从晚清到民国，虽然政权频繁更迭，社会持续动荡，但历届政府都保有一个常设的机构——"通俗讲演所"。以山东为例，从省到县各级通俗讲演所的设立和运行还相当规范。可以说，通俗讲演为推动近代中国社会移易风俗起到了至关重要的作用。剪辫、放足、植树造林、戒烟、戒赌、科学、民主、爱国、合群、自由、体育、实业、男女平等、恋爱等等新的观念和生活方式，皆应归功于在集市、庙会、大街、学校等处通俗讲演员们声嘶力竭的呐喊。可惜的是，那些激昂动人的声音转瞬即逝，成为历史天空的绝响。

据史料记载，民国时期运行较为规范的通俗讲演所，对讲演员的培训和要求均有章可依。通俗讲演员们均被要求逐日记录讲演内容，定期汇总上报。优秀的讲稿还会被汇编成册，在全省或全国范围内交流推广。但由于战乱和动荡，这些资料大多被毁，有幸保存下来的讲稿和记录可谓凤毛麟角。相形之下，金玓老人连续九年的讲演记录便成为中国近代通俗讲演的一个珍稀的缩影和典范，其史料价值和学术意义不言而喻。有鉴于此，我们深感有责任、有义务将这一宝贵史料进行抢救性的整理、编校和注释，重新出版，以免年深日久湮没失传。

文献史料整理是一件十分辛苦繁琐的工作，对于编校者而言，不仅伤神而且伤财，在费尽周折找到原件之后，要费尽心血整理校点、注释说明，最后往往还要搭上不菲的出版补贴方能印行。而且，在现行科研评价体系下，还不算科研成果，是典型的"出力不讨好"，所以讨巧的大方之家往往不屑一顾，而是耽耽于所谓的原创性大作，热衷于所谓的"填补空白"。我辈虽然愚鲁，但是却能牢记恩师饶怀民、郑师渠、李良玉、严昌洪诸先生的教诲，史识史论皆来源于史料，高明的史识必基于坚实的史料。沙滩上筑楼房，无论如何光鲜，如何气派，如何时髦，终是不能长久，终是要垮掉的。

在本书的编写过程中，南京大学李良玉教授给予了悉心的学术指导，并拨冗赐序；张文武、徐学航、陈延兵、严凤亭、王殿超、王宝坤、杨益东、姜永进、仲剑初、刘建昆等师友提供了宝贵的支持和帮助。责任编辑宰艳红女士为本书的出版付出了大量心血，在此一并表示由衷的感谢！

在本书即将出版之际，我们要特别感谢金玓老人之子朱广助先生，他文雅谦和，有乃父风范，在家族中威望甚高，他手订的新版《朱氏族谱》（2009年付梓印行），为我们了解朱氏家世源流提供了珍贵的参考资料。要特别感谢金玓老人之孙、广助先生长子朱良迅先生、次子朱良书先生，金玓老人的曾孙朱善权先生、朱善衡先生，他们不仅认真校读文稿，提出了许多宝贵的建议和意见，而且为本书出版提供资金支持，功不可没。感谢孟繁臣先生、朱良勰先生、朱善维先生、朱秉志先生等金玓老人的其他所有后人，他们关注本书的出版，做了大量工作，一并致谢。

毋庸讳言，由于我们学识浅薄，学力不逮，书中定然存在着许多错误和不足之处，恳望读者诸君不吝赐教，在此先致谢意！

李 日

于黄海岸边梨香书屋

2014 年 1 月 15 日

责任编辑:宰艳红
封面设计:徐　晖
责任校对:周　昕

图书在版编目(CIP)数据

朱全璨社会教育讲演集/李日,朱良迅,郭春香 主编.
 -北京:人民出版社,2014.4
ISBN 978-7-01-013135-1

Ⅰ.①朱…　Ⅱ.①李…②朱…③郭…　Ⅲ.①社会科学-演讲-文集
 Ⅳ.①C53

中国版本图书馆 CIP 数据核字(2014)第 019142 号

朱全璨社会教育讲演集
ZHU QUANLI SHEHUI JIAOYU JIANGYANJI

李日　朱良迅　郭春香　主编

人民出版社 出版发行
(100706　北京市东城区隆福寺街 99 号)

北京汇林印务有限公司印刷　新华书店经销

2014 年 4 月第 1 版　2014 年 4 月北京第 1 次印刷
开本:710 毫米×1000 毫米 1/16　印张:24.25　插页:5
字数:420 千字

ISBN 978-7-01-013135-1　定价:62.00 元

邮购地址 100706　北京市东城区隆福寺街 99 号
人民东方图书销售中心　电话 (010)65250042　65289539